U0906675

# 《中国国策报告》编委会

# REPORT ON CHINA'S NATIONAL POLICIES

# 中国国策报告 2008~2009

连玉明 武建忠⊙主编

中国时代经济出版社

**图书在版编目（CIP）数据**

中国国策报告（2008～2009）/连玉明，武建忠主编．—北京：中国时代经济出版社，2009.1

ISBN 978-7-80221-747-8

Ⅰ．中… Ⅱ．①连…②武… Ⅲ．发展战略-研究报告-中国-2008～2009 Ⅳ．D601

中国版本图书馆 CIP 数据核字（2008）第 169653 号

**中国国策报告（2008~2009）**

连玉明 武建忠 主编

| | |
|---|---|
| **出 版 者** | **中国时代经济出版社** |
| **地　　址** | 北京市西城区车公庄大街乙 5 号<br>鸿儒大厦 B 座 |
| **邮政编码** | 100044 |
| **电　　话** | (010) 68320825（发行部）<br>(010) 88361317（邮购） |
| **传　　真** | (010) 68320634 |
| **发　　行** | 各地新华书店 |
| **印　　刷** | 北京佳信达恒智彩印有限公司 |
| **开　　本** | 787×1092 1/16 |
| **版　　次** | 2009 年 1 月第 1 版 |
| **印　　次** | 2009 年 1 月第 1 次印刷 |
| **印　　张** | 21 |
| **字　　数** | 434 千字 |
| **印　　数** | 1～5000 册 |
| **定　　价** | 52.00 元 |
| **书　　号** | ISBN 978-7-80221-747-8 |

# 目录 REPORT ON CHINA'S NATIONAL POLICIES 中国国策报告

## 国策

# 政策



# 决策

# 问策

## 对策



## 治策

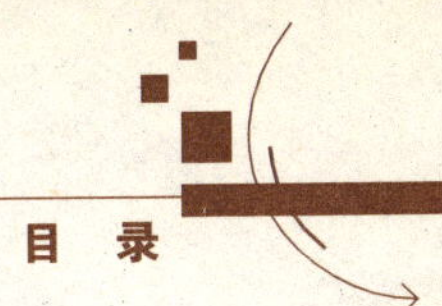



## 农村发展循序渐进



## 农民生活日益改善

REPORT ON CHINA'S NATIONAL POLICIES

中国国策报告

# 十七大引领中国全面发展

## 从十六大到十七大

2007 年 10 月 15 日，党的十七大在北京隆重开幕。这次会议全面回顾和总结了党的十六大以来这五年的光辉历程，特别是把体现科学发展观等党的十六大以来党中央提出的重大战略思想，把党的十七大报告确立的重大理论观点、重大战略思想、重大工作部署写入党章。有关专家表示，十六大以来，党中央提出了实现科学发展、构建社会主义和谐社会等一系列重大战略思想，其中，科学发展观在其中处于明显的统领地位，起着主导性作用。十五大报告确立了邓小平理论的历史地位和指导意义，十六大报告将“三个代表”确立为我党的指导思想。可以预见，科学发展观这一马克思主义同中国实际相结合的最新成果，将在十七大上获得进一步发展。

### 科学发展观是十六大以来党的思想理论建设的最新成果

党的十六大提出了全面建设小康社会的目标，即经过 20 年努力，建设一个能够惠及 10 多亿人口的更高水平的小康社会。改革开放以来，我国虽然在总体上已经进入了一个小康社会，但仍是低水平的、不完全的、发展很不平衡的小康社会。特别是 2003 年初突如其来的“非典”危机，更是充分暴露了我国在公共卫生、公共安全等方面的严重欠账。温家宝总理在反思“非典事件”时曾深有感触地说：“经济和社会发展不平衡，就如同一个人一条腿长一条腿短一样，一定会跌跤的。”

2003 年 10 月 15 日，党的十六届三中全会审议通过了《中共中央关于完善社会主义市场经济体制若干问题的决定》，首次提出科学发展观，并明确提出了“五个统筹”的重要观点。以此为标志，我国开始将重心从过去 20 年“全力以赴抓经济”转向建立一个

“全面、协调、可持续”的发展模式，科学发展观的全新理念也在中央领导集体中成为共识。2007 年 6 月 25 日，胡锦涛总书记在中央党校发表重要讲话，对科学发展观作出了最权威的阐述。他把科学发展观的内涵概括为：“第一要义是发展，核心是以人为本，基本要求是全面协调可持续，根本方法是统筹兼顾。”值得关注的是，此次讲话中有两处把科学发展观与党的指导思想并提或连接起来，一处是要求“始终不渝地坚持以邓小平理论和‘三个代表’重要思想为指导，深入贯彻落实科学发展观，毫不动摇地坚持和发展中国特色社会主义”。另一处是要求“深入学习马克思列宁主义、毛泽东思想、邓小平理论和‘三个代表’重要思想，深入学习科学发展观”。资深党建专家指出，上述表述意味着科学发展观已很接近党的“指导思想”地位。

梳理科学发展观提出四年来的发展脉络可以清晰地看到，从指导“经济”到统领“全局”，从“全面”到“深入”贯彻落实，“以人为本”、“统筹兼顾”的明确纳入并分别位居“核心”和“根本方法”，科学发展观的内涵不断丰富，地位不断上升。科学发展观对“什么是发展”“靠谁发展”和“为谁发展”“怎样发展”等发展观的基本问题，作出了科学的回答，极大地深化了对人类社会发展规律、社会主义建设规律与共产党执政规律的认识，对马克思主义的发展理论与中国特色社会主义理论作出了重大理论创新，是马克思主义中国化的最新成果。

## 科学发展观与和谐社会等在十七大写入党章

将科学发展观、和谐社会等写入党章，是十七大的一项重要内容，也是十七大的一个最大亮点。科学发展观是我党坚持以邓小平理论和“三个代表”重要思想为指导，在准确把握世界发展趋势、认真总结我国发展经验、深入分析我国发展阶段性特征的基础上提出来的重大战略思想，反映了中国特色社会主义在今天的实践中形成的经济社会发展的阶段性特征，是党在社会主义现代化建设指导思想上的与时俱进，是指导当前和今后社会主义现代化建设的强大思想武器。

胡锦涛“6·25”讲话中指出，科学发展观，第一要义是发展，核心是以人为本，基本要求是全面协调可持续，根本方法是统筹兼顾。舆论认为，这是对科学发展观思想内涵、精神实质和基本要求所作的全面、系统、完整的阐述，也是对十七大的一个定调。

发展是科学发展观的第一要义。发展对于全面建设小康社会、加快推进社会主义现代化具有决定性意义。全面建设小康社会是我国社会主义初级阶段中承上启下的重要阶段，虽然我国的人民生活与生产力状况和改革开放初期相比有了很大提高和发展，但社会的主要矛盾仍然是人民群众日益增长的物质文化需要与落后的社会生产的矛盾。解决好这个主要矛盾，必须以信息化带动工业化，以工业化促进信息化，实现生产力的质的飞跃，这就要求我们牢牢扭住经济建设这个中心，为发展中国特色社会主义打下坚实的物质基础。

以人为本是科学发展观的核心。科学发展观坚持人民群众是历史创造者唯物史观的基本原理，坚持全心全意为人民服务的党的根本宗旨，把依靠人民作为发展的根本前提，把提高人作为发展的根本途径，把尊重人作为发展的根本准则，把为了人作为发展的根本目的，始终把实现好、维护好、发展好最广大人民的根本利益作为党和国家一切工作的出发点和落脚点，做到发展为了人民、发展依靠人民、发展成果由人民共享。

全面协调可持续是科学发展观的基本要求。科学发展观坚持全面发展，以经济建设为中心，推进经济、政治、文化、社会建设共同进步，在实现社会全面进步中促进人的全面发展。科学发展观坚持协调发展，统筹城乡发展、区域发展、经济社会协调发展、人与自然和谐发展、国内发展与对外开放，推进生产力和生产关系、经济基础和上层建筑相协调。科学发展观坚持可持续发展，发展循环经济、建设资源节约型国家、建设环境友好型国家，走生产发展、生活富裕、生态良好的文明发展道路。

统筹兼顾是科学发展观的根本方法。"统筹兼顾"，"统"字就是统揽、总揽，就是宏观调控，适时适当干预。"筹"字就是筹划、协调，"兼顾"就是照顾到方方面面，协调好各种关系，发挥各方面的积极性。统筹兼顾，就要总揽全局，照顾各方，充分调动一切积极因素，妥善处理各种利益关系，注重实现良性互动，着力加强经济社会发展的薄弱环节。统筹兼顾的思想，为我们统筹经济社会发展提供了科学方法。

这四方面相互联系，有机统一，深刻反映了我党在发展问题上的新认识，是我党执政理念的新飞跃，集中体现了当今世界发展的新趋势，准确把握了我国发展的新要求，是马克思主义关于发展的世界观和方法论的集中体现，是夺取全面建设小康社会新胜利、开创中国特色社会主义事业新局面的重要指导思想。

### 落实科学发展观在十七大后掀起新高潮

一个理论要成为党的指导思想，除了要经过党的代表大会通过，还必须是一个用一系列紧密联系、相互贯通的新思想、新论述组成的完整科学思想体系，不仅要有世界观、方法论，还要有具体政策措施。科学发展观提出四年来，中央出台了一系列政策措施，落实科学发展观的政策体系基本形成：

——着眼于和谐社会建设、让全体人民共享改革发展成果，2005年，国务院发出《关于进一步加强就业再就业工作的通知》，作出《关于完善企业职工基本养老保险制度的决定》。2006年，农业税全面取消，农村义务教育开始免费。2007年初，中央明确提出所有城市（包括县城）都要建立廉租住房制度；6月，国务院宣布"全面建立农村最低生活保障制度"；7月，全国首批城镇居民基本医疗保险试点工作在全国79个大中城市启动，预计到2010年覆盖全国。

——着眼于建设资源节约型社会和环境友好型社会，"十一五"规划《建议》首次提出要将"单位GDP能耗降低20%、主要污染物排放总量减少10%"的约束性指标。2006年8月，国务院作出《关于加强节能工作的决定》。2007年5月，国务院出台《节能减排综合性工作方案》，建立了政府节能减排工作问责制。

——着眼于增强自主创新能力，2006年1月9日，胡锦涛在全国科学技术大会上明确提出"15年建成创新型国家"。随后，《国家中长期科学和技术发展规划纲要（2006～

2020 年)》正式发布，标志着自主创新这一国家战略已经正式启动。

——着眼于解决“三农”问题，党的十六届三中全会提出统筹城乡发展的思路，党的十六届四中全会又提出了“两个趋向”的重要论断，为我国在新形势下形成“工业反哺农业、城市支持农村”的机制定下了基调。从“全党工作的重中之重”到“两个趋向”论断，再到建设社会主义新农村目标任务的提出，一个以新农村建设为主题的包括农村物质、精神、政治和生态文明在内，以城乡统筹为核心的农村政策新体系已浮出水面。

——着眼于解决国内地区之间发展不平衡的问题，继我国实施沿海开放战略、西部大开发战略之后，近几年党中央、国务院先后开始实施振兴东北战略和中部崛起战略。不仅如此，中央还设立四个综合配套改革试验区，确立了以直辖+综合配套改革为特点的中国新一轮改革的战略布局，从行政管理体制改革、金融、统筹城乡等多个层面围绕科学发展和构建社会主义和谐社会进行“试验”。

——着眼于加强党的执政能力建设，2004 年 9 月，党的十六届四中全会专门作出《关于加强党的执政能力建设的决定》，这是我党历史上第一个指导全党提高治国理政能力的纲领性文件。此后，《党内监督条例》、《党员权利保障条例》、《行政许可法》、《公务员法》、《中共中央纪委关于严格禁止利用职务上的便利谋取不正当利益的若干规定》等一系列法规政策相继出台，从党内民主、干部制度改革、党风廉政建设等多个方面切实加强党的执政能力建设，为落实科学发展观、构建社会主义和谐社会提供了坚强有力的组织保证。

## 后一阶段发展的纲领性文件

2007 年 10 月 15～21 日，举世瞩目的党的十七大胜利召开。这是在我国改革发展关键阶段召开的一次十分重要的大会。作为今后一个阶段我国发展的纲领性文件，大会批准的胡锦涛代表第十六届中央委员会向大会作的报告提出了实现全面建设小康社会奋斗目标的新要求，对我国社会主义经济建设、政治建设、文化建设、社会建设和党的建设作了全面部署，为我们继续推动党和国家事业发展指明了方向，它将引领中国进入全新的历史发展阶段。

### 伟大旗帜：中国特色社会主义是当代中国共产党人的一个伟大创造

**政治纲领**。中国特色社会主义伟大旗帜，是当代中国发展进步的旗帜，是全党全国各族人民团结奋斗的旗帜。解放思想是发展中国特色社会主义的一大法宝，改革开放是发展中国特色社会主义的强大动力，科学发展、社会和谐是发展中国特色社会主义的基本要求，全面建设小康社会是党和国家到 2020 年的奋斗目标，是全国各族人民的根本利益所在。

中国特色社会主义道路，就是在中国共产党领导下，立足基本国情，以经济建设为中心，坚持四项基本原则，坚持改革开放，解放和发展社会生产力，巩固和完善社会主义制度，建设社会主义市场经济、社会主义民主政治、社会主义先进文化、社会主义和谐社会，建设富强民主文明和谐的社会主义现代化国家。中国特色社会主义道路之所以完全正确、能够引领中国发展进步，关键在于我们既坚持了科学社会主义的基本原则，又根据我国实际和时代特征赋予其鲜明的中国特色。在当代中国，坚持中国特色社会主义道路，就是真正坚持社会主义。

## 伟大理论：科学发展观是发展中国特色社会主义必须坚持和贯彻的重大战略思想

**重要意义**。科学发展观，是对党的三代中央领导集体关于发展的重要思想的继承和发展，是马克思主义关于发展的世界观和方法论的集中体现，是同马克思列宁主义、毛泽东思想、邓小平理论和“三个代表”重要思想既一脉相承又与时俱进的科学理论，是我国经济社会发展的重要指导方针，是发展中国特色社会主义必须坚持和贯彻的重大战略思想。

**八大特征**。科学发展观，是立足社会主义初级阶段基本国情，总结我国发展实践，借鉴国外发展经验，适应新的发展要求提出来的。进入新世纪新阶段，我国发展呈现一系列新的阶段性特征，主要是：一是经济实力显著增强，同时生产力水平总体上还不高，自主创新能力还不强，长期形成的结构性矛盾和粗放型增长方式尚未根本改变；二是社会主义市场经济体制初步建立，同时影响发展的体制机制障碍依然存在，改革攻坚面临深层次矛盾和问题；三是人民生活总体上达到小康水平，同时收入分配差距拉大趋势还未根本扭转，城乡贫困人口和低收入人口还有相当数量，统筹兼顾各方面利益难度加大；四是协调发展取得显著成绩，同时农业基础薄弱、农村发展滞后的局面尚未改变，缩小城乡、区域发展差距和促进经济社会协调发展任务艰巨；五是社会主义民主政治不断发展、依法治国基本方略扎实贯彻，同时民主法制建设与扩大人民民主和经济社会发展的要求还不完全适应，政治体制改革需要继续深化；六是社会主义文化更加繁荣，同时人民精神文化需求日趋旺盛，人们思想活动的独立性、选择性、多变性、差异性明显增强，对发展社会主义先进文化提出了更高要求；七是社会活力显著增强，同时社会结构、社会组织形式、社会利益格局发生深刻变化，社会建设和管理面临诸多新课题；八是对外开放日益扩大，同时面临的国际竞争日趋激烈，发达国家在经济科技上占优势的压力长期存在，可以预见和难以预见的风险增多，统筹国内发展和对外开放要求更高。

**四大内涵**。科学发展观，第一要义是发展，核心是以人为本，基本要求是全面协调可持续，根本方法是统筹兼顾。一是必须坚持把发展作为党执政兴国的第一要务；二是必须坚持以人为本；三是必须坚持全面协调可持续发展；四是必须坚持统筹兼顾。

**四大要求**。一是深入贯彻落实科学发展观，要求我们始终坚持“一个中心、两个基本点”的基本路线。二是深入贯彻落实科学发展观，要求我们积极构建社会主义和谐社会；三是深入贯彻落实科学发展观，要求我们继续深化改革开放；四是深入贯彻落实科学发展观，要求我们切实加强和改进党的建设。

**困难问题**。在看到成绩的同时，也要清醒地认识到，我们的工作与人民的期待还有不小差距，前进中还面临不少困难和问题，突出的是：经济增长的资源环境代价过大；城乡和区域、经济社会发展仍然不平衡；农业稳定发展和农民持续增收难度加大；劳动就业、社会保障、收入分配、教育卫生、居民住房、安全生产、司法和社会治安等方面关系群众切身利益的问题仍然较多，部分低收入群众生活比较困难；思想道德建设有待加强；党的执政能力同新形势新任务不完全适应，对改革发展稳定一些重大实际问题的调查研究不够深入；一些基层党组织软弱涣散；少数党员干部作风不正，形式主义、官僚主义问题比较突出，奢侈浪费、消极腐败现象仍然比较严重。我们要高度重视这些问题，继续认真加以解决。

**调控体系**。实现未来经济发展目标，关键要在加快转变经济发展方式、完善社会主义市场经济体制方面取得重大进展。要大力推进经济结构战略性调整，更加注重提高自主创新能力、提高节能环保水平、提高经济整体素质和国际竞争力。要深化对社会主义市场经济规律的认识，从制度上更好地发挥市场在资源配置中的基础性作用，形成有利于科学发展的宏观调控体系。

（一）提高自主创新能力，建设创新型国家。这是国家发展战略的核心，是提高综合国力的关键。

（二）加快转变经济发展方式，推动产业结构优化升级。这是关系国民经济全局紧迫而重大的战略任务。

（三）统筹城乡发展，推进社会主义新农村建设。解决好农业、农村、农民问题，事关全面建设小康社会大局，必须始终作为全党工作的重中之重。

（四）加强能源资源节约和生态环境保护，增强可持续发展能力。坚持节约资源和保护环境的基本国策，关系到人民群众的切身利益和中华民族的生存发展。

（五）推动区域协调发展，优化国土开发格局。缩小区域发展差距，必须注重实现基本公共服务均等化，引导生产要素跨区域合理流动。

（六）完善基本经济制度，健全现代市场体系。

（七）深化财税、金融等体制改革，完善宏观调控体系。

（八）拓展对外开放广度和深度，提高开放型经济水平。

## 伟大目标：为全面建成更高水平的小康社会打基础

**小康目标**。我们已经朝着十六大确立的全面建设小康社会的目标迈出了坚实步伐，今后要继续努力奋斗，确保到2020年实现全面建成小康社会的奋斗目标。增强发展协调性，努力实现经济又好又快发展；扩大社会主义民主，更好地保障人民权益和社会公平正义；加强文化建设，明显提高全民族文明素质；加快发展社会事业，全面改善人民生活；建设生态文明，基本形成节约能源资源和保护生态环境的产业结构、增长方式、消费模式。

到2020年全面建设小康社会目标实现之时，我们这个历史悠久的文明古国和发展中社会主义大国，将成为工业化基本实现、综合国力显著增强、国内市场总体规模位居世界前列的国家，成为人民富裕程度普遍提高、生活质量明显改善、生态环境良好的国家，成为人民享有更加充分的民主权利、具有更高文明素质和精神追求的国家，成为各方面制度更加完善、社会更加充满活力而又安定团结的国家，成为对外更加开放、更加具有亲和力、为人类文明作出更大贡献的国家。

**民主政治**。人民民主是社会主义的生命。发展社会主义民主政治是我们党始终不渝的奋斗目标。改革开放以来，我们积极稳妥地推进政治体制改革，我国社会主义民主政治展现出更加旺盛的生命力。政治体制改革作为我国全面改革的重要组成部分，必须随着经济社会发展而不断深化，与人民政治参与积极性不断提高相适应。

深化政治体制改革，必须坚持正确的政治方向，以保证人民当家做主为根本，以增强党和国家活力、调动人民积极性为目标，扩大社会主义民主，建设社会主义法治国家，发展社会主义政治文明。

（一）扩大人民民主，保证人民当家做主。人民当家做主是社会主义民主政治的本质和核心。

（二）发展基层民主，保障人民享有更多更切实的民主权利。人民依法直接行使民主权利，管理基层公共事务和公益事业，实行自我管理、自我服务、自我教育、自我监督，对干部实行民主监督，是人民当家做主最有效、最广泛的途径，必须作为发展社会主义民主政治的基础性工程重点推进。

（三）全面落实依法治国基本方略，加快建设社会主义法治国家。依法治国是社会主义民主政治的基本要求。

（四）壮大爱国统一战线，团结一切可以团结的力量。促进政党关系、民族关系、宗教关系、阶层关系、海内外同胞关系的和谐，对于增进团结、凝聚力量具有不可替代的作用。

（五）加快行政管理体制改革，建设服务型政府。行政管理体制改革是深化改革的重要环节。

（六）完善制约和监督机制，保证人民赋予的权力始终用来为人民谋利益。确保权力正确行使，必须让权力在阳光下运行。

**文化繁荣**。当今时代，文化越来越成为民族凝聚力和创造力的重要源泉，越来越成为综合国力竞争的重要因素，丰富精神文化生活越来越成为我国人民的热切愿望。要坚持社会主义先进文化前进方向，兴起社会主义文化建设新高潮，激发全民族文化创造活力，提高国家文化软实力，使人民基本文化权益得到更好的保障，使社会文化生活更加丰富多彩，使人民精神风貌更加昂扬向上。

（一）建设社会主义核心价值体系，增强社会主义意识形态的吸引力和凝聚力。社会主义核心价值体系是社会主义意识形态的本质体现。

（二）建设和谐文化，培育文明风尚。和谐文化是全体人民团结进步的重要精神支撑。

（三）弘扬中华文化，建设中华民族共有精神家园。中华文化是中华民族生生不息、团结奋进的不竭动力。

（四）推进文化创新，增强文化发展活力。在时代的高起点上推动文化内容形式、体制机制、传播手段创新，解放和发展文化生产力，是繁荣文化的必由之路。

**社会建设**。社会建设与人民幸福安康息息相关。必须在经济发展的基础上，更加注重社会建设，着力保障和改善民生，推进社会体制改革，扩大公共服务，完善社会管理，促进社会公平正义，努力使全体人民学有所教、劳有所得、病有所医、老有所养、住有所居，推动建设和谐社会。

（一）优先发展教育，建设人力资源强国。教育是民族振兴的基石，教育公平是社会公平的重要基础。

（二）实施扩大就业的发展战略，促进以创业带动就业。就业是民生之本。

（三）深化收入分配制度改革，增加城乡居民收入。合理的收入分配制度是社会公平的重要体现。

（四）加快建立覆盖城乡居民的社会保障体系，保障人民基本生活。社会保障是社会安定的重要保证。

（五）建立基本医疗卫生制度，提高全民健康水平。健康是人全面发展的基础，关系到千家万户的幸福。

（六）完善社会管理，维护社会安定团结。社会稳定是人民群众的共同心愿，是改革发展的重要前提。

## 伟大复兴：大踏步赶上时代前进潮流、迎来伟大复兴的光明前景

**改革开放**。改革开放是决定当代中国命运的关键抉择，是发展中国特色社会主义、实现中华民族伟大复兴的必由之路；只有社会主义才能救中国，只有改革开放才能发展中国、发展社会主义、发展马克思主义。

**富国强军**。国防和军队建设，在中国特色社会主义事业总体布局中占有重要地位。必须站在国家安全和发展战略全局的高度，统筹经济建设和国防建设，在全面建设小康社会进程中实现富国和强军的统一。

**“一国两制”**。“一国两制”是完全正确的，具有强大的生命力。按照“一国两制”实现祖国和平统一，符合中华民族根本利益。

**两岸统一**。两岸统一是中华民族走向伟大复兴的历史必然。海内外中华儿女紧密团结、共同奋斗，祖国完全统一就一定能够实现。

**和平发展**。中国将始终不渝走和平发展道路。这是中国政府和人民根据时代发展潮流和自身根本利益作出的战略抉择。

## 伟大工程：以改革创新精神加强党的建设

**三情教育**。我们党已成立 87 年，在全国执政 59 年，拥有 7000 多万党员，党的教育

和管理任务比过去任何时候都更为繁重。党领导的改革开放既给党注入了巨大活力，也使党面临许多前所未有的新课题新考验。世情、国情、党情的发展变化，决定了以改革创新精神加强党的建设既十分重要又十分紧迫。

**三种规律**。要按照建设学习型政党的要求，紧密结合改革开放和现代化建设的生动实践，深入学习马克思列宁主义、毛泽东思想、邓小平理论和“三个代表”重要思想，在全党开展深入学习实践科学发展观活动，坚持用发展着的马克思主义指导客观世界和主观世界的改造，进一步把握共产党执政规律、社会主义建设规律、人类社会发展规律，提高运用科学理论分析和解决实际问题的能力。

**五个重点**。以坚定理想信念为重点加强思想建设，以造就高素质党员、干部队伍为重点加强组织建设，以保持党同人民群众的血肉联系为重点加强作风建设，以健全民主集中制为重点加强制度建设，以完善惩治和预防腐败体系为重点加强反腐倡廉建设。

**六个建设**。(一）深入学习贯彻中国特色社会主义理论体系，着力用马克思主义中国化最新成果武装全党。（二）继续加强党的执政能力建设，着力建设高素质领导班子。(三）积极推进党内民主建设，着力增强党的团结统一。(四）不断深化干部人事制度改革，着力造就高素质干部队伍和人才队伍。(五）全面巩固和发展先进性教育活动成果，着力加强基层党的建设。(六）切实改进党的作风，着力加强反腐倡廉建设。

## 确保经济发展的四个着眼点

十七大报告提出的各项大政方针和决策部署，对夺取全面建设小康社会新胜利，开创中国特色社会主义事业新局面，谱写人民美好生活新篇章，具有重大战略意义。而确保经济又好又快发展是其中的重要内容。

### 转变经济发展方式是落实科学发展观的关键

“增强发展协调性，努力实现经济又好又快发展”——这是党的十七大着眼于到2020年实现全面小康，对今后发展提出的五项新要求中第一位的要求。紧接着在报告第五部分“促进国民经济又好又快发展”中又开宗明义地指出，“实现未来经济发展目标，关键要在加快转变经济发展方式、完善社会主义市场经济体制方面取得重大进展”。

从“增长”到“发展”这两个字的调整，马上引起专家们的关注，认为这意味着我国经济发展内涵的重大变化。转变经济增长方式，在内涵上主要是指经济增长由粗放型向集约型转变；而转变经济发展方式，还要求实现经济结构优化升级，以及经济社会协调发展、人与自然和谐发展和人的全面发展。

进一步分析还可以发现，在关于现实工作中的困难和问题的表述中，十六大报告提出的头一个问题是“农民和城镇部分居民收入增长缓慢，失业人员增多，有些群众的生活还很困难”。十七大报告中排在第一位的则是“经济增长的资源和环境代价过大”。显然，资源和环境问题已经成为中央在谋划未来5年乃至更长时间中的发展问题时首先考

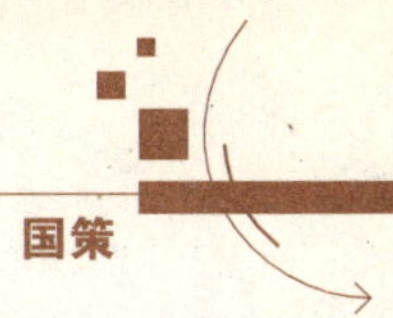



虑的一个问题。

按照专家提供的数据，我国每万元GDP能耗比工业发达国家高出2～3倍，主要产品单位能耗比发达国家高30%～90%。不仅如此，耕地保有量正在逼近"十一五"规划确定的18亿亩红线；水污染、空气污染、酸雨等环境污染现象严重，已经到了一个危险的临界点上，转变经济发展方式刻不容缓。

专家指出，转变经济发展方式，要求把粗放式经济增长转变为集约式经济增长，把盲目地单纯追求GDP量的扩张转变到更加注重优化经济结构和经济增长质量上来，依靠科技进步和创新，在优化结构、提高效益和降低能耗、保护环境的基础上，实现速度质量效益相协调、人口资源环境相协调，真正做到又好又快发展。有鉴于此，2006年，中组部出台了《体现科学发展观要求的地方党政领导班子和领导干部综合考核评价试行办法》，山西等地也都制定了以"科学的发展观"为指导对地方党政领导班子和领导干部进行考核评价的具体办法。接下来，各地要围绕转变经济发展方式，推动产业结构优化升级，坚持走"高科技、高效益、高就业，低能耗、低污染"的中国特色新型工业化道路。

## 培养一线创新人才是发展"第一生产力"的重点

围绕落实科学发展观，促进国民经济又好又快发展，十七大报告从八个方面对经济建设作出重点部署，其中"提高自主创新能力"被放在了第一位。报告指出，"提高自主创新能力，建设创新型国家。这是国家发展战略的核心，是提高综合国力的关键"。特别值得关注的是，与胡锦涛在开幕式上所作报告相比，正式报告增加了"注重培养一线创新人才"的新提法。

《国家中长期科学和技术发展规划纲要》明确提出，企业是技术创新的主体。然而现实情况是，我国企业每万名劳动力中研发人员比重仅为日本、德国的1/10。绝大部分创新人才分布在企业之外，在"产学研"结合中，企业基本处于从属地位。大量数据表明，企业的技术创新主体地位尚未真正确立，创新型人才短缺已成为制约经济社会发展的一个重要因素，不适应、不利于一线创新人才脱颖而出的体制和机制问题还普遍存在。

专家指出，创新实际上是一个金字塔。如果把以诺贝尔奖得主等为代表的最高层次的知识发现视为创新金字塔的塔尖，塔尖下面还应有更大规模的从事应用发明、技术创新、集成创新等一线创新人才。一个国家当然需要处于塔尖的顶层创新，但没有大量位于塔基的底层创新做基础，它的整体创新能力是不可能达到塔尖的。创新有很多层面，从诺贝尔奖得主到普通的技工都可以创新。当前中国不只是高端创新人才缺乏，就是在创新金字塔塔基位置的创新人才也非常欠缺。"注重培养一线创新人才"正式写入十七大报告，无疑对我们正视一线创新人才培养、优化"第一生产力"起到至关重要的作用。当前，培养一线创新人才最重要的是构建一线创新型人才成长平台，引导和支持创新要素向企业集聚，一方面对科研资金要舍得投入，一方面在培训上要向自主创新型人才倾斜，再一方面要建立有利于自主创新型人才长期生存发展的制度，促进科技成果向现实生产力转化。

## 健全土地承包经营权流转市场是撬动“三农”问题解决的支点

解决好农业、农村、农民问题，事关全面建设小康社会大局，必须始终作为全党工作的重中之重。十七大报告指出，“农业稳定和农民持续增收难度加大”是我国前进中面临的一大突出困难和问题。

这些年，随着中央“1号文件”及一系列支农惠农政策的陆续出台，长期压在农民身上的农业税等税费已相继取消，对良种补贴、农机具购置补贴等直接惠农政策也确实减轻了农民负担，增加了农民收入。

十七大报告强调，要加强农业基础地位，走中国特色农业现代化道路，建立以工促农、以城带乡长效机制，形成城乡经济社会发展一体化新格局。并明确提出要“稳定和完善土地承包关系，按照依法自愿有偿原则，健全土地承包经营权流转市场，有条件的地方可以发展多种形式的适度规模经营”。专家指出，“健全土地承包经营权流转市场”将使土地实现真正流动，受益最大的无疑是广大农民朋友。长期以来，土地承包经营权流转一直进展缓慢，其中一个重要原因就是地方政府缺少推进的动力，土地流转更多的时候变成了“政府征用”。如果土地承包经营权流转市场能够建立，市场机制就能够有效调节和引导土地资源整合与流转，那么农民也就有权选择相对而言最划算最有利的交易方式和交易对象，农地真正成为保障农民利益的最宝贵财产，农民可以借此分享社会经济发展的成果。

## 经济圈和经济带紧密联系才能产生带动力

落实科学发展观，实现经济又好又快发展，区域协调发展是其中一项重要内容。十七大报告明确提出，“要遵循市场经济规律，突破行政区划界限，形成若干带动力强、联系紧密的经济圈和经济带”。专家指出，“经济圈和经济带”的提法在党代会报告中还是首次出现，报告特别强调“联系紧密”，这有利于各地突破行政区划界限，打破“各自为政”的局面，谋求真正意义上的区域协调发展，并进一步带动中国经济向前发展。

目前，环渤海、“长三角”和“珠三角”已成为我国三大经济圈，但真正意义上联系紧密，有带动和辐射能力的经济圈和经济带并未完全形成。以一体化速度最快的“长三角”为例，北京中经纵横经济研究院的有关报告指出，“虽然长三角一体化的范围不断扩展、层次不断提高，但仍旧是一种以行政区经济为主体的发展模式”。而被称为“第三极”的环渤海经济圈，则被舆论评价为“更像一个地理而非经济的概念”。

分析人士指出，之所以形成这样的局面，表面是利益问题和行政区划问题，实质是决策问题，核心是利益机制的问题。靠行政力量推动区域一体化，触及地方政府利益，只能是“雷声大，雨点小”。必须看到，区域协调发展、区域一体化必须以共同（互补）产业为基础，必须以共同（竞争）市场为支点，必须以共同（双赢）利益为纽带。所以，十七大报告第五部分在谈到这一问题时特别提出要“深化对社会主义市场经济规律的认识，从制度上更好地发挥市场在资源配置过程中的基础性作用”，而最新颖的是关于“推动区域协调发展，优化国土开发格局”的提法。过去各地为了经济发展，一窝蜂地上项目、搞工业化，这实际上并不能从根本上缩小地区发展差距。“优化国土开发格局”的新思路，具体来说，就是“统筹兼顾”与“发挥市场机制”两条思路：一是注重实现基本公共服务均等化，二是引导生产要素跨区域合理流动。

经济圈和经济带的本质在于各种生产要素和人的自由流动。区域一体化作为区域经济互动的高级形式，是我国经济发展到一定阶段的必然结果，这种阶段就是市场配置资源的阶段。建立怎样的利益机制是决定我国区域经济一体化战略能否落到实处的关键所在。不论是“长三角”还是国内其他地区的决策者都必须拿出勇气和决断来。

## 发展社会主义民主政治的六个着力点

“人民民主是社会主义的生命”——这是写在党的十七大报告第六部分“坚定不移发展社会主义民主政治”一章开篇的话，是继十六大报告将“党内民主”视为“党的生命”之后，党代会报告首次将民主提升到“社会主义的生命”的高度，彰显了我们党对民主的重视和推进民主政治的决心。

### 确保人民当家做主是最大政绩

仔细品读十七大报告可以发现，报告从六个方面对社会主义民主政治建设进行了全面而具体的部署，“扩大人民民主，保证人民当家做主”被放在了第一位。什么是人民当家做主？就是“基层群众自治制度”，这是中国特色政治制度范畴的最大亮点。而“基层群众自治制度”首次纳入中国的政治制度范畴，是执政党不断推进政治制度自我完善与发展的生动体现。必须看到，基层群众自治对于人民当家做主，对于中国民主政治的推进具有不可估量的意义。温家宝总理2007年9月接受欧洲五家媒体联合采访时就曾说过，“中国政府坚信，群众通过基层的直接民主形式管理好一个村，将来就可管好一个乡，管好一个乡以后，将来就可管好一个县、一个省，真正体现国家是人民当家做主。”

专家指出，坚持基层群众自治制度应作为发展社会主义民主政治的一项“基础性工作”来对待。当前，中国民主政治建设形势较好，机会难得。对于各地领导来说，发展经济是政绩，发展基层民主同样是政绩，而且是适应新的形势要求的最大政绩。在这方面，被媒体称为“中组部改革试验田”的四川，从直选村支书到率先将公推公选推进到乡长、乡党委书记的层面，再到干部任免全部实行无记名投票表决；从首开国内干部选拔任用官员问责先河，到“一把手”重大、敏感问题都必须经集体讨论决定，其在我国基层民主建设的实践中可谓走在最前列。

### 使党的主张通过法定程序成为国家意志

人民代表大会制度是我国的根本政治制度，是人民当家做主的重要途径和最高实现形式。十七大报告提出了完善人大制度的一系列政策措施，其中，“支持人民代表大会依法履行职能，善于使党的主张通过法定程序成为国家意志”可谓最大亮点。

党建专家指出，坚持中国共产党对于国家政权的领导，这是我国社会主义政治的基本特征，但党执政治国并不意味着党直接通过党的结构和党的组织来进行实际的国家治理和政府管理。报告强调要“善于使党的主张通过法定程序成为国家意志”，这既是民主政治的需要，也是法治政治的要义之所在，体现了党科学执政、民主执政、依法执政的执政理念，这必将使执政党和国家权力机关的关系更加规范和顺畅。

我们可以从一个小的基层案例看“使党的主张通过法定程序成为国家（公众）意志”的重要意义，那就是“党支部领导、村代会做主、村委会办事”的河北青县村治模式。在这一体制下，村党支部书记要按民主程序依法竞选村代会主席，党员则要竞选村主任、村民代表，积极在村民代表中发展党员，把党组织与村民组织融为一体，取得领导的合法性和话语权。同时强调党的领导要在村民自治体制框架内依法实施，从而规范领导方式，提高领导效能。民政部有关官员曾撰文谈青县模式，称其“找到了‘加强党的领导、人民当家做主、依法办事’有机结合的途径”。

## 把政治协商纳入决策程序的重要性和紧迫性

继2005年中央出台《关于进一步加强中国共产党领导的多党合作和政治协商制度建设的意见》，提出政治协商是实行科学民主决策的重要环节后，十七大报告又明确提出，要支持人民政协围绕团结和民主两大主体履行职能，把“政治协商纳入决策程序”。这意味着，今后国家和地方的各项大政方针和重要问题在决策之前和决策执行过程中都要充分听取政协和民主党派的意见，并且要形成制度坚持下去。

从这次公开报道的党的十七大报告的起草过程，以及中央政治局和“两委”的产生过程来看，政治协商纳入决策程序是最鲜明的一个特点。从报告酝酿到“两委”人选考察等环节，都充分听取了政协的意见，引入了广泛的协商过程。而党的十七大提出要把政治协商纳入决策程序，将进一步提升我国政治协商结构的政治意义，开创出具有中国特色的社会主义协商民主模式。

在广东等地，省委就重大问题与民主党派无党派人士政治协商已基本形成制度。但专家指出，从总体上说，各地在完善政协履行职能的工作机制、改进方式方法等方面还有不少工作要做。今后要着眼于实际，有针对性地提出具体措施。

## 完善决策信息和智力支持系统越快越好

随着信息化的飞速发展，决策信息以及围绕决策信息而产生的多元化的决策支持系统受到各国决策者的高度关注。党的十七大报告明确提出，要“完善决策信息和智力支持系统，增强决策透明度和公众参与度，制定与群众利益密切相关的法律法规和公共政策原则上要公开听取意见”。

现代社会是一个信息大爆炸的时代。但对政府而言，信息多了反而可能不易决策。所以，提高领导者的决策工作能力和提高其使用政务信息的能力和水平同样重要；提高领导者对决策规律性的认识和提高其对政务公开成果的规律性的利用同样重要。科学的决策需要有一个完善的基础结构来辅助，“完善决策信息和智力支持系统”就十分迫切地提上了议事日程。只有把完善决策信息系统纳入政府决策咨询制度建设框架之中，建立健全长效机制，保障决策信息产品的循环和可持续利用，才能更好地促进政府决策信息化水平的提高。

2006年11月召开的中国首届智库论坛上，长期为中国决策层提供政策和咨询的十大著名“智库”浮出水面，包括中国社科院、国务院发展研究中心等。它们在推进党和政府科学民主决策方面发挥了决策智囊库的作用。但人们也发现，这些智库大多属于官方机构，隶属政府不同部门，这些机构固然有资源人才等方面的优势，但也难以摆脱官办、行政级别的色彩。而与发达国家的智库大多数是民间性机构相比，我国民间智库相对短缺。专家指出，这样的智库结构，显然无法扮演其本应有的社会、政治功能。因此，接下来各地在学习贯彻十七大精神、推动完善决策信息和智力支持系统时，要充分重视建立多元化的决策信息和智力支持系统，尤其是更加重视发挥民间智库的决策咨询作用，运用市场机制，引入专业化信息决策咨询和服务机构，导入专业信息运营商的概念。深圳、长沙等地已开始建立市领导决策信息服务系统，利用先进的网络技术，整合政务网和因特网各种信息资源，为领导决策提供全面、准确、最新的一站式信息服务。

## “大部门体制”将掀起新一轮行政改革浪潮

着眼于加快行政管理体制改革，报告中“加大机构整合力度，探索实行职能有机统一的大部门体制”是一个很有突破性的提法，也是非常值得重视的方向性要求。所谓大部门体制，即性质类同的部门进行合并，把密切相关的职能集中在一个大的部门统一行使，这样可以减少部门之间职能交叉和权限冲突，简化处理公务的手续和环节，有利于建立统一、精简、高效的服务政府和责任政府等。有关专家指出，受计划经济体制影响，我国政府机构设置仍然很细，政府过度干预微观经济运行，特别是有的部委集中了过多的决策权，不仅降低了政府行政效率，还强化了部门利益，容易成为产生机制性腐败的因素之一。“大部门制有利于集中和综合决策，提高决策科学性和有效性。”专家强调，“推行大部门制的主要目的不在于精简机构和裁减人员，而在于建立决策、执行分开的行政管理体制。”

## 提高政府工作透明度和公信力关键是落实

近些年，全国各地纷纷开展、推进政务公开，这是我国民主法制建设发展的一个重要标志。十七大报告明确提出，“完善各类公开办事制度，提高政府工作透明度和公信力”。专家指出，将“提高政府工作透明度和公信力”明确写入党代会报告，彰显了中国建立透明政府和服务型政府的决心。2008年5月1日，《政府信息公开条例》正式实施，明确规定涉及公民、法人或者其他组织切身利益等四类信息，政府应当主动公开。专家指出，提高政府工作透明度和公信力，将有助于激发社会公众主体意识和参与意识，并反过来作用于政府建设。

## 文化大发展的四个切入点

十七大报告将“推动社会主义文化大发展大繁荣”写进第七部分的标题，并强调指出，当今时代，文化越来越成为民族凝聚力和创造力的重要源泉，越来越成为综合国力竞争的重要因素，丰富精神文化生活越来越成为我国人民的热切愿望。这表明我们党对社会主义文化发展规律的认识达到了一个新的历史高度。

### 用社会主义核心价值体系引领社会思潮

十六届六中全会通过的《中共中央关于构建社会主义和谐社会若干重大问题的决定》首次提出了“社会主义核心价值体系”的概念，明确指出社会主义核心价值体系是建设和谐文化的基础。马克思主义指导思想，中国特色社会主义共同理想，以爱国主义为核心的民族精神和以改革创新为核心的时代精神，社会主义荣辱观，构成社会主义核心价值体系的基本内容。在此基础上，党的十七大报告进一步指出，社会主义核心价值体系是社会主义意识形态的本质体现。要积极探索用社会主义核心价值体系引领社会思潮的有效途径，主动做好意识形态工作，既尊重差异、包容多样，又有力抵制各种错误和腐朽思想的影响。

历史经验表明，任何一个国家要把全社会的意志和力量凝聚起来，都必须有一套与经济基础、政治制度相适应的核心价值体系。社会思潮作为社会文化的一种表现形式，是一定时期社会存在的反映，具有对社会生活产生积极或消极影响的复杂性。对社会思潮进行引领和整合，使之朝着有利于实现社会预期目标的方向发展，是核心价值体系应有的功能和作用。新世纪新阶段，我国经济体制深刻变革，社会结构深刻变动，利益格局深刻调整，思想观念深刻变化。如何用马克思主义中国化最新成果武装全党、教育人民，引领整合多元多样的社会思潮，至为关键。

综合多数学者的观点，大家普遍认为，必须坚持以社会主义核心价值体系增强社会主义意识形态的吸引力和凝聚力，以社会主义核心价值体系引领社会思潮，尊重差异，包容多样，最大限度地形成社会共识。当前要从以下三个方面着手：

首先，要从全局上找准以社会主义核心价值体系引领社会思潮的着力点。要把引领社会思潮同解决人民群众最关心、最直接、最现实的利益问题结合起来，不断夯实形成社会思想共识的群众基础。其次，要全方位拓展以社会主义核心价值体系引领社会思潮的领域和渠道。要把社会主义核心价值体系融入国民教育和精神文明建设的全过程，为引领社会思潮、形成社会思想共识创造更加有利的社会环境。第三，要不断增强社会主义核心价值体系引领社会思潮所必需的说服力和感召力。要通过科学而有力的舆论导向、文化辐射、政策激励、制度安排等，既统一思想又尊重差异，既引导民众又服务民众，不断增强核心价值体系对社会思潮进行引领的亲和力。

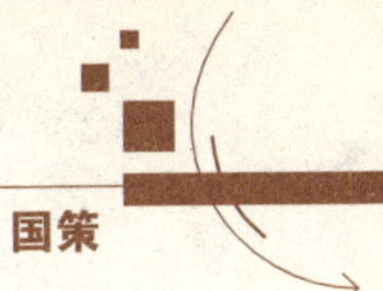



## 建设和谐文化的重点是推进城乡、区域文化协调发展

在“社会主义和谐社会”这一总的理念指引下，党的十七大报告又围绕“和谐”二字，延伸出一系列新的和谐概念，如和谐世界、和谐文化、党内和谐等。其中，“和谐文化”受到了文化界的普遍关注。报告提出，和谐文化是全体人民团结进步的重要精神支撑，要建设和谐文化，推动社会主义文化大发展大繁荣。将和谐文化作为构建社会主义和谐社会的一项重要任务，这是对中国传统文化的一次继承和创新，为我们今后文化事业的发展指明了方向。

“让人民共享文化发展成果”是建设和谐文化的题中之义，按照十七大报告的要求，和谐文化建设的关键是要“重视城乡、区域文化协调发展”，从而“使人民基本文化权益得到更好保障”。

一段时间以来，由于城乡文化体制的分割，二元结构明显，城乡群众文化生活的差距越拉越大，公共文化资源的配置出现了明显失衡。推动城乡、区域文化协调发展，政府就要加大对文化设施的投入，特别要对欠发达地区给予扶持，建设一批活动场所和文体设施。同时，要提高公共文化产品和服务的供给能力。2007 年 9 月 27 日，国务院召开了全国乡镇综合文化站建设工作电视电话会议，要求各级政府和有关部门积极组建集书报刊阅读、宣传教育等于一体的乡镇综合性文化站，努力满足广大农民群众的精神文化需求。“十一五”期间，中央财政将安排专项资金近 40 亿元，支持各地新建和扩建 2. 67 万个农村乡镇综合文化站，到 2010 年基本实现“乡乡有综合文化站”的目标。在区域文化协调发展方面，川渝已先行一步。2007 年 11 月 9 日，首届川渝文化合作论坛在重庆举行，两地还共同签署了《川渝文化合作宣言》，今后将致力于在图书信息、艺术教育等方面实现共建共享。

## 建设中华民族共有精神家园的关键是开发利用好民族文化丰厚资源

中华文化是中华民族生生不息、团结奋进的不竭动力，也是世界的文化宝藏。在中国共产党的历次全国代表大会报告中，十七大报告第一次提出了“建设中华民族共有精神家园”的伟大命题，并把“弘扬中华文化，建设中华民族共有精神家园”作为推动文化大发展大繁荣的战略部署之一提上了日程。

众所周知，任何一个国家和民族文化的延续和发展，都是在既有文化传统基础上进行的文化传承、变革与创新。如果离开传统，割断血脉，就会迷失自我、丧失根本。当前，建设中华民族共有精神家园，关键是开发和利用好民族文化丰厚资源，其中首要的是继承民族优秀文化传统，始终保持中华文化的民族性。要认真挖掘和提炼传统文化有益的思想价值，取其精华，去其糟粕，使之与当代社会相适应，与现代文明相协调；要加强对文化遗产的保护和利用，运用多种方式宣传和弘扬优秀传统文化。

其次，要积极吸收借鉴世界优秀文明成果，不断增强中华文化的包容性。必须积极实施“走出去”战略，制定和完善鼓励文化产品和服务出口的政策措施，培育外向型骨干文化企业和对外文化中介机构，积极开展对外文化贸易，鼓励具有民族特色和市场竞争能力的文化产品参与国际文化竞争，努力扩大我国文化产品和服务在国际文化市场上的份额，逐步扭转我国文化贸易逆差严重的状况。

再次，要大力推进文化创新，不断增强中华文化的时代性。要重点做好四方面工作：第一，立足中国特色社会主义伟大实践进行创新。要全面推动文化体制改革，创新体制机制，推动形成有利于出精品、出人才、出效益的文化发展环境。第二，着眼于满足人民群众精神文化需求进行创新。要善于运用现代技巧和群众喜闻乐见的形式增强文化的表现力，不断创造新的文化样式，催生新的文化业态，实现文化品种、样式、载体、风格的极大丰富，推进文化的大众化、通俗化。第三，顺应世界文化发展潮流进行创新。在文化观念上绝不照抄照搬，在发展模式上绝不简单模仿，坚持走中国特色社会主义文化繁荣发展之路。第四，运用现代高新技术手段进行创新。要高度重视互联网的运用和管理，把采用高新技术作为提升我国文化软实力的新引擎，把博大精深的中华文化作为网络文化建设的重要源泉，使我国文化的影响通过网络得以广泛延伸。

## 培育文化产业骨干企业和战略投资者是繁荣文化的必由之路

推进社会主义文化大发展大繁荣，需要大力发展文化产业。在今天，文化已被看做是一个国家软实力的重要组成部分。统计数据显示，2006 年我国文化及相关产业实现增加值 5123 亿元，文化产业增加值占 GDP 的比重为 2.45%，文化产业从业人员达 1132 万人，人均创造增加值 4.52 万元。许多地方文化产业的增长速度高于国民经济的整体增长速度，成为提供就业机会的重要行业、产业结构优化的朝阳行业和经济增长的支柱产业。但也必须看到，这一数据与发达国家相比，还有非常大的差距。

十七大报告提出了发展文化产业的“三大举措”——实施重大文化产业项目带动战略，加快文化产业基地和区域性特色文化产业群建设，培育文化产业骨干企业和战略投资者。其中，“培养文化产业骨干企业和战略投资者”可谓是最大的亮点。分析人士指出，文化产业要做大做强，必须实施重大文化产业项目带动战略，最重要的是培育文化产业骨干企业和战略投资者。培育文化产业骨干企业并不是将企业简单整合，而是要培育有竞争力的骨干企业，通过政策等方式吸引战略投资者加盟文化产业。

培育文化产业骨干企业和战略投资者可从三方面入手：一是行政推动与市场整合并举，推进文化产业结构调整与合理布局。应当充分发挥政府的宏观管理职能和调控能力，行政推动与市场整合并举，扶持国有优势文化产业部门，培育优势主导产业群体，调整文化产业结构，逐步实现资源的统筹优化配置，推进文化产业合理布局。二是深化文化管理体制改革，为文化产业发展创造良好的体制政策环境。要在国家政策法规允许的范围内，放宽文化产业市场的准入条件；设立文化产业发展科技进步基金，扶持文化企业的科技开发，提升文化产业的科技含量，推动文化产业高速发展。三是实施“走出去”战略，鼓励推动文化产品参与国际市场竞争。

在引进战略投资者方面，以“文化湘军”著称的湖南已经走在全国前列。2006 年 6

月，湖南省出台了《关于加快引进战略投资者的指导意见》及《“十一五”期间湖南省引进战略投资者产业发展方向与重点》，文化旅游产业成为“十一五”期间湖南要重点引进战略投资者的七大产业之一。在加快文化创意产业项目与资本对接方面，北京市也推出相关举措。2007年11月6日，北京市文化创意产业促进中心与北京银行、交通银行北京分行分别签署战略合作框架协议。根据协议，北京银行、交通银行北京分行将对北京文化创意企业开辟贷款绿色通道，推出无形资产质押贷款试点，设立专项授信额度，建立快速审批机制，提供优惠贷款利率和贷款贴息。其中，北京银行将提供文化创意产业授信额度50亿元人民币。

## 全民共享的“五有”新目标

“必须在经济发展的基础上，更加注重社会建设，着力保障和改善民生，推进社会体制改革，扩大公共服务，完善社会管理，促进社会公平正义，努力使全体人民学有所教、劳有所得、病有所医、老有所养、住有所居，推动建设和谐社会”。提出民生“五有”目标是十七大报告的最大亮点，也是社会普遍关注的热点。近年来，无论是房市调控等关系国民经济发展的大事，还是对物价上涨之类社会生活“细节”的密切关注，都折射出党和政府越来越重视民生问题，体现出强烈的善治意愿。而将改善民生、让全体民众共享发展成果的治理目标用“五有”的形式概括下来，写进党的十七大报告，意味着党和政府工作的重点已经逐渐转移到民生领域。

### 学有所教：起点公平的基础、改革成果的底线

教育是民族振兴的基石，教育公平是社会公平的重要基础。改革开放以来，我国的教育事业取得了巨大成就，义务教育基本上已全面普及，但不可否认，教育资源分配不均衡、上学难上学贵问题依然普遍存在。十七大报告明确提出了“学有所教”的要求，将其列为改善民生的第一目标，强调要“促进义务教育均衡发展”、“保障经济困难家庭、进城务工人员子女平等接受义务教育”。学者指出，“学有所教”就是要让每一个适学的孩子都能上得起学，读得起书，接受良好的教育，这是把我们国家巨大的人口压力转换为人力资源优势的根本途径，也是检验改革发展成果的底线。

党的十六大以来，中央先后实施了农村义务教育免费制度等一系列重大举措，而从2008年秋季学期开始，在全国范围内全部免除城市义务教育阶段学生学杂费，对享受城市居民最低生活保障政策家庭的义务教育阶段学生，继续免费提供教科书，对家庭经济困难的寄宿学生补助生活费。另外，安徽铜陵在促进义务教育均衡发展方面的努力受到中央充分肯定；天津、珠海等地则首开先河，积极探索“12年免费教育”，将教育的免费范围扩大到高中教育阶段。

### 劳有所得：社会和谐的标志、安定团结的保障

“劳有所得”，是党的十七大报告提出的一项改善民生的重要内容。专家指出，这为

解决社会上存在的拖欠农民工工资、收入分配不公、收入差距拉大等问题指明了方向。

“劳有所得”内涵包括两个方面：首先，要保障有劳动能力者充分就业；其次，要保障劳动者获得相应的报酬。在扩大就业方面，十七大报告首次明确提出，要“实施扩大就业的发展战略，促进以创业带动就业”。这意味着鼓励支持创业今后将被摆到就业工作更加突出的位置上。

保证人民群众“劳有所得”，首先必须保障劳动者能够拿到劳动报酬。当前的一项紧迫工作，就是按照劳动和社会保障部等做出的部署，确保农民工在“两节”来临前拿到工资。同时，更重要的是深化收入分配制度改革，增加城乡居民收入。在这方面，十七大报告明确提出“四个提高”，即逐步提高居民收入在国民收入分配中的比重，提高劳动的报酬在初次分配中的比重，提高低收入者收入，提高扶贫标准和最低工资标准。分析人士指出，“四个提高”是深化收入分配体制改革、增加城乡居民收入的重大举措，将遏制近年收入分配状况恶化、贫富差距不断扩大的趋势。

## 病有所医：改善民生的关键、生活品质的核心

当前，“看病难看病贵”是压在人民群众身上的“新三座大山”之一。十七大报告把“病有所医”作为改善民生的任务之一，明确提出到2020年建立一个“人人享有基本医疗卫生服务”制度的目标，并强调该制度要覆盖城乡全体居民。这在历届党的代表大会上和中国发展历史上都是第一次，标志着中国将进入世界上实施全民保健的国家行列。

卫生部副部长高强表示，我国人口众多、城乡发展不平衡，要实现“病有所医”必须努力建立健全覆盖城乡居民的医疗卫生服务体系和适应不同需求、多种形式的医疗保障制度。对此，十七大报告提出要完善“四大体系”，即覆盖城乡居民的公共卫生服务体系、医疗服务体系、医疗保障体系、药品供应保障体系。专家指出，这四大体系环环相扣、缺一不可，必须统筹兼顾，协调发展。

推进城乡医保全覆盖的步伐正在加快。2007年7月召开的全国城镇居民基本医疗保险试点工作会议决定，在成都等79个大中城市开展全国首批城镇居民基本医疗保险试点工作。根据《国务院关于开展城镇居民基本医疗保险试点的指导意见》，2010年试点工作要在全国全面推开，逐步覆盖全体城镇非从业居民。有关专家表示，以此为标志，我国将实现“三大保险”并举局面，从而实现广覆盖的“全民医保”。另外，深圳已在全国率先试水“全民医保”，出台了少儿医保制度，北京则正式启动了“一老一小”保险工作，为全国医保改革起到了积极的示范作用。

## 老有所养：弱势群体的福音、幸福生活的保证

党的十七大报告指出，要以社会保险、社会救助、社会福利为基础，以基本养老、基本医疗、最低生活保障制度为重点，以慈善事业、商业保险为补充，加快完善社会保障体系。要“促进企业、机关、事业单位基本养老保险制度改革，探索建立农村养老保险制度”。有关专家表示，这实际上已经勾勒出覆盖城乡居民的基本养老保险制度的

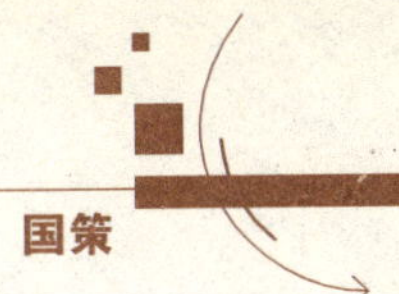



框架。

劳动和社会保障部养老保险司有关负责人曾表示，我国城镇企业职工以“社会统筹和个人账户相结合”为模式的基本养老保险制度框架已基本确立。下一步，国家将加快推进建立覆盖城乡居民的养老保障体系，逐步实现由城镇为主向城乡统筹、由城镇职工为主向覆盖城乡居民的重大转变。积极推进事业单位养老保险制度改革，制定农民工参加养老保险办法，逐步解决城镇未参保老年居民的基本生活保障问题。同时在有条件的地区建立新型农村养老保险制度，逐步解决农村老年人口的基本生活保障问题。到2010年，所有老年居民均能享有基本的生活保障。2007年8月，《国务院关于在全国建立农村最低生活保障制度的通知》正式下发，以此为标志，一张为全体农民的基本生活“兜底”的保障网正在形成。在地方，自2007年7月1日起，山西省朔州市开始为65岁以上的农村老人每月发放30元的生活补助，由政府公共财政对农村老年人成建制、全覆盖地实施生活补助，这在中国还是第一次。“为了老有所养，尊重老年人人格尊严，特发此证”是印在《农村老年人生活补助证》首页上的一句话。

### 住有所居：宜居城市的标尺、城乡统筹的前提

“住有所居”是十七大报告针对房价飞涨、低收入者住房困难等问题提出的一个最迫切的要求，是一项十分重要的政治任务。学者指出，“住有所居”的内涵是人人有房住，而不是人人有房产。

“如果提起人民生活，我最为关注的是住房问题。”温家宝总理2007年11月19日在新加坡国立大学发表演讲后回答提问时如是说。至于如何解决房地产问题，温总理表示，首先，政府的职责最重要的是要搞好廉租房，让那些买不起房或者进城打工的农民工能够租得起房、住得上房。根据2007年8月出台的《国务院关于解决城市低收入家庭住房困难的若干意见》，2007年底前，所有设区的城市要对符合规定住房困难条件、申请廉租住房租赁补贴的城市低保家庭基本做到应保尽保；2008年底前，所有县城要基本做到应保尽保。建设部有关负责人也表示，今后廉租房覆盖要逐步从最低收入群体扩大到低收入群体，经济适用房从原来的中等以下收入群体逐步过渡到低收入群体。

## 富国强军与和平发展的三个结合点

国防和军队建设，在中国特色社会主义事业总体布局中占有重要地位。为此，党的十七大报告专用一章来阐述“开创国防和军队现代化建设新局面”。报告提出，“必须站在国家安全和发展战略全局的高度，统筹经济建设和国防建设，在全面建设小康社会进程中实现富国和强军的统一”，走出一条“中国特色军民融合式发展路子”。

### 建设和完善三个体系走中国特色军民融合式发展之路

新中国成立以来，军民结合是党中央的一贯战略思想。“中国特色军民融合式发展路

子”是首次出现在党代会报告中的新提法，也是十七大报告与坚持中国特色社会主义道路相联系、相配套，提出的体现中国特色的六条具体道路之一。有军事专家认为，将“中国特色军民融合式发展路子”写入报告，对于进一步转变国防和军队建设的发展思路、创新发展模式、提高发展质量、加快发展步伐具有重要的导向作用。将国防和军队建设深深融入经济社会发展体系中，可以有效避免军民重复建设、分散建设，最大限度地节约资源，形成国防与经济的良性互动。现阶段最迫切、最突出的问题是，建立国防和军队建设新模式，变传统的“自我发展”模式为“融入发展”模式。具体来说，要在把国防和军队建设规划融入国家经济社会发展的总体规划、把军事斗争准备需求和战场建设融入国家基础设施建设体系等八方面做好“融入”工作。

在中国特色军民融合式发展道路的具体着力点上，十七大报告提出要建立和完善三个体系，即军民结合、寓军于民的武器装备科研生产体系、军队人才培养体系和军队保障体系。在建立军民结合、寓军于民的武器装备科研生产体系方面，国防科工委2007年以来先后出台了关于非公有制经济参与国防科技工业建设的指导意见（2月)、关于推进军工企业股份制改造的指导意见（5月17日)、非公有制经济参与国防科技工业建设指南(7月30日)、《军工企业股份制改造实施暂行办法》与《中介机构参与军工企事业单位改制上市管理暂行规定》(11月）等一系列政策办法，民企“参军”政策体系基本完备。在地方，浙江、广东等省2005年就开始帮助民企进入军工生产领域，四川、辽宁等军工大省也积极与国防科工委开展合作。2007年11月20日，2007年四川军民结合产业发展推进会在成都召开，这是国防科工委历史上首次与地方政府共同召开军民结合产业工作会议。会议期间，双方签订了战略协议，将共同建设四川军民结合产业基地。

在军队人才培养体系方面，放眼全国培养新型军事人才。中央于2000年颁布《关于建立依托普通高等教育培养军队干部制度的决定》，截至2004年底，全国已有包括北京大学、清华大学等在内的93所普通高校与军队签订了人才培养协议，近万名优秀学子相继加入后备军官队伍。预计到2010年前后，生长干部补充量的40%～50%将会直接来源于地方各高等院校。

在军队保障体系方面，2007年2月，中央军委正式下发《“十一五”期间推进军队后勤保障和其他保障社会化的意见》，明确提出生活保障社会化、通用物资储备社会化等11项主要任务。随后，军队后勤保障社会化工作试点于2007年7月在江苏、湖北、陕西同步展开，内容涉及饮食保障社会化、营房保障社会化等一系列问题。此前的4月，中央军委决定在济南军区正式实行大联勤体制，此举标志着中国军队的战役后勤保障力量开始从各军种长期“自建自享”走向“集中统管，三军共有，三军共用”。

## 坚持四个“决不”三个“凡是”，构建两岸关系和平发展框架

解决台湾问题、实现祖国完全统一，是全体中华儿女的共同心愿。十六大以来，中央通过制定《反分裂国家法》、时隔60多年后再次与中国国民党等台湾政党实现正常沟通以及出台一系列向台湾开放大陆市场促进两岸交流的举措，使两岸关系出现了新变化。

十七大报告进一步阐述了今后一个时期对台工作的指导思想和总体要求，提出了一系列推动两岸关系和平发展、推动祖国统一大业的新的政策主张。北京联合大学台湾研究院名誉院长唐树备曾表示，中央对台政策是一以贯之的，并随着形势的发展不断充实、丰富，其基本元素可以归纳为“坚定、稳健、同胞情”。

十七大报告首先再次重申了中央此前提出的四个“决不”和三个“凡是”。四个“决不”，即“坚持一个中国原则决不动摇，争取和平统一的努力决不放弃，贯彻寄希望于台湾人民的方针决不改变，反对‘台独’分裂活动决不妥协”；三个“凡是”，即“凡是对台湾同胞有利的事情，凡是对维护台海和平有利的事情，凡是对促进祖国和平统一有利的事情，我们都会尽最大努力做好”。

尤为引人注目的是，在上述基础上，报告首次郑重呼吁，“在一个中国原则的基础上，协商正式结束两岸敌对状态，达成和平协议，构建两岸关系和平发展框架”。对此，长期关注台湾问题的学者给予了高度评价，认为十七大报告正式纳入“和平协议”的提法，一方面显示出中共重信守诺、认真落实胡锦涛2005年会见连战“新闻公报”、尊重台湾民众意愿的诚意；另一方面也表明正式结束敌对状态，达成和平协议，将会成为未来一个时期内地推进两岸关系发展的重要目标。如在该问题上取得突破性进展，就有可能逐步构建起“两岸关系和平发展框架”。

十七大报告更加注重从具体政策举措入手、特别是保护台胞台商利益方面推动两岸和平发展。报告强调，“将继续实施和充实惠及广大台湾同胞的政策措施，依法保护台湾同胞的正当权益，支持海峡西岸和其他台商投资相对集中地区经济发展”。20年前，两岸交流大门初启。20年来，两岸交流、交往虽然波折不断，但是两岸经贸合作、文化交流、人员往来，都以不可阻挡的趋势发展开来——2006年两岸贸易额已经超过1000亿美元、人员往来达到440多万人次。

早在2005年10月，“十一五”规划《建议》就明确提出，支持海峡西岸和其他台商投资相对集中地区的经济发展，促进两岸经济技术交流和合作。十七大报告再次强调这一观点更是意义重大。台湾电电公会2007年9月公布的《2007年祖国大陆地区投资环境与风险调查报告》显示，祖国内地是台商投资的首选地，有63.74%的台商表示会扩大对内地的投资生产。继2004年提出“海峡西岸经济区”建设规划后，福建省已成为对台工作平台和渠道最为密集的地区，是全国唯一实现了与台湾地区客运双向直航和货运海上直航的省份，闽台农业合作位居内地第一。

## 始终走和平发展道路，推动建设和谐世界

十七大报告强调，中国“将始终不渝地走和平发展道路”，推动建设“持久和平、共同繁荣的和谐世界”。舆论认为，这是对十六大以来中国外交理论与实践创新的高度概括与总结，是我国坚持走和平发展道路的重大宣示，揭示了新时期中国外交和对外关系方面的基本方略。报告延续了我国一贯坚持的独立自主的和平外交政策，作为这一政策向更高层次的发展，和平、和谐、共赢三大理念的提出再一次向世界宣示了中国走和平发

展道路的决心，表明了我国正在为逐渐树立富有建设性、负责任大国形象做出努力，我国正在以一种更加开放自信、理性务实的外交姿态出现在国际舞台上，同时对周边乃至世界的影响力也随着综合国力的提高与日俱增。

中国不仅仅是和谐世界的倡导者，更是推动建设和谐世界的积极实践者。近年来，无论是在双边，还是多边舞台，无论是扩大合作，还是解决冲突，都充分体现了中国负责任的大国形象。

第一，与大国之间良性互动不断加深。近年来，中美高层会晤频繁，战略对话、战略经济对话定期举行，军事交流不断；中俄两国长达 4300 公里的边界线走向已全部确定；中日关系历经多年僵局终于缓和；中欧关系全面深入。

第二，中国主张开放的地区主义，利用上海合作组织、亚太经合组织、东盟地区论坛、南亚区域合作联盟等桥梁，积极推进周边利益共同体，积极构建和谐周边。在平等协商和互谅互让的原则下，中国已经与其 14 个邻邦中的 12 个签订了边界协定或条约，22000公里的陆地边界已有 90%得到划界。

第三，全方位推进与发展中国家关系。近年来，中国领导人出访拉美、非洲、中东等地区，足迹踏遍几十个发展中国家。中国与阿拉伯国家、非洲、太平洋岛国和加勒比地区国家建立合作论坛，与安第斯共同体建立了磋商与合作机制。2006 年 11 月中非合作论坛北京峰会上，中国宣布 8 项援非政策措施，赢得 48 国非洲领导人的高度赞誉。

第四，认真履行国际责任。面对地区冲突，中国坚持和平谈判、外交磋商。中国倡导和积极推动朝核问题六方会谈，派出维和部队深入苏丹达尔富尔、利比里亚等热点地区，主张政治解决伊朗核问题；面对受灾国，中国尽己所能提供援助。2004 年印度洋海啸发生后，中国政府进行了新中国成立以来最大规模的对外救援行动；作为世界贸易组织新成员，中国认真履行各项承诺，为世界经济增长，尤其是亚洲经济的增长提供了动力。中国还在全球气候变暖、公共卫生等领域承担着自己的责任。

对于和谐世界的具体内涵是什么，如何推动建设一个和谐世界的问题，十七大报告中提出了关于中国与世界关系的五个“相互”、十个“共同”特别引人注目。专家认为，五个“相互”（“相互尊重”、“相互合作”、“相互借鉴”、“相互信任”、“相互帮助”），十个“共同”（“共同分享”、“共同应对”、“共同心愿”、“共同繁荣”、“共同推进”、“共同推动”、“共同促进”、“共同维护”、“共同呵护”、“共同发展”），从政治、经济、文化、安全、环保等多方面全面阐述了中国推动建设“和谐世界”的深刻内涵。现在，中国更加融入世界，世界也更加依赖中国。和谐理念，这一中国古代哲学在现代外交上的运用，将引导中国实现稳定和繁荣，并为建立国际政治经济新秩序发挥积极作用。

## 提高执政能力的五个推进点

同中国特色社会主义事业“四位一体”的总体布局相对应、相配套，党的十七大报告在第十二章“以改革创新精神全面推进党的建设新的伟大工程”中，首次提出了执政党建设“一条主线、五大建设”的总体布局，即把党的执政能力建设和先进性建设作为主线，以坚定理想信念为重点加强思想建设，以造就高素质党员、干部队伍为重点加强组织建设，以保持党同人民群众的血肉联系为重点加强作风建设，以健全民主集中制为重点加强制度建设，以完善惩治和预防腐败体系为重点加强反腐倡廉建设，使党始终成为立党为公、执政为民，求真务实、改革创新，艰苦奋斗、清正廉洁，富有活力、团结和谐的马克思主义执政党。专家指出，“一条主线、五大建设”使新的历史起点上我党自身建设新的伟大工程的路径更加明晰，全面阐述了“建设什么样的执政党、怎样建设执政党”的重大问题。

## 思想建设：用“中国特色社会主义理论体系”武装全党

加强思想建设，是十七大报告提出的执政党“五大建设”之首。十七大提出中国特色社会主义理论体系这一新范畴，是对马克思主义中国化最新成果的总概括，反映了我们党对共产党执政规律、社会主义建设规律、人类社会发展规律的新认识，具有重大的理论意义。

中国特色社会主义理论体系，在新的时代条件下系统回答了什么是社会主义、怎样建设社会主义，建设什么样的党、怎样建设党，实现什么样的发展、怎样发展等重大理论和实际问题。其精髓是解放思想、主线是改革开放、主题是发展、核心是以人为本、关键问题是党的领导和党的建设。十七大报告提出，全党要深入学习贯彻中国特色社会主义理论体系，着力用马克思列宁主义中国化最新成果武装全党。学习贯彻十七大精神，就要抓住中国特色社会主义理论体系的精髓、主线、主题、核心和关键问题，坚定不移地继续解放思想，坚定不移地深化改革开放，着力把握发展规律、创新发展理念、转变发展方式、破除发展难题，提高发展质量和效益，努力实现科学发展、和谐发展、和平发展，做到发展为了人民、发展依靠人民、发展成果由人民共享。

当前，一个以学习贯彻十七大精神为主题、用中国特色社会主义理论体系武装头脑、进一步解放思想的高潮已在地方掀起。如上海市委书记俞正声2007年11月前往上海市部分单位调研时强调，上海正处在发展的关键时期，要进一步解放思想，用改革的思路突破发展“瓶颈”。在全面谋划工作思路时，要敞开思想，畅所欲言，集思广益，积极探索下一步改革开放的新措施新对策。湖北省委书记罗清泉2007年11月28日在湖北省委九届二次全会上指出，思想是行动的先导。湖北与发达地区的差距，表面上看，是经济社会发展方面的差距，深层次的原因在于思想观念上的差距。在新的历史起点上加快湖北的振兴崛起，最重要、最紧迫的任务仍然是解放思想。

## 组织建设：“两要一不”导向正在深入落实

路线确定之后，干部就是决定因素。十七大报告提出，要坚持正确用人导向，按照德才兼备、注重实绩、群众公认的原则选拔干部，提高选人用人公信度。格外关注长期在条件艰苦、工作困难地方努力工作的干部，注意从基层和生产一线选拔优秀干部充实各级党政领导机关。

长期以来，一些地方和部门在干部用人过程中出现了一些不正之风，“数字出官”、“跑部前进”甚至“买官卖官”。一些干部不愿到条件艰苦、工作困难的地方去，或者到了条件艰苦的地方，也只是把它当做仕途上的跳板。2007 年 4 月，胡锦涛在宁夏考察时强调，对那些长期在条件艰苦、工作困难地方工作的干部要格外关注，对那些不图虚名、踏实干事的干部要多加留意，对那些埋头苦干、注重为长远发展打基础的干部不能亏待。这一重要导向在十七大报告中再次被强调，并且也正在落实到中央用人的实际中。当前，“格外关注”更需要“格外落实”，这就需要各级组织人事部门制定科学合理的干部考核体系，也需要各级领导干部在干部人事制度改革的进一步深化中将天平向“格外关注”倾斜。

## 作风建设：把解决民生问题放在突出位置

优良的党风是凝聚党心民心的巨大力量。十七大报告提出，要以保持党同人民群众的血肉联系为重点加强作风建设。“坚持全心全意为人民服务，坚持群众路线，真诚倾听群众呼声，真实反映群众愿望，真情关心群众疾苦，多为群众办好事、办实事，做到权为民所用、情为民所系、利为民所谋。”

党风问题的核心是党群关系问题。报告提出的“三真”要求具有很强的现实针对性。今后，我们党必须把为人民谋利益作为作风建设的出发点，各级领导干部要多在“三真”上下工夫，把解决民生问题放在突出位置，要着力解决食品药品安全、环境保护、土地征用、房屋拆迁、企业改制、安全生产、社保基金管理等方面损害群众利益的问题，努力让广大群众都得到实惠，共享改革发展的成果。

为切实维护群众利益，湖北出台《关于损害群众利益若干行为的处分规定（试行）》，明确要求全省各级领导干部不得利用职权或工作上的便利谋取不正当利益，以及其他不履行或者不正确履行职责对人民群众利益造成损害的行为。情节严重涉嫌犯罪的，移送司法机关依法处理。四川省出台的《关于加强和改进新时期群众工作的意见》，提出要建立和完善政府服务、惠民帮扶、群众工作“三大中心”。截至 2007 年 10 月，四川省已有 57% 的市（州）和 60% 的县（市、区）建成群众工作中心，33% 的市（州）和 23% 的县（市、区）建成惠民帮扶中心，全省 21 个市（州）和 176 个县都建立了政务服务中心，使群众的困难疾苦和需要作为第一信号反馈到政府，得到及时解决。

## 制度建设：推动党内民主的重要保障

十七大报告在党内民主方面有七大突破性提法，主要包括：尊重党员主体地位；选择一些县（市、区）试行党代表大会常任制；发挥全委会对重大问题的决策作用；推行地方党委讨论决定重大问题和任用重要干部票决制；逐步扩大基层党组织领导班子直接选举范围等。报告还特别提出，要“以健全民主集中制为重点加强制度建设”。要以扩大党内民主带动人民民主，以增进党内和谐促进社会和谐。党内和谐这一课题的提出，被

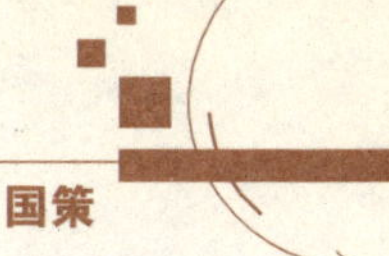



视为是在构建和谐社会中体现党的作用的途径与方法之一。

巡视制度、党的常委会接受全委会监督这两项制度已在中央和省级层面得到全面落实，并开始向市县一级推进。在党代表常任制方面，各地正在积极探索，一些地方已形成初步制度。2007 年底，《重庆市巴南区党代表常任办法（试行）》出台，《办法》明确规定，每届区委的任期内至少应召开两次党代表大会，各代表团每年至少开展一次集中活动、每个代表小组每半年至少开展一次集中活动、每名党代表可根据需要开展视察调研活动，对党的建设和全区经济社会发展提出意见或建议。而四川巴中市出台的《充分发挥党代表作用试行办法》及相关配套制度，重点赋予党代表知情权、审议权、视察权、评议权等十多项权利，并规定党代表大会闭会期间，党代表接受所在单位党组织和党代表联络办公室的双重管理。

## 廉政建设：加快构建惩防体系着力推进体制改革

“中国共产党的性质和宗旨，决定了党同各种消极腐败现象是水火不相容的”——当胡锦涛总书记在作十七大报告讲到此时，全场给予了热烈的掌声。“水火不相容”一词铿锵有力，表达了我党惩治腐败的坚强决心。根据反腐败斗争的新情况新要求，十七大报告作出了新的重要部署：一是强调把“反腐倡廉建设”放在更加突出位置，与党的思想建设、组织建设、作风建设、制度建设并列为“五大建设”；二是在重申了“6·25”重要讲话中“三个更加注重”（更加注重治本、预防和制度建设）的论述后，提出形成拒腐防变教育长效机制、反腐倡廉制度体系和权力运行监控机制这“三大长效机制”，建立健全教育、制度、监督并重的惩治和预防腐败体系。

2007 年 9 月，《四川省加强预防腐败工作试点方案》正式形成，试点涉及廉洁教育制度、干部人事制度、财务管理制度等 6 方面 20 余个子项目。而在浙江，已构建起预防和惩治腐败体系“4＋1”模式，即“专项构建”以及与之配套的“整体构建”、“行业构建”、“联合构建”和“科技促建”。另外，针对“一把手”监督缺位乏力的情况，上海试点空降纪委书记监督单位“一把手”，正在探索对所管辖单位直接委派纪委书记、国资委向国有企业委派董事监事，使“一把手”真正列入监督的范围。而成都市则在全国率先推进监督主体和责任主体分离的纪检监察机构管理体制改革，计划在 3 年内全面完成。

# “大部制”改革不断推向深入

## “大部制”成就服务型政府新共识

2008年3月，备受瞩目的全国“两会”的大幕正式拉启。此次“两会”是中共十七大后的首次“两会”，也是五年一次的换届大会，会议将选举产生国家机构新的领导人，并组成新一届政府。与这一焦点相伴随的，是我国将启动以“大部制”为先导的新一轮政府机构改革。2月25～27日，十七届二中全会讨论通过了《关于深化行政管理体制改革的意见》和《国务院机构改革方案（草案）》。而根据2007年底召开的第十届全国人大常委会第三十一次会议通过的关于召开第十一届全国人大一次会议的决定，建议审议国务院机构改革方案将是此次会议的主要议程之一。随着全国“两会”开幕，以“大部制”为核心的政府行政体制改革正式启动。

### “大部制”成为第六次机构改革的重心

改革开放以来，与政府五年一换届相伴随的，就是国务院的机构改革和部委调整。本轮行政管理体制改革区别于以往的最大的一个特点，就是要进一步突出十七大关于建设服务型政府的要求。而服务型政府建设的最主要平台，就是十七大提出的职能有机统一的“大部制”战略构想。在2008年全国“两会”召开前夕，中编办已开始听取国务院下属各部委主要负责人对于“大部制”改革方案的相关意见。2月27日闭幕的十七届二中全会讨论通过了《关于深化行政管理体制改革的意见》、《国务院机构改革方案》，这两份文件将对新一届政府机构组成产生关键性影响，成为2008年全国“两会”最受关注的核心内容之一。

改革方案基本原则体现了“十一五”规划提出的“按照精简、统一、效能的原则和

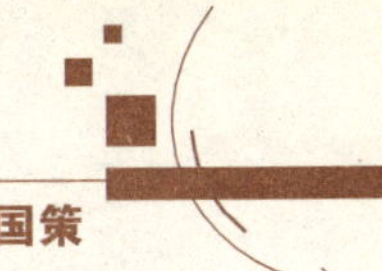


决策、执行、监督相协调的要求，建立决策科学、权责对等、分工合理、执行顺畅、监督有力的行政管理体制，加快建设服务政府、责任政府、法治政府”的要求。据参与内部方案讨论的人士透露，“大部制”方案中加入了“决策、执行、监督”分立的意图，即实行“大部制”不是简单地把职能相近、业务雷同的部门合并或拆减，而是对“三权”进行厘清、分立归属，并使其相互制约，形成良好的权力制衡与监督的运行机制。当然，“大部制”和部委职能的调整不会一步到位，循序渐进已基本达成共识。这一轮国务院机构改革将着眼于未来十年，或将分为两阶段进行。具体来说，2008年开始小范围试点“大部制”；到2013年下一届全国人大开始时，在巩固这五年改革成果的基础上，进一步进行政治、职能和组织层面的改革。

## 决策权、执行权、监督权如何相互制约和协调

党的十一届三中全会以来，我国共进行了五次大规模的政府机构改革。其中，1982年国务院100个部门裁了39个；1998年再次大规模机构改革，国务院的40个组成部门仅保留29个，绝大多数直接管理工业的部门都撤销了。五轮改革过后，虽然在政府职能转变方面取得了重大进展，但同形势与任务的要求相比，政府机构和职能仍然存在着许多不适应之处：政府组织结构及其权力、职责配置还不尽科学；职能交叉、机构臃肿的问题还没有得到根本解决，表现为机构与编制的精简方面一直没有摆脱“精简—膨胀—再精简—再膨胀”的怪圈。这从每次改革之后，国家财政不但没有减少反而有所增加的事实中即可看出。

在2008年初，除国务院办公厅外，国务院组成部门共有28个，特设机构1个、直属机构18个、办事机构4个、部委管理的国家局10个、直属事业单位14个，另外，还有100多个议事协调机构，远远高于美、日等经济发达国家。不仅如此，国务院部门之间有80多项职责交叉，仅建设部门就与发改委、交通部门、水利部门、铁道部门、国土部门等24个部门存在职责交叉；农业的产前、产中、产后管理涉及14个部委；食品安全涉及9个部门，造成职能交叉，权责不清；交通运输分运输方式设置独立部门，难以适应建设现代综合运输体系的需要，导致铁路、水运等绿色运输方式发展滞后；促进互联网、电话网、广播电视网三网融合，曾写入“九五”、“十五”规划，也写入“十一五”规划，但由于管理职能分散未能实现。而行政职能错位和交叉给经济带来了副作用，研究表明，1999～2005年间我国行政成本对经济增长作用达到负的1.73%。不仅如此，由于有些管理职能在某些部门过于集中，权力缺乏制衡，不利于廉政建设。

资深党建专家指出，阻碍政府机构改革的因素最主要的有两个：一个是官本位，一个是各部门和单位对小团体利益的追求。这两个问题不解决，政府机构改革便不可能有实质性的进展。这是多年来政府机构改革的最大的经验和教训。在这种情况下，“大部制”管理就成为必然的选择。

从我国的实际情况看，当前政府机构改革最重要、最紧迫的就是要贯彻落实精简、统一、效能的原则和决策权、执行权、监督权既相互制约又相互协调的要求。在这方面，

“大部制”不仅可以精简政府机构，减少部门之间的职能交叉和权限冲突，简化公务手续；另外，也可以促进决策权、执行权、监督权“三权分立”，厘清权力部门和执行部门的关系，避免权力过度集中和滥用。

随着我国经济领域的市场化程度越来越高，需要政府对市场的监管做到统筹规划、总揽全局、法治保障等有机结合。“大部制”可以为政府职能转变提供制度保障，并有效减少政府对微观经济领域的干预。此外，在一些改革的关键领域，“大部制”能够保证集中决策，减少部门之间的相互推诿和政策之争，有效遏制部门利益膨胀的格局，防止国家政策部门化。另外，“大部制”有利于强化政府的社会管理和公共服务职能。多数专家认为，实行“大部制”管理，可大大减少政府部门之间职能的交叉重叠，改“九龙治水”为“一龙管水”，这对提高行政效率，降低行政成本具有重要意义。

改革开放以来五次政府机构改革

| 时间 | 改革的主要原则和内容 |
|---|---|
| 1982 年 | 改革行政机构，以革除部门林立、机构臃肿、相互扯皮的弊端，为将来的经济体制改革服务。 |
| 1988 年 | 按照经济体制改革和政企分开的要求，合并裁减专业管理部门和综合部门的内设专业机构，使政府对企业的管理转向以间接、宏观、行业管理为主；加强决策咨询及调节、监督、审计、信息等部门，提高政府宏观调控能力；加强行政法制化；改革干部人事制度，实施公务员制度。 |
| 1993 年 | 将综合经济部门工作中心转到宏观调控，减少对企业的直接干预，进一步改革专业管理部门体制，撤并一些专业经济部门或业务相近的机构，或转为经济或服务实体。 |
| 1998 年 | 转变政府职能，实现政企分开，政府职能定位于宏观调控、社会管理和公共服务，向企业、中介组织放权。 |
| 2003 年 | 进一步深化国有资产改革，理顺所有权与经营权的关系；完善宏观调控体系，增强其有效性和综合作用能力；健全金融监管，防范金融风险，改革流通管理体系，改变内外贸、国内外市场、进出口贸易分割的分部门管理，建立统一的大流通；加强食品安全和安全生产监管体制等。 |

## 建设服务型政府是行政管理体制改革的总要求

有关专家指出，调整现有政府机构，“加减法”是题中之义：即减少与合并重叠设置的部门，建立若干规模相对较大的部门。但成功实行地方部门体制改革，不仅要做“加减法”，还要做“乘除法”：即力求实现机构职能的有机整合与统一。其目标就是真正建设成一个服务型政府。胡锦涛总书记在 2008 年 2 月 23 日主持中央政治局第四次集体学习时强调指出，建设服务型政府，是坚持党的全心全意为人民服务宗旨的根本要求，是深入贯彻落实科学发展观、构建社会主义和谐社会的必然要求，也是加快行政管理体制改革、加强政府自身建设的重要任务。可以说，构建服务型政府，是实现“到 2020 年建立起比较完善的中国特色社会主义行政管理体制”总目标最核心的内容。

对于服务型政府，温家宝总理曾经说过，服务型的政府“是为市场主体服务，为社会服务，最终是为人民服务”的政府。在中央政治局2008年2月23日举行的第四次集体学习会上，胡锦涛总书记清晰地阐述了推进服务型政府建设的核心任务所在。他指出，建设服务型政府，要创新行政管理体制，也需要各级党委和政府共同努力。围绕着行政管理体制的创新，在优化政府组织结构，加强公共服务部门建设，完善公共财政体系，调整财政收支结构，创新社会管理体制，加快推进政企分开、政资分开、政事分开，以及加强公务员队伍思想建设、作风建设、能力建设等多方面着力。

这次政治局集体学习的讲解者之一的中国行政管理学会副会长兼秘书长高小平，与有关人士2005年曾发表《服务型政府：我国行政改革的目标选择》的研究报告指出，未来中国行政管理体制改革的方向是通过建设“服务型政府”，凸显“为人民服务”的社会主义政府性质。“有限政府”是服务型政府的发展目标；“依法行政”是服务型政府的行为准则；“顾客导向”是服务型政府的工作模式；“违法必究”是服务型政府的问责机制。2008年2月26日，《人民日报》又发表高小平的《行政管理体制改革的关键是转变政府职能》一文指出，改革开放以来，我国行政管理体制经过多次改革，取得了很大成绩，然而，在经济体制改革不断深入的情况下，特别是我们面临着构建社会主义和谐社会的繁重任务，这就对政府行政管理体制改革提出了很多新的更高的要求。当前，深化行政管理体制改革的关键，仍然是转变政府职能。

## 从“三定”方案看部委职能新变化

*国务院部门“三定”规定主要是对国务院部门主要职责、内设机构和人员编制规定的简称，是国务院的规范性文件，是各部门履行职能的重要依据。*

### 新设大部委“三定”方案出台，权责职能又有新调整

2008年6月25日，温家宝总理主持召开国务院常务会议，审议通过部分国务院组成部门、直属机构和部委管理国家局的《主要职责、内设机构和人员编制规定》。国务院的“三定”方案俗称“大三定”，将确定各部委的人员编制人数、部级和司局级官员编制、部委和下属、分管机构的职责和设置。

● 环境保障部　环保部党组经过研究，把环保部的职责概括为“宏观调控、综合协调、监督执法、公共服务”。部分新增职能让外界对环保部寄予厚望，“人微言轻”甚至没权的现状将会有所改观。单设监测司后，环境监测的行政管理、数据发布等职能将统一到该司。总量司预计将承担主要污染物总量减排目标的制定、减排指标的分解核定等职能。按照“三定”方案，环保部的职能定位将逐步由过去的执法监督，转变为综合管理与执法监督并重。但此前热议的环保垂直管理并不在方案之中。

● 人力资源和社会保障部　增设人力资源市场司，是为了将以往劳动力市场和人才市场的管理进行整合；增设劳动监察机构，一方面是为了便于对口管理，更重要的是为以

后加强监管做好铺垫；新设农民工工作司，将以前非实体化的“农工办”实体化。

● 工业和信息化部　原电子产品司取消，新设立电子信息司和软件服务业司。原信产部清算司的职责划入通信发展司，互联网归入通信发展司管理。各省通信管理局保留，实行垂直管理。国防科工局将削减人员，保留军工建设等职能。

● 住房和城乡建设部　该部将新设公积金监管司、房地产监管司、村镇建设司。其中，村镇建设司将负责农村住房建设规划、质量管理、标准制定，以及推进城乡统筹工作中农民住房问题的研究。原来外事司与计划财务司合并为外事计财司。部长姜伟新7月15日透露，机构改革后住房工作将成为住房和城乡建设部的首要工作，要在住房政策制定、住房供应以及住房制度改革方面发挥调控作用。有专家认为，此次住房和城乡建设部机构改革充分体现了今后房地产调控专业化、精细化的思路。

部分国务院组成部门、直属机构和部委管理国家局机构和职能调整情况

| 部委 | 增设机构和职能调整 |
|---|---|
| 环境保障部 | 增设环境监测司、总量司和宣教司3个司 |
| 人力资源和社会保障部 | 内设机构在原有28个的基础上减并为23个。其中，增设人力资源市场司、劳动监察机构、农民工工作司；新成立的国家公务员局内设五个司；设置就业促进司，单独成立调节仲裁司 |
| 工业和信息化部 | 24个司局中综合司局12个左右，与通信有关的4个，包括通信发展司、电信管理局、通信保障局、无线电管理局；与电子信息相关的4个，包括信息化推进司、电子信息司、软件服务业司、信息安全协调司 |
| 住房和城乡建设部 | 新设公积金监管司、房地产监管司、村镇建设司 |
| 国务院办公厅 | 国办内设机构由6个增至9个，国务院应急管理办公室（国务院总值班室）、督察室、电子政务办公室、财务室等属于新设机构；编制由219名扩大到519名。国家信访局被纳入国办管理 |
| 国家发改委 | 新成立经济调节司；国家能源局单设党组独立于发改委，下设9个司；发改委产业司、中小企业司、工业司大部分划入工业和信息化部，经济运行局一半也划入工业和信息化部；发改委能源局、资源节约与环境保护司、工业司等司局能源行业部分管理职能可能划入国家能源局；高新技术司微调，个别职能划入工业和信息化部 |
| 国家税务总局 | 新组建五个司，包括纳税服务司、征管和科技发展司、大企业税收管理司、督察内审司、货物和劳务税司。税务总局行政单位司局级领导职数由44名增加到50名，其中增设1名总审计师 |
| 国家海洋局 | 增设海洋预报减灾司；海域管理司更名为海域和海岛管理司，增加承担海岛生态保护和无居民海岛合法使用的责任，在国际合作司增设港澳台办公室 |
| 国资委 | 内设机构由原先的21个减少到了19个，用“财务监督与考核评价局”替代之前的“业绩考核局”和“统计评价局”，并新设“收益管理局” |

## “大部”外的部委职能机构也面临调整

除先期试点“大部制”的5部门外，国资委、税务总局等的“三定”方案也陆续出

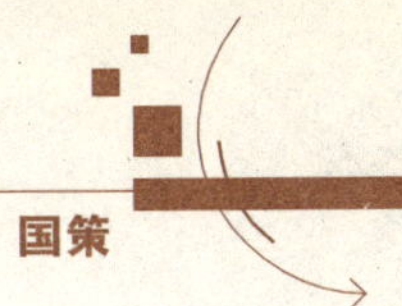


炉。从已公布的方案看，多数部门的职能和机构将作出调整。

● 国务院办公厅成立应急办

国办主要职责由 11 项精简为 8 项，新增“指导、监督全国政府信息公开工作”等职责。调整后的国办将强化职责，加强应急、督察工作，进一步发挥参谋助手和运转枢纽之作用。其中，新成立的应急办专责国务院值班，重要情况及时报告，传达和督促落实国务院高层指示，组织开展应急预案体系建设等工作。

● 国家发改委削减审批权

发改委“三定”方案明确发改委要大力减少微观管理和具体审批事项，缩小投资审批范围。发改委的工业司将保留下来，地方政府投资 5000 万元以上项目仍将通过国家发改委上报国务院听候审批。此外，备受关注的国家能源局格局已定，将单独设置党组，独立于发改委之外。

● 国资委新设收益管理局

新“三定”方案在重申国资委将继续履行“出资人”职责之外，将新设立财务监督与考核评价局和收益管理局，强化国资委国有资产经营财务监督、风险控制和经济责任审计的职责，并通过新机构设置强化国有资本收益管理。

● 国家税务总局将组建大企业税收管理司

国家税务总局将新组建纳税服务司、征管和科技发展司、大企业税收管理司、督察内审司、货物和劳务税司 5 个司，并对现有机构进行调整。

● 国家海洋局将加强海洋战略研究和对海洋事务的综合协调

“三定”方案的最大亮点是授予国家海洋局“加强海洋战略研究和对海洋事务的综合协调”的权利，这对于国家海洋局加强履行综合协调海洋开发利用的责任，推进我国海洋事业发展具有深远的意义。国家海洋局职责从原先的 7 条扩展为 11 条，新增加了海洋经济运行监测、评估及信息发布等重大职能。

## 行政管理体制改革向纵深推进

从已经公布的各部门“三定”方案看，无论是先行试点“大部制”的部委还是其他部门，此次调整都具有以下特点：

一是紧紧围绕转变政府职能这个核心，按照政企分开、政资分开、政事分开、政府与市场中介组织分开的原则，取消、下放或移交了一些不该管的事项，加强了能源管理、环境保护以及涉及群众切身利益、关系国计民生的社会管理和公共服务职责。比如，明确中央政府补助地方的点多、面广、量大、单项资金少的项目，改为发展改革委会同行业管理部门确定投资目标、原则和标准等并加强监督检查，具体项目由地方负责安排等。

二是按照一件事情由一个部门负责的原则，明确部门职能分工，理顺部门职责关系，解决了一些长期存在的职责交叉问题；对确需多个部门办理的事项，明确牵头部门，分清主次责任，建立健全协调配合机制。比如，在境外就业管理方面，明确将原劳动和社会保障部的相关职责划入商务部，由商务部负责牵头外派劳务和境外就业人员的权益保护工作。

三是按照权责一致的原则，在赋予部门职能的同时，明确应承担的责任，做到有权必有责、权责对等，为推行行政问责制、加强责任追究提供必要的依据。对确需多个部门管理的事项明确了牵头部门。

四是按照精简、统一、效能的原则，严格控制人员编制和领导职数。新组建或调整变动的部门，按照"人随事走"的原则有减有增，国务院行政编制总数没有突破。

这表明，以"大部制"为先导，我国行政管理体制改革正在向纵深推进。

## 大部委"三定"后的新挑战

2008年8月25日，中央机构编制委员会召开地方政府机构改革工作电视电话会议，国务委员兼国务院秘书长、中央编委委员马凯指出，按照中央部署，国务院机构改革已完成阶段性任务，适时跟进地方政府机构改革十分必要和迫切。自6月25日国务院常务会议审议通过部分国务院组成部门、直属机构和部委管理国家局的《主要职责、内设机构和人员编制规定》以来，细品陆续公布的各部委"三定"方案，从机构设置到权责职能都有新调整，我国行政改革正在向纵深推进。

### 国家发改委：抓大放小，专心宏观调控

2008年8月21日，本轮"大部制"改革中最受关注的国家发改委"三定"方案终于出炉。根据方案，发改委内设机构虽然由原来的26个增至28个，但几乎1/3的机构已经"面目全非"，"加强宏观调控，减少微观管理和审批"成为新机构设置的指导思想。

根据新方案，发改委的审批权和定价权将大大削弱。一方面，发改委原本在工业领域具体的管理职能基本上悉数转移至工信部；另一方面，发改委对具体项目的审批权将下放到地方。新方案还要求修订《国家发展和改革委员会和国务院有关部门定价目录》，进一步减少或下放中央政府定价权。

在具体微观事务下放后，新方案要求发改委"集中精力抓好宏观调控"。重点是拟订和组织实施国民经济和社会发展战略、总体规划、年度计划；搞好国民经济综合平衡，维护国家经济安全；加强投资宏观管理，调控全社会投资总规模等。相对应地，机构设置也做了新调整——原来的交通运输司、工业司、能源局职能已经从发改委分离出来或划分到其他新成立的司中，原设立的"产业政策司"、"工业司"和"中小企业司"取消；国外资金利用司更名为"利用外资和境外投资司"；经济运行局更名为"经济运行调节局"；新设东北振兴司、西部开发司、基础产业司、产业协调司、应对气候变化司5个司局。此外，还成立了国民经济动员办公室、重大项目稽查特派员办公室。国家行政学院汪玉凯教授认为，这是从"决策、执行、监督三方面构建政府的权利和运行机制"。"三定"方案还特别强调，国家发改委、财政部、中国人民银行等部门要建立健全协调机制，综合运用财税、货币政策，形成更加完善的宏观调控体系，提高宏观调控水平。

有关专家指出，国家发改委素有“小国务院”之称，此前与国务院多个部门存在职能交叉。此轮机构调整并不是简单的撤销、合并或重组，而是重新审视分工、明确职能，体现了发改委以宏观调控为核心定位，“抓大事放小事”的思路。当前，国际国内经济形势非常复杂，保持经济平稳较快增长、控制物价过快上涨的任务十分艰巨。抓“大”放“小”，有利于国家发展改革委加强和改善宏观调控。

## 人力资源和社会保障部：公共服务和公共人事管理两手齐抓

2008年7月31日，人力资源和社会保障部召开该部成立以来的首次新闻发布会。据该部新闻发言人尹成基介绍，人社部、国家公务员局“三定”规定已经印发，内设机构设置顺利完成，理顺了一些长期存在的职能交叉和关系不顺的问题——人保部职能分为两大领域：一是以促进就业和完善社会保障体系为核心的社会管理和公共服务职能；二是以机关事业单位公职人员管理为核心的公共人事管理职能。在“定机构”方面，形成了“一部两局”的格局，即人社部、国家公务员局和外国专家局。人社部新设司局劳动监察局、农民工工作司等6个司局。国家公务员局为副部级单位，由人社部部长尹蔚民兼任局长。

在此轮机构调整中，由“农民工办”调整而来的农民工工作司和新成立的国家公务员局备受瞩目。农民工工作司由“民工办”实体化而来，是我国首次设立的一个管理农民工工作的日常性机构，表明政府已经将农民工管理工作常规化。尽管农民工工作司具体职能尚待细化，但据业内人士推测，农民工权益保护、劳动就业、社会保障等职能其都将具备。成立人保部的一项主要目的在于“整合人才市场与劳动力市场，建立统一规范的人力资源市场。”此前，由于部门分割和城乡二元化结构，中国人力资源市场被人为分割为劳动力市场和人才市场，分别由原劳动部和原人事部管理。作为统一人力资源市场的一项措施，尹成基透露，《人力资源市场管理条例》起草工作下半年将启动。不过，有学者指出，此次政府对人力资源实行统一管理，从行政体制改革上看属于重要的制度性突破，可以降低人才流动成本，提高人力资源管理的效率。但由于目前党的组织部门实际上还掌握着对中共党委和政府的领导干部的管理权，而这些人员也属于公务员。因此，真正实现政府人力资源的全面统一管理依然有待时日。

新成立的国家公务员局也是各界关注的焦点。该局从职位管理、考试录用、考核奖励到培训与监督，覆盖公务员事务管理的各个环节。国家公务员局下发的《关于印发〈国家公务员局2008年下半年工作要点〉的通知》中明确，国家公务员局正在加快公务员法配套法规政策建设，对公务员交流与正常退出机制的研究已纳入工作议程。

## 住房和城乡建设部：统筹城乡规划和住房管理面临不少挑战

2008年7月20日，获国务院批准的住房和城乡建设部机构改革“三定”方案下达到该部。此前的7月15日，该部部长姜伟新曾透露，机构改革后住房工作将成为住房和城乡建设部的首要工作，要在住房政策制定、住房供应以及住房制度改革方面发挥调控作用。中编办有关负责人7月18日答记者问时也表示，住房和城乡建设部的主要任务是承担保障城镇低收入家庭住房、推进住房制度改革等责任。同时，《住房保障条例》列入2008年的国务院立法计划。

按照“三定”方案，机构改革后，住房和城乡建设部机构设置“大动手术”：现负责房地产管理的“住宅与房地产业司”、“住房保障与公积金监督管理司”将分拆为四个，增设房地产监管司和公积金监管司；外事司和计划财务司合并为外事财务司。有关专家指出，从原来只有一个房地产业司，到2007年适应住房保障工作需求，“一变二”成立住房保障与公积金监管司，再到新一轮机构改革中实现“二变四”，新成立公积金监管司和房地产监管司，体现了住房和城乡建设部职能定位的变化，也体现了今后房地产调控专业化、精细化的思路。新成立的房地产监管司表现了住房和城乡建设部的住房监管职能；公积金有了专门部门管理后，将进一步回归其帮助解决住房困难的定位。不过，也有业内人士指出，住房问题涉及财政、税收、金融、土地等诸多方面，此前历次房地产宏观调控效果均不彰，一定程度上与上述各个部门的动机不一、诉求不一有关。如何协调好上述各方的关系，完善住房保障体系，将是住房和城乡建设部今后要面临的一项重要挑战。

在此次调整中，原村镇建设办公室调整为村镇建设司，将负责农村住房建设规划、推进城乡统筹工作中农民住房等问题的研究，但并非像媒体所说的“升格”。分析人士认为，先前在住房建设的职能分配上，有意识地割裂城乡确实存在问题，现在把建设系统的管理权限推延到乡村，显然有统筹兼顾的意义，随着城市化进程的到来，统筹城乡规划将是一个变革方向。不过，这也会带来一些新的问题，首先就是住房和城乡建设部与国土资源部职能有可能产生的冲突问题。例如小产权房，先前的建设部无从插手，而由国土资源部处理，那么，当住房和城乡建设部也可以管理农村建设的问题时，小产权房究竟由谁处置？另外，法律界也担心，在建设系统获得这份职权之后，地方政府滥用这份权力。在现行农村宅基地以及地上住房仍无“财产权”保障时，行政权力的增加介入可能会使得局面更加复杂化。

### 环境保护部：如何在更深层次参与宏观调控还存在许多问题

2008年8月1日，环境保护部正式公布了“三定”方案。方案显示，环保部设14个内设机构，环境监测司、总量司和宣教司是3个新增机构。其中，专设总量司体现了环保部决心在减排上加大力度，预计将承担主要污染物总量减排目标的制定、减排指标的分解核定等职能。宣教司的设立则有助于对媒体资源有效整合，媒体不再是环保宣传教育的旁观者，政府部门、媒体、公众三者的互动也将因此增加。

按照“三定”方案，环保部确定了13大职责，职能定位将逐步由过去的执法监督，转变为综合管理与执法监督并重。根据“三定”方案，对重大经济政策、发展规划的环评也列入环保部的职责之内。据悉，在环保部组建后召开的第一次部务会议上，“参与宏观调控”便被写入正式文件中，并置于首要地位。观察人士指出，环保能否有效参与宏观调控此前一直是个有争议的话题。随着规划环评纳入环保部职责，环评要能够在国家、省、部各个层面参与宏观决策。目前，实行环境影响评价“一票否决”、区域限批等手段，已经成为各地环保部门参与宏观调控的一个重要手段。今后更要把“区域限批”纳入日常环境监管中，使其在调整产业结构、转变经济增长方式等方面发挥更大作用。不过，对于环保部门来说，推动出台《规划环评条例》影响则更为深远，唯有如此，环保参与宏观调控方能取得实质进展。

但仔细分析此次环保部“三定”方案可以发现，环保部并没有新增职能，在水资源保护和水污染治理问题仍与其他部委存在一定程度的职能交叉。更为遗憾的是，此前热议的环保垂直管理也没有出现在方案之中。2007 年 9 月，时任环保总局副局长的潘岳曾向媒体透露，“很多地方局长要通报当地的污染，居然只能给国家环保总局写匿名信”。地方环保部门处境之尴尬可见一斑。近年来，中国已经陆续制定了二三十部和环境保护相关的法律，但实际的执行情况却很难令人满意。根本原因就在于，通过立法形式给予环保部门的授权仍然十分有限，环境执法行为很容易就被淹没在地方和部门利益的泥潭中。如果这种状况得不到根本改变的话，即使散布在林业、农业、建设等诸多领域的环保职能，都最终归于环保部一体，其前景仍难以预测。因此，对于环保部这样与地方政府利益冲突性强的部门，除了行政上的升格，应将垂直管理尽快提上日程，从而真正把法律落到实处。垂直管理的最大利好在于“有效抵制地方保护”，只有环保部门具有独立执法者的身份，才能对地方政府形成强有力的“硬约束”。

## 地方“大部制”改革的问题与选择

随着国务院第一批 46 个部门“三定”规定发布实施，地方政府“大部制”改革正式拉开序幕。2008 年 8 月 25 日召开的地方政府机构改革工作电视电话会议提出了地方机构改革“7＋1”的指导思路，地方政府被赋予了更大的改革自主权。

### 新一轮地方政府机构改革面临的主要问题和困难

地方政府机构改革的探索近年来从未停止过，行政审批制度改革、“省管县”、“扩权强县”等探索，为新一轮地方政府改革准备了条件，但是与中央的要求、群众的期盼和发展的需要相比还有一定的差距。有许多问题在中央政府机构改革过程中可能不会出现，但是具体到地方政府机构改革后，就会变得非常突出，而且显得极为紧迫。

首先就是改革“市管县”的问题。现行“市管县”模式增加了行政管理层次，管理效率低下，不利于发挥县一级政府在经济发展和社会管理中的主体职能。不仅如此，地级市与县（市）争利现象时有发生，不少地级市事实上已成为县域经济的“抽水机”。地级市的职能如何定位，是新一轮地方政府机构改革迫切需要解决好的问题。

其次是清除部门壁垒的问题。长期以来，“行政权力部门化，部门权力利益化，部门利益法制化”的现象已为人们所诟病。部门利益既是一些政府部门低效、权力“寻租”等行为的源头，也成为深化改革的绊脚石。从一些地方政府机构改革的实践来看，地方

"大部制"改革最大的阻力首先可能就来自部门利益。在中央层面推行的"大部制"改革就是为了解决这一问题，地方也应积极探索。

第三是政府职能如何接轨市场经济的问题。我国采取的政府主导型市场经济模式，在一定程度上导致了全能政府的产生。而市场经济要求政府的职能是有限的、宏观的，特别是加入 WTO 对政府干预经济有了更多的限制。各级地方政府必须改变过去管理中无所不能的传统习惯，从全能政府向有限政府转变。

另外，从中央与地方的关系看，有两个问题也显得特别急迫。首先是垂直管理问题。为了便于指导和管理，中央在海关、质监等很多行业和领域实行了垂直管理。然而很多条条管理的单位分散在全国各个地方，其活动范围大多在地方行政区域内。搞得不好，地方政府可以掌控的资源越来越少，在某种程度上不利于地方政府进行管理。因此，如何探索解决中央的条线管理和地方以块管理的矛盾，显得十分紧迫。其次是中央财权与事权的划分问题。1994 年我国实行分税制改革后，从中央与地方财税关系存在的问题看，财政总收入中，中央的集中能力越来越强，中央财政宽余、地方财政紧张。为增加本地区财政收入，很多地方政府盲目招商引资、大搞"土地财政"，甚至私自出台税收优惠政策。党的十七大报告提出，要"推进基本公共服务均等化"，"健全中央和地方财力与事权相匹配的体制"，"完善省以下财政体制，增强基层政府提供公共服务的能力"，在新一轮地方政府机构改革中将必然会涉及中央财权与事权的划分问题。

## "大部制"改革的地方选择

2008 年 8 月 25 日召开的地方政府机构改革工作会议上，马凯将此轮地方政府机构改革的主要任务概括为：转变职能、优化结构、强化责任和严控编制。会议提出地方机构改革"7+1"的指导思路，即改革将会涉及农业、工业、交通运输、住房保障、人力资源、文化市场、食品药品 7 个领域，再加上一个"健全基层社会管理体制"。事实上，在中央对新一轮地方政府机构改革作出部署之前，一些地方已经做了积极而有效的探索。

● 成都模式：以重点部门为突破口

作为全国统筹城乡综合配套改革试验区，成都把与城乡协调发展关系最密切的农、林、水和交通当做了"突破口"。从 2005 年初起，成都市开始了一系列的机构撤并：撤销农牧局、农机局，成立农业委员会；撤销林业局和城市园林管理局，组建林业和园林局；组建水务局，对全市城乡水资源实施统一调度和管理……成都市农委成立后，集中以前分散于各部门的财政支农资金，成立了一家政策性的农业担保投资公司，以 4 亿元投入撬动 100 多亿元金融资金注入农业现代化生产。对于"大部制"实践中最为敏感的"人事"和"财政"问题，成都市采取了"分步走"的策略，并在部门内部之间形成有效的约束、监督机制。目前，在决策上，走专家咨询论证、群众参与、集体决定的路子，重大事项要听取多方意见，集体研究决定。行政首长问责制也开始实施，由监察部门来监督执行。

● 重庆模式："大农委"率先挂牌

2008 年 9 月，重庆市开始启动大部制改革的前期调研工作。暂时冻结市政府部门机

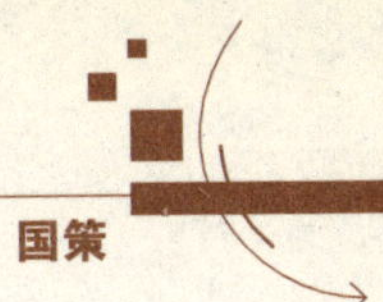



构编制，将涉及调整和变动的部门，原则上不再使用余编补充工作人员，不再新提拔干部。此前，重庆市将市政府农村工作办公室、市农业局、市农机局和市农业综合开发办公室四个部门整合成为重庆市农业委员会，实际上已悄然拉开了探索大部门制的序幕。8月8日，重庆市农委正式揭牌。经过调整，市政府直属机构减少1个，直属局级事业机构减少1个，处级内设机构减少16个，人员编制比整合前减少63名。精简机构的同时，新农委职能也在悄然演变，它不是简单的机构合并，而是令农村工作职能得到优化和加强，并使每年近20亿元涉农项目资金得到统一管理。

● 随州模式："合并同类项"实现机构最精简

湖北省随州市是全国较早试行大部门体制的地级市。2000年8月随州市成立以来，积极"推行大部门体制、打造经济型政府"，全市财政供养系数连续7年出现负增长。为精简机构，《随州市直党政群机构设置及人员编制方案》明确提出"合并同类项"：职能基本相近的单位能合并的尽量合并设置，职能衔接较紧的单位采取挂牌设置，职能交叉的单位能不单设的尽可能不单设。随州在地级市与区级政府机构设置上实行"错位设置"，对直接服务群众的部门实行"精简机关、充实基层"。于是，统战部、民族宗教事务局、台湾工作办公室和台湾事务办公室合并成一家；市档案局与市档案馆、市党史办、市地方志编纂办公室四块牌子、一套班子……整合后，随州市政府组成部门和直属事业机构共25个，比一般地市州少10个以上。与此同时，事业单位的数量受到严格控制，近年来行政编制始终没有突破860个。如今，"官少牌子多"已成随州一景。

● "海南模式"：177项权力下放市县

1988年，海南建省办经济特区之初，就在全国率先建立起独具特色的省直管市县的行政管理体制，由省政府直接领导18个县市和洋浦开发区，中间不设地区一级。2008年9月，海南省又决定将177项行政管理权直接下放到市县和地级市。在推进"大部制"改革方面，海南省先于工业和信息化部在本省设立了工业经济和信息产业局，统筹管理重工业、轻工业和信息产业。该省还整合设立了人事劳动保障厅、文化广电出版体育厅，加强了相近领域的协调管理，大大精简了官员数量，提高了行政效能。

## 政府机构改革的关键是做好"加减乘除"

中央已对地方政府机构改革提出原则性要求，包括下放权限、探索"大部制"等一系列任务。中央《关于深化行政管理体制改革的意见》明确指出，"鼓励地方结合实际改革创新"，"根据各层级政府的职责重点，合理调整地方政府机构设置"。这意味着地方政府机构改革在转变职能、优化结构方面的要求更加急迫。同时，各级政府的差异性也得到充分考虑，各地可突出自身职责重点，确定自身改革方式和步骤，这给地方政府改革留下了很大的创新空间。

在国务院机构改革完成阶段性任务后，有关专家曾将国务院机构新"三定"规定的亮点总结为添加"时代内容"、减少"微观作业"、效能增"几何级"、权责找"公约数"。事实上，"加减乘除"也是新一轮地方政府机构改革的着力点。

做好加法，必须重视与市场经济相匹配的政府部门以强化服务职能——透析新“三定”规定可以看出，国务院各部门都增加了与时代要求或社会需求相匹配的部门或职能，集中体现了国家对经济发展的战略部署、对科学发展的具体实践和对国计民生的密切关注。这一点同样适用于地方政府机构改革。地方没必要和中央部委一一对应，除了一些必要的如宏观经济管理、政法、财政等部门需要上下对口外，只要工作上有对口的衔接就可以。应该充分考虑当地实际，加强与市场经济相匹配的部门建设，其目的应该是为了进一步转变政府职能，更好地强化政府的服务职能。此外，地方机构改革中，还应高度重视改革成果的连续性和可持续性，凡是符合中央改革精神、符合地方实际，有利于转变政府职能的都可以纳入到新一轮的改革方案之中。

做好减法，必须减少“微观作业”以提高行政效率——“权力下放”是此次国务院“三定”规定的亮点之一，是部门减少微观作业的具体体现。马凯在2008年8月25日的会议上明确提出，地方政府机构改革的核心是转变职能，并要求加快推进政企分开、政资分开、政事分开、政府与市场中介组织分开。这就要求地方政府职能转变与中央保持同步。其内涵之一，是要地方政府进一步下放管理权限，更好地发挥市场在资源配置中的基础性作用，更好地发挥公民和社会组织在社会公共事务管理中的作用。

做好乘法，必须加速部门整合以提高行政效能——从2008年3月国务院发布《关于机构设置的通知》和《关于部委管理的国家局设置的通知》开始，国务院新一轮机构改革就迈出了资源整合的步伐，部门与部门之间或是部门内部之间都发生了不同程度的整合提升。这不仅在最大限度上减少了职能交叉，也为提升管理效能奠定了基础。对于地方政府来说，以本轮机构改革为契机，以更好地解决群众的切身利益问题为出发点，加大部门整合力度，进一步形成管理合力，应该是未来机构改革的一大方向。应该根据法律、法规确定职能的原则，一件事情尽量由一个部门办理，将部门职能重新进行了梳理和调整，把职能和管辖范围相近、业务性质雷同的部门，整合组建一个更大部门的管理体制，集中资源和力量办大事、快办事。不仅如此，省、市、县、乡不同层级政府的职责要点也应该进一步厘清：省级重在统筹和调控，市县乡重在提供具体的管理和服务。

做好除法，必须推进职责分工以增强部门协调与监督——部委“三定”出台后，对“九龙治水”这样的顽症有了重大突破。与之类似，地方也有“18个部门管不好一个井盖”的情况。因此，以新一轮地方政府机构改革为契机，理清交叉职能、明确权责关系势在必行。不仅如此，解决职责交叉、权责脱节的具体成效，还要用制度和法规来理顺职责关系，建立健全部门间协调配合机制，并通过科学的权责划分，将决策权、执行权、监督权有效分离，使高度集中的权力受到约束。在这一层面上，地方还需要更多探索。

# 政务公开打造“透明”政府

## 政务公开要把握好六个“点”

*作为信息公开的一个重要手段，互联网已被地方政府广泛采用，如泉州行政服务中心全程网上审批、南京创建“网上政府”、成都网上问需等，借助网络改进政府服务已成为地方政府政务公开的新亮点。*

### 开展网上审批是政务公开的着眼点

2007年4月，泉州市行政服务中心在全国率先启动“全程式网上审批”模式。该市行政服务中心在原有“外网预申报、内网预审核”系统功能的基础上，引入数字证书、电子印章等安全认证技术，实现了外网申报、内网审批、外网反馈全程网络化。申报人通过网络申报，政府工作人员在线进行审核、签署意见、拟发批文，同时通过短信或语音电话告知申报人，申报人通过相关设备远程输出审批结果。这一审批模式集信息与咨询、审批与收费、管理与协调、投诉与监督于一体，效能监察部门对所有审批服务项目实行全程电子监察。在发改委等7部门31个项目列入首批全程式网上审批项目后，2008年初，该市又将21个部门147个主要面向企业的审批服务事项纳入网上审批范围，并在公用事业局等9个部门31个项目实行市县两级网上审批对接。泉州市行政服务中心还将2008年确定为“优质服务年”，落实一次性告知和首问责任制，推行上门服务、代办服务和预约服务制度，提供“保姆式服务”。

“全程式网上审批”模式的推行，让企业和群众足不出户就能申办有关审批服务事项，并从源头上遏制审批中的权钱交易等腐败现象，受到社会各界的普遍好评。至2008年2月25日，泉州网上审批共收件42387件，办结率达98.2%。

## “权力上网”是政务公开的关键点

透明行政的第一步，是弄清政府到底有多少项权力。2006 年 2 月，南京市出台了《加快电子政务建设，构建权力阳光运行机制的意见》，明确要求全市各部门两年内基本建成行政权力阳光运行工作机制。2006 年、2007 年南京市对行政权力逐一审核、清理，将全市 54 个行政部门的 5878 项行政执法事项核减到 3731 项。在此基础上，编制了《南京市行政职权目录》，将全市所有行政执法事项统一编码，使每项权力都有唯一、固定的“身份”。无编码、无身份、不在职权目录中的行政权力，谁都不得行使。

南京市还编制了“权力运行流程图”，权力运行中哪些工作人员在办理、办理是否超过规定时限、处理意见和结果是什么，电脑全部记录在案。不同意审批的人员须提出具体理由。同时，全市 13 个区县、54 个部门全部开通短信、电话通知系统，自动及时地将事务办理情况通知申办人。2008 年 1～2 月，全市已有近 26 万件次行政权力事项实现了网上办理，“网上政府”已粗具雏形。

## 网络直播是政务公开的创新点

2008 年 4 月 2 日，杭州市政府首开先河，通过其门户网站，将第 26 次市政府常务会议的全过程进行了视频直播。整个过程，市民不仅可以在线观看市政府常务会议，还可通过同时开通的政务论坛以发帖等方式将自己的意见和建议提交会议参考，实现与政府决策同步互动。

为了保证政务信息的公开透明，不断推进政府决策科学化、民主化，杭州市政府决定，政府讨论涉及群众切身利益的重大问题的会议，今后都可视情采取网络直播的形式现场听取民意。根据杭州市政府的要求，决定会议直播前，会议议题的相关材料将发布在门户网站上供市民查阅，市民若有什么好的意见和建议，可以提前登录网站发表观点。网民的这些意见建议在会前将被工作人员认真整理好，在政府决策过程中将得到相应的回应。

有关专家指出，将市政府常务会议进行网络视频直播，现场听取民意，正是民主决策的体现。“网络打破空间限制，听到了群众的呼声，这种形式值得推广。”

## 信息双向沟通是政务公开的着力点

2007 年，成都市推行“从一站式到一窗式”的并联审批先后获得“2007 年中国城市管理进步奖”和“第四届中国地方政府创新奖”。在此基础上，《成都市 2008 年规范化服务型政府（机关）建设工作要点》正式出炉。根据《要点》，2008 年成都市推出旨在解决群众诉求针对性的网上问需服务等创新政务服务。在全面推行政务公开的同时，进一步完善四级政务服务体系，大力推行预约服务、延时服务、代办服务、上门服务、跟踪服务、联合服务、问需服务和网上服务，构建以公众需求为导向的政府服务方式。此前，该市已经开展的预约、延时等服务受到了市民的热烈欢迎，规定时限内办结率达 100%。

重庆市也采取了和成都市问需服务异曲同工的举措，那就是政务信息的双向沟通。据报道，2008年，重庆市政府公众信息网将进一步拓宽服务空间，建设成短信信息发布平台，及时向市民发布天气、灾害、路况等信息。短信平台建成后，重庆市还开通“双向制”渠道，即政府传短信给市民，市民也可以通过短信平台将信息反馈给政府。重庆市政府公众信息网负责人表示，群众还可通过手机查询行政审批结果，让群众少跑路。

### 需求导向是政务公开的兴奋点

上海市2004年就在国内率先出台了政府信息公开规定。《上海2007年政府信息公开年度报告》显示，截至2007年底已累计主动公开政府信息近26万条，全文电子化率为96%。上海市政府进一步明确，将以社会需求为导向，深化政府信息公开；以服务群众为目的，探索信息公开渠道，加强政府信息公开的基础性工作。大到“十一五”规划、《上海市中心城控制性详细规划》，小到与群众生活密切相关的食品药品安全预警、工商抽检不合格产品目录、社会保障和劳动就业最新政策等信息，都能在网络上搜索到。老百姓特别关心的土地征用和房屋拆迁的批准文件、补偿标准、安置方案等方面信息都必须上网。

上海市政府还为市民免费开通了一个实名制的电子“市民信箱”，为市民免费发送政府公报、政策法规、人事任免等政府信息和个人医疗保险、养老保险信息、住房公积金、交通违章信息以及公用事业单位账单等便民信息。截至2007年末，通过市民信箱订阅信息将近59万人次。下一步，上海将重点推进与社会发展和市民生活密切相关的政府信息公开，“以政府信息公开带动办事公开，以办事公开带动便民服务，进一步推动政府信息公开与网上办事和电子政务工作的结合”。

### 行政服务中心“二次创业”是政务公开的落脚点

为进一步提高行政服务中心和办事大厅的行政审批效能，2007年6月，浙江省政府办公厅印发了《关于在全省开展创建“浙江省示范行政服务中心（办事大厅）”活动的通知》，通过创建活动带动浙江行政服务中心和办事大厅开展“二次革命”。

根据《通知》要求，创建的内容重点是继续深化行政审批制度改革；创新行政许可运作模式，依法科学归并部门行政许可运作模式；推行电子政务和电子实时监察系统建设；完善市、县（区、市）、乡镇（街道）三级行政服务体系；切实改善窗口单位及其工作人员的工作作风、服务质量和办事效率等。省效能办、审改办、政务公开办先后印发了《省示范行政服务中心评选细则》和《省示范办事大厅评选细则》，对各级政府行政服务中心和省级部门办事大厅规范化建设提供模本和导向。

据浙江省效能办统计，从开展创建活动到2008年第一季度，全省有近一半的行政服务中心已完成行政许可归并工作；15个省级部门与省电子监控中心数据联网。

## “第一平台”四大明星

*《政府信息公开条例》已于2008年5月1日起正式施行。此前的4月29日，国务院*

办公厅下发了《关于施行〈中华人民共和国政府信息公开条例〉若干问题的意见》，就条例施行中的若干问题做出补充规定。按照中央要求，各地各部门要充分发挥互联网公开政府信息的作用，各级政府网站要成为政府信息公开的第一平台。从各地实施《条例》的情况看，有些部门和地方还没有把政府网站这个平台做好做实。对比起来，辽宁民心网、安徽政府信息公开网、湖北省财政与编制政务公开网以及江西民声通道堪称政府信息公开第一平台四大"明星"。

## 辽宁民心网：唯一荣获"全国政务公开工作先进单位"的省级机构

2007年9月3日，在全国政务公开工作先进单位表彰暨全国政务公开示范点命名电视电话会议上，辽宁省民心网（辽宁省政务信息处理中心）荣获"全国政务公开工作先进单位"称号，成为唯一获此殊荣的省级政务公开工作机构。

辽宁民心网由辽宁省纪委、监察厅、省政府纠正行业不正之风办公室创办，成立于2003年12月16日，2004年5月21日正式开通。据辽宁省政府纠风办介绍，民心网创办4年中，共上传政务公开、办事公开、民情民意等信息超过100万条，接收举报投诉、群众评议、意见建议、政策咨询等信息超过5万多件（次），日点击率最高达300万次。其中，10138个群众反映的问题和5409个政策咨询得到重点解决，群众满意率达到90%。通过公开受理群众举报投诉，106人受到党纪处分，173人受到政纪处分，59人受到组织处理。民心网共收缴违规违纪资金1.1亿元，清退违规违纪收费2046万元、罚款786万元，部门公益性投入721万元，有力地维护了群众的利益。2005年6月6日，时任中共中央政治局常委、中央纪委书记的吴官正来到这里考察工作，对民心网给予充分肯定。民心网被老百姓形容为"不下班的政府"，网友们纷纷发帖子说："爱上民心网，因为它实用、解渴。"

民心网作为辽宁省政务公开网络平台，最大特点是公开互动，所有政务信息都能在网上看到。仅2007年上半年，民心网就公开受理群众提出的政策咨询问题2441件，所有回复信息全部在网上公开。在此基础上，把政务公开工作公开性、群众性的特点与互联网开放性、即时性的特点相结合，实现了与群众互动、与政府部门和有关领导互动。作为一个开放式的工作系统，民心网还为纠风工作探索新形式，提供了宽广的平台。通过民心网，全省14个市、100个县区和70多个行业和纠风部门，初步实现了资源和力量的整合，形成了三级联动、以查处整改问题为目的的新模式。有关专家认为，辽宁"民心网"的运作模式，为改进社会管理方式、协调社会利益关系，提供了一种全新的思路和选择。

## 安徽政府信息公开网：最规范的政府信息公开网站

按照要求，各级政府网站都要开设政府信息公开专栏。在这一点上，安徽的做法可以说最规范，开通了专门的网站，浏览起来清晰明了，使用起来十分方便。安徽省人民政府信息公开网是根据《中华人民共和国政府信息公开条例》和《国务院办公厅关于做好施行〈中华人民共和国政府信息公开条例〉准备工作的通知》要求，按照《安徽省人

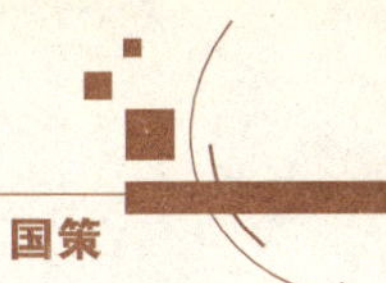

辽宁民心网双向互动架起政府与群众之间的“连心桥”

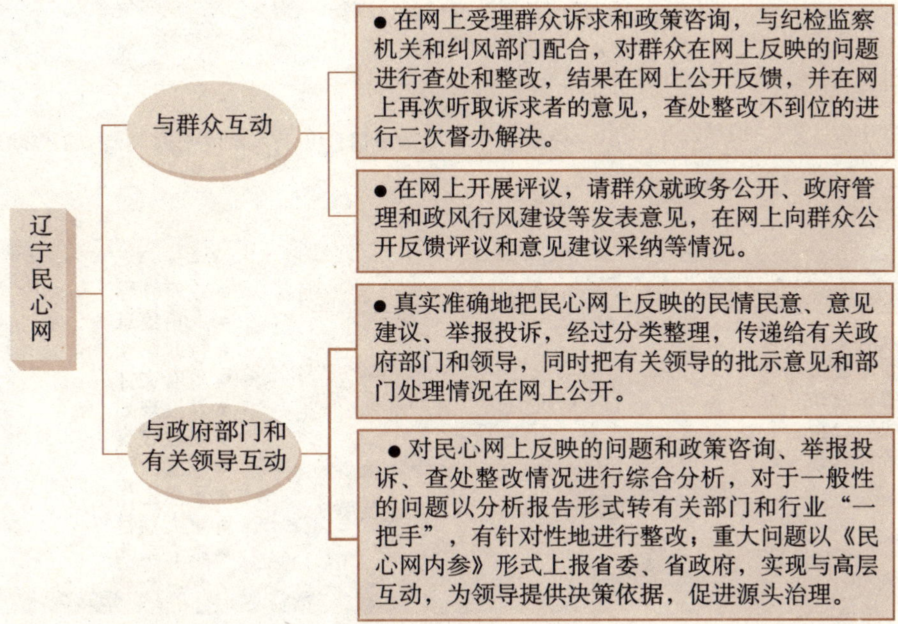


民政府信息公开指南和信息公开目录编制工作方案》的统一部署，由省政府政务公开办公室牵头组织，省经济信息中心和有关单位具体开发建设的安徽省政府信息公开系统。打开安徽省人民政府信息公开网（www. ahzwgk. gov. cn）首页，网站按照政府公开的三类主体，设立了“省政府近期公开信息”、“各部门、各直属机构信息公开”以及“公共企事业单位近期公开信息”三个栏目，方便公众查询。不仅如此，包括省政府办公厅、省发展和改革委员会等在内的75个部门的信息公开指南和信息公开目录全部可以查到。

安徽省人民政府信息公开网可以说是近年来安徽省推行政务公开的集大成者。2006年4月20日，由安徽省政务公开办公室组织编辑的《安徽省政务公开指南》大型办事参考书全面公开发行。《指南》以涉及人民群众切身利益的审批项目为重点内容，较全面、系统地公开了安徽省政府有关部门的机构设置和职能，以及省市两级政府部门的行政审批和便民服务事项，将有关审批依据、申报条件、申报材料、办理程序、承诺期限、收费标准逐一公开，方便企事业单位和人民群众办事。随后，安徽省政府第35次常务会议讨论通过了《关于进一步加强政务公开促进机关效能建设的通知》，进一步明确了政务公开的重点和范围、形式和途径，强调切实加强领导，及时、全面地公开政务信息。2006年5月15日，安徽省政府又召开“加强政务公开促进机关效能建设”新闻发布会，高调推行“政务公开”，明确提出除涉及国家秘密等不宜公开的外，应当公开八个方面的内容；可根据工作内容和性质，通过八大途径和形式进行公开。

## 湖北省财政与编制政务公开网：最大特色是敢于公开“敏感”信息

过去，凡涉及“钱”和“人”等敏感事项的政务信息大多不够透明和公开，由此产

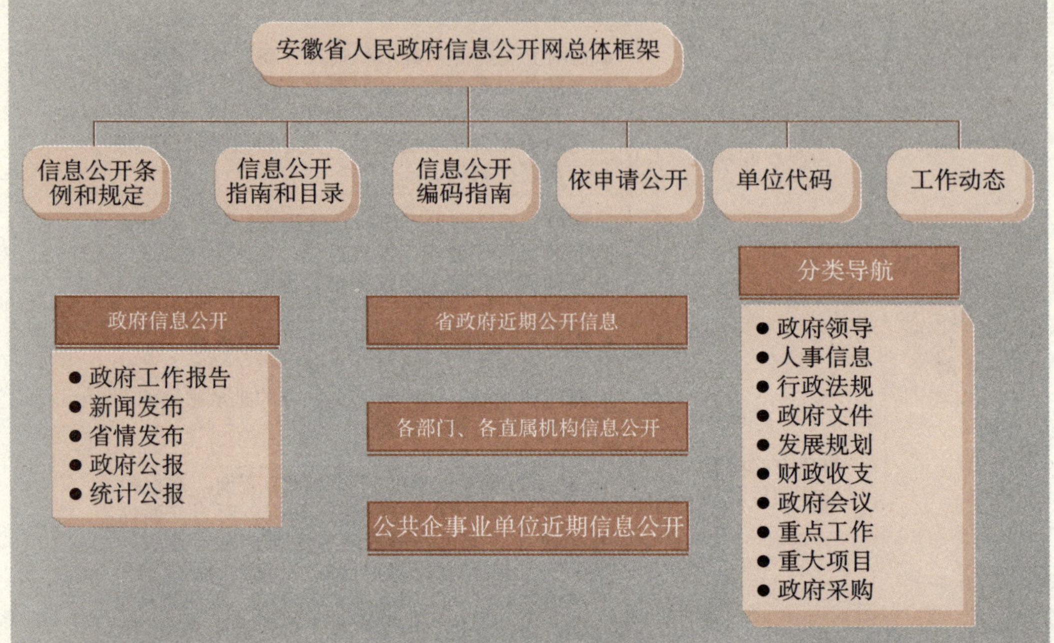


生诸多“暗箱操作”，甚至滋生腐败，群众对此颇有意见。为了让群众更充分地享有知情权，从而更好地行使监督权，2005 年 8 月，湖北省政府办公厅出台关于开展财政与编制政务公开试点工作的意见，选定天门、大冶、麻城等 14 个县市启动财政与编制政务网上公开试点工作，开通财政与编制政务公开网站，收到了良好效果。当年，14 个试点县市区共清理财政“吃空饷”人员 319 人，查处和清退财政专项资金 60 多万元。随后，湖北省委、省政府决定在全省启动财政与编制政务公开工作。

按照湖北省政府的有关要求，财政与编制信息公开主要包括三个方面：一是政府重大财务信息和相关政策，如与财政、编制管理工作相关的法律法规和政策，财政预决算报告，政府采购目录、招投标情况，行政许可和审批事项等。二是涉及群众切身利益的财政专项资金的分配和管理情况，如农村中小学贫困学生“两免一补”、粮食直接补贴、城市最低生活保障、退耕还林补助等专项资金的发放标准、每位受益人的领取情况都要公布。三是党政群机关、全额拨款事业单位和具有行政管理与行政执法职能的其他事业单位的人员编制情况，每个单位的机构设置、核编情况、在编人员及任职情况一律上网公布。

2006 年 3 月，湖北省委办公厅、省政府办公厅印发《省财政与编制政务公开领导小组关于全省开展财政与编制政务公开工作的实施方案》的通知明确提出，财政与编制政务公开主要通过互联网向社会公布，接受社会监督，公开资料在网上保留时间不得少于一年，同时要充分利用报刊、广播、电视、政务公开栏、宣传册等多种形式公开。2006 年 6 月，湖北省财政与编制政务公开网站（www. hbcz. gov. cn）开通试运行，省直 5 个单位和 114 个市县（区）在网上公开了财政专项资金的分配情况和行政事业单位的人员编制管理情况。2008年3月，省机构编制委员会又发出《关于进一步做好省直部门机构编制政务公开工作的通知》。《通知》提出，2008年是机构编制政务公开工作继续推进和深化的一年，各部门要以提高机构编制规范化管理为目标，将政务公开工作由突击性工作转为日常性工作，将机构编制政务公开与日常机构编制管理结合起来，高度重视，周密部署，协调配合，扎实工作，推进机构编制政务公开工作取得更大实效。

有关专家指出，政务公开先从财政和编制公开做起，不但有利于上级检查、落实情况，有利于被公开的单位提高自我约束意识，更有利于全社会成员的监督。湖北省主动公布财政与编制等“敏感”信息，对于依法保障人民群众的知情权、参与权、表达权、监督权，推行政务公开，创建法治政府、服务型政府，提高政府工作的透明度，促进依法行政，充分发挥政府信息对人民群众生产、生活和经济社会活动的服务作用具有重要意义。

## 江西民声通道：政务公开的新平台，社情民意的“晴雨表”

2004年5月，为使基层广大干部群众的呼声可以直达省委，江西省委办公厅先后向社会公布了24小时开通的移动电话（13707919001）和电子邮箱（swxx@jiangxi.gov.cn），人们只要拨打手机电话、发送手机短信或电子邮件，就可以将需要向江西省委反映的重要情况、意见建议和社会动态直接发送到省委办公厅，办公厅根据情况编成信息直接报送省委领导，经领导同志批示后即交由有关部门办理。省委办公厅规定，一般情况限时一个月，复杂情况原则上两个月内办结，并将一个时期的查办处理情况，在媒体上公布，接受监督。时任江西省委书记的孟建柱高度重视，将老百姓发给“民声通道”的所有短信逐条阅看，并审阅处理结果。随后，省委办公厅又开通了手机短信平台088889999，并设置了短信平台关键词，当手机短信平台接到群众反映紧急突发事件时，能够发出专门警告，方便及时处理。至此，移动电话、电子邮箱和短信平台这三条渠道共同搭建起江西省“民声通道”。全省11个设区市、99个县（市、区）都已经开通了“民声通道”，被老百姓亲切地称为“连心桥”。特别值得一提的是，省委办公厅会在《江西日报》等媒体上定期发布“民声通道”办理情况通报，最大限度地公开群众的建议和反映的问题的落实情况。

2007年7月，江西省民声通道信息系统依托全省政务信息网在全省范围内全面建成，并正式上线运行。江西省民声通道信息系统是架构在省政务信息网统一网络平台上，它通过“外网受理、内网办理”的方式，在互联网上建设全省统一入口的民声通道网站群，省级、11个设区市、99个县（区）民声通道网站集中起来，构成全省统一对外服务的民声通道外网网站，同时也可以通过短信平台、邮件系统分别受理群众反映的不同问题；在省政务信息网内网，将省、市、县（区）三级政务部门纳入到一个信息工作平台中，省、市、县（区）民声通道受理部门互联互通，按照责任分工不同，协同办理群众反映的问题。同时，通过统一出口，将办理的结果反馈到外网网站上。使群众的意见能及时、快速地得到办理。

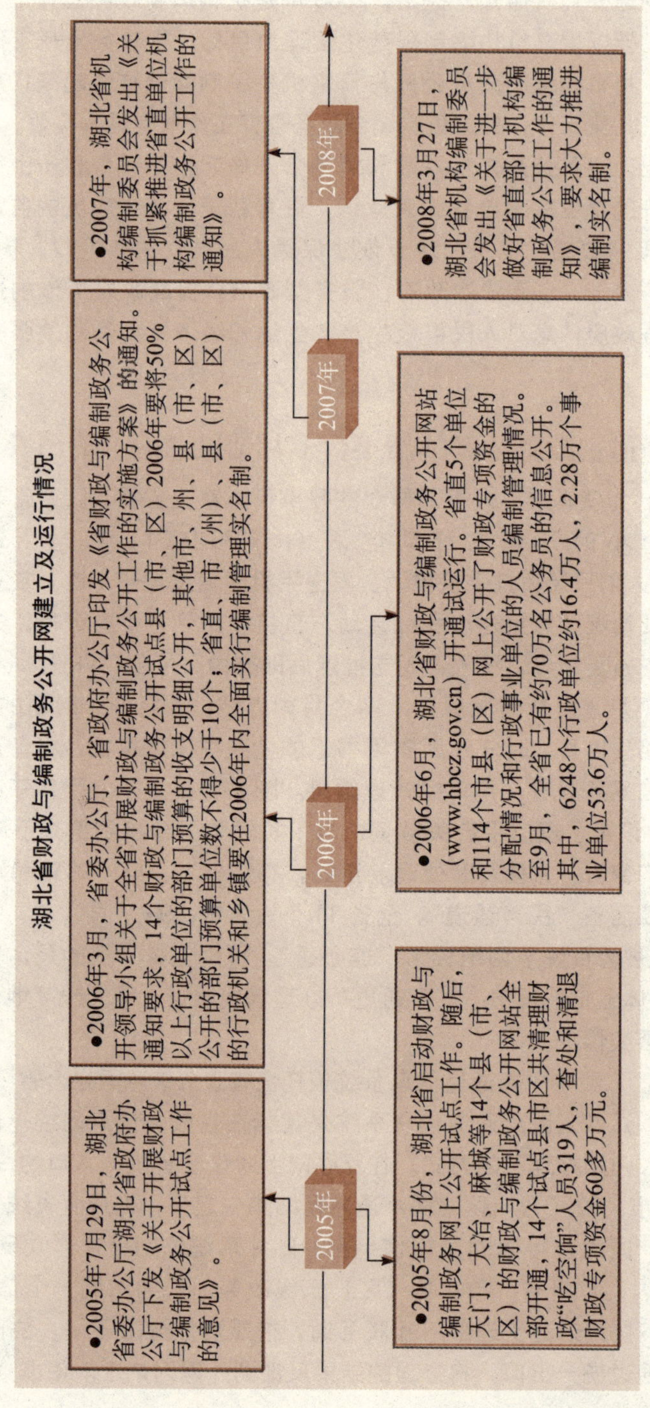
湖北省财政与编制政务公开网建立及运行情况
●2005年7月29日，湖北省委办公厅湖北省政府办公厅下发《关于开展财政与编制政务公开试点工作的意见》。
●2006年3月，省委办公厅、省政府办公厅印发《省财政与编制政务公开领导小组关于全省开展财政与编制政务公开工作的实施方案》的通知。通知要求，14个财政与编制政务公开试点县（市、区）2006年要将50%以上行政单位的部门预算的收支明细公开，其他市、州、县（市、区）公开的部门预算单位数不得少于10个；省直、市（州）、县（市、区）的行政机关和乡镇要在2006年内全面实行编制管理实名制。
●2007年，湖北省机构编制委员会发出《关于抓紧推进省直单位机构编制政务公开工作的通知》。
2005年
2006年
2007年
2008年
●2005年8月份，湖北省启动财政与编制政务网上公开试点工作。随后，天门、大冶、麻城等14个县（市、区）的财政与编制政务公开网站全部开通，14个试点县市区共清理财政“吃空饷”人员319人，查处和清退财政专项资金60多万元。
●2006年6月，湖北省财政与编制政务公开网站（www.hbcz.gov.cn）开通试运行。省直5个单位和114个市县（区）网上公开了财政专项资金的分配情况和行政事业单位的人员编制管理情况。至9月，全省已有约70万名公务员的信息公开。其中，6248个行政单位约16.4万人，2.28万个事业单位53.6万人。
●2008年3月27日，湖北省机构编制委员会发出《关于进一步做好省直部门机构编制政务公开工作的通知》，要求大力推进编制实名制。

在此基础上，2007年9月，江西省投诉受理中心正式揭牌成立，中心通过以计算机网络、手机短信、电话等现代化手段为载体的“网上信访”，快捷有效地处理百姓反映的信访事项。有关专家指出，“民声通道”和“网上信访”利用现代通信方式为载体，消除了信息传递过程中的过滤层，具有相当的广泛性、动态性、直接性和真实性，使领导机关可以直接倾听民声，随时掌握民意，切实改进工作，完善政策措施，提高信访工作效益，正成为江西各级党委观察社会动态、了解社情民意的“晴雨表”，也是江西省政务公开的一个重要平台。

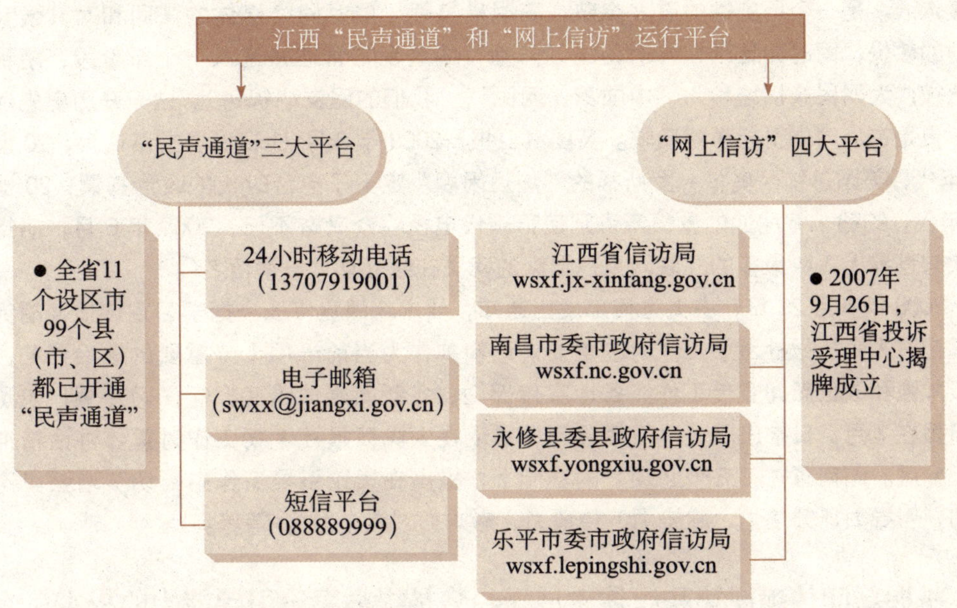


## 把提高舆论引导能力放在突出位置

2008年6月20日，在《人民日报》创立60周年之际，胡锦涛总书记来到人民日报社考察工作、与网民在线交流并发表重要讲话。胡锦涛在讲话中提出了一系列新闻宣传工作的重大理论观点和重要工作部署，着重就提高舆论引导能力提出了“五个必须”的新要求，强调要把提高舆论引导能力放在突出位置，取得新的成效。在全球进入网络时代、中国网民数量跃居世界首位，特别是在汶川大地震之后、北京奥运会即将召开之际，总书记强调提高舆论引导能力这一重大课题，具有重要现实意义和长远指导意义。

### 总书记成“中国第一网民”是舆论引导的巨大突破

“提高舆论引导能力”是胡锦涛总书记在人民日报社考察工作时重要讲话的核心内容。胡锦涛指出，新形势下，提高舆论引导能力要做到“五个必须”，即必须坚持党性原则，牢牢把握正确舆论导向；必须坚持以人为本，增强新闻报道的亲和力、吸引力、感染力；必须不断改革创新，增强舆论引导的针对性和实效性；必须加强主流媒体建设和新兴媒体建设，形成舆论引导新格局；必须切实抓好队伍建设，增强凝聚力和战斗力。有关专家指出，改革开放30年来，我国舆论阵地建设取得了长足的发展，但与世界上一些发达国家比较，舆论引导格局还不够大不够强。“必须加强主流媒体建设和新兴媒体建设，形成舆论引导新格局”的新提法，为新形势下舆论阵地建设提出了一个新的重大课题，具有很强的政治性、思想性和指导性，为新闻舆论文化建设指明了方向。

尤其引人注目的是，胡锦涛总书记在人民日报社考察期间，还首开历史先河，通过人民网“强国论坛”同广大网友在线交流。这是中央最高领导人第一次在网络上与民众直接沟通，是一个历史性的重大突破，表明最高领导层对网络媒体的认同和对其强大影响力的敬畏，同时亦显示官方对网络“阵地”的重视与管理将进入一个新阶段，胡锦涛因此被广大网民亲切地称为“中国第一网民”、“我们的网友胡锦涛”。这一开历史先河之举，更是在海内外引起强烈反响。英国《卫报》2008年6月21日发表文章认为，20世纪30年代，美国总统西奥多·罗斯福的“炉边闲聊”定下了电台时代的政治基调；20世纪60年代，约翰·肯尼迪的激情演讲则使第一代电视观众兴奋不已；2008年6月，胡锦涛首次与世界上人数最多的互联网用户国家的网民在线互动“一举留名”。

2008年6月23日，中央宣传部发出通知，要求新闻宣传战线把学习宣传贯彻胡锦涛总书记在人民日报社考察工作时的重要讲话精神作为当前一项十分重要的政治任务，进一步加强和改进新闻宣传工作。各地宣传部门、各新闻媒体迅速掀起学习热潮，如黑龙江日报在7月7日推出了《学习胡锦涛总书记在人民日报社考察工作时重要讲话精神笔谈》专版。湖南省在“五个必须”的基础上，提出在舆论引导工作中要切实增强舆论掌控力、引导力、公信力、感染力、传播力、影响力“六个力”，等等。

## 把握新闻传播规律和媒体发展新趋势是提高舆论引导能力的根本

观察人士注意到，胡锦涛总书记在人民日报社考察工作时所作的重要讲话中特别强调要“按照新闻传播规律办事，不断提高舆论引导的权威性、公信力、影响力”。与中央在2002年提出的“尊重舆论宣传的规律”相比，这是我党历任领导人首次提到“按照新闻传播规律办事”。有关专家指出，从“宣传”到“传播”，表明中央正努力把整个信息传递从宣传单一状态过渡到传播多元时态。

长期以来，中国的媒体常常被视为是党和政府的“喉舌”，政府和媒体之间是一种管理者和被管理者的关系，有些官员甚至已习惯于用行政命令代替办报规律，胡锦涛总书记在此次讲话中首提“按照新闻传播规律办事”显然具有破冰意义。

什么是新闻传播规律？首先是客观真实。新闻是真实事件的如实反映，客观真实，是新闻报道的第一要素。其次，在有利于社会、有利于国家、有利于人类的前提下，新闻媒体有义务在第一时间向社会公布重大新闻事件的真相，这不但是新闻传播发展的一个规律，更是在公民社会里公民知情权的基本保障。可以说，真实性和时效性是新闻传播的基本规律。

近年来，我国新闻传播的进步有目共睹，特别是“5·12”汶川大地震发生后，中央

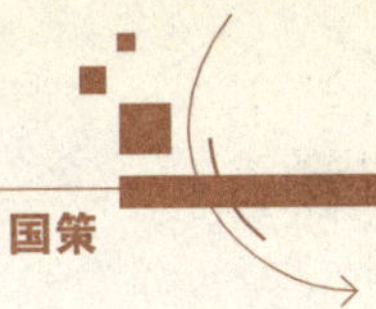



每天在第一时间公布地震损失和救灾进展，此后每天举行新闻发布会全方位公布有关信息，全面开放国内外媒体进入灾区报道；媒体二十四小时现场直播，记者不畏艰险在现场发回报道，使政府的公信力、媒体的公信力和全国人民的爱国热情形成良好的互动，最后汇成了全国人民在世界各国的支持下共赴国难的态势。有鉴于此，胡锦涛在"6·20"讲话中特别强调"第一时间发布权威信息，提高时效性，增强透明度，牢牢掌握新闻宣传工作的主动权"。专家指出，这是党中央总结这次汶川地震报道得出的经验，也是党的最高领导人首次正面强调新闻宣传时效性，正是尊重新闻传播规律的一种表现。

尊重真实性和时效性这一新闻传播基本规律的同时，我们还必须看到，经济全球化和以互联网为代表的信息技术正在给新闻媒体带来一场革命。与过去相比，新闻媒体出现了一些引人注目的新变化、新趋势，其中影响力最大的就是网络传播的崛起。网络传播作为一种全新的现代化传播方式，有着与传播媒体截然不同的新特征。首先是迅捷性和全球化。互联网使人类"地球村"的梦想变成了现实。网络的普及为世界各个角落的机构和个人获取信息、输出信息提供了前所未有的迅捷便利。

其次是多媒体化和交互性。网络传播将人际传播和大众传播融为一体，受众可以直接迅速地反馈信息，发表意见。这种互动功能的出现，使每个人都可能成为信息的发布者和传播者。信息的重要与否，不再完全由传播者决定，而是可以由受众自己决定。由于受众享有极大的选择权和主动权，新闻传播者的地位受到削弱，权力在向受众倾斜。

最后是分众化和社群化。传统媒体是"大众媒体"，信息传播的路径是"一对多"；网络媒体的传播路径则更加开放和复杂，除"一对多"外，还有"一对一"、"多对一"和"多对多"，这就是媒体的分众化现象。而对象化实际上是分众化的一种表现形式，是指媒体的报道和服务越来越指向特定的对象。近年来以 Web2.0 应用为主要特征的 BLOG 的兴起，使这种分众化的趋势越来越明显，也使信息精准传播有了最好的平台。同时，网络传播还具有社群化特征，这一方面是由于网络的互动性，另一方面则是因为网络创造的自由的、无时空局限的交流空间使全世界网民都可以互通消息，交流知识。近年来发生的许多重大事件，如山西黑砖窑事件、重庆最牛钉子户事件等，最初都是由一些网络社区传播出来的。

《新闻记者》杂志 2007 年 3 月撰文指出，当前世界新闻媒体呈现出"集团化、分众化、对象化、地方化、网络化、小型化"六大发展趋势。而此次胡锦涛进一步强调要"把握媒体分众化、对象化的新趋势，努力构建定位明确、特色鲜明、功能互补、覆盖广泛的舆论引导新格局"，表明网络力量已彻底纳入官方视野，也为我们更好地发挥网络媒体的独特作用，积极引导社会舆论，不断提高网上舆论引导的权威性、公信力、影响力指明了方向。

## 用好互联网建设舆论新阵地是检验舆论引导能力的最重要指标

网络传播的巨大影响力正逐渐受到各级官员的重视。在与网友交流时，胡锦涛总书记表示自己会"尽量抽时间上网"，"通过互联网了解民情、汇聚民智，也是一个重要的渠道"，可谓现代版的"微服私访"。而总书记与网友交流时表现出的对民意的欢迎姿态，更标志着网友作为公共政策参政议政群体的地位得到肯定。

人们注意到，胡锦涛在这次考察中强调，互联网已成为思想文化信息的集散地和社会舆论的放大器，要充分认识以互联网为代表的新兴媒体的社会影响力，高度重视互联网的建设、运用、管理，努力使互联网成为传播社会主义先进文化的前沿阵地、提供公共文化服务的有效平台、促进人们精神生活健康发展的广阔空间。有关专家表示，总书记的讲话就是给各级政府官员一个提醒，网络是一个非常值得利用的新型的执政工具。中国人民大学舆论研究所所长喻国明认为，如何利用网络跟群众进行交流，也是官员新的执政能力的体现。那么，如何用好网络这个新型执政工具？当务之急是从四方面入手利用互联网建立民意表达机制：

第一，要让互联网成为建言献策的渠道。各级政府的重大决策唯有经得起民意的检验，唯有广泛汇聚民智，才能具有在实践中贯彻落实的群众基础，才会避免决策失误，才会避免因决策失误而造成的重大损失。江西省专门成立了"问计办"，梳理网友的建言献策，一方面编成简报传阅有关领导，另一方面在《江西日报》等媒体刊登，以引发思考、达成共识、出台决策。其他地方完全可以采取"拿来主义"，为己所用。

第二，要让互联网成为表达民意诉求的渠道。民意诉求，说到底最为重要的是民生诉求。民生诉求中，大多数都是百姓在教育、医疗、就业、社保、住房等事关切身利益上遇到的困难。如果各级政府能在这方面畅通表达渠道，并建立相应的反馈处理机制，百姓就会真正找到政府是自己依靠的感觉，政府执政为民的理念也才会从事关百姓的每一件小事上落到实处。在这方面，最高人民法院已明确提出，从保障民生的角度，要求通过互联网这个渠道，及时掌握民生需求，适时调整司法政策，无疑有着十分重要的意义。

第三，要进一步畅通网络举报监督渠道。通过网络实施举报监督最大的特点就是方便、快捷。近几年来，从纪检、监察到公、检、法、司，从政府行政执法部门到各级信访部门，互联网正在形成一个阵容强大的举报监督网。畅通网络举报监督渠道，不仅是为了让百姓可以在网上找到举报监督的通道，更为重要的是要做到举报监督有回应、有查处、有落实。这就要求凡网上开通的举报监督通道，都应有配套的督办机制，要做到包调查、包督办、包协调、包处理。

第四，要进一步畅通在线交流渠道。胡锦涛总书记被网民亲切地誉为"中国第一网民"，人们更希望各级领导干部都能以总书记为榜样，成为本地本部门的"第一网民"。主要领导网上与百姓"面对面"、"零距离"交流，其最大意义就在于让群众的声音成为决策者的"第一信号"。唯有如此，各级政府的各项决策才会真正实现执政为民。

需要特别指出的是，网络舆论主要由网络上的媒体言论、论坛及新闻跟帖所形成。这种特性使互联网上既有正面声音，也有负面消息，甚至还有造谣污蔑、混淆视听的有害信息。这就要求我们要探索各种符合网络舆论特点规律的管理方式，在实践中创新和发展网络舆论引导的观念、内容、形式、方法和手段，掌握网络信息传播的主导权，增强网上舆论引导的针对性和实效性，在虚拟网络空间营造强大的网上正面“舆论场”。

我们期待，互联网可以充分“上传”民意，使各方施政意见都能在网络的T型台上“走秀”，让群众打分，最终选出最佳“施政秀”；同时，会有越来越多的官员善用网络，了解民意，汇集民智，进一步推动执政能力提升，执政风格开放，加速中国民主政治进程。

# 救灾重建考验应急体系与科学规划

## 第一时间、第一现场、第一任务

2008年5月12日14时28分，四川省汶川县发生8.0级地震，全国除吉林、黑龙江和新疆以外均有不同的震感。截至15日16时，地震已造成四川省死亡19509人，估计死亡人数将超过5万人。地震的强度、烈度都超过了唐山大地震。从震情看，这次地震是新中国成立以来破坏性最强、波及范围最大的一次地震。地震发生后，党中央迅速作出部署，全国民众积极行动起来，国际社会和海内外华人高度关切。抗震救灾已成为举国上下最重要的任务。

### 快速反应：中央第一时间作出部署

汶川地震发生后，党中央、国务院在第一时间做出反应。在地震发生后不到半个小时，胡锦涛总书记即作出重要指示，要求尽快抢救伤员，保证灾区人民生命安全。两个多小时后，温家宝总理即乘坐专机紧急赶赴灾区指导救灾工作，并在飞机上主持召开紧急会议部署抗震救灾工作。当晚11时40分，温总理在地震灾区都江堰临时搭起的帐篷内召开国务院抗震救灾指挥部会议，分析抗震救灾形势。温家宝强调，人命关天，救人要紧，抗震救援要科学、有序、统一进行。

2008年5月12日当晚，胡锦涛总书记也在北京主持召开政治局常务会议，全面部署抗震救灾工作。会议强调，灾情就是命令，时间就是生命，要把抗震救灾作为首要任务，尽最大努力把地震灾害造成的损失减少到最低程度。中央决定成立抗震救灾总指挥部，由温家宝任总指挥，李克强、回良玉任副总指挥。

“灾情就是命令，时间就是生命”成为整个抗震救灾工作的主线。从2008年5月13

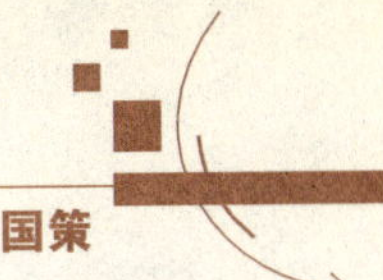



日7时到20时30分，总理始终奔波在抗震救灾第一现场。早上，温总理再次召开抗震救灾指挥部会议，强调务必在当晚12时以前打通通往震中灾区的道路。会后他立即乘车到都江堰市区街道看望在雨中避震的群众。中午，温家宝在德阳召开国务院抗震救灾指挥部临时会议，要求迅速调集食品供应给受灾的群众和孩子们。会后即驱车赶往重灾区绵竹查看灾情，慰问群众，指挥抗震救灾工作。晚上8点多，温总理又在列车上召开国务院抗震救灾指挥部会议，强调抗震救灾的核心任务仍是救人，各工作组要连夜部署，连夜行动。

在后方，胡锦涛总书记5月14日再次主持召开政治局常务会议，进一步研究部署抗震救灾工作。要求各地各有关方面务必把抗震救灾工作作为最重要最紧迫的任务，把抢救被困群众放在第一位，只要有一线希望，就要尽一切努力施救。

舆论注意到，在此次特大地震发生后，中央的快速反应和总体协调能力表现得相当出色。2008年5月12日下午国家减灾委宣布启动国家二级救灾应急响应后，当晚10时15分，国务院启动了一级地震响应，这是国务院《应急预案》所确定的最高响应等级。国务院副总理、抗震救灾总指挥部副总指挥李克强主持召开有43个部门负责人参加的会议，研究部署抗震救灾保障工作，要求各有关部门立即启动地震灾害应急预案。随后国务院多个部门各自召开了有关救灾的会议，传达中央抗震救灾精神，并分头成立应急机构。与此同时，部门之间的协调机制迅速建立起来了。各部委以前所未有的速度展开协同工作，保障工作紧张有序地开展。国办建立了及时会商、每日协调的应急机制，民政部、地震局、卫生部等启动了一级应急响应，全国各地的救灾物资在短时间内迅速向灾区集中。

地震发生后，四川省发出紧急通知，要求各级政府把抗震救灾作为头等大事和首要政治任务，立即启动突发公共事件应急预案；甘肃省于2008年5月14日启动一级地震应急机制；陕西省委书记赵乐际、省长袁纯清第一时间赴渭南和安康指导抗震救灾工作；湖北、广西等地也迅速启动了应急预案。

研究中国应急管理体系的中国人民大学张成福教授表示，从地震发生后两天来的应急管理表现来看，做到了第一时间反应、措施得力、各部门各地区科学协同，我国政府的反应速度“可以说是世界救灾史史无前例的”。海外媒体对此也给予高度评价。美联社2008年5月14日发表文章认为，中国在应对地震方面快速的动员，反应了中国领导层已将灾难救援放在突出的位置，也向世界展示了他们对奥运期间的任何突发事件都会准备充分。美国《基督教科学箴言报》5月13日援引英国地质勘察研究所地震学家罗杰·马森的话报道说，中国似乎对这种救灾行动准备充分，中国“非常善于迅速制订救灾计划”。

## 透明公开：灾情信息24小时不间断发布

这次抗震救灾行动不仅在应急响应上创造了前所未有的“中国速度”，在信息公开方面也可以说做到了极致。一直以来，当突发事件发生时，因为种种原因，有关政府的

"失语"往往导致谣言泛滥，反而引发公众恐慌。而汶川地震发生后，真相跑在了谣言前面——

2008年5月12日14时46分，距离地震发生后仅18分钟，中国国家地震台网通过新华社向全世界播发了汶川县发生强烈地震的消息；

15点半，国家地震局召开新闻发布会核实确认了地震震级；

16点半，国家地震局第二次召开新闻发布会对"北京当晚22点至24点将发生余震"的传言辟谣；

19点，国家地震局第三次召开新闻发布会，再次确认汶川地震震级，同时就北京等其他地区出现的地震传言予以了否定。

不仅如此，中央电视台、中央人民广播电台等媒体24小时不间断滚动报道灾区的最新情况，最新震情统计数据在互联网上实时更新。当然，地震发生后，并非没有谣言传出。北京、重庆、上海都有将发生余震的谣言传出，但当地地震局都在第一时间进行了辟谣。广东、河南、贵州等地通过手机短信及时发送安全提示，详细介绍地震情况，呼吁民众不要恐慌；上海市有关部门更是将监测数据分析向市民和盘托出：上海不会发生有震感的地震。

在真实、权威、及时的信息面前，谣言与恐慌迅速消弭于无形，人们关注的焦点迅速转到抗震救灾和援助行动中去。国际舆论对中国及时发布地震灾情也给予了充分肯定。《纽约时报》2008年5月13日刊文说，新华社在其中英文网站上，大量报道此次地震灾难，定期更新灾情报道，其中包括最新死亡数字。英国《泰晤士报》14日发表文章，高度评价了中国政府的救灾工作和对地震灾难信息所持的开放态度，相信中国有能力和经验应对这场灾难。

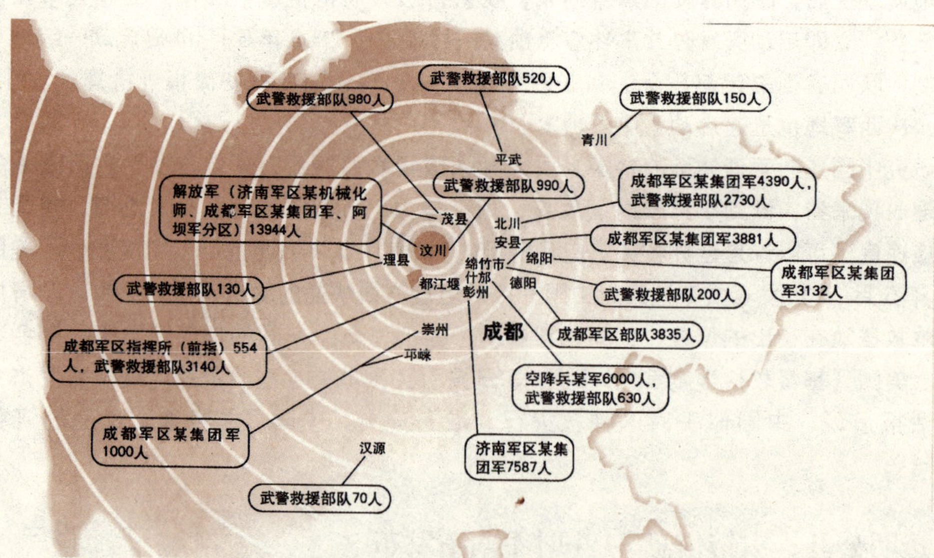


有关专家指出，及时权威的信息披露机制是突发事件应急处置机制中的一个重要组成部分。及时的信息公开不仅有利于稳定秩序，更重要的是让我们掌握了救灾的主动权，

赢取了宝贵的救灾时机。公众对于灾情信息的掌握，非但不会造成有些人预想中的恐慌性社会情绪，反倒有助于秩序稳定、信心凝聚、合力形成，这对于一个遭遇突发事件的社会来说不仅重要，而且必要。2008 年 5 月 1 日正式实施的《政府信息公开条例》明确规定，突发公共事件的应急预案、预警信息及应对情况应及时发布。在此次抗震救灾行动中，正是由于在第一时间打好了信息公开这一仗，为随后的全民动员、抗震救灾赢得了广阔空间。

### 众志成城：全国民众总动员

截至 2008 年 5 月 14 日，投入四川地震灾区抗震救灾的解放军、武警官兵已达 10 万人，一场大规模立体救援行动正式展开。

2008 年 5 月 12 日晚，中央财政向四川紧急下拨地震救灾资金 7 亿元；13 日，中央财政又向甘肃、陕西、云南、重庆等地紧急下拨地震灾区自然灾害生活补助应急资金 1.6 亿元；14 日，中央财政又先后两次紧急下拨抗震救灾资金共计 2.5 亿元。地震发生以来，中央财政已累计向地震灾区拨付救灾资金 11.1 亿元。与此同时，各地政府、社会公众、国际社会和海内外华人也纷纷向四川伸出援助之手。

2008 年 5 月 13 日，民政部紧急下发《关于组织开展向地震灾区捐赠工作的通知》后，各地进行了动员部署，截至 5 月 14 日 16 时，民政部已接收社会各界捐赠款物 8.77 亿元。海内外各界也纷纷捐款捐物、支援震区抗震救灾。据民政部统计，截至 5 月 14 日，港澳台各界捐赠超过 6 亿元。

特别值得一提的是，在赈灾活动中，社会组织作为一个整体开始发出强有力的声音。地震发生后，中国红十字会立即启动自然灾害救助一级响应预案，迅速调拨物资救助灾民；中华慈善总会迅速组织善款支援灾区；南都公益基金会、中国扶贫基金会等在京机构发布《中国民间组织抗震救灾行动联合声明》。仅半天时间，就有 57 家公益组织响应，公布了负责人联系方式和各自的行动方式；新浪联合红十字会及中国扶贫基金会联合发出“企业公民在行动”紧急募捐活动，截至 2008 年 5 月 14 日下午 5 时，企业向灾区捐款已突破 14 亿元。

专家指出，大灾面前，社会救助力量不可小看。1998 年抗洪赈灾，国家财政拨款 48 亿元，而社会各界捐赠款物达到 72.9 亿元；2003 年 SARS 期间，社会各界的捐助款物达到 40 多亿元。对于危难中急需救助的幸存者，每一份关怀都是莫大的鼓舞，每一点援助都弥足珍贵。在这样的特殊时刻，社会各界都应当以抗震救灾为己任，尽最大努力支援灾区。如何让社会力量更积极地参与、帮助地震灾害中的人们共渡难关，不仅需要民间呼吁，更需要国家采取相关措施支持和鼓励。

## 坚决打胜抗震救灾这场硬仗

2008 年 5 月 22 日上午，胡锦涛总书记主持召开中共中央政治局常务委员会会议，再次研究部署抗震救灾工作。会议指出，要继续把抗震救灾作为最重要最紧迫的任务，扎扎实实做好各项工作。中央有关部门要指导受灾地区在深入调查、综合评估、科学规划的基础上，及早规划和适时开展灾后重建工作。当天下午，中共中央政治局常委、国务院总理、国务院抗震救灾总指挥部总指挥温家宝再赴四川地震灾区，指挥抗震救灾工作。他在北川考察时指出，现在摆在我们面前最重要的任务，就是要做好受灾群众的安置工作。如果说前一阶段救人的任务重大而紧迫，那么，安置群众和恢复重建的任务就更为长期、艰巨、繁重，是场真正的硬仗。

## 总书记亲自点题，最大规模心理救援启动

经验表明，地震等突发灾难性事件的巨大破坏性不仅表现在对人民生命安全的威胁和物质损失上，更为长远深重的影响则表现在给灾民的心理和精神方面所带来的创伤。对灾民进行心理干预成为救灾工作的一项重要任务。也正因为如此，2008 年 5 月 16 日，胡锦涛总书记在北川看望干部群众时，对来自唐山的心理咨询志愿服务专家特别强调，“一定要把唐山的抗震救灾经验介绍出去，发挥优势，把心理疏导工作做好”。5 月 17 日，胡锦涛在成都听取抗震救灾工作汇报时进一步强调，要深入灾区群众特别是遇难者家属，耐心细致地做好思想工作，注重做好心理安抚，确保灾区社会安定、人心稳定。

2008 年 5 月 20 日，教育部将首批 80 万册中小学生灾后心理自助手册送到受灾地区中小学生手中；同一天，卫生部印发了《紧急心理危机干预指导原则》，共青团中央“12355 灾区青少年心理康复援助专家志愿团”也从北京、河北、河南出发启程前往四川灾区，重点开展直接面向灾区青少年开展心理康复援助工作；全国妇联正积极向社会招募家庭志愿者，组织开展地震灾区孤儿“情感关爱”行动。许多民众也表达了收养孤儿的意向。民政部有关负责人表示，将按照急事急办、特事特办的原则，尽早开展孤儿的收养工作。同时，还要鼓励社会力量收养“三孤”人员，并安排在四川省重新建设一批福利设施，让“三孤”人员在福利院享受政府对他们的供养。

2008 年 5 月 18 日，国务院发出公告，决定 2008 年 5 月 19 日至 21 日为全国哀悼日。5 月 19 日 14 时 28 分，在四川汶川 8 级大地震发生整整 7 天之时，胡锦涛、温家宝等中央领导人同全国各族人民一起，向遇难同胞默哀 3 分钟。这是新中国成立以来首次为重大灾难设立哀悼日，也是首次对普通的死难同胞给予类似“国葬”的礼数。有关专家表示，哀悼日的设定，从心理学的角度上意义重大。不但彰显了政府对生命的尊重，也告慰了死者的灵魂，体现的正是“生命至上”和“以民为本”的价值观。海外媒体也对全国哀悼日的设立给予高度评价，洛杉矶时报 5 月 19 日撰文将之称为“越来越人性化的政府努力向民众提供精神安慰和国家支持”。而德新社、美国之音等都解读出了“设立哀悼日顺应民心民意，向全世界昭示了中国政府和中国人民对生命的关爱以及万众一心救灾重建的决心”。

有关专家指出，从救财产，到救生命，再到救心灵，我们的救灾理念出现了很大的进步。物理上的重建虽然很难，心理上的重建更艰难，这种“救心”的行为会使地震的

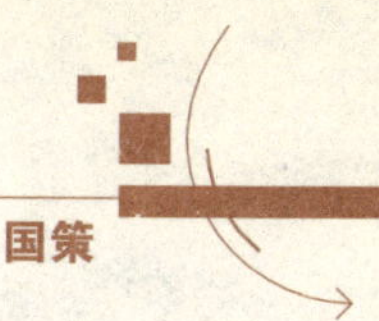



危害降到最低点。虽然大规模的心理干预活动已经启动，但我国在灾难心理救援方面的应急机制还远远无法与发达国家相比。从此次地震救援来看，几乎都是临时成立专家组，临时招募志愿者。当下，全世界都处于高风险期，今后灾难只会越来越多，心理治疗救助体系的制度化已迫在眉睫。

## 打好卫生防疫战，确保大灾之后无大疫

2008 年 5 月 18 日，胡锦涛总书记在四川指导抗震救灾工作时特别强调，要切实做好灾区卫生防疫工作，确保大灾之后无大疫；温家宝 19 日主持召开国务院抗震救灾总指挥部第 10 次会议时特别要求要做好防疫工作，医疗救治、卫生防疫和医药器械物资要覆盖到所有灾区；国务院副总理、国务院抗震救灾总指挥部副总指挥李克强 18 日在平武县平通镇抢险救灾现场看望一线防疫人员时也强调，防疫如同救灾，行动刻不容缓。必须全面加强灾区卫生防疫工作，确保大灾之后无大疫。要加强疫情监测，建立每日报告制度，分发指导手册，普及防疫知识，防止出现传染病。抓紧做好遇难者遗体登记、消毒和处理工作。

在灾后第三天，中国疾病预防控制中心就派应急队伍赶赴四川绵竹、北川、茂县三个重灾区，支援灾区防病救灾工作。为尽快恢复四川重点受灾地区传染病与突发公共卫生事件信息报告工作，及时掌握灾区的传染病与突发公共卫生事件信息，卫生部组织中国疾病预防控制中心紧急开发了基于手机报告方式的疫情应急报告系统，同时制定了《地震灾区疫情监测信息应急报告工作方案》。在网络直报系统恢复前，四川灾区将利用手机直接报告灾区传染病和突发公共卫生事件，手机报告方式将在 10 天内逐步恢复覆盖 1000 万人口的疫情监测。与此同时，卫生部 15 日发布《抗震救灾卫生防疫工作方案》，从疫情监测、食品卫生、饮水卫生等九个方面，指导抗震救灾卫生防疫工作；18 日又发布了《地震灾区重点传染病疫情（霍乱、鼠疫、炭疽）应急处理预案》，并从 19 日起每天向灾区增派 500 名卫生防疫人员，至 5 月 23 日共增派 2500 人；增派卫生监督队伍，至 5 月 23 日共增派 1000 人；民政部、公安部、卫生部联合制定了地震遇难人员遗体处理意见；国家食品药品监督管理局 19 日紧急部署 5 项新措施，进一步做好抗震救灾药品的安全保障。与此同时，灾区开始陆续向重庆、陕西、贵州、广东等地转运地震伤员。5 月 21 日，中国民航 6 班包机，从成都、绵阳转运伤员到广州、柳州；湖南省已预留千张床位，随时准备收治入湘治疗的灾区伤病员；唐山市各大医院已经腾出 200 余张病床，等待安置接收四川地震伤员。

## 着眼长远科学规划，重建的机制创新和可持续提上日程

截至 5 月 16 日，已统计四川当地受损房屋 400 万间，甘肃和陕西两地也有受损房屋 30 多万间。截至 5 月 20 日，汶川地震灾害已造成 500 多万人无家可归。在抗震救灾进入新阶段后，妥善安置好灾民，让他们有饭吃、有水喝、有地方住是确保灾后社会秩序、人心稳定的重中之重。

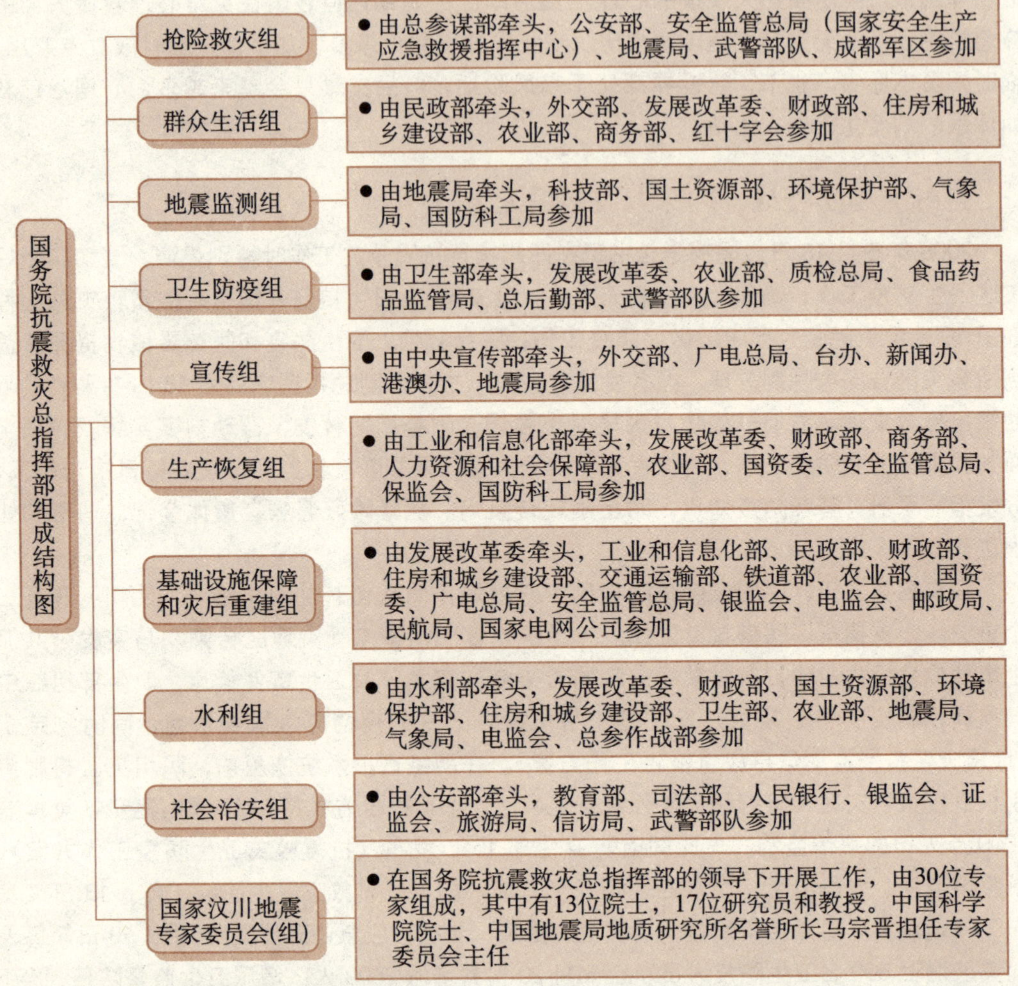


2008 年 5 月 17 日，国务院抗震救灾总指挥部召开会议，强调要安排好受灾群众生活。国务院决定，在三个月内向灾区困难群众每人每天发放 1 斤口粮和 10 元补助金，因灾死亡人员的家属每人发放 5000 元抚慰金；5 月 20 日，温家宝主持召开国务院抗震救灾总指挥部第 11 次会议，决定再向灾区紧急调运 4 万顶帐篷，一个月内新增 90 万顶。同时，另有 80 万顶简易棚支援灾区。此外，将在两天内将首批 6000 套安置房起运灾区，三个月内达到 100 万套。四川省发出《关于编制“5・12”特大地震后恢复重建规划的紧急通知》，副省长李成云表示，四川省将争取在一个月内让 98% 的受灾群众有一个安全、经济、适用的地方住。同时，抓紧灾后重建规划工作，力争用 3 年时间建成新镇、新村和新城。

住房和城乡建设部有关专家表示，一般灾后重建工作大致分为两个步骤：一是临时安置性建设；二是获得规划批准后的灾后重建。当务之急是帮助安置那些住在安置棚里的灾民。2008 年 5 月 18 日，住房和城乡建设部在成都紧急召开灾后重建前期调研部署工

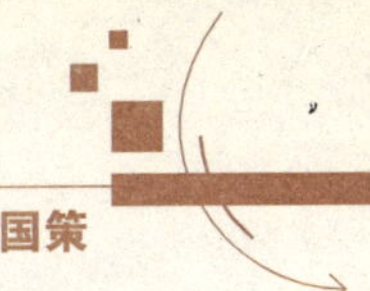



作会，决定组织100万套过渡房。19日，住房和城乡建设部召开过渡安置房生产企业负责人会议研究过渡安置房的标准等技术性问题。考虑到速建过渡房能缓解帐篷紧缺，还能解决灾民1～3年的临时住所，直至迁入重建的新居，住房和城乡建设部决定的20个省市向四川提供每套20平方米左右、共100万套的过渡房。

在绝大部分受灾群众得到临时安置后，重建势在必行。有关专家指出，灾后重建工作“急不得”。当年唐山大地震后，最初的重建计划是5年，而实际重建期长达10年。汶川地震面临的重建形势则更为复杂。观察人士指出，灾后重建的过程是漫长的，很可能要延续十几年、几十年甚至更久。从这个角度上说，关爱、帮助、支援地震灾区的最高境界，应该是“可持续”。包括“可持续”地关爱、帮助、支援地震灾区。按照“可持续”的原则，应该制订出几年、十几年乃至几十年的对口帮扶规划并分步实施。2008年5月19日，国务院副总理、抗震救灾副总指挥回良玉向东部部分经济发达省份做了关于对口支援灾区的紧急指示。按照中央部署，由广东省对口支援灾情最重的阿坝汶川，山东、河南对口支援绵阳，浙江对口支援广元，江苏对口支援德阳，湖北省对口支援雅安。辽宁对口支援甘肃灾区，福建对口支援陕西灾区。

## 灾后恢复重建的若干建议

继国务院成立灾后重建规划组后，2008年6月2日，四川省人民政府新闻办公室举行第20场新闻发布会宣布，四川省灾后重建方案将征求国内外意见，重建时间暂定为8年。5月26日，以“为灾区，我们用专业救援”为主题，由首都科学决策研究会、北京国际城市发展研究院主办，领导决策信息杂志社承办的汶川地震灾后重建学术研讨会在北京举行。与会领导和专家学者围绕灾后重建的指导思想和目标、基本原则、主要任务和工作重点以及灾后重建的战略保障等一系列问题，进行了深入研讨，为灾后重建工作建言献策。

### 灾后恢复重建应确立两个层级的目标

北京国际城市发展研究院院长连玉明在研讨中表示，这次汶川地震具备八个特点：一是突发性强，二是受灾面广，三是破坏性大，四是伤亡人数多，五是持续时间长，六是次生灾害潜在危险大，七是灾民的安置比较难，八是灾后恢复重建的任务非常艰巨。因此，必须充分认识灾后恢复重建是一个长期性、复杂性、可持续性的系统工程，必须把灾后恢复重建工作尽快提到议事日程上。要特别注重加强实地调查、超前研究、灾情评估、广泛讨论，发挥社会各界的优势和智慧积极建言献策。

专家们在研讨中提出：灾后重建要进一步明确指导思想。此次汶川地震伤亡惨重、城镇损毁情况严重，灾后恢复重建工作如果没有一个正确的指导思想，就不可避免地出现一些短期行为，严重影响灾后恢复重建工作的顺利推进。因此，必须进一步明确灾后重建工作的指导思想，统筹安排，分清缓急，突出重点。

在确立指导思想的基础上，设定两个层次的目标。第一个层次是灾后重建的总目标。要以人为本，通过这一次的灾后重建把它做成一个灾后重建的典范，或者说一个“品牌”。要实现这一目标，不仅仅是简单地解决灾民的生产生活问题，而要把它做成一个对于其他国家和地区也具有借鉴和示范意义的灾后重建系统工程。第二个层次就是阶段性目标，具体目标。阶段性目标要对应灾后重建的主要任务和工作重点，比如基础设施、产业发展、社会事业、灾民生活等每个方面都要从定性和定量两个角度来设定目标，并确定现实可行的时间表，按照时间表加以推进。

## 科学规划是灾后重建的首要任务

有专家指出，科学规划应着重从三个方面来考虑：第一，关于过渡安置房规划。原则上不宜大规模长距离迁徙安置，建议在本次地震破坏相对较轻的城市（镇）内部及周围设置避灾与过渡安置房，以借助城市（镇）的部分供给力量。如：1. 成都及周边：除成都主城区外，可考虑在受灾较轻的郫县、新都、温江、新津、金堂、青白江等地进行安排，可以有效地利用这些城镇所提供的综合服务；2. 德阳及周边：可在德阳、广汉、罗江、中江等市县城区附近安排；3. 绵阳及周边：可在绵阳、江油、三台、梓潼、安县、盐亭等市县城区附近安排；4. 在未来的三个月内全国将有超过 100 万间的过渡安置房要陆续运往灾区或在灾区建造，尽快选定临时安置点则是当务之急。

第二，关于重建规划。对于未来的规划重建工作来说，必须建立在全新的水利、地震、地质以及其他生命线工程的勘探和相关研究基础之上，从而分析哪些城镇和乡村可以原址重建，哪些必须合并或另择新址。在原址重建，尤其是另择新址的规划建设中，注重保持原有的地方风貌和特色。“规划先行”是十分必要的，但不能操之过急，规划应建立在科学的分析与研究之上，尤其是规划选址应谨慎，应对当地人民负责，对历史负责。

第三，把灾后重建纳入地区中长期规划。灾后重建不是一两年能完成的事，必须纳入地区“十二五”甚至是“十三五”规划，而不是专门搞一些临时性的规划，以免出现规划不配套、不衔接等问题。

## 灾后重建的六大主要任务

专家们提出，应进一步明确灾后重建的工作重点，主要包括以下几个方面：

第一是家园重建。灾后重建首先要让灾民有房住，接下来还得让灾民建设拥有自己的永久性住房。安居才能乐业，家园重建是灾后重建的首要任务。

第二是设施重建。包括三类设施的重建，一类是生产与流通等经济活动中的经济设施的重建；一类是社会活动等非经济行为，如医疗卫生、文化体育、教育等公共服务设施的重建；一类是为以上两种活动提供服务的基础设施的重建。

第三是产业重建。就是要培育产业，在灾后重建的过程中，经济怎么搞，产业怎么聚集，怎么把企业引进来，怎么让企业发展，给当地的居民提供更多的就业岗位，这是要着重考虑的。

第四是城镇重建。要从区域范畴来考虑，而非就一个个单体来考虑。首先要考虑整个城镇体系怎么重新规划和布局，在此基础上，再一个一个城市，一个一个镇，一个一个农村，一个一个居民点地重建。

第五是生态重建。这次汶川大地震对当地的生态环境造成了巨大破坏，生态环境也要恢复和重建，为当地更好更快地发展、为当地的可持续发展奠定基础，这个任务也很艰巨，而且也很迫切。

第六是精神重建。包括灾民的心理重建，灾区的社会稳定和社会结构重组问题，特别是要利用抗震救灾形成的一些新的值得赞赏和弘扬的精神，把它建设成一种新的文明，这是更为深层次的重建。

但专家们提醒说，灾后重建有一定的阶段性，同时要考虑可持续性。首先是临时安置性建设。应尽量做到早一天选址，早一天建设，早一天入住。在此基础上，推进新城、新镇和新村建设。要按照区域协调、城乡统筹、共同发展的要求，通盘考虑，认真分析确定城市发展目标、地位、性质与功能，明确城镇发展范围、规模、方向和作用，不断完善城镇功能。与新农村建设相结合，推进新村建设，把部分居住点与行政村进行合并，把人口向中心村集中，向乡镇集中，向县城集中。与此同时，在建设过程中必须为当地更好更快地发展、可持续发展奠定基础。

## 顺利推进灾后恢复重建应具备八项战略保障

有关专家认为，灾后重建工作规模大，牵涉面广，顺利推进灾后重建应具备八项战略保障，包括：思想保障、组织保障、规划保障、资金保障、法律和政策保障、技术保障、人才保障、体制和机制保障。

在研讨中，专家们分析了灾后重建的很多具体问题。比如说住房问题，无论是原址重建还是另择新址，若以平均住房面积 90 平方米和当地每平方米 1000 元的成本均价进行计算，住宅重建所需资金将超过 2000 亿元人民币。再比如说基础设施，按我国中等城市的标准，实现“七通一平”1 平方公里大约要花三个亿。那么，这么庞大的一笔资金怎么筹措？关键是要设计一套好的机制，要提高资金运用的效率，把钱用在刀刃上。在这个过程中，要特别注意防范贪污腐败。因此，要加强灾后重建资金的使用监管，加强公众、社会组织、媒体对各级政府的监督。钱从哪里来，钱到哪里去，必须公示，并且时时更新，要最大限度地满足捐助人、社会各个方面合理的知情要求。

灾后重建是一个崭新的事物，我们现有的法律体系，现有的很多政策，可能不一定适应灾后重建这种特殊情况。面对这么大一个灾后重建的系统工程，政府应在对灾民进行短期安置的同时，积极着手长远，在法律和政策上要出台一些新的文件，比如说尸体的处理，孤儿的认领，灾区税收的减免等，针对这些实际问题，要出台专门的政策，不能打乱仗。在灾后重建过程中权利关系的理顺、责任关系的明确，一定要由政策来领导，要由法律来规范。

与会专家强调，灾后重建需要有专业人才的参与。这些专业人才有的有所储备，有的也存在紧缺。怎么在短时间内尽快培养各方面的专业人才、组织培训当地的专业人才，是灾后重建需要关注的一个重要问题。其次，社会组织集中了大批各种学科、各个领域的人才，如何充分发挥社会组织中人才的作用，也是灾后重建人才支持的一个关键所在。此外，要结合灾区恢复生产、重建家园、调整产业，出台政策，做好人才配置工作。

与会专家一致认为，此次灾后重建是对科学发展观的一场实践检验，是对中国公民社会的一个鉴定。在灾后重建过程中，如何推进或者说在多大程度上推进行政体制改革，健全和完善社会工作管理机制尤为重要。

对于灾后重建，政府必然会起主导作用，但主导不是全盘包下。对于一个市场经济国家来说，重建工作必须发挥市场经济以及与其相匹配的活跃的民间社会和民间组织的作用。在此次抗震救灾中，包括 NGO、NPO 在内的各种民间组织积极参与，充分发挥了它们各自不同的作用，加快了灾区救援工作的进度。

专家们一致认为，在灾后重建中，政府的主要职能是为社会提供优质的公共服务品。应进一步改革和完善现有的社会工作管理机制，让政府的归政府，让民间的归民间，让市场的归市场，让政府、市场、社会各归其位，各司其职，形成有机互补、良性互动的新局面。

## 依法做好地震灾区的重建规划

2008 年 5 月 26 日，中共中央政治局召开会议，研究部署抗震救灾和灾后重建工作。会议强调，要认真做好灾后重建前期工作，统筹规划、科学评估、分步实施，抓紧制订灾后重建规划和具体实施方案，建立对口支援机制，举全国之力，加快恢复重建。6 月 8 日，温家宝总理签署第 526 号国务院令，《汶川地震灾后恢复重建条例》公布施行。这是我国首个专门针对一个地方地震灾后恢复重建的条例，这意味着，万众瞩目的灾后恢复重建工作纳入了法制轨道，“科学规划、依法重建”将成为贯穿灾后重建工作始终的一条红线。

### 特殊时期特殊之举，首部重建条例为震区保驾护航

2008 年 6 月 8 日，《汶川地震灾后恢复重建条例》公布施行，这是我国首个专门针对一个地方地震灾后恢复重建的条例，这一天，离“5・12”地震发生仅短短 20 余天。用如此的高效率，一部法规专为一场地震的灾后恢复重建而立，在中国立法史上可谓罕见。《条例》从过渡性安置、调查评估、恢复重建的规划和实施、资金筹集与政策扶持、监督管理等七个方面进行了具体规定。清华大学公共管理学院于安教授指出，这是中国首次就应急事项在行政法规层面进行专项立法。所谓专项立法，是指针对特定事项进行的立法。2003 年 SARS 事件时，国务院制定了《突发公共卫生事件应急条例》，该条例普遍适用于各类突发公共卫生事件，而此次制定的条例则是专门针对特定地区（汶川地震灾区）

和特定事项（灾后恢复重建）。

《汶川地震灾后恢复重建条例》明确了地震灾后恢复重建应当遵循的6项原则：一是受灾地区自力更生、生产自救与国家支持、对口支援相结合的原则；二是政府主导与社会参与相结合的原则；三是就地恢复重建与异地新建相结合的原则；四是确保质量与注重效率相结合的原则；五是立足当前与兼顾长远相结合的原则；六是经济社会发展与生态环境资源保护相结合的原则。对于社会最为关注的灾后重建政策支持，条例提出了6点：一是明确了恢复重建资金的筹集方式。条例规定，县级以上人民政府应当通过政府投入、对口支援、社会募集、市场运作等方式多渠道筹集地震灾后恢复重建资金。二是设立地震灾后恢复重建基金。三是鼓励社会投资。国家鼓励公民、法人和其他组织投资地震灾区基础设施和公共服务设施的恢复重建。四是实行税收优惠、费用减免、财政贴息、项目扶持等优惠政策。五是简化行政审批手续。六是实施就业扶持和就学资助措施。其中，“鼓励社会力量参与重建”得到了各界的高度肯定和热烈响应。有关专家指出，本次抗震救灾过程中，国内国际的各种非政府组织均参与了救援，还有很多民间组织和企业非常想参与灾后重建。但社会力量如何参与、参与的程序以及其权利义务应该如何分配，国家还没有出台细则。专家建议在社会力量参与重建方面，可以借鉴国外的经验，结合中国的国情，制定出有效的管理办法。

监督机制的全方位性则是条例的一大亮点。条例明确规定，安置资金、物资和临时住所的分配使用要做到公开透明，编制恢复重建规划要充分听取地震灾区干部群众的意见，批准的规划要及时公布，同时要通过完善责任制、加强专项审计等多方面举措，提高对于恢复重建资金、物资和工程质量的监管力度。这些立法举措如能得到有效实施，有利于依法调动社会各方面力量参与抗震救灾的积极性，依法保障恢复重建工作的顺利进行。

## 与“十一五”规划评估相结合，从长远布局灾区重建规划

对于四川等一些重灾区来说，在整个重建规划提上日程的同时，也可能意味着原有的“十一五”规划基本上要推倒重来。除了一些大的指标外，很多专项规划中提出的目标、措施和任务等也将重新调整。其基本的背景，就是在自力更生、艰苦奋斗的前提下，在全国大范围的对口支援下，实现灾后重建和发展的各项新目标。

按照《汶川地震灾后恢复重建条例》的有关规定，地震灾后恢复重建规划应当包括地震灾后恢复重建总体规划和城镇体系规划等专项规划。四川省建设厅于2008年6月6日向成都、绵阳、德阳、广元、雅安和阿坝州下发了《四川省灾后重建城镇体系规划工作方案》。与此同时，四川汶川地震灾区农村建设规划工作也在6月初正式启动。根据6月初下发的《四川省“5·12”地震灾区农村建设规划工作方案》部署，农村建设规划工作主要围绕21个重灾县市展开。

地震给四川及周边地区带来的损失高达8000多亿元，这对于西部大开发十年来首次迈入“万亿俱乐部”的四川是一个前所未有的重创。不仅如此，地震对经济产业结构的规划和布局的冲击尤为强烈。有关专家指出，这次地震遭受这样惨重的经济损失，很大

程度上是因为现行的产业布局规划没有充分考虑地质特点。因此，地震灾区在科学规划灾后重建工作的同时，还必须对已经实施的包括“十一五”规划在内的有关规划进行修订甚至推倒重来。

相对“十一五”规划来说，灾后重建规划的制订应该与之紧密衔接，自然过渡，在重点问题上做进一步的加强，尤其是要把防灾减灾放在突出位置，给予高度重视。对于灾区来说，重建的不仅是家园，还必须把灾后重建纳入地区中长期规划。在抓紧时间恢复重建的同时，更要着眼于“十二五”乃至更长时间谋划发展。有关方面已认识到这一问题。据报道，地震过后，成都市政府参事室在一份文件中直言：“应重新认识省情、市情，加强忧患意识，并在此基础上重新调整我市的发展战略、城乡建设规划和产业结构”，“我市应从此次地震灾害中寻找新的机遇，并以此为契机，重新审视相关的发展规划，围绕城乡统筹和城市特色，更高起点地全面重建”。

此外，强震或将在短期内给成都这一“全国统筹城乡综合配套改革试验区”造成影响。之前，成都市的规划是：在2017年前，运用“全域成都”的概念完善城乡一体的规划，逐步形成“一区（成都市区）两带（龙门山脉和龙泉山脉生态旅游发展带）”的全域发展格局，把成都建设成为中国重要的高新技术产业基地、现代制造业基地、现代服务业基地和现代农业基地。在灾后重建中，这一规划很可能面临修订调整。此外，由于规划中的绵阳、德阳等均位于龙门山断裂带，成渝经济区区域规划、四川承接产业转移和吸引投资的计划也都可能需要重新评估。

## 避免短期行为着眼长远发展，对口支援要与重建规划对接

“一省帮一重灾县”是中央针对这次地震灾害的重建问题提出的一个十分重要的举措。但由于其具有明显的应急色彩，因此，从规划的角度看，要特别注意避免为抢时间抢进度而出现短期行为。

有关专家指出，对口支援除了要做好雪中送炭式的“输血型”救援，也要多做一些授之以渔式的“造血型”帮扶，如组织受灾群众定点劳务输出，或雇用受灾群众参与当地恢复重建工作等，既有利于发挥灾区人民生产自救重建家园的积极性和主动性，又能为他们增加收入，增强重建家园的经济实力和战胜灾害重建美好生活的信心。鉴于对口支援工作的长期性和复杂性，科学规划必不可少。在这方面，上海、北京都已进行了积极尝试。

2008年5月27日，上海市委书记俞正声在市委召开的有关对口支援灾区重建会议上强调，抗震救灾进入新的阶段，上海要把支援灾区灾后重建工作放在重要位置，主动请战，对对口支援县市做好长期帮助恢复重建的准备，该出队伍就出队伍，该出钱就出钱，同时要帮助对口支援县市恢复“造血”功能。

与上海强调恢复灾区“造血”功能一样，北京市也强调，一方面，给当地提供过渡性板房建设等生活设施方面的援助；另一方面，通过产业转移、产业投资等形式对当地经济体系进行恢复，并帮助规划什邡市的未来发展方向。2008年5月28日，北京市建委

出台了援建过渡安置区建设规划。按照规划规定，社区内不仅要尽可能多建住房，而且还将建设配套的中小学校、卫生诊所等必备公用设施，以及通过社会捐助建设过渡性社区医院。北京市建委提出，让灾民住进过渡安置房不仅仅是赈灾性临时安置，更要考虑到在未来几年中这里将成为灾区百姓安居乐业的家。正如北京市抗震救灾指挥部总指挥隋振江5月26日在四川绵阳指挥部联席会议上指出的，7万人已经不是一个过渡安置村，而是一个城镇建设的概念。援建灾区不能一味强调速度，更要以人为本，要为居民3年或者更长的震后过渡生活考虑，甚至要为未来的城市发展考虑。

## 做好对口支援的核心和关键

*对口支援是中央加强灾区重建作出的一项重要决策。2008年6月18日，国务院办公厅印发的《汶川地震灾后恢复重建对口支援方案》正式颁布执行，19个支援省市立即行动，调动人力、物力、财力、智力等各方力量，全力展开对口支援工作。*

### 现场督战靠前指挥，援建省市“一把手”考察灾区

按照中央《对口支援方案》的要求，要依据支援方经济能力和受援方灾情程度，合理配置力量，建立对口支援机制。承担对口支援的地区必须从灾区恢复重建的具体困难和现实需求出发，认真听取受援灾区各方面的意见建议。为了使上海下一阶段的对口支援部署更符合灾区的实际需求，2008年6月7日，上海市委书记俞正声作为外省“一把手”第一个深入四川灾区考察。两天时间里，俞正声行程700多公里，先后前往都江堰市、绵阳市考察。在与成都市、都江堰市党政负责人座谈时，俞正声表示，这次来主要是听听对口支援地区对上海的希望和要求。舆论普遍认为，俞正声作为第一个深入四川灾区考察的外省“一把手”，不仅体现了上海对灾区重建工作的重视和决心，也表明了灾后重建工作的科学态度。继俞正声之后，北京市委书记刘淇、天津市委书记张高丽等也纷纷到灾区调研。靠前指挥、现场督战已成为各支援省市领导的共识。

北川是地震受损最严重的灾区县之一，财产损失相当于该县2007年GDP的44倍。2008年6月20日，山东省委书记姜异康专程赴绵阳市考察对口支援北川灾区重建工作。此前的5月24日，姜异康在省委常委会上明确提出，“要把北川作为山东省的一个县来重建”。按照规划，山东省17市对口支援北川县20个乡镇。

青川县在地震中有12万人丧失基本生存条件。浙江省委书记赵洪祝2008年6月18日在青川县考察时表示，要进一步健全对口支援机制，要尽早摸清青川县的详细情况，尽快做好规划设计工作。要搞好与各方面的工作衔接，努力争取工作主动。

距离震源最近的什邡市，受损和垮塌房屋面积超过了80%。2008年6月22日，北京市委书记刘淇在四川省驱车300多公里实地了解什邡灾情。刘淇表示，凡是灾区重建急需的资金会按时足额拨付，凡是灾区重建急需的人员会迅速派遣到第一线，凡是灾区重建急需的物资会在第一时间调拨到位。据悉，北京在援建第一阶段预计投入约16亿元，

援建项目涉及节能屋、学校等基础建设。

绵竹市是江苏省对口支援的地区。2008年6月20日，江苏省委书记梁保华、省长罗志军赴四川考察灾情，与当地政府共商绵竹灾后恢复重建工作。梁保华在考察中强调，将把绵竹的恢复重建看成江苏自己的事情，举全省之力为灾区提供人力、财力、物力、智力等多种形式的支援，帮助灾区人民重建美好家园、夯实发展基础。

崇州市是重庆对口援建的灾区市。2008年6月19日，重庆市委书记薄熙来在“重庆市对口援建崇州恢复重建工作座谈会”上强调，在前期抢险救援、建板房、设粥棚、救治伤员的基础上，重庆将按照四川省和成都市的灾后重建规划，拿出具体的操作办法，全力以赴，有序、有力地帮助崇州灾区渡过难关。

陕西省受灾严重地区由天津市对口支援。2008年6月17～19日，天津市委书记张高丽和市长黄兴国深入陕西省重灾区，与当地领导共同研究对口支援恢复重建工作。双方签署了恢复重建框架协议，这是支援和受援双方签订的首个恢复重建框架协议。

观察人士指出，对口支援工作好与坏，是对各地党委执政能力的一次新的考验。灾后恢复重建涉及群众生活安置、基础设施建设、恢复生产等多项内容，每一项工作都十分具体，每一个任务都十分艰巨，加强前期沟通和调研，把灾区的情况和需求搞清楚，是做好长期帮助恢复重建的前提，有利于进一步完善对口援助方案，细化政策措施，使对口援助更有针对性，更有的放矢、富有成效。

## 摸清底数统筹协调，各地援建工作亮点纷呈特色鲜明

各支援省市援建灾区的项目，除了对灾民的过渡性安置以外，其他援助项目更应当具有落地、生根、开花、结果的长期作用，即能够为灾区的自我发展能力的恢复和升级提供实实在在的帮助，确保每一个援建项目都经得起时间检验。对此，各地充分发挥自身优势，拿出看家本领，力争每一个援建项目都是优质项目、让灾区人民满意。主要表现在以下几个方面：

做好援建工作，摸清底数，掌握需求是前提。为了使援建项目更符合群众实际需求，2008年6月13日，山东省援川前线指挥部发出通知，决定“一户不漏”地摸清北川县所有乡镇居民过渡性安置需求、各乡镇灾情等有关情况，为下一步科学援建奠定基础。临沂市在对口支援的通口镇调查了解到，活动板房与当地农民建设砖混和砖木结构住房成本基本相当且拆除后利用价值不大，便及时提出，农村过渡性住房应以帐篷为主，尽量减少过渡性住房投入，活动板房主要作为县城、乡镇机关、医院等过渡性房屋，节省的资金主要用于永久性住房建设。

做好援建工作，着眼未来，引入现代城市新理念是重点。在这方面，把节能环保最新、最实用的技术拿来支援什邡，是北京将“可持续发展”理念注入灾后重建的第一步。北京市援助四川省什邡市的第一个项目是由86套包含太阳能等10项节能环保技术的“节能屋”构成的社会福利救助中心。不仅如此，北京也已投入专家参与什邡市的新城区规划，从一开始就将节约资源和环境保护的理念注入整个规划中，把什邡市建设成美丽、

生态的城市。

做好援建工作，创新体制，发挥政府与市场两个方面的力量是核心。与前述省市相比，浙江省探索通过“统分结合”的方式保障对口支援有力有效。浙江省共安排 11 个市及 29 个经济较发达县市区对口支援。未安排对口支援任务的县市区，也可通过选派医务人员、教师、农技人员进行支援。另外，浙江还把市场机制发达的优势引入援建工作中。省长吕祖善表示，浙江省对口支援工作将坚持政府推动与市场运作相结合，积极发挥民营经济发达的优势，鼓励社会各界多形式、多渠道参与对口支援。

做好援建工作，统一规划，统一指挥，确保每一分钱都用在刀刃上是关键。2008 年 6 月 21 日，上海对口支援都江堰市领导小组举行第一次会议，市长韩正在会上要求，“要用好每一分钱多为灾区人民办实事，确保每一笔资金都用在灾区人民最需要的地方，确保每一个援建项目都是优质项目，经得起历史的检验！”韩正说，对口支援工作要以项目为主线，所有援建项目必须以当地为主实施；要统一规划、统一指挥，建立起高效精干的工作体系。

## 着眼长远重在机制，强化灾区“造血”功能是援建工作重中之重

按照中央《对口支援方案》要求，对口支援期限为 3 年。支援和受援双方都要设立机构，协调配合，抓好各项措施落实。对口支援不仅是款物的捐赠，也不仅是让灾区群众有饭吃、有衣穿、有房住，更要按照科学发展观的要求，从灾区经济社会发展的全局出发，通过人力、物力、财力、智力等各种形式对灾区进行综合援建，帮助灾区获得新生，恢复生机，恢复自我发展的基础和增强自我发展的力量。

搭建沟通平台和对口衔接机制，是推动双方紧密合作与全方位交流的第一步。2008 年 6 月 20 日，四川省召开会议研究汶川地震灾后恢复重建对口支援工作。会议强调，要以最快的时间做好准备，健全机制，推动对口支援工作尽早、有序、高效开展，确保兄弟省市的援助发挥最大效益。要学习借鉴兄弟省市的发展经验，拓展合作空间，从单一支援向互惠合作发展，变“输血”为“造血”，在恢复重建的同时实现经济社会又好又快发展。根据四川省印发的《汶川地震灾后恢复重建对口支援实施意见》，将由部分省直部门分别联系 1 个对口支援省市，负责支援省（市）与受援县（市）的衔接、协调和接待工作。与此同时，各支援省市也成立了由省委省政府主要领导挂帅的领导机构与其对接。

对口支援既是有期限的任务更是长远合作的契机，是支援方和受援方互利共赢、拓宽合作与交流平台的一个新的起点。根据天津市与陕西省签订的对口支援框架协议，天津市加强对宁强和略阳两县的人才培训，扩大劳务输出，不断拓展合作领域。天津市委书记张高丽表示，要积极帮助灾区发展特色经济，建立长期合作关系。陕西省省长袁纯清也提出，要以对口支援为契机，进一步扩大陕津合作，实现互利双赢、共同发展。按照北京市对口支援的工作方案，灾后重建将坚持政府援助与民间援助相结合；坚持三年恢复重建与五年发展提高相结合；坚持单个项目援建与片区整体建设相结合。注重民生项目，重塑和谐什邡；注重产业项目，力推经济复苏的工作思路，本着规划设计先期启

动、重点项目先行建设、以点带面相结合、分年度实施的原则推进援建项目。在灾后重建项目方面，北京在修编城镇体系规划、产业发展方面进行规划援助；并计划在什邡境内设立10平方公里的产业园区承接北京产业转移，引进汽车及零部件制造、电子信息产业终端制造等项目投资，增强什邡“造血”功能。浙江省委书记赵洪祝在重灾区青川县考察时也表示，浙江要顾全大局，一定要把“造血”功能培育起来。对青川，要围绕恢复重建帮助引进一些工业企业，通过招聘等方式解决当地的用工问题。浙广双方要建立网络平台沟通信息，使对口支援灾后重建美好新家园务实高效。

立足长远，对口支援除了要做好雪中送炭式的“输血型”救援，也要多做一些授之以渔式的“造血型”帮扶，构建双方联动、共赢互利的长效机制。千方百计帮扶灾区群众实现就业、组织受灾群众定点劳务输出，对于受援地区来说是一项行之有效的“造血型”帮扶。在这方面，江西省就宣布，对地震灾区来赣人员提供就业援助，确保其稳定就业。灾区来赣人员如果需要技能培训，劳动保障部门将为其提供培训补贴；灾区人员如果来赣创业，可享受政府贴息小额担保贷款；政府开发公益性岗位优先安排灾区来赣人员就业；用工单位非特殊情况，不得裁减灾区来赣就业人员。福建省在短时间内准备了5万多个就业岗位，随时可接收彭州市的受灾群众到福建泉州等地工作。福建省还突出项目带动、分步实施、务求实效，做到“输血”与“造血”相结合，既要抓一批援建项目，又要根据彭州的产业结构和发展规划，按市场经济规律，组织闽籍企业家赴彭州考察投资，开拓西南市场，推动两地在产业方面的交流合作，夯实灾区自我发展的基础和能力。

## 灾后重建借鉴国际经验的建议

灾后恢复重建是一个长期性、复杂性、可持续性的系统工程，必须科学、理性、有效地展开。这就要求灾后恢复重建工作既要立足于我国和灾区的实际情况，也要借鉴和吸取国际灾后重建的经验教训。长期以来，各国人民在同地震、海啸、飓风等自然灾害作斗争的过程中积累了丰富的救援和重建经验。因此，借鉴国际经验，将为此次灾后重建提供科学依据和有效措施，克服灾后重建工作中的盲目性，避免走弯路。

借鉴国际经验，既包括借鉴世界各国灾后恢复重建的先进技术，又包括学习国际上在灾后重建方面的制度建设。一方面，灾后重建需要强有力的科技支撑与技术服务。灾后重建涉及大量的技术性问题，包括灾害损失评估、重建地段地质勘探、城乡规划、城市综合减灾、建筑防震等。因此，要注重引进国际上先进的科学技术和仪器设备，以更加开放、积极的姿态，利用国际资源协助灾后重建。另一方面，也是需要着重强调的是，汶川地震灾后重建更大的挑战是制度建设，而不仅仅是技术攻关。这里的制度建设不是单纯的政府管理制度，而是包括非政府组织、企业、社区、受灾群众等力量在内的参与制度。从一定意义上来说，进一步推进技术创新、管理创新和制度创新，是汶川地震灾后重建借鉴国际经验的意义所在。

## 日本：构建“自救、公救、共救”灾后重建体系

● 日本已形成居民、政府、非政府组织、志愿者相互合作的“自救”、“公救”、“共救”体系，在灾后重建中发挥了重要作用。

在“自救”方面，日本自1966年起就建立了完善的地震保险制度，人们只要参加了地震保险，一旦发生地震就能获得保险公司的赔付金，这大大减轻了灾民在重建过程中的经济负担。在“公救”方面，即政府救助是灾民在重建过程中最重要的救助来源，主要有两种形式：一种是通过地震保险再保险的方式，帮助和促使保险公司积极开展地震保险业务并按标准进行赔付；另一种是中央和地方政府根据受灾的严重程度和自救能力，直接向灾民提供资金救助。为减轻灾民重建时的负担，政府还根据《灾害减免法》不同程度地减免对灾民的所得税和固定资产税等其他赋税。在“共救”方面，即社会救助除社会各界捐款救助外，日本的金融机构也会出台一些救济措施，如临时缓缴按揭贷款、减少贷款利息等来减轻灾民负担。在阪神大地震重建过程中，日本神户市建立了一个重建基金。重建基金分为两类，第一类是基本基金，主要是政府的投入；第二类是投资基金。基本基金主要是建设基础设施和基本的公共设施项目，而投资基金则是商业性项目，在重建过程中两种基金相互结合发挥作用。重建基金实质上是集国家财力、社会捐助及商业投资，举全国之力来重建新家园。

● 日本还非常重视依据法律对灾害危机进行管理以及实施灾后重建工作。日本有完善的防灾减灾法律法规体系，其中，与地震灾害有关的基本法就有《大规模地震对策特别措施法》等3部，与地震灾后恢复重建及财政金融措施有直接关系的有《严重灾害特别财政援助法》、《地震保险法》等24部。

## 美国：灾后重建提高标准考虑长远

● 美国联邦以及各地方政府在应对各种重大自然灾害过程中总结出最重要的一条经验：灾后重建必须始终坚持“不能重蹈覆辙”的原则。灾后重建不应仅仅是恢复到灾害发生前的状态，而应有更长远的考虑，即避免今后出现类似灾难时的生命和财产损失，这一点不仅仅是针对地震灾害。

● 美国加利福尼亚州属全球地震高发地区之一，这里每发生一次“大地震”，就会催生一次“大改革”，如1933年，在美国加州发生的6.3级大地震中，彻底倒塌的学校达70多座，严重受损的学校有120多座。30天之后，加州政府就出台了菲尔德法案，对公立学校的防震规格作出特别要求。此后，没有一所加州的公立学校在地震中坍塌，也没有发生任何学生伤亡案例。1971年，发生在加州圣费尔南多断裂带上的6.6级地震造成医院、桥梁、高速公路、水坝等公共设施的损坏，圣加布里尔山区出现大规模山体滑坡。这次地震之后，加州政府通过“Alquist-Priolo特别研究分区法”，要求加州地质调查局绘制地表活跃断裂图，禁止在断裂带上进行任何新工程。1989年，旧金山以南100公里的Loma Prieta市发生6.9级大地震，造成旧金山海湾大桥部分损坏。加州政府随后便通过

加州“地震危害区法”，要求该州地质调查局将具有地层液化、滑坡等高震险地带制成地图。而位于该震险带上的旧建筑和计划建设的新建筑都要向州政府提交相关地震调查报告。

## 巴基斯坦：实施政府统筹的“自我重建战略”

● 2005 年 10 月 8 日，巴基斯坦克什米尔地区发生 7.6 级地震。在灾后重建过程中，巴基斯坦政府实行了“自我重建战略”——政府鼓励灾民自己动手重建家园，政府向灾民提供资金、技术和指导，建筑质量则由专门机构负责监督。

● 在紧急救援阶段，巴基斯坦政府着力于解决基础设施的迅速恢复，就是使灾区道路交通、水电供应、行政机构和医疗卫生机构恢复正常运行。恢复供电不仅能为救援机构的设备提供电能，对灾民也能起到心理上的安慰作用。在水供应方面，由于受灾人口众多，瓶装水不能解决长期问题，为此，巴基斯坦政府组织人员寻找水源，使用净水设备，确保灾民喝上清洁的水，以防止疾病传播。

在震后一年的时间内主要是临时安置阶段。在这个阶段，巴基斯坦政府把防疫作为第一位的工作。另外，巴基斯坦政府十分注重灾区民众的心理康复，尽量让有亲缘关系的人住在一起，使得他们既能相互照料生活，又能在心理上相互慰藉。同时，在灾民聚居地设立临时教学设施，使受灾学生感到生活正在恢复正常。

在灾后重建阶段，为加强对重建工作的协调，巴基斯坦成立了一个由各方面代表组成的震后恢复和重建委员会，这是巴基斯坦地震后政府成立的负责地震灾后恢复和重建的协调机构，该局由主席领导，下设法规和采购、财务、规划、监测评估、过渡时期救济等部门，它的使命是规划、协调和规范灾后重建和恢复工作，通过个人互助和社区参与，鼓励自立自强。政府根据灾民住房受损情况分阶段进行资助，以保证资金合理有效地应用于灾后恢复重建工作。该国还邀请巴基斯坦国家工程服务公司设计抗震民房，备用几种模式供灾民选择。另外，进行大规模培训，帮助地震灾区培养重建工作所需的各类人才。

## 印度尼西亚：非营利机构参与救援和灾后重建

● 2004 年 12 月 26 日，印尼发生大海啸。在灾后重建过程中，当地大量地运用了社团驱动的办法。这个方法在几乎任何一个项目中都得到了应用，并且直接给受灾群众带来了好处。实际上，在整个救援和灾后重建的过程中，有不少于 200 个非政府组织和捐助组织在亚齐和尼亚斯活动。比如，联合国儿童基金会等机构在印尼开展了多个项目，这对于重建过程来说是非常大的帮助。可以说，非营利机构的参与到位成为当地灾后恢复重建工作顺利推进的关键因素。

● 对于非营利机构的参与当地政府也起到了积极的推动作用。政府成立了一个叫做 BRR 的机构，BRR 是重建中的组织者，负责协调所有重建计划，因此所有参与这一过程的组织和个人都受到 BRR 的监督。在组织协调工作的时候 BRR 有决定权以及制定相关政策的自主权。对于那些希望参与重建计划的机构和个人，BRR通过一个简单的、不干预项目的技术方法的机制推动进行，只要求他们提交一份概念书，权利下放到各个机构，让各个机构能够更方便地为群众提供帮助。

## 新西兰：建立符合国情的多渠道巨灾风险分散体系

● 新西兰对地震风险的应对体系由三部分组成，包括地震委员会、保险公司和保险协会，分属政府机构、商业机构和社会机构。提供的保险范围包括地震、山体塌方、火山爆发、海啸和地热活动等。一旦灾害发生，地震委员会负责法定保险的损失赔偿，房屋最高责任限额为10万新西兰元；保险公司则会依据保险合同负责超出法定保险责任部分的损失赔偿；而保险协会则负责启动应急计划。

● 地震委员会已积累了近50亿新西兰元的巨灾风险基金。基金的主要来源是强制征收的保险费以及基金在市场投资中获得的收益。居民向保险公司购买房屋或房内财产保险时，会被强制征收每户每年约60新西兰元地震巨灾保险和80新西兰元火灾险保费，由保险公司代为征收后交给地震委员会。此外，地震委员会还利用国际再保险市场进行分保，从而分散风险。当巨灾损失金额超过地震委员会支付能力时，政府将发挥托底作用，而地震委员会每年会支付给政府一定的保证金。

## 汶川地震灾后恢复重建如何借鉴国际经验的几点建议

总结世界各国灾后恢复重建的经验，结合我国和灾区实际情况，对汶川大地震灾后恢复重建工作提出以下建议：

1. 成立国家级救灾委员会。灾后重建是一项系统工程，众多部门的参与需要一个机构负责协调组织工作。因此，有必要成立灾后重建领导委员会，对受灾区域的灾后重建工作所需资金、人才、物力，包括重建计划等进行综合协调，提高灾后重建工作的效率。

2. 依法推进灾后重建工作。中央出台的《汶川地震灾后恢复重建条例》是我国首个地震灾后恢复重建专门条例，是开展灾后恢复重建工作的重要法律依据。在此基础上，应进一步完善防灾减灾法律法规体系，研究修改突发事件应对法、防震减灾法等相关法律法规。按照法律内容和性质制定基本法、灾害预防和防灾规划相关法、灾害应急相关法、灾后重建和恢复法以及灾害管理组织法等大类法律，做到从灾害预测到防灾准备，从救灾活动到灾后重建都有相应的法律法规。

3. 科学制订恢复重建规划。首先，灾后重建规划要建立在全面、准确掌握核实灾害损失情况的基础上，要建立在水利、地震、地质以及其他的生命线工程科学勘探的基础之上；其次，灾后重建不是简单地在原有基础上恢复原貌，要以科学的态度、发展的眼光，综合考虑抗震、成本、质量、居住环境、社会经济发展等因素，做到重建与经济社会长远发展相结合。

4. 把公共服务设施建设摆在首位。公共服务设施如灾区道路交通、水电供应、医疗卫生机构恢复正常运行，是救援工作大范围展开的基础，是保障灾民生活的必要条件。

此次汶川地震基础设施损毁严重，为尽快恢复灾区生产生活，满足群众需求，必须把基础设施和公共服务设施放在优先建设的位置，坚持统一规划、合理布局、因地制宜、分步实施，坚持可持续发展理念。

5. 完善灾害救助体系。建立由居民、政府、非政府组织、志愿者相互合作的灾害救助体系。灾后重建政府要起到主导作用。中央要对地震灾区展开的灾后重建工作进行宏观指导，给予政策和资金的支持；地方各级人民政府是本地区灾后重建的责任主体，要统筹自身财力，调整年度安排，组织好灾后恢复重建工作。同时，灾后重建还要充分发挥市场机制和社会援助的作用，政府、市场、社会合理的分工，从而形成新的制度安排，更好地推进灾区各个方面的恢复重建。

6. 建立心理重建常态化工作机制。大地震过后往往是心理疾病的高发期，灾后心理重建是一个长期的系统工程。要建立心理重建常态化工作机制，安排专家定期为幸存者免费进行心理咨询和心理学知识讲座，安排生活援助员定期走访“三孤”人员等，给灾区人民以精神上的安慰和关切。

7. 加强建筑的抗震设计研究。近年来，各国不断加大城市防震减灾新技术开发，探索综合减灾新思路，采用了先进的技术和工艺来保证建筑的抗震性能。如采用“局部浮力”的抗震系统、采用“滑动体”基础提高建筑物抗震性能等。我国要以此次汶川地震灾后重建为契机，大力加强对建筑的抗震设计研究。

8. 建立有效的巨灾保险制度。在我国，重大自然灾害等所造成的多数损失主要依靠财政救济和社会捐助，这与发达国家 1/3 左右的巨灾损失由保险承担存在很大差距。建立政府推动的多层次巨灾保险体系刻不容缓。巨灾保险制度需要政府和市场共同推动，采取“政府主导，市场运作”的模式。在确保“基本保障广泛覆盖”目标实现的基础上，采用商业的形式，确保满足差异化的需求。要增加保险产品品种，将自然灾害造成的风险分散给整个社会。

9. 加强社会公众危机教育，提高自救互救能力。应进一步强化对公众危机管理教育，增强公众的危机意识、社会责任意识，提高自救、互救能力。一是把应急知识教育纳入学校教育体系；二是利用市民文明学校和社区学校开展应急知识教育普及活动，指导公众制订家庭应急计划；三是努力提高社会公众应急知识知晓率；四是引入民间社会自治与自救机制，重视培育和发展社会应急管理中介组织，鼓励公民、法人和其他社会组织为应对突发事件提供支持。

政策

REPORT ON CHINA'S NATIONAL POLICIES

中国国策报告

# 科学发展，不断深入开展

## 落实科学发展观是根本

2007年12月，根据中央精神，中央组织部、中央宣传部组成5个调研组，分赴部分省（区、市）、中央和国家机关、中央企业、中央金融机构、中管高校等单位进行调研。在此基础上，提出了在全党开展深入学习实践科学发展观活动的总体设想和试点方案。2008年2月下旬，深入学习实践科学发展观活动试点工作正式启动。试点工作分为学习调研、分析检查、解决问题、完善制度四个阶段展开。6个多月来，包括江苏省、江西省、四川省和中央组织部、财政部、国土资源部等3个省、3个部、12个市县、2个中央企业、2所中管高校、1个中央金融机构等在内的23个试点单位认真贯彻中央精神，紧紧围绕深入学习实践科学发展观这一主题，抓住领导班子和党员领导干部这个重点，按照“党员干部受教育、科学发展上水平、人民群众得实惠”的总体要求，认真学习，深入实践，积极进行探索创新，基本实现了统一认识、提高能力、解决问题、创新机制的预期目标，为全党开展深入学习实践科学发展观活动积累了经验，受到干部群众和社会各界的好评。

### 首批23个单位开展深入学习实践科学发展观活动试点

在全党开展深入学习实践科学发展观活动，是党的十七大作出的一项重大战略部署。胡锦涛等中央领导同志多次作出重要指示，明确提出要通过在全党开展深入学习实践科学发展观活动，推动广大党员、干部深刻理解和全面把握科学发展观的科学内涵、精神实质、根本要求，增强贯彻落实科学发展观的自觉性和坚定性，在贯彻落实科学发展观中发挥先锋模范作用，着力把科学发展观的要求转化为谋划发展的正确思路、促进发展的政策措施、领导发展的实际能力，切实推动科学发展观的贯彻落实。

2008年2月28日，“深入学习实践科学发展观活动试点工作座谈会”在京召开，中央组织部部长李源潮在会上表示，中央决定，在全党开展深入学习实践科学发展观活动，先进行试点，取得经验后再自上而下分批展开。承担试点任务的单位包括江苏省、江西省、中央组织部等23家。李源潮强调，各试点单位要按照党的十七大精神和中央要求，以领导班子和党员领导干部为重点，着力转变不适应、不符合科学发展观的思想观念，着力提高推进改革开放、领导科学发展、促进社会和谐的能力，着力解决影响和制约科学发展的突出问题，着力解决群众反映强烈的突出问题，着力构建充满活力、富有效率、更加开放、有利于科学发展的体制机制。要牢牢把握试点工作的基本原则，以正面教育为主，突出实践特色，坚持群众路线，解决突出问题，努力实现干部受教育、发展上水平、群众得实惠。

江西是最早启动试点活动的省份。江西省委多次召开会议对试点工作进行专题研究，并在广泛深入开展调查研究的基础上，根据中组部、中宣部《关于在全党开展深入学习实践科学发展观活动的试点方案》，结合江西实际，研究制定了《江西省开展深入学习实践科学发展观活动试点实施方案》，得到中央批准。3月29日，江西省召开深入学习实践科学发展观活动试点动员大会，先在省直机关正式启动为期半年左右的试点工作，试点至8月下旬基本结束。江西省委书记、省委开展深入学习实践科学发展观活动试点工作领导小组组长苏荣在会上要求，试点单位党员特别是县处级以上领导班子和党员领导干部，要着力在用科学发展观武装头脑、指导实践、推动工作上下工夫，在统一思想认识、提高发展能力、破解发展难题、创新体制机制、推动科学发展、总结积累经验上下工夫，努力实现干部受教育、发展上水平、群众得实惠。

2008年4月2日，四川省省委在成都召开了深入学习实践科学发展观活动试点工作动员大会。省委书记、省委学习实践活动试点工作领导小组组长刘奇葆在会上强调，试点工作要以正面教育为主，突出实践特色，坚持群众路线，解决突出问题，注重改革创新。要从政治和全局的高度，深刻认识开展学习实践科学发展观活动的重大意义，深刻理解和领会科学发展观的科学内涵和精神实质，用科学发展观武装头脑、指导实践、推动工作。

广东虽然不是全省试点，但省委也成立了试点工作领导小组，由省委书记汪洋担任组长。2008年3月29日，汪洋在广东省委深入学习实践科学发展观活动试点工作领导小组工作座谈会上强调，试点工作要围绕中央确定的总体目标，做到“三个有”：一是对科学发展观在认识的深度和广度上有突破；二是在解决对全国有推广意义的突出问题上有成果；三是使干部群众对实现本地科学发展有信心。作为试点城市之一的东莞已确定区划调整、引进人才、社会治安等19个重点调研项目，每个项目都由市领导亲自负责牵头调研。县级试点之一的南海区3月27日也公布了《试点工作方案》，接下来将把工作重点放在加快发展现代服务业、引进产业龙头等方面。

2008年3月27日，河北省召开深入学习实践科学发展观活动试点工作座谈会，对唐山等4个试点单位的《试点实施方案》进行交流和审议。省委常委、组织部长车俊强调，要把深入学习、解决问题、研究回答好中央提出的八个方面问题、结合实际贯穿学习实践活动始终。此前，3月1日，唐山市委召开常委（扩大）会议，强调要把搞好试点工作作为一项重要政治任务，抓紧抓好。3月17日，邯郸市委书记崔江水主持召开深入学习实践科学发展观活动领导小组第一次会议，他强调，学习实践活动方案的确定是工作的重中之重。要把学习实践活动作为2008年全市工作的总抓手，努力把科学发展观贯彻落实到经济社会发展和党建的各方面。

2008年3月10日，甘肃平凉市委常委会召开会议，讨论市委《关于开展深入学习实践科学发展观活动试点工作实施方案》，进一步研究部署全市试点工作。3月11日，临夏州“深入学习实践科学发展观活动试点工作县级干部集中轮训培训班”开学，500多名县级干部参加了培训。

### 真正全面落实好科学发展观根本在于完善机制

有关专家指出，当前科学发展观在某些地方落实的情况不理想，与一些干部的心态息息相关。据《瞭望》新闻周刊记者在江、浙、沪、冀、陇五省市调查时发现，虽然落实科学发展观已成各地干部共识，但在具体落实过程中仍存在“落实快怕吃亏”、“盲目崇拜新产业”等观念误区。对此，专家指出，要真正全面落实好科学发展观，必须完善相应的配套体系，重点解决好以下问题：

改革干部考核体系是首要问题。干部在一个任期内往往是2年要把5年的事干完，造成“发展快重于好”。因此，必须要从制度设计层面，不断增加民意对官员升迁的参与权和决策权重。

其次是加快配套制度的完善。专家学者们建议，重点要做好三项工作：一是尽快完善产业发展按全国主体功能区规划布局的目标。从省、市、县区到基层乡镇和村，发展主体日益多元化，一方面以竞争带动了创造力，但另一方面也造成了宏观调控政策难落实。二是确定以环境容量来统筹经济发展的指导思想。江苏无锡、浙江平阳等地的干部表示，经济发展应充分统筹考虑环境容量，他们在为治理污染付出高昂成本的同时，呼吁在落实科学发展观方面“反弹琵琶”，以环境容量来统筹规划产业布局。三是进一步完善财力共担的转移支付制度。科学发展有成本，既有对过去不科学发展方式纠偏的成本，也有对新发展方式配套的成本，建立更加合理、科学的，由中央、省、市、县共担的财政体制和转移支付制度，将促进各地对科学发展的落实与贯彻。

### 各地学习实践科学发展观试点成果（截至2008年9月）

2008年9月3日，深入学习实践科学发展观活动试点工作总结会议在北京召开，总结会议上，23个试点单位的负责同志介绍了各自的做法和经验，对在全党开展学习实践活动提出了建议。9月5日，中共中央政治局召开会议，决定从2008年9月开始，用一年半左右时间，在全党分批开展深入学习实践科学发展观活动。9月19日，全党深入学习实践科学发展观活动动员大会暨省部级主要领导干部专题研讨班开班式在中央党校举行。其间，胡锦涛总书记指出，要切实搞好深入学习实践科学发展观活动，把贯彻落实科学发展观提高到新的水平。而在随后的9月20日，温家宝总理在全党深入学习实践科学发展观活动动员大会暨省部级主要领导干部专题研讨班上作“关于深入贯彻落实科学发展观若干重大问题”的专题报告时强调，要坚持以人为本，把科学发展的成果体现在提高人民生活水平上，体现在满足人民物质文化需求上，体现在人的全面发展上。

部分试点省市科学发展思路一览

| 省市 | 内　容 |
| --- | --- |
| 江苏省 | 认真总结近年来实践经验和教训，形成了进一步推进“两个率先”的主要思路和具体举措，提出要在科学发展道路上迈出更加坚实的步伐，继续当好深化改革开放的排头兵。 |
| 江西省 | 在八个方面作出努力。以继续解放思想为先导，把全省干部群众的思想进一步统一到科学发展、加快崛起、富民兴赣的奋斗目标上来；以科学发展抓项目为重点，转变经济发展方式、调整经济结构、提升发展水平；以统筹城乡发展为取向，坚持把加强“三农”工作作为全省经济社会发展的重中之重；以推进工业化、城镇化协调发展为切入点，加快全省经济社会转型步伐；以体制机制创新为着力点，为科学发展、加快崛起提供强大动力和体制保障；以建设鄱阳湖生态经济区为龙头，进一步巩固和发展江西的生态优势；以保障和改善民生为根本，进一步促进社会和谐；以提高领导科学发展的能力为核心，进一步加强领导班子和干部队伍建设。 |
| 四川省 | 作为人口多、底子薄、不平衡、欠发达的西部大省，必须牢牢把握努力于快、服从于好、又好又快的总体取向，牢固树立科学发展、跨越发展的理念，积极推进西部经济发展高地建设。 |
| 唐山市 | 推动唐山科学发展，必须首先从思想观念上实现“六破六立”：破除单纯追求速度、不顾资源环境代价的思想，树立好字优先、又好又快的观念；破除片面追求经济增长、忽视社会建设的思想，树立统筹兼顾、全面协调的观念；破除小富即安、故步自封的思想，树立开放创新、敢为人先的观念；破除狭隘的地方主义、本位主义思想，树立“一盘棋”的大局观念；破除重管理轻服务的思想，树立服务至上、效能第一的观念；破除追求个人政绩、忽视群众利益的思想，树立以人为本、以民为先的观念。 |
| 佛山市南海区 | 坚定不移地实施东西部统筹协调发展和“双轮（民营经济、招商引资）驱动”两大战略。在注重环境保护的同时，大力推进产业结构调整和城市发展转型，努力推进粗放型发展方式向集约型转变，加快“腾笼换鸟”的步伐。 |
| 东莞市 | 确立了“新产业、新东莞”的科学发展思路，即打造先进制造业和现代服务业“双轮并转”、高新技术产业和适度重化工业“两翼齐飞”的新产业；建成产业优化、社会和谐、生态文明、体制完善、人民幸福的新东莞。 |
| 平凉市 | 确定了今后的科学发展思路，即：加快建设能源煤化工、绿色畜牧、优质果品和西部人文生态旅游四大基地，在统筹城乡发展、做强地方工业、提升城市品位、壮大第三产业、发展社会事业、构建和谐社会六个方面推进新跨越。 |
| 临夏州 | 把完善发展思路作为解决影响和制约科学发展突出问题的切入点，以建成清真食品生产基地、民族特需用品加工基地、全省重要水电能源基地为目标，加大特色产业科学开发力度，使发展思路、战略和布局的内容更丰富、标准更规范、措施更具体。 |

发展思路模式各异。这次试点活动单位既有东部发达地区，也有西部欠发达地区，既有以工业为主地区，也有以农业为主地区，不同的地区发展路径不同，发展模式各异。但是诸多路径殊途同归，选择的都是科学发展之路。

部分试点省市落实科学发展观活动载体内容

| 省市 | 内　容 |
| --- | --- |
| 江苏省 | 紧扣"推动科学发展、建设美好江苏"主题，认真总结近年来实践经验和教训，形成了进一步推进"两个率先"的主要思路。 |
| 唐山市 | 以"抢抓新机遇、建设新唐山、实现新跨越"为载体，引导广大干部群众对标赶超、狠抓落实，努力建设科学发展示范区。 |
| 平凉市 | 以"推进新跨越，建设新平凉，走出西部欠发达地区科学发展的新路子"为主线，开展扎实深入的学习调研和分析检查。 |
| 惠州市 | 结合各个阶段的不同工作重点，先后开展了"万名党员惠民心"、"凝聚党心援灾区"、"文明共建齐参与"等主题活动。 |
| 华亭县 | 以"抓整改解难题公开承诺，抓试点促工作公开承诺，整体推动试点工作和当前工作两不误、两促进"的"双诺整推"活动为抓手。 |

调查研究深入开展。各试点单位把群众满意作为检验活动成效的根本标准，23个试点单位共组织5190多名党员群众参加了本级党委（党组）扩大会，组织33100多名党员和群众代表参加分析检查报告的评议，涵盖了各级党代会代表、人大代表、政协委员和基层单位代表、服务对象代表、专家代表等。

在探索创新中，试点工作扎实推进，不断取得切实成效，广大人民群众对此给予高度评价。23个试点单位针对领导班子贯彻落实科学发展观情况分析检查报告和试点工作情况组织的群众满意度测评中，认为"好"或"较好"以及或"满意"或"基本满意"的评议意见均在90%以上。这充分表明，党的十七大作出在全党开展深入学习实践科学发展观活动的决策完全正确，试点工作取得了预期的成效。

江苏采取5种方式多渠道征求意见

| 渠道 | 内　容 |
| --- | --- |
| 主要领导牵头 | 省委书记梁保华、省长罗志军带头，省委、省政府领导同志召开各类座谈会113个，直接听取群众意见。 |
| 省委调查组 | 省委派出4个调查组分赴13个省辖市，深入了解社情民意。 |
| 书面征求意见建议 | 书面征求203名党代表、人大代表和政协委员的意见建议。 |
| 万人民意调查 | 委托省统计局、国家统计局江苏调查总队采用抽样方式开展万人民意调查。 |
| 网络意见征询 | 在省内5家网站开设征求意见专栏，浏览量超过30万人次。 |

江苏开展学习实践科学发展观的主体对象是省级领导班子和省级机关，涉及118个

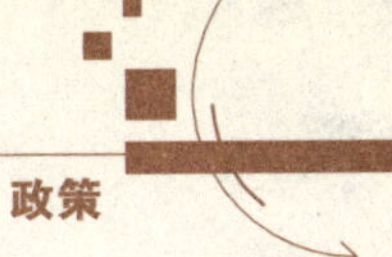



单位、3.8万名党员。省委征求意见的广度和深度前所未有，直接参与的干部群众达2.6万余人，共收集整理出3550多条意见建议。省级机关各单位也坚持开门搞活动，直接征求5万多人的意见，收集梳理各类意见建议1万多条。

江西省围绕群众关心的问题，2008年5月5日，省委书记苏荣通过报纸、电台、电视台等传统媒介和网络、手机短信等新兴媒体发出公开信，围绕事关全省发展的一系列重大问题，征求省内外赣籍人士和海内外关心江西发展的有识之士的意见。据设在省委宣传部的“问计办”统计，短短一个多月，海内外人士通过电话、短信、电子邮件、书信等方式，建言献策4万多条。省长吴新雄8月1日向社会公布了自己的手机号码，接受群众对廉租房、经济适用房违规情况的举报。号码公布后，群众来电踊跃。本着建立群众监督长效机制、取信于民、把事情办好、办实的目的，省政府8月5日又出台“省长电话”和11部“市长电话”联动、定期公布举报处理结果等举措，回应群众的热切期待。另外，省委抓住影响江西科学发展的关键问题，抓住群众反映的突出问题，确定了10个重大调研课题，由省委常委领题带队，深入调查研究。

**部分试点市县科学发展观调研及意见征询情况**

| 试点市县 | 内　容 |
|---|---|
| 邯郸市 | 开展群众“直通车”行动，通过召开座谈会、开展“万人问卷”、发放征求意见表、开通热线电话和电子信箱等渠道广征群众意见，接受群众监督。全市征集意见、建议8万多条次，梳理出有关调整经济结构、推进节能减排、关注民生民意、加快农村发展等13个方面的意见和建议2100条。 |
| 鹿泉市 | 针对需要研究解决的43个重要问题，采取无记名投票方式，组织10个界别的49名代表对问题的严重性和危害程度进行评估；邀请国家、省、市三级15名专家从更广范围、更深层次上进行专业评估。 |
| 惠州市 | 组织专访及评论60多篇，报告会4场，发送手机短信100多万条，征集科学发展观话语近7万条，网站点击超50万次，在全市上下营造了浓厚的学习实践科学发展观氛围。 |
| 东莞市 | 把推进产业结构调整和转型升级作为学习实践科学发展观的核心任务，并围绕这一核心任务，深入开展了19个课题调研，通过召开市党代表、老干部代表、人大代表和政协委员、民主党派负责人等多场专题座谈会，邀请专家学者在媒体上开设“隆中对”专栏等形式，发动社会各界建言献策，共征集意见建议7588条次，梳理出11类76个影响和制约东莞科学发展的突出问题和14类157个群众最关心、最直接、最现实的利益问题。 |
| 佛山市南海区 | 以“代表要广泛、方式要多样、发言要自由、接受要诚恳”为要求，组织党代表、人大代表、政协委员、专家和群众代表，围绕领导班子对科学发展观认识深不深、调研和听取汇报意见范围广不广、问题查找准不准、原因分析透不透、解决措施有没有针对性和可操作性等问题，进行了多次评议。其中，南海区几套领导班子成员紧紧围绕发展转变、社会民生、资源环境、城乡统筹、社会稳定等影响和制约科学发展的突出问题，每人带一个课题深入调研。共组织参与单位88个（次），聘请专家顾问50多名，走访企业300多家，召开座谈会110多场，发放问卷5000多份，统计各类数据8000多项。 |

续表

| 试点市县 | 内　容 |
| --- | --- |
| 平凉市 | 平凉市在市级媒体上分别开设了试点活动专题访谈和热线直播节目，市直部门“一把手”走进直播间讲问题，谈对策，接受群众的监督和评判。市委试点办在平凉门户网和平凉新闻网开设了“我为平凉科学发展献一策”专题论坛，引起了广大网民的热切关注，日点击量达到4000人（次）以上。为进一步提高分析报告的科学性，各单位普遍邀请专家学者“把脉会诊”科学发展方面的突出问题，提出对策建议，优化发展思路和重点，市委班子分析报告先后征询了26位国内知名专家的意见。 |
| 永昌县 | 在全面调研的基础上，搭建联系群众的平台，共征求到各界群众意见建议4663条，并认真梳理归纳及时进行了反馈，由主管领导牵头，召开专题座谈会、现场办公会，一项一项听民声，一件一件抓落实，有效解决了一批影响科学发展的突出问题和群众最关心、最直接、最现实的利益问题，推动了经济社会的又好又快发展。 |
| 临夏州 | 组织开展了“民族贫困地区要不要、能不能、会不会贯彻落实科学发展观”三个问题大讨论。州委中心组围绕“完善发展思路、战略和布局”、“做大做强特色优势产业”、“民族宗教工作如何体现科学发展观”等专题举行8次研讨会，各部门确定了324个调研专题进行广泛讨论。州级、县级党员领导干部和党员骨干、普通党员之间共结成了2470多个对子，开展“学习实践一联一、学习调研一带一、分析检查一看一、解决问题一帮一、测评总结一促一”的“五个一”双促互动活动，共同会诊“思想落后、观念陈旧”等阻碍科学发展的“心病”，科学思维、科学决策、科学实践已成为临夏州各级班子和广大党员干部的自觉行动。 |

民生问题不断推进。各试点单位普遍把解决群众反映突出的问题，作为试点工作的重要任务，从试点工作一开始，就注意解决实际问题。针对征求意见中基层和群众反映强烈的突出问题，本着急群众之所急、解群众之所难的原则，江苏省委、省政府在学习实践活动中着力办好改善民生的10件实事，真正让群众切身感受到学习实践活动带来的明显变化。

为精心实施好民生工程，江西省省长吴新雄牵头，各位副省长共同参与，针对人民群众最关心、最直接、最现实的利益问题和民生工程实施中的重点、难点问题，进行深入调查研究，形成一系列针对性强、指导性强、政策含金量高的专题调研报告，省委、省政府据此制定并出台了坚持以人为本，进一步保障和改善民生的意见。为此，2008年省财政再新增50亿元，总计100亿元，用于新的民生保障工程，实施60项公共财政政策。着力解决群众反映强烈的突出问题，2008年民生工程重点抓好八个方面60件实事，把就业作为民生之本来抓，进一步完善社会保障制度，切实提高社会救助水平，进一步解决群众看病就医难问题，继续推进济困助学，提高住房保障水平，继续推进扶贫开发，切实改善群众的生产生活条件。

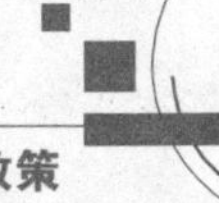



**江苏10件实事**

| 涉及领域 | 内　　容 |
|---|---|
| 环境保护 | 进一步做好太湖水污染治理工作，太湖流域53个国家考核断面达标率比上年提高10个百分点。 |
| 居民住房 | 加大廉租住房和经济适用房建设力度，2008年全省新增廉租住房1.2万套，新增经济适用住房4万套以上。 |
| 增收脱贫 | 帮助贫困户增收脱贫，2008年确保100万人均纯收入低于2500元的贫困人口实现脱贫。 |
| 生活保障 | 全面提高城乡生活困难群体保障标准，确保困难群众基本生活水平不因物价上涨而降低。 |
| 饮水安全 | 实施农村饮水安全和河道疏浚工程，年内解决350万农村居民安全用水问题，疏浚县、乡、村河道土方3.5亿立方米。 |
| 农村养老 | 大力提高农村养老保障水平，农村五保户集中供养每人每年不低于2400元，分散供养每人每年不低于1800元。 |
| 农村教育 | 改善农村幼儿园和农村寄宿制中小学办学条件。 |
| 医疗保障 | 提高农民医疗保障水平，新型农村合作医疗筹资水平从人均50元提高到100元，参合农民看病实际报销比例达40%，大病报销封顶不低于6万元。 |
| 劳力培训 | 加大对乡村干部、农村劳动力、退役士兵等人员培训力度，年内培训农村劳动力240万人。 |
| 文化建设 | 免费开放公共文化设施，宣传文化文物等部门管理的174家公共博物馆、纪念馆、爱国主义教育基地已免费开放。 |

突如其来的特大地震，给四川人民生命财产造成重大损失，数以百万计群众无家可归。面对如此巨大的人员和财产损失，如何安置受灾群众，成为四川全省的头等大事。在省委的九届五次会议上，省委书记刘奇葆指出，为政之要在于安民。“要坚持以人为本，全力以赴抓安置，让群众安居、安定、安全、安稳、安心”。

**四川“五安”内容一览**

| “五安” | 内　　容 |
|---|---|
| 加快建设安置住房，着力实现受灾群众安居 | 要坚持就地、就近、分散安置原则，通过援建、自建、修复等多种方式，确保2008年8月12日前基本解决无房户过渡住房问题，同时抓好落实国家补贴政策，引导受灾群众建设永久性住房。 |
| 妥善解决基本生活，着力保障受灾群众安定 | 要切实落实受灾群众和“三孤”人员补助政策，及时制定后续救助措施，解决好受灾群众吃饭问题。要优先安排学校、医院等公共服务设施的恢复重建；加强救灾款物发放使用和安置住房建设的效能监察，严肃查处违规违纪行为。 |
| 切实加强防疫防灾，着力保障受灾群众安全 | 省委高度重视灾区高温季节和今冬明春防疫，要求有关部门调整充实力量，尽快恢复灾区医疗卫生服务体系，做到进村入户、不留死角。加强对地质灾害的检测、防范和对公共设施的安全鉴定和恢复、除险，严防各类次生灾害发生。 |

续表

| "五安" | 内　容 |
|---|---|
| 千方百计促进就业，着力维护受灾群众安稳 | 要把解决灾区的就业问题与引导群众参与重建结合起来，通过多种渠道扩大就业，尤其要帮助特困群众实现就业。 |
| 积极开展群众工作，着力促进受灾群众安心 | 要组织党员干部和群团组织力量深入灾区群众，做好思想引导，开展情绪疏导，加强灾区矛盾纠纷的排查化解和社会治安管理，确保灾区社会稳定，积极为北京奥运会举办和全省经济社会发展营造和谐稳定的社会环境。 |

部分试点市县解决民生问题情况

| 市县 | 内　容 |
|---|---|
| 霸州市 | 依据市情和征求到的意见与建议确定了十项民心工程，市委、市政府专门制发了《关于贯彻落实科学发展观实施十项民心工程的意见》，对各涉项工程的目标任务、完成时限、牵头领导、责任单位、责任人等内容分别进行了细化和分解。同时，定期召开工程进展情况调度会，严格落实"民心工程承诺制"，各涉项单位主要领导分别走上电视荧屏，公开向群众承诺，主动接受监督。十项民心工程进展顺利，部分工程已完工交付使用。全市 75 个试点单位也分别结合自身职能特点，确定了 141 项民心工程，为群众兴办了一批看得见、摸得着的好事、实事。 |
| 鹿泉市 | 该市在试点单位推行"服务承诺制"，公开服务内容、办事程序和为民办的实事，接受群众监督，提高工作效率和服务水平。为了方便群众办事，上庄镇在全镇推行了便民服务网，镇村都成立了便民服务机构，对涉及群众的 50 项具体事项，公开承办人姓名、电话和完成时限。 |
| 邯郸市 | 重点实施了碧水蓝天、利民惠民、发展循环经济、新农村示范点建设"四个行动计划"，组织开展了项目建设、环境污染治理、城镇建设、优化发展环境、解决民生问题"五个攻坚战"。<br>为提高群众幸福指数，该市筛选出空气污染治理、滏阳河综合整治、市政基础设施建设等事关群众切身利益的"九件实事"，并在媒体公开承诺，限定时间完成。 |
| 惠州市 | 针对农民群众反映强烈的农民自建房报建难、办证难、流转难等问题，出台了《惠州市村民住宅核发〈集体土地使用证〉、〈房屋所有权证〉的试行办法》，在全省率先开展农村宅基地和房屋登记发证工作。针对社区居民反映的办理婚姻登记费用高、时间长、手续复杂、办证单位地点不方便等问题，作为全市学习实践科学发展观活动唯一的试点社区——惠城区龙丰街道黄塘社区，在全市率先设立社区婚姻登记处，为辖区 1.6 万多名居民提供便利服务。对初步具备条件、但需要一段时间才能解决的问题，抓紧采取措施推动解决：针对"学有所教"问题，大力发展城乡教育事业、实施"城乡教育联动发展计划"，力争 2011 年 90% 以上农村学校纳入该发展计划；针对"住有所居"问题，争取到 2010 年，全市完成 1 万套以上经济适用房、廉租房，基本消除农村泥砖房和无房户；针对环境保护和生态建设问题，落实"十大生态工程"、"千村家园绿化工程"、"饮用水源保护工程"等系列措施，实现环境友好、生态和谐；制订了《惠州市环保准入试行办法》，明确环保审批"八个一律不批"。 |

续表

| 市县 | 内　　容 |
| --- | --- |
| 东莞市 | 大力清理非法用工，进行全面拉网式排查，实行重奖重罚，从中介服务、企业用工、劳动保障三大方面规范劳动市场秩序；狠抓社会治安管理，使市民对社会治安的满意率从原来的43%提高到87.25%；投资170多亿元建设37座污水处理厂和截污管网；切实改善困难群众生活，安排专项资金为低收入群众发放临时生活补贴；安排18亿元改造渔民社区，前期重点建设1000套解困房；城乡居民最低生活保障标准提高到每月400元；在全国范围内率先建立全市城乡一体的社会基本医疗保险制度；市、镇两级投入专项资金建设社区卫生服务设施。 |
| 清新县 | 启动了可惠及5.1万人的城镇居民基本医疗保险工作，上马了县社会福利中心的建设，展开了县城13号区的综合整治工程，使广大群众在共享发展成果的同时，增强了对科学发展的信心和决心。<br>对有条件输出劳动力的农户，免费进行技能培训，然后推荐就业；对适宜发展种养业的农户，免费进行技术培训，指导发展项目；对缺乏劳动力的农户，输送其子女就读技工职业学校，为今后脱贫打下基础；对确无致富能力的老、弱、病、残农户，纳入低保。<br>2008年以来清新县开通了县城内外多条公交线路，解决县城居民出行难问题；启动了可惠及13万人的城镇居民基本医疗保险和被征地农民基本养老保险工作，农村合作医疗覆盖率达到100%；有线电视网络覆盖率领先全省山区。 |
| 平凉市 | 对于群众反映突出的问题，分层次制定了整改方案，全面推行了领导包案、“挂号”整改、落实“销号”、信息反馈和公示监督制度，使整改落实措施目标化、责任化。市四大班子领导全部深入一线现场办公，集中解决问题，措办惠民实事。在全市部署开展了以改善民生、新农村示范、生态文明建设三大工程和“科学发展示范点”创建、“百千万创业实践”、节能减排治污集中攻坚、矛盾纠纷集中排查、试点工作整体互动五项活动为主要内容的“破解难题、创新实践”攻坚行动。 |
| 临夏州 | 集中实施“惠民行动”，确定关注民生、制度建设两方面解决的41个突出问题，相继解决了部分农村电路老化、自然村不通广播电视、城镇残疾人缺乏医疗保障、城镇特困群众冬季取暖难、高中特困生无力支付寄宿费用等突出问题。针对特困群众住房难和大中专毕业生就业难问题，筹资改造了3000户农村特困户危房，向729户城镇低收入家庭发放了住房补贴，考聘了1000名大中专毕业生到农村中小学和乡村卫生院工作。 |
| 华亭县 | 建立了现场会办制度，部门、乡镇解决不了的问题由县委、县政府主要领导或分管领导组织人员专题会办解决；县里解决不了的问题争取上级和驻地企业支持，进行上下左右互动解决；还开展了“手拉手”帮带活动，结成帮带对子2100对，捐助资金34万元，帮建项目76个。全县已经解决突出问题640个，占到了全部问题的65%。 |

部分试点市县节能环保情况

| 市县 | 内　　容 |
| --- | --- |
| 唐山市 | 制定了河北第一个工业园区产业准入标准——《曹妃甸工业园区主导产业准入标准》。不是节能减排项目、不是循环经济项目、不是土地集约利用项目，投资再大、利润再高，都会被摒弃在园区之外。 |
| 鹿泉市 | 谋划开展了重点项目开工、拆除水泥机立窑、城乡环境综合整治、“迎奥运、保平安、促 |

续表

| 市县 | 内 容 |
|---|---|
| 鹿泉市 | 发展”四项集中活动。2008年以来，鹿泉市集中关停、拆除水泥机立窑25座，主宰该市半个世纪经济舞台的机立窑水泥企业将最后“谢幕”，原定于2010年全部取缔机立窑水泥生产线的目标被提前到2009年上半年；实施了城乡环境整治，拆除违章建筑、超期临建95.6万平方米，植树160万株；通过书记大接访、市级领导分包重点信访案件责任制等措施，共排查解决各类信访案件和矛盾纠纷隐患334起。 |
| 邯郸市 | 决定实施“双百＋否决”节能减排推进机制。即对100家重点能耗企业重点监管，新上100项节能减排重点工程，对完不成年度减排目标的，整体工作实行一票否决，3年完不成节能减排目标的，县（市、区）主管干部一律免职，国企主要负责人进行组织调整，民企停产整顿。 |
| 临夏州 | 依法关停了22户小冶炼、小砖窑企业，严格控制高污染、高耗能项目进入临夏，引进了一批可持续发展项目；整治了河道乱采乱挖、无证开采砂石资源等问题；加强小流域综合治理、刘家峡库区水土保持、绿色通道等生态工程建设，增强了经济发展与生态环境的协调性。 |
| 华亭县 | 在“双诺整推”中，加大了生态环境治理的力度，在公路沿线设立执勤点，要求运煤车出矿一律加盖篷布，严格管理超载超限和煤渣抛撒遗漏问题。新建的总库容62万立方米的垃圾处理场，开始对生活垃圾实施无害化处理；占地1500平方米的生活污水处理厂已进入设备调试和试运行阶段；新建选煤厂，配建“地下运煤通道”，消除“城中矿”工程的规划设计和拆迁评估基本结束。如今环县城运煤专线车水马龙，煤渣不撒了，污染变轻了。 |

制度成果取得突破。巩固深入学习实践活动成果，切实把全社会的积极性引导到科学发展上来，需要研究制定有利于科学发展的体制机制来保障，形成贯彻落实科学发展观的长效机制。试点地区重点围绕经济社会发展评价、干部实绩考核、财政税收分配、产业导向、资源配置、环保约束、民生保障等重点问题，着力创新体制机制，研究制定了一批促进科学发展的政策、制度和规划。

江苏省委十分重视受访群众提出的意见和建议，并制定出台了《关于加快转变经济发展方式的决定》、《关于建立科学发展评价考核体系的意见》等7个指导性政策性文件，重点建立、完善和创新科学发展评价考核、干部考核评价、财税分配、产业发展、城乡规划、区域协调互动发展、土地供给、节能环保、科技创新、民生保障等10个方面机制。特别是在改革财税分配机制上取得了新的突破。

| 江苏指导性、政策性文件三个导向 | |
|---|---|
| 在发展导向上 | 进一步明确了经济社会发展的重点和产业政策，加快淘汰落后产能，加强生态环境保护 |
| 在利益导向上 | 对分税制财政管理体制进行了较大调整，体现了“让科学发展者得益”的原则 |
| 在考核导向上 | 制定了包括经济发展、科技创新、社会进步、生态文明、民生改善在内的五大类28项科学发展评价考核体系，建立了促进科学发展的党政领导班子和领导干部考核评价机制，并引入人民群众对科学发展成果满意度指标，实行一年考核一次，引导各地各部门牢固树立科学发展观和正确政绩观 |

江西省委进一步完善了常委理论中心组学习制度，正在制订体现科学发展观要求的领导班子和领导干部综合考核评价实施办法，以切实提高领导班子和领导干部领导科学发展的自觉性和执行力。为把科学发展观的要求体现和落实到经济社会发展的各个领域、各个方面，省委正制订《关于深入学习贯彻科学发展观的决定》，决定总结并运用该省试点工作取得的成果，对各项工作明确新任务、新要求，采取新举措，使贯彻落实科学发展观成为全省上下的共同意志和自觉行动。省人大常委会党组还围绕推进科学立法、民主立法，起草了《关于进一步提高立法质量的几点意见》，完善了立法顾问制度等。省政府进一步完善了对市县政府工作的评价体系。省政协党组正在制订《关于加强人民政协工作的意见》，把政治协商纳入了决策程序，进一步完善民主监督机制。

四川省把试点工作作为改进机关作风、提高行政效能的有利契机，全面推行首问负责制、限时办结制、责任追究制。省级机关清理1100余项行政许可项目，废止500多项，编制完成了279项办理流程。由此，各试点单位工作作风明显改进，服务能力明显增强，办事效率明显提高，形成了奋力推进科学重建、科学发展的良好氛围。每一项整改重点项目，各试点单位按照整改项目轻重缓急和难易程度，分门别类、逐项提出整改落实的工作目标、措施办法和时限要求，明确整改责任主体。省委、省政府领导班子提出发展理念、发展方式、民生保障、体制机制、组织保障等5个方面整改项目和方向，细化为30条具体整改措施，确定14个省委、省政府领导和24个省级部门负责抓好落实。

部分试点市县制度成果一览

| 市县 | 内　容 |
| --- | --- |
| 霸州市 | 全市共清理废止不符合科学发展观要求的相关制度和文件4个，健全和完善了9个相关制度，建立了《关于进一步建立健全城乡社会保障体系的实施意见》等10项新的体制机制。在相关机制的制定过程中，霸州市还坚持群众路线，充分论证，广泛征求意见，主动请群众来参与研究、提出合理化意见和建议，特别是听取利益相关群体和工作对象、服务对象的意见和建议，兼顾了各方面的利益。 |
| 唐山市 | 唐山已制定了427项促进科学发展的新制度。2008年6月26日，唐山在全国推出了第一个以科学发展指数和人民群众幸福指数为主要评价指标的《科学发展指标体系》，并将出台国内第一部关于科学发展的地方法规——《唐山市科学发展促进条例》。唐山还加大干部制度综合配套改革，按照科学发展的指标要求，对各级领导班子和领导干部实行千分制、百分制量化考核，并实施了县级干部“一述两推”选任新机制。 |
| 鹿泉市 | 建立完善了项目准入评价制度、基层党组织实行“星级管理”的党建管理长效机制、干部实绩考核机制、民生财政投入增长机制、生态建设保障机制等6项落实科学发展观要求的具体制度机制。 |
| 邯郸市 | 出台《邯郸市循环经济发展规划》，制定了《关于完善科学发展规划，实施重点工作突破的指导意见》，本着“突出人均指标，突出民生指标、突出节能减排指标、突出质量效益指标”的原则，对邯郸市“十一五”规划目标进行调整和修改，新增指标11项，调整指标5项。<br>2008年7月，该市出台了《关于着力构建科学发展观体制机制，推进经济社会又好又快 |

续表

| 市县 | 内容 |
| --- | --- |
| 邯郸市 | 发展的意见》，对构建十项新机制提出了基本构架和要求。根据这一意见，该市已初步建立经济社会科学评价机制、干部实绩考核机制、产业导向机制、激励性财政体制、环境保护激励约束机制、行政管理体制机制六项机制。其他四项也正在抓紧研究制定。<br>与此同时，全市按照“要精、要管用”的原则，共废止不适应、不符合科学发展观要求的文件规定260个，修改完善规章制度1300个，新出台政策规定140个。 |
| 惠州市 | 突出领导班子这一重点，开展争创“科学发展好班子”活动，着力打造引领科学发展的坚强核心。市委出台《惠州市县（区）委书记责任考核实施办法》、《县（区）党政正职责任考核实施办法》、《市直部门正职责任考核实施办法》等。突出机制体制创新，探索出台“三大体系”、“十项机制”，着力构建适应科学发展的制度体系。 |
| 东莞市 | 完成了《贯彻落实科学发展观情况分析报告》和《学习实践科学发展观整改落实方案》，确立了“新产业、新东莞”的科学发展思路。<br>针对媒体反映的问题，建立健全非法用工重罚机制、镇村属地管理责任考核机制等8项机制，规范非法劳动力市场秩序，重点禁止使用童工和非法用工。 |
| 佛山市南海区 | 解决突出问题20个，建立完善制度227项，形成科学发展观指标体系、产业发展优化机制、社会民生改善机制、城乡统筹发展机制、资源环境优化机制、执政行政能力提升机制等六大长效机制，达到了“干部受教育、发展上水平、群众得实惠”的目的。 |
| 临夏州 | 确立了“有主有次、有先有后、有大有小、有扶有抑、有放有管”五个原则，健全完善了重大问题集体决策、专家咨询论证、社会公示和听证、民主监督等制度。集中解决具体问题，实行解决问题公示制、目标承诺制、进度限时制、效果督查制、定期通报制、挂牌销号制和领导包案制等责任制度，以严格的标准和好的作风解决问题。州上认真进行“废、改、立”，清理、修订了多项不适应不符合科学发展观要求的制度、规定和办法；深化机构编制、干部调配、纪律作风等10个方面的基础管理工作，夯实了科学发展的工作基础。 |
| 永昌县 | 结合实际研究制定了《试点工作群众满意度测评实施方案》，明确了公开透明、实事求是、多法并用、务求实效的评价原则。<br>制定了经济社会发展评价、干部实绩考核、财税分配、产业导向、资源配置、环保约束等六项制度机制。服务行业和窗口单位围绕提高为民服务的水平和质量，普遍建立了公开承诺等制度。乡镇、村围绕新农村建设，推行民主议事制度，建立访民问事和办实事承诺等制度。 |

## 规范决策行为是关键

2008年3月25日，中国政府网全文发布了新修订的《国务院工作规则》，这是继2005年国务院首次发布工作规则之后，再次向社会发布国务院的内部工作规范。《规则》共11章56条，对国务院组成人员职责、全面履行政府职能、实行科学民主决策等方面进行了规定，并明确提出“要努力建设服务政府、责任政府、法治政府和廉洁政府”。

## 新修订的《国务院工作规则》发布将对地方产生引领作用

2008年3月25日，在新一届政府正式组成人员产生一周之际，新修订的《国务院工作规则》通过中国政府网（www. gov. cn）正式向社会公布。该规则共11章56条，对国务院组成人员职责、全面履行政府职能、实行科学民主决策、坚持依法行政、推进政务公开、健全监督制度、加强廉政建设、会议制度、公文审批、纪律和作风等方面进行了规定。

《规则》在“总则”一章明确提出，国务院工作的指导思想是，高举中国特色社会主义伟大旗帜，以邓小平理论和“三个代表”重要思想为指导，深入贯彻落实科学发展观，执行党的路线方针政策，全面履行政府职能，努力建设服务政府、责任政府、法治政府和廉洁政府。国务院工作的准则是，实行科学民主决策，坚持依法行政，推进政务公开，健全监督制度，加强廉政建设。

观察人士指出，此次发布的《国务院工作规则》，是继2005年上一届国务院首次公布规则后，又一次向社会发布国务院的内部工作规范。这表明政府工作规则的动态修订和公布已经日趋制度化。不仅如此，《国务院工作规则》的公布还将对国务院部委和各级地方政府产生重要的引领意义。目前，绝大多数省区的政府工作规则都是几年前制定的，相信在不久的将来，各部委和地方政府将会根据《规则》出台相应的工作规则。

## 大力推进政务公开，重大决策须听取群众意见

与2005年公布的旧版本相比，新《规则》在透明政府、服务政府、责任政府这三大方面有更多着墨。

在建设透明政府方面，旧版本只简单提及政务公开，新规则将政务公开单列为一章，要求大力推进政务公开，健全政府信息发布制度，完善各类公开办事制度，提高政府工作透明度。《规则》明确提出，“国务院全体会议和常务会议讨论决定的事项、国务院及各部门制定的政策，除需要保密的外，应及时公布”；凡涉及群众切身利益、需要群众广泛知晓的事项以及法律和国务院规定需要公开的其他事项，均应通过政府网站、政府公报、新闻发布会以及报刊、广播、电视等方式，依法、及时、准确地向社会公开。2008年5月1日，《政府信息公开条例》正式实行。《规则》新增“推进政务公开”的内容，显然是为了更好地落实《政府信息公开条例》。

不仅如此，重大决策须听取群众意见也被写入《规则》。《规则》规定，国务院各部门提请国务院研究决定的重大事项，都必须经过深入调查研究，并经专家或研究、咨询机构等进行必要性、可行性和合法性论证；涉及相关部门的，应当充分协商；涉及地方的，应当事先听取意见；涉及重大公共利益和人民群众切身利益的，要向社会公开征求意见，必要时应举行听证会。国务院在做出重大决策前，根据需要通过多种形式，直接听取民主党派、社会团体、专家学者、基层群众等方面的意见和建议。

在建设服务政府方面，新版本也作了较多的修改和增加，包括删除“推进部分公共产品和服务的市场化进程”，取而代之的是“增强基本公共服务能力，促进基本公共服务均等化”；新增了“强化政府促进就业和调节收入分配职能，完善社会保障体系”的表述等。

特别值得一提的是，新《规则》更加重视各部门之间的协调。与前版《规则》不同的是，新《规则》明确规定，“国务院各部门要各司其职，各尽其责，顾全大局，精诚团结，维护政令统一，切实贯彻落实国务院各项工作部署。”中国人民大学毛寿龙教授认为，这正是十七届二中全会推出的《关于深化行政管理体制改革的意见》精神的重要体现，尤其在实行“大部制”改革后，各组成部门更需加强协调。对于国务院常务会议召开期限的规定，也由原来一个月三次调整为每周一次，此举也在于加强部门间的协调与沟通。

此外，《规则》还特别强调，国务院及各部门召开的工作会议，要减少数量，控制规模，严格审批。全国性会议应尽可能采用电视电话会议等快捷、节俭的形式召开。《关于国务院办公厅精简会议文件改进会风文风的意见》已于2008年2月20日出台，明确提出要精简会议、改进会风。

## 行政问责首入工作规则，进一步加强对权力监督制约

纵览新的《国务院工作规则》可以发现，“行政问责制度”首次被明确写入工作规则。《规则》第三十四条规定，国务院及各部门要推行行政问责制度和绩效管理制度，并明确问责范围，规范问责程序，严格责任追究，提高政府执行力和公信力。

分析人士指出，行政问责制的实质是通过各种形式的责任约束，限制和规范政府权力和官员行为，最终达到权为民所用的目的，是现代政府强化和明确责任，改善政府管理的一种有效的制度。我国行政问责在2003年“非典”事件后开始探索制度化之路，在2004年国务院印发的《全面推进依法行政实施纲要》中，曾明确提出要实现行政权力和责任统一，但在随后修订国务院工作规则时，并未将行政问责制纳入其中。随着新一届中央政府明确将推行行政问责制写入工作规则，行政首长问责制度化之路也将由此迈出坚实的一步。

就在《规则》公布当天，国务院召开了第一次廉政工作会议。温家宝总理在会上特别强调，要“加快实行以行政首长为重点的行政问责和绩效管理制度”。要把行政不作为、乱作为和严重损害群众利益等行为作为问责重点。对给国家利益、公共利益和公民合法权益造成严重损害的，要依法严肃追究责任。

在地方，行政问责制度已普遍建立。2003年8月15日，《长沙市人民政府行政问责制暂行办法》开始施行，在湖南省率先开始推行行政问责；2004年7月1日，中国首部“高官问责制”——《重庆市政府部门行政首长问责暂行办法》正式实施。《办法》明确列举了包括效能低下在内的18种应当问责的情形，被问责的行政首长将被单处或并处7种责任追究方式。2005年1月，《海南省行政首长问责暂行规定》出台，省政府所属部门

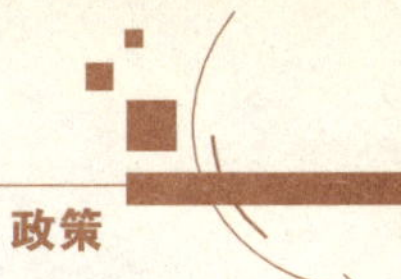



和市、县、自治县人民政府行政首长均被纳入问责范围；2007年，海南省又印发了《党政领导干部问责暂行规定》，将问责范围由行政人员扩大到所有党政干部。2005年9月，深圳市在全市掀起“责任风暴”实施“治庸计划”，随后又出台了《深圳市人民政府部门行政首长问责暂行办法》。2008年3月1日，《云南省人民政府关于省政府部门及州市行政负责人问责办法》和《云南省人民政府关于在全省行政机关推行服务承诺制、首问责任制、限时办结制的决定》也开始正式实施。

## 解放思想是动力之源

解放思想是发展中国特色社会主义的一大法宝。2008年是改革开放三十年。自2007年6月25日，胡锦涛总书记在中央党校发表重要讲话，明确提出解放思想“必须坚定不移地加以坚持”的重要论断以来，一场解放思想大讨论的热潮从北到南、从东到西、从官方到学界迅速在全国范围内展开，而且势头越来越猛。这一轮解放思想大讨论的背景是什么？改革开放三十年后怎样进一步解放思想？解放思想大讨论对未来中国的发展走向将产生什么样的影响？在全国范围内解放思想大讨论活动蓬勃开展之际，厘清这些问题具有重要意义。

### 改革开放三十年背景下解放思想

中国的改革开放史，就是一部解放思想史。20世纪90年代初“皇甫平系列评论”的主要组织者、原人民日报副总编辑周瑞金认为，改革开放以来，中国有过两次影响广泛而意义深远的解放思想运动。第一次是从北京发起的，其标志是1978年5月10日《光明日报》发表《实践是检验真理的唯一标准》，冲破了“两个凡是”的桎梏；第二次是1991年2月15日，以《解放日报》发表皇甫平的文章《做改革开放的“带头羊”》为起点，以邓小平南方讲话为标志，发起了第二次关于社会主义要搞市场经济的新的思想解放运动。而党的十七大之后相继在全国掀起的解放思想大讨论，可以视为改革开放以来第三次思想大解放运动。其中，尤以广东重提“要杀出一条血路来”，掀起声势浩大极其深入的解放思想运动，在海内外产生了强烈的反响。

2007年12月25日，新任广东省委书记汪洋针对广东发展的问题连用22个“解放思想”，向全省发出了“以新一轮思想大解放推动新一轮大发展”的动员令；2008年1月初，广东省委发出《关于开展“继续解放思想，坚持改革开放，争当实践科学发展观的排头兵”学习讨论活动的通知》，正式拉开新一轮解放思想大幕；2月中旬，汪洋率领广东省党政代表团先后赴沪、苏、浙学习考察，强调要学习“长三角”地区的发展经验，把广东的工作做得更好；3月30日，汪洋到深圳调研时进一步提出，深圳要率先探索完善中国特色社会主义的制度模式，努力建设中国特色社会主义示范市。对于广东开展的解放思想活动，中央给予了充分肯定。温家宝总理3月7日在参加广东代表团审议时，就要求广东要以思想的解放激发创造力的释放、以观念的更新促进工作的创新，在改革开放和现代化建设中继续走在全国前列。

目前，解放思想的热潮已开始在全国范围内展开。河北省委于 2007 年 11 月下发《关于在全省党员干部中开展解放思想大讨论活动的意见》，决定集中用三个月时间在全省党员干部中开展解放思想大讨论活动；2008 年 2 月 21 日，广西发出《关于开展继续解放思想大讨论活动的通知》，决定用 3 个月左右时间开展继续解放思想大讨论活动；天津市委 2 月 29 日出台《在全市党员干部群众中开展“解放思想、干事创业、科学发展”大讨论活动》的实施意见，启动为期 5 个月的解放思想大讨论活动；3 月 26 日，重庆市委书记薄熙来在市管领导干部现代经济知识培训班上作了题为《解放思想、扩大开放，把“314”总体部署落到实处》的专题报告，发出“解放思想、扩大开放”大讨论活动的动员令。按照部署，重庆市将从 3 月 26 日起至 12 月底在全市党员干部中开展“解放思想、扩大开放”大讨论，确定贯彻落实“314”总体部署的具体办法、政策措施和制度保障。4 月初，云南省委发出通知，要求在全省组织开展“解放思想、深化改革、扩大开放、科学发展”大讨论活动，强调要在全省上下形成解放思想、大胆探索、勇于实践的生动局面。

观察人士指出，值此改革开放 30 周年之际，各地纷纷吹响解放思想的号角，无疑是对改革开放三十周年的最好纪念。

## 解放思想是提升区域战略地位的重要抓手

新一轮解放思想大讨论活动的背景是改革开放 30 周年。但并不仅仅如此。有评论指出，中国改革开放三十年之际，正展开一波前所未有的深刻转型。转型的核心是发展模式的转型，而发展模式的转型决定了一个地方的竞争优势。走不好解放思想这一步棋，就无法巩固和提升自己在未来区域竞争格局中的地位和水平。用广东省委书记汪洋的话来说，“再不解放思想，锐意进取，用改革创新来解决问题，广东排头兵的位置将难以自保，全面实现小康的目标将难以实现，小平同志托付的任务就难以完成”。也正是基于这样的忧患意识，汪洋抓住了广东发展中存在的“五大不足”，强调要在进一步解放思想中闯出一条新路来。

与广东省“排头兵”的位置相对应，上海对于更好地完成中央交给上海建设“四个中心”的任务有更清醒的认识。上海市委书记俞正声曾多次强调，要跳出上海看上海，要树立世界眼光、增强大局意识，用“四个放在”谋划上海的发展。这就需要进一步解放思想，从全国一盘棋的高度来考虑，必须和“长三角”城市更多地联系起来，由垂直分工模式走向水平分工模式，在各种思想交锋中求得共识。

对于西部欠发达地区来说，解放思想的任务更重、更迫切。拿西南重镇重庆市来说，虽然重庆已被确定为长江上游经济中心，不久前和成都一起获批城乡统筹综改试验区，但重庆对自身在全国的位置、特别是对外开放的水平一直存在很深的忧患意识。重庆市委书记薄熙来指出，如果用胡锦涛总书记对重庆提出的“314”总体部署这把尺子来衡量重庆的发展，就会发现重庆发展面临着前所未有的紧迫感。正是看到了这样的差距，薄熙来指出，重庆要取得更大发展，关键在解放思想，核心是扩大开放。薄熙来强调，开放不仅仅是吸引资金，更重要的是技术、市场、人才，并参与更大范围的产业分工。

在我国区域竞争格局中还有一个正在崛起的板块，那就是以泛北部湾为核心的广西。在这一轮思想解放热潮中表现得也十分突出。区委书记郭声琨认为，广西与沿海发达地区的差距，从表象上看是在经济社会发展方面，而归根结底是在思想观念上。所以要加快广西发展，首要的任务就是继续解放思想。广西正处于一个机遇叠加的重要时期，尤其是广西北部湾经济区开放开发上升为国家战略是千载难逢的机遇。但机遇不等于现实，要把机遇转变成为发展的现实，还需要解放思想。

基于同样的认识，中部诸省也纷纷锁定解放思想这一主题，结合自身情况深化解放思想。如湖南省提出，要以更大的“容量”、“气量”和“度量”来扩大开放；山西省提出，思想解放的空间决定发展的空间，强调要在对待资源的问题上进一步解放思想，在做好“煤文章”的同时深入挖掘非煤资源；安徽省提出，要在解放思想中强化发展动力，在改革开放中加快崛起步伐，在中部崛起中抢抓发展机遇。

## 以思想的大解放，促进改革开放大突破

解放思想的外在表现，是创造性实践；解放思想的本质是实事求是，按照事物发展的客观规律办事；解放思想的根本目的是“真正解决问题”，只有这样理解和把握解放思想，才能理解其科学内涵，抓住本质。有关专家指出，各地在推进解放思想的过程中要避免以下两方面问题：一是为解放思想而解放思想，让解放思想成了口号、成了标签；二是认识到影响科学发展的问题，但没有想到通过解放思想来找到解决问题的办法和提出相应的政策措施，还存在“等、靠、要”以及畏难、保守等风气。

必须认识到，解放思想关键是要取得效果，最终目的在于通过思想解放，着力转变不适应、不符合科学发展的思想观念，切实解决影响和制约科学发展的突出问题，促进经济社会的全面协调可持续发展。解放思想是思想领域的变革，这种变革可以为经济社会发展提供精神支撑、思想引导，但毕竟不能取代经济社会发展本身。因此，“在杀出一条血路”的气势下，解放思想最重要的还是推进改革，特别是制度的改革，要让解放思想的活力转化为经济社会发展的动力，必须要有一些突破性的改革举措。

按照目前被普遍认可的观点，如果说前面两次思想解放是还利于民，那么这一次在还利于民的同时更偏重的是还权于民。前两次解放思想中，经济体制改革走在前面，政治体制改革相比较走得非常缓慢，两者不相适应。当前，政治体制改革已成为此轮思想解放无法回避的问题。中国经济体制改革研究会会长高尚全认为，在目前阶段，改革的难点、切入点和攻坚点应该是：在以人为本的科学发展观指导下，实现以公共服务体制建设为重点的政府转型，不断转变和优化政府职能，保障公众享有基本公共服务，在公共服务体制建设与政府转型之间形成良性循环。著名经济学家吴敬琏曾就改革开放30周年之际如何进一步推进改革向深入发展接受媒体采访时也强调，下一步改革推进的关键在于政府自身。

地方领导解放思想的"麻辣语录"

| 领导 | 语　录 |
|---|---|
| 广东省委书记汪洋 | 要让领导同志讲真话不讲套话，讲实话不讲空话，讲有感而发的话不讲照本宣科的话，就必须允许他讲不准确的话，或者是允许他讲错话。 |
| 河北省委书记张云川 | 解放思想是推动一切工作的"总阀门"，"总阀门"打不开，讨论问题就会就事论事，思想上搞通了，其他问题才能迎刃而解。 |
| 山西省委书记张宝顺 | 思路决定出路，观念决定发展，思想解放空间有多大，发展空间就有多大。 |
| 安徽省委书记王金山 | 解放思想要把自己摆进去，将问题找出来，与任务挂上钩。思想解放不解放，关键看改革有没有突破，发展有没有起色。 |
| 湖北省委书记罗清泉 | 思想解放的程度，决定着改革的力度，开放的程度和发展的速度。 |
| 重庆市市长王鸿举 | 重庆市开展"解放思想、扩大开放"大讨论要着力解决三个问题：一是不敢解放思想的问题，二是不愿解放思想的问题，三是不会解放思想的问题。 |

广州市委书记朱小丹表示，解放思想，就要解放、就要碰硬，就要"刺刀见红"。解放思想在广州已"落地"为如何大力推进经济结构的调整、如何提高自主创新的能力等18道难题，并把发展现代服务业作为以解放思想破解发展难题的一个切入点和落实科学发展观的最佳落脚点；人均GDP全国第一的深圳市，则把目光放得更远，提出要树立世界眼光，要向世界先进城市"叫板"；唐山市把解放思想与推动循环经济建设相结合，提出"解放思想，就经济社会发展来说，就是要遵循经济社会发展规律解放思想"，今后要大力发展循环经济，推动全国科学发展示范区建设；昆明市提出，"解放思想是加快发展、富民强市的头道'工序'"，招商引资已被确定为昆明经济的超常规、跨越式、追赶式发展的"第一要事"，并提出"非禁即准"四字方针，把涉及企业发展、投资条件等有关政策放到了最为宽松的程度。

## 安全发展是重要命题

维护社会大局稳定、做好北京奥运会安全保卫工作、为奥运创造良好环境，是各地区各部门的重大政治责任，是2008年安全维稳工作的首要任务。而重大事故依然频频爆发，众多地方政府"一把手"纷纷应声落马，安全生产和食品安全则成为2008年乃至今后一段时期亟待解决的问题。

### 认真开展安全隐患和矛盾纠纷排查化解工作

当前，社会大局总体稳定，但中央提醒，绝不可掉以轻心、麻痹大意。各级党委、政府和各部门需要居安思危，密切关注形势的发展变化，主动分析评估本地区本部门的稳定状况，对各种不安全、不稳定、不确定因素做到心中有数。这种居安思危，包括把个案分析与全局研判结合起来，把本地区的问题与其他地区的问题、与全国的情况联系起来，找准风险来自何处，切实把防范措施和工作力量跟上去。包括统筹考虑各种社会矛盾，主动找差距补漏洞，重新审视和及时调整工作部署，宁可把问题估计得更严重一些，把情况估计得更复杂一些，把工作措施准备得更充分一些，也绝不能因为对形势把握不准、考虑不周和工作准备不充分而造成被动。当务之急是按照中央的有关部署，认真开展安全隐患排查和矛盾纠纷排查化解工作。

2007 年，中央从维护社会和谐稳定大局出发，在全国范围内集中开展了矛盾纠纷排查化解工作。各地深入扎实地开展工作，有效地促进了信访形势的持续好转。2008 年这项工作要继续深入开展。中央综治委下发的《2008 年全国社会治安综合治理工作要点》明确提出，2008 年要以确保北京奥运会成功举办为重点，深入推进平安建设。3～9 月要集中开展为期半年的矛盾纠纷排查调处活动，为北京奥运会顺利举办创造安全稳定的社会环境。各地要切实展开这项工作，确保矛盾不上交、不激化，维护全国社会安全稳定大局。

另外，文化部于 2008 年 4 月 26 日启动全国文化市场“奥运保障行动”，行动以“创建平安文化市场”为主题，持续到 9 月 30 日；公安部也作出了部署，全国公安机关自 2008 年 4 月起开展为期 7 个月的奥运治安保卫攻坚战，确保“平安奥运”目标的实现；商务部办公厅 2 月 19 日发出通知，要求深入开展流通服务业“迎奥运、讲文明、树新风”活动，为奥运会的成功举办营造文明和谐的流通服务业环境；农业部 2 月 29 日与北京、天津、河北等 13 个省区政府启动了“保质量、保安全、助奥运——农产品质量安全保障行动”。

各地也积极展开行动，多方面入手构筑奥运“防火墙”。2008 年 4 月 1 日，安徽、河南等地启动了“奥运道路交通安全攻坚战”集中整治行动；4 月 14 日，山西省召开全省奥运消防安全保卫攻坚战动员部署电视电话会议，以“四个强化”为重点，夯实奥运消防安保工作基础；4 月 29 日，山东省召开全省奥运食品安全保障暨兴奋剂生产经营治理工作会议，提出要确保奥运会期间不发生食品安全事故和药源性兴奋剂问题的“双确保”目标。

## 奥运安保工作毫不松懈

2008 年 4 月 29 日，第二十九届奥运会北京安保指挥中心誓师大会隆重举行。中共中央政治局常委、中央政法委书记、中央综治委主任周永康在会上强调，做好奥运会安全保卫工作是举办一届有特色、高水平的奥运会的基础。他提出“四个确保”，即确保奥运圣火在国内传递的安全顺利，确保党政机关、奥运比赛场馆、奥运村以及重要公共场所、重要设施等的安全，确保各国重要来宾的安全，确保社会面的有序管理，坚决防止发生暴力恐怖事件和各种捣乱破坏事件，努力为北京奥运会的成功举办创造良好的环境。

《瞭望》2008 年 4 月 28 日刊文指出，维护社会大局稳定，做好北京奥运会安全保卫工作，确保奥运会成功举办，是各地区、各部门、各单位的重大政治责任。在这场硬仗中，领导干部是维护社会稳定工作的第一责任人。要把维护社会稳定和做好北京奥运会安全保卫工作摆上重要日程，摆在更加突出的位置，确保一方平安，以本地的稳定促进全国大局的稳定，通过创造良好环境支持北京奥运会。

除了安全生产、突发公共事件之外，社会治安也是稳定工作的重要内容。继2008年4月7日中央政法委书记周永康在全国社会治安综合治理工作会议上强调“要以确保北京奥运会安全顺利举办为目标，为北京奥运会的顺利举办创造良好的治安环境”之后，5月5日，中央政法委又召开全国继续深化打黑除恶专项斗争电视电话会议。会议指出，继续深化打黑除恶专项斗争，是维护社会和谐稳定，特别是为奥运会成功举办创造良好社会环境的现实需要。中央政法委副书记孟建柱在会上强调，各地、各部门要进一步强化工作措施，扎扎实实地把全国打黑除恶专项斗争引向深入，把这项工作作为维护稳定、保障民生的重要抓手，确保打黑除恶专项斗争持续深入开展。

## 重大安全事故密集发生

2008年4月28日，胶济铁路上发生了一起近10年来罕见的客车脱线相撞重大事故，截至5月2日，已确认72人死亡，416人受伤。“4·28”胶济铁路特别重大交通事故发生后，胡锦涛总书记、温家宝总理分别作出重要批示，并指派国务院副总理张德江立即赶赴现场，指导救援善后工作。2008年4月29日，国务院“4·28”胶济铁路特别重大交通事故调查组成立。调查组组长、安监总局局长王君表示，这是一起典型的责任事故，充分暴露了一些铁路运营企业安全生产认识不到位、领导不到位、安全生产责任不到位、安全生产措施不到位、隐患排查治理不到位和监督管理不到位的严重问题。铁道部党组已对原济南铁路局有关领导进行免职审查。同一天，铁道部召开运输安全紧急电视电话会议，决定从现在起开展为期4个月的安全生产大反思大检查活动。

2008年4月30日，温家宝总理主持召开国务院常务会议，研究部署进一步加强安全生产工作。会议强调，各地区、各部门要深刻吸取“4·28”事故的教训，把安全生产摆在更加重要的位置，一刻都不能放松。当天，国务院办公厅下发了《关于进一步加强安全生产工作的通知》。同一天，国务院副总理张德江在全国道路交通安全工作部际联席会议上讲话时强调，必须采取更加有力的措施，把事故数量降下来，把死伤人数降下来，确保道路交通安全形势进一步好转。5月6日，张德江在全国煤矿安全生产座谈会上讲话时进一步强调，要把煤矿安全摆在更加突出的位置，务必实现煤矿安全事故和死亡人数大幅度降低。

据卫生部2008年5月2日发布的关于安徽阜阳发生手足口病疫情的情况通报显示，截至5月1日24时，阜阳累计报告手足口病3321例。鄂、浙、港、澳等省区也发现手足口病病例，北京市18区县均有病例报告。针对手足口病疫情情况，卫生部已成立由部长陈竺任组长的手足口病防控工作领导小组。2008年5月6日，陈竺在全国手足口病防控电视电话会议会上强调，要加强重点地区尤其是奥运赛事举办城市防控措施的落实，确保北京奥运会顺利举办。5月7日，温家宝总理主持召开国务院常务会议，听取卫生部关于加强传染病防治工作的汇报。他强调，各地区、各有关部门要把维护人民群众健康放在第一位，要集中力量，按照统一部署，做好手足口病防控工作。

2008年9月8日早8时许，山西襄汾县新塔矿业公司尾矿库突然溃坝。截至9月17

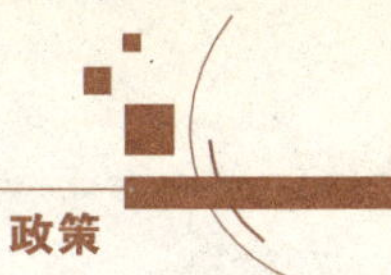



日，已造成259人死亡，34人受伤。事故发生后，中央迅速成立了由国家安全监管总局局长王君任组长的调查组；9月11日，来自31个省市的安监局长连夜紧急赶赴事故现场协助事故抢险救援；9月13日，临汾市对襄汾县委书记亢海银、县长李学俊作出停职检查的决定；9月14日，履职刚一年的山西省省长孟学农引咎辞职，副省长张建民也被免职。

襄汾“9·8”溃坝事故发生后，国办于2008年9月16日下发《关于进一步加强矿山安全生产工作的紧急通知》，要求加强对废弃或停止使用尾矿库的管理，并严厉打击非法违法生产行为。安委办17日下发通知，要求加强交通运输和公众聚集场所安全监管、以煤矿为重点的矿山安全生产措施落实等六方面工作，做好国庆节期间安全生产。针对部分省（区）连续发生煤矿安全生产事故，自9月11日起，安监总局约谈辽宁、河南、河北、广西四地分管安全生产工作的副省级、市级领导干部以及煤矿企业的负责人，深刻剖析事故发生原因，提出下一步将要采取的整改措施。安全监管总局副局长、国家煤矿安监局局长赵铁锤在主持约谈时表示，各地只要具有推广价值的好经验，总局可以文件形式转发给各地。

2008年9月11日，卫生部表示，甘肃等地报告多例婴幼儿泌尿系统结石病例，高度怀疑三鹿牌婴幼儿配方奶粉受到三聚氰胺污染。在随后对全国109家婴幼儿奶粉生产企业的专项检查显示，有22家企业69批次产品含三聚氰胺。截至9月17日8时，各地共报告临床诊断患儿6244名。卫生部党组书记高强9月13日表示，“三鹿牌婴幼儿配方奶粉”事故是一起重大的食品安全事故。

事故发生后，河北省委书记张云川、代省长胡春华要求把妥善处置三鹿牌婴幼儿配方奶粉重大食品安全事故作为河北省最大、最重要的工作，全力做好包括医疗救治在内的各项工作。石家庄市市长冀纯堂、副市长张发旺等有关领导被免职。并于2008年9月13日下发紧急通知，决定在全省范围内开展食品安全大检查和专项整治，整治重点是农产品质量、生产加工食品安全、流通领域食品质量安全和餐饮消费安全等四方面，力求“清洁”全省食品市场。

卫生部、财政部、国家食品药品监督管理局于9月16日共同召开会议提出，要建立分层、分级、分区域的医疗救治原则，确保对患儿能够及时发现、及时诊断、及时治疗。工商总局9月17日发出紧急通知，要求各地认真开展含三聚氰胺婴幼儿配方奶粉市场清查工作，对问题奶粉立即责令经营者停止销售、下架退市。农业部要求各地农牧部门迅速成立生鲜牛奶质量专项检查工作小组，杜绝不合格生鲜牛奶流入市场，并要求各地组织开展生鲜牛奶质量安全监测。农业部还从9月15日起先后派出6个督导组，分赴北京、河北、内蒙古、黑龙江、河南、新疆6个牛奶生产重点省（市）开展奶业生产调研督导工作。同时，农业部还同中国奶业协会组织所属会员企业，采取紧急措施帮助解决因三鹿集团停产导致的奶源基地生鲜奶销售问题。

连发重大安全事故，众多地方政府“一把手”纷纷应声落马，生产安全和食品安全再次成为舆论焦点。2008年9月14日，山西省委召开全省领导干部会议，宣布中央关于山西省政府领导调整的决定。中央组织部部长李源潮、副部长张纪南，监察部部长马馼等参加了会议，李源潮在会上特别强调，要正确理解和把握中央决定的精神，把思想统一到中央精神上来。我们党是一个负责任的党，我们的政府是一个负责任的政府，实行严格的问责制，是我们党坚持立党为公、执政为民的本质要求，是从严治党、依法治国的具体表现。

## 安全发展已成为改革亟待破解的政治命题

阜阳“大头娃娃奶粉”事件还未走远，又出“结石奶粉”事件；中央对安全生产三令五申，重大事故依然频频爆发，这一切足以令人深思。初步调查显示，导致襄汾“9·8”溃坝事故发生的主要原因是，企业违法违规生产和建库，隐患排查治理走过场，安全整改指令不落实，当地政府及有关部门监督管理不得力。安监总局新闻发言人黄毅表示，山西溃坝事故有瞒报迹象，也不排除事故背后有腐败问题。

近年来，临汾曾多次发生重特大安全生产事故。当地群众表示，每次事故发生后，都是“政府问责忙、一免一大片，官员忙换茬、换了还照样”。而随着“三鹿奶粉”引发的奶粉质量安全问题蔓延到22家乳制品企业，并由此暴露奶粉行业的“潜规则”问题，中国乳业受到重创，也再度引发人们对于食品安全监管的讨论。事实上，三聚氰胺问题早在2005年就已存在。河北省副省长杨崇勇2008年9月17日坦言，“三鹿问题奶粉事件”中存在瞒报现象，河北省政府和石家庄市政府对事件皆负有责任。

很多重大事故都存在瞒报现象，暴露出地方政府安全发展观的缺陷。没有安全，一切都无从谈起。对于地方领导来说，安全发展应该是悬在头顶的一条“高压线”。此次山西省省长孟学农引咎辞职、副省长被免职，让我们看到了中央加强追究领导责任的坚定决心。还应看到，问责是必要的，安全生产是人命关天的大事，事前预防更为重要。对于各级领导干部来说，切实对重特大安全事故责任追究处理重视起来，加大问责、处罚力度，才是从源头上治理安全生产领域各种问题的根本所在。

食品安全问题已日益成为一个国际问题。而问题奶粉事件，也再次给我国的食品安全监管机构和部门设置敲响了警钟。阜阳“大头娃娃奶粉”事件发生后，当时相关部门全部出动，随后，国家还开展了乳品业的专项治理整顿。2007年8月，全国还开展了为期4个月的全国产品质量和食品安全专项整治行动，农产品、加工食品等8个方面被列为整治的重点。但重大食品安全事故的相继发生暴露出一个重大的问题，就是运动式的、突击式的监管方式，不能作为中国食品监管的主要方式。不仅如此，从此前发生的多起重大的食品安全事故中不难看出，我国的食品监管更多的还是事后处理，是在“救火”，而不是事前的预防。从国务院新“三定”方案来看，对于食品的监管依旧是分段管理：农业部门管初级产品，工商部门管流通，质检部门管加工企业，食品药品监督管理局管餐饮，卫生部管协调。尽管权责明确，但显然涉及的部门还是太多了，不利于具体操作。地方“大部制”改革正在进行，各地要在地方政府机构调整和改革中有所整合，有所突破，为守一方平安奠定一个制度上的长效保证。

# 宏观调控，锁定重点领域

## 从抑制物价上涨到 4 万亿大单

自 2007 年以来，物价开始加速上涨，通货膨胀倾向明显，尤其是涉及基本民生的各种商品，如食品、燃料等价格连续大幅度上涨，已对中低收入群体的生活构成相当大压力。2008 年初，国务院对《价格违法行为行政处罚规定》进行了修订。此次修订加大了对价格违法行为的处罚力度，增加了对行业协会的价格违法行为处罚，同时具体细化了哄抬价格的违法行为的表现形式，明确规定通过恶意囤积以及利用其他手段推动价格过高上涨的行为属于哄抬价格。

### 遏制物价上涨必须抓住粮食这个龙头

粮食问题关系经济安全和国计民生。2007 年，我国实现了粮食连续四年增产，产量超过 1 万亿斤；但另一方面，粮食等农产品价格也出现较大幅度上涨。俗话说，“粮价涨，百价涨”。新年来临之际，中央一系列稳定粮食供应、严控物价上涨的政策密集出台，一场保障粮食安全和粮油市场稳定的战役已经打响。

2008 年 1 月 1 日，商务部宣布从即日起对小麦粉、玉米粉、大米粉等粮食制粉实行出口配额许可证管理，这是继 2007 年 12 月 20 日取消小麦等原粮的出口退税，以及 2008 年 1 月 1 日对主要原粮及其制品加征临时关税之后，确保国内粮食安全祭出的第三招。与此同时，国家发改委 1 月 3 日下发《关于实施基本生活消费品提价备案制度的公告》，明确规定今后凡是粮食等与人民群众生活关系密切的重要商品和服务的经营者，一次性提价 5%以上，或 10 日内连续提价累计达 8%以上，都应向当地有关部门报告，违者必须退回原价或降低调价幅度。此前，国家发改委等五部委曾联合发出通知，要求京、津、沪等36个大中城市及敏感地区，地方储备要确保可供市场10天以上的成品粮油应急储备，包括部分小包装成品粮油，以保证应急需要。而1月9日，国务院修改《价格违法行为行政处罚规定》的决定，缓解了2008年上半年特别是春节前后的物价上涨压力。

从历史经验看，粮价上涨往往是整个物价上涨的先兆。有关专家指出，如果粮价控制不好，很可能引发物价的全面上涨，甚至导致通货膨胀。事实上，近年来我国粮食安全的压力越来越大。受全球粮食产量下降和消费持续增长的影响，全球粮食供求关系偏紧，粮食库存不断下降，总体粮价持续上涨。与此同时，粮食出口的快速增长，一定程度上也带动了国内粮价的持续上涨，使之成为推高CPI指数不断走高的重要因素。统计显示，2007年11月，中国CPI上涨幅度达到6.9%的新高，其中食品价格占据了CPI指数构成权重的34%，而粮食价格权重又占到食品价格一半以上。11月食品类价格上涨18.2%，其中粮食价格上涨6.6%。此外，气候因素发生重大变化、农业劳动力结构发生重大变化、政策激励效应明显下降、资源约束性日益增强等因素也都给确保我国粮食安全增加了难度。分析人士指出，粮价波动从一个侧面说明我国粮食安全基础还不稳固，某些方面还比较脆弱。

基于上述形势，中央农村工作会议提出，要切实保障主要农产品基本供给不脱销不断档，努力实现主要农产品市场价格不大涨大落。胡锦涛总书记和温家宝总理都对确保国家粮食安全作出重要指示，强调要保证粮食安全。中央要求，把加强农业基础建设作为2008年农业和农村工作的主题。2008年和今后一个时期要突出加强农业基础建设，积极促进农业稳定发展、农民持续增收，努力保障主要农产品基本供给，切实解决农村民生问题。即将出台的2008年中央“1号文件”将对此作出具体部署。农业部部长孙政才强调，2008年要切实做到粮食安全的警钟始终长鸣，巩固农业基础的弦始终绷紧，解决好“三农”问题作为重中之重的要求始终坚持。

2008年1月3~4日，全国粮食局长会议在京召开。会议要求，要把维护粮食市场和价格基本稳定作为2008年粮食工作的首要任务，切实加强粮油市场调控，严格控制工业用粮和粮食出口。此前的2007年11月28日，农业部副部长危朝安在全国稳定发展粮食生产座谈会上透露，为继续促进我国粮食生产稳定发展，农业部决定将2008年作为全国粮食高产创建活动年，广泛深入地开展粮食高产创建活动，率先在13个粮食主产省（区）和受农业部表彰的粮食生产先进县中，建设400个优质高产创建示范区，大力开展“6789”活动，即集中连片创建亩产600公斤的小麦、700公斤的单季稻、800公斤的玉米、900公斤的双季稻万亩示范片。农业部已正式启动139个示范区建设行动，其中包括小麦示范区111个，油菜示范区22个，马铃薯示范区6个。

耕地保护与粮食生产密切相关。国土资源部部长徐绍史在2007年12月25日召开的全国县（市）、乡（镇）、村级干部国土资源法律知识宣传教育培训活动电视电话会议上指出，在即将到来的人口高峰年，必须要有1.4万亿斤的粮食才能基本实现粮食自给，耕地绝对不能少于18亿亩。2007年12月11日，温家宝总理主持召开国务院常务会议，研究促进节约集约用地和依法严格管理农村集体建设用地。会议指出，守住18亿亩耕地的红线，解决发展用地和保护耕地的矛盾，不仅要实行最严格的土地管理制度，还要切实解决用地浪费问题，大力促进节约用地和集约用地，保障经济社会可持续发展。随后，国办于12月30日发出《关于严格执行有关农村集体建设用地法律和政策的通知》，要求严格执行有关农村集体建设用地法律和政策，坚决遏制并依法纠正乱占农用地进行非农业建设。2008年1月7日，国务院又发出《关于促进节约集约用地的通知》，强调要切实保护耕地，大力促进节约集约用地，大力提高建设用地利用效率。土地闲置满一年不满两年的，按出让或划拨土地价款的20%征收土地闲置费。为进一步遏制违规用地，国土资源部决定，将原定于2007年12月25日结束的“百日行动”延长至2008年1月中旬。

## 用必要的价格干预稳定社会心理预期

2008年1月9日，温家宝主持召开国务院常务会议，研究部署保持物价稳定工作，作出修改《价格违法行为行政处罚规定》的决定。据悉，这是中国政府自1993年以来首次实行价格干预措施。随后，国务院于1月13日公布了新修订的《价格违法行为行政处罚规定》，加大了对价格违法行为的处罚力度，商家相互串通操纵市场价格最高可罚100万元。1月14日，也就是《处罚规定》下发的第二天，国务院又召开全国保障市场供应加强价格监管电视电话会议，部署加强市场价格监管工作。会议提出了依法加强市场价格监管的四项措施。一是严格控制政府定价和政府指导价的调整。会议在重申那一时期成品油、天然气等价格不得调整的基础上，进一步要求地铁票价和游览参观点门票价格也不得提高，同时降低移动通信漫游费资费标准。二是对部分重要的居民基本生活必需商品及服务，实行临时价格干预措施。三是对未列入申报和备案范围的其他居民基本生活必需品，也要进行必要的监管。四是严厉打击价格违法违规行为。1月15日，经国务院批准，国家发改委公布了《关于对部分重要商品及服务实行临时价格干预措施的实施办法》，正式启动临时价格干预。《办法》规定，有关企业一次调高价格达到4%以上、10日内累计调价达到6%以上、30日内累计调价达到10%以上的，需在价格调整后24小时内向政府价格主管部门书面报告调价情况。与此前发改委公告要求“粮油肉等商品提价5%以上需说明理由”相比，《实施办法》对价格干预的力度进一步加大。

中央在时隔15年后再次启动临时价格干预政策，受到各界广泛关注。1月16日，国家发改委有关负责人就《关于对部分重要商品及服务实行临时价格干预措施的实施办法》回答记者提问。该负责人表示，启动临时价格干预措施，是根据《价格法》有关规定，在价格显著上涨或者有可能显著上涨的情况下，采取的临时性干预措施，是各国的通行做法。此次列入临时价格干预范围的是极少数价格上涨较快的与居民基本生产生活关系密切的重要商品。实行临时价格干预并不改变企业自主定价的性质，不是冻结价格，不会影响企业的正常经营。

此次启动临时价格干预主要是为了规范秩序，抑制价格的不合理上涨，稳定社会心理预期。与硬性规定不同，国务院常务会议重提“调价备案制”并对物价进行综合性调控，备案只是情由说明，不是刚性限制涨价——如果一些商品的上下游产业确实因成本上升而必须涨价，只要理由“合理”，适度的价格波动仍是可行的，“所以，这种‘临时干预’，不但干预的成分不浓厚，还有利于物价等部门根据市场异动，及时主动调节”。在价格显著上涨的情形消失后，临时干预要及时解除。

2008年1月8日，国家发改委发出紧急通知，要求全国各地立即组织开展液化气价格检查，严厉打击液化气乱涨价行为，切实稳定液化气价格。2008年初，河南、江苏、江西、湖北、安徽、浙江等省液化气出厂价格回落了10%以上。其中，江苏省液化气出厂价降幅最大，每吨下降了1510元。这些措施的采取，目的就是要加强对市场的监测和预警工作。各项政策合成后，实际上为物价监控打造了一个立体的“防火墙”。

国务院加大对价格违法的处罚力度

| 违法行为 | 原处罚金额 | 新处罚额度 |
|---|---|---|
| 串通操纵市场价格 | 3万元以上30万元以下和4万元以上40万元以下 | 10万元以上100万元以下；情节严重的，责令“停业整顿，或者由工商行政管理机关吊销营业执照” |
| 哄抬价格 | 2万元以上20万元以下 | 责令改正，没收违法所得，并处违法所得5倍以下的罚款；没有违法所得的，处5万元以上50万元以下的罚款 |
| 变相提高价格 | 1万元以上10万元以下 | 责令改正，没收违法所得，并处违法所得5倍以下的罚款；没有违法所得的，处2万元以上20万元以下的罚款 |
| 行业协会串通涨价 | —— | 对行业协会可以处50万元以下的罚款，情节严重的，社会团体登记管理机关可以依法撤销登记 |
| 不执行政府定价 | —— | 处违法所得5倍以下的罚款；没有违法所得的，处5万元以上50万元以下的罚款；情节严重的，责令停业整顿 |
| 不执行临时价格干预措施 | 4万元以上40万元以下 | 10万元以上100万元以下 |

12家企业提价须直报国家发改委

| 行业 | 申报品种 | 申报企业 |
|---|---|---|
| 方便面 | 方便面 | 顶新国际集团、统一企业（中国）投资有限公司、今麦郎食品有限公司和白象食品集团 |
| 食用植物油 | 小包装食用植物油 | 益海投资有限公司、中粮集团有限公司、九三粮油工业集团有限公司和山东鲁花集团有限公司 |
| 乳品 | 纯牛奶 | 内蒙古伊利实业集团股份有限公司、内蒙古蒙牛乳业（集团）股份有限公司、光明乳业股份有限公司和石家庄三鹿集团股份有限公司 |

全国保障市场供应加强价格监管电视电话会议召开后，各地第一时间召开会议，对保障市场供应加强价格监管工作进行部署。

福建省2008年1月14日宣布，将采取临时价格干预措施，纳入干预范畴的有关生活必需品及企业的名单将在一周内明确。福建省经贸委副主任钟安平在省政府新闻办召开的“做好粮油等食品供应和稳定市场价格工作”会议上表示，该省将采取临时价格干预措施，达到一定规模的人民群众生活必需品生产企业实行提价申报，达到一定规模的生活必需品批发零售企业实行调价备案制度。在1月14日召开的四川省保障市场供应加强价格监管电视电话会上，省长蒋巨峰强调，各级政府要严控政府定价和政府指导价的调整，对擅自出台涨价项目的要追究有关领导的责任。

国家发改委已经下发通知，要求各地正确认识临时价格干预措施的性质，高度重视临时价格干预措施实施工作，价格主管部门尽快研究提出在本省（区、市）范围内实行提价申报的具体商品目录及经营者名单。“一把手”要亲自抓，指定专门机构和人员负责生产经营企业提价申报和调价备案的受理工作，为经营者履行申报和备案程序提供便利。

值得提醒的是，在国务院对物价频出重拳的情况下，稳定物价工作已成为各级政府的一项中心工作。鉴于物价工作的长期性和复杂性，适时适度地把包括稳定物价在内的一些指标纳入干部考核已成为值得各地考虑的一个重要课题。只有把物价问题解决好，保障民生和改善民生才不是一句空话。

## 投入4万亿扩大内需、促进经济增长

为抵御国际经济环境对我国的不利影响，防止经济增速过快下滑和出现大的波动，党中央、国务院对宏观经济政策作出重大调整，决定实施积极的财政政策和适度宽松的货币政策。2008年11月5日，温家宝主持召开国务院常务会议，会议确定了当前进一步扩大内需、促进经济增长的十项措施。初步匡算，到2010年底约需投资4万亿元。为加快建设进度，会议决定，今年四季度先增加安排中央投资1000亿元，明年灾后重建基金提前安排200亿元，带动地方和社会投资，总规模达到4000亿元。

紧接着的11月10日，国务院召开省区市人民政府和国务院部门主要负责同志会议。国务院总理温家宝发表重要讲话。他指出，为应对国际金融危机对我国经济带来的不利影响，党中央、国务院近日作出决定，要实施积极的财政政策和适度宽松的货币政策，出台更加有力的促进经济发展的政策措施。各地区各部门要认真贯彻落实中央的决策和部署，扎实做好各项工作，努力保持经济平稳较快发展。

温家宝指出，面对当前国际国内的严峻形势，保持经济平稳较快发展，防止出现大的起落，是我们的首要任务。实现这个目标，是贯彻实践科学发展观的根本要求和具体体现，是维护社会和谐稳定的重要基础和基本保障，既是我国自身发展的需要，也是对世界经济的最大贡献。当前我国仍处在重要的战略机遇期，我国经济发展具有抵御风险的能力和强劲的活力，我们完全有信心、有能力战胜面临的困难。

11月27日，国家发改委主任张平在国务院新闻办举行的新闻发布会上介绍了我国政府关于扩大内需的相关政策及其落实情况。据介绍，4万亿元主要投向民生基础设施环保。其中，保障性安居工程是2800亿元；农村民生工程和农村基础设施大体是3700亿元；铁路、公路、机场、城乡电网是18000亿元；医疗卫生、文化教育事业是400亿元；生态环境这方面的投资是3500亿元；自主创新结构调整是1600亿元；灾后的恢复重建，重灾区是1万亿元。从这组数字可以看出，投资方向，第一是民生工程；第二是农村农业农民的需要；第三是基础设施的建设；第四是医疗卫生、文化教育的投资；第五是生态保护、保护环境的建设；第六是用于自主创新和结构调整的投资。没有形成大规模生产能力的投资，更没有"两高一资"的投资。这4万亿元的投资是全社会固定资产投资的一部分。这些投资也会带动其他行业和一些地方的投资，从这个意义上来说会对促进就业产生一定的积极影响。

## 多种措施帮助中小企业解困

由于受全球金融危机的影响，全国2008年上半年6.7万家规模以上的中小企业倒闭。作为劳动密集型产业代表的纺织行业中小企业倒闭超过1万多家，有2/3的纺织企业面临重整，导致超过2000万工人解聘。种种迹象表明，我国的中小企业由于原材料涨价、劳动力成本提高、国外消费市场疲软、土地价格飞涨、人民币升值等难题正陷入一场空前危机。

### 遏制中小企业倒闭、撤离的"多米诺"危机

事实上，早在全球金融危机之前的2007年底2008年初，"珠三角"等地大量企业关闭的报道已开始引起各界广泛关注。首先是"珠三角"大量制鞋厂关闭或面临关闭。根据亚洲鞋业商会2007年11月的统计报告，在广东的五六千家鞋厂中，大中型鞋厂已关闭1000多家。与此同时，鞋类产品出口量下降也超过两成。这种景象还波及诸如制衣、玩具加工、仪器仪表、塑料、电子加工等整个劳动密集型行业。不少企业搬至内陆省区，甚至远走越南、柬埔寨。

在"珠三角"制造企业面临"关闭潮"的同时，在青岛、广州等韩资企业相对集中的地区，部分韩国企业则选择"连夜逃跑"的方式非法撤离。据韩国进出口银行于2008年2月发表的《青岛地区投资企业的非法撤离现状》报告书指出，从2000年到2007年，共有8344家韩国企业在青岛投资，其中的206家企业非法撤离，其中，传统劳动力密集型行业的企业偏多。而据温州市中小企业促进会统计，30多万家中小企业中有20%左右正面临倒闭。不仅如此，企业关闭而引发的"多米诺骨牌效应"致使集群链条上的20万家小厂受到影响。种种迹象表明，作为推动中国制造走向世界的生力军，中小企业正在陷入一场空前的危机当中。

专家分析指出，造成此轮中小企业关闭潮和部分外资企业加速转移的原因，可以简单归结为"三缺"、"四涨"。在缺工、缺地、缺电"三缺"以及原材料价格、油价、工薪、租金"四涨"的压力下，除了一批工艺水平落后、生产粗放的本地小企业外，一些早期进入中国、依靠低劳动力成本和税收优惠盈利生存的低端外资企业，都面临无利可

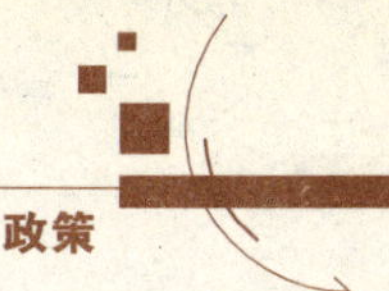


图甚至亏损的命运。在人民币升值、原材料涨价、新《劳动合同法》实施、两税合并、民工荒、电荒、出口退税政策、加工贸易政策等因素的综合作用下，制造业面临空前挑战，东部企业转型、转移已成必然趋势。

成本的压力首当其冲。据2008年2月18日国家统计局公布的统计数据显示：2008年1月份，工业品出厂价格同比上涨6.1%，其中生产资料出厂价格同比上涨6.5%，采掘工业上涨20.5%，原料工业上涨8.5%，加工工业上涨3.8%。根据价格传导规律，工业品出厂价格指数一贯是被看做CPI的先行指数，这一指数的上升将直接影响到下游产业和产品的成本和价格的提高。另外，随着新《劳动合同法》的实施以及不少城市不断提高最低工资标准，我国劳动力的价格已经是越南的一倍。广东省统计局发布的《2007年广东工业经济运行情况分析》指出，最低工资标准制度和新《劳动合同法》实施，企业的生产经营成本估计增加20%～30%，部分劳动密集型企业预期会产生较大的亏损。为掌握相关情况，广东省劳动保障厅与暨南大学将在全省进行一项抽样规模约600家企业的大型调查。

其次，地方政府要求转变产业结构，抢占产业链的高端市场，也给制造业带来不小压力。有分析人士认为，我国制造业处在国际产业分工的低端位置，这本身就缺乏国际竞争力，在这种情况下，政府在利用各种手段转移、提升低端制造业的同时，缺乏相应的扶持政策，没有同时想办法扩展企业在销售、研发、品牌等高端产业链条的生存空间，这是大批中小企业无法实现结构调整、被迫迁移或者倒闭的重要原因之一。专家提醒，加工贸易直接流向国外将造成国内东西部产业内循环的“断链”，当下既要谨防产业“转移”变“外移”，又要防止东资西进异化成“东污西进”。国家应从制度安排和政策设计上，鼓励外资向中西部地区梯次转移。

事实上，在“珠三角”地区年年都有企业搬迁和关闭，为何此番却掀起如此轩然大波？舆论普遍认为，“珠三角”正面临前所未有的转型阵痛。在美国次贷危机导致新一轮全球周期性经济衰退的当下，未来人民币会继续升值、《劳动合同法》的执行压力会更大，地方政府要求产业升级的心情也会更为迫切。在这种情况下，以东莞为代表的外向型发展模式已不能适应发展需要。

专家指出，每一次危机也正是产业及发展模式调整的好时机。“珠三角”企业面临的问题，此前浙江也出现过。2004年底，面对“地荒”、“电荒”、“水荒”、“技工荒”等“成长的烦恼”，时任浙江省委书记的习近平提出了“腾笼换鸟”的战略，用低消耗、低污染、高附加值的产业置换传统产业中一些高消耗、高污染、低附加值的部分，其中包括新兴服务业，从而使得资源发挥更大效益，推动了传统制造业脱胎换骨。

“腾笼换鸟”战略引起了其他省市的关注。广东省委书记汪洋2008年3月25日在东莞专项调研产业调整和转型升级时指出，“今天不积极调整产业结构，明天就要被产业结构所调整”；3月30日，汪洋在深圳调研时进一步提出，深圳要统筹规划推进产业转型升级实现“腾笼换鸟”，形成发展高端服务业与现代制造业、高新技术产业良性互动、双轮驱动的格局。据悉，广东省政府计划通过产业转移与升级实现“一箭双雕”——通过政策引导，将劳动密集型、高耗能、技术含量弱且附加值低的产业转移至省内东西两翼甚至云贵等欠发达地区，带动这些地区快速发展起来；同时，将腾出的空间用来迎接含金量更高的产业，利用毗邻港澳的优势，加快发展生产性服务业，形成自身“前店后厂”的格局。广东省经贸委下发《珠三角与东西北区域工业产业结构优化升级工作意见》，2008年广东省级财政用于促进经济发展和产业结构调整的支出将超过40亿；广东省还专门成立了一个关于促进“珠三角”产业转型升级的领导小组，着手对省内传统制造业、电子信息产业、重化工业以及服务业进行提升，重点针对“珠三角”的高附加值产业和产业链的高端环节进行支持，鼓励其以电子信息业、装备制造、汽车制造等为先导发展高新技术产业带和先进制造业基地，逐步实现产业结构高级化。

## 帮助中小企业克服困难渡过难关

2008年以来，人民币升值、银根紧缩、成本上升、出口退税率下调以及世界主要经济体增速减缓，多种不利因素的叠加，我国中小企业正遭遇空前的困境。一个典型的例子是，被冠以“全球最大缝纫机厂商”称号的浙江飞跃集团随着银行收紧银根而转向民间“高利贷”寻求信贷，并最终由于无力偿还民间借款的利息而向当地政府求救。另据报道，义乌民营企业家、金乌集团董事长张政建也为高利贷所迫避居海外。舆论普遍认为，上述企业的资金之困是“中国制造”危机的一个缩影。不仅是“飞跃”集团这样的大型企业面临“生死劫”，规模和产能较小的小企业更是遭遇了空前的生存危机。据报道，在浙江，曾经以鞋子、打火机等传统制造行业闻名的地方经济出现前所未有的危机，许多中小企业提前被淘汰出局。

浙江省中小企业局也曾紧急上报国家发改委的一份题为“当前中小企业生存环境亟待改善”的调查报告指出，“中小企业经营和生存状况堪忧”。更为严重的是，中小企业经营、生存的艰难状况已在不同层面引起连锁反应，影响到浙江的工业化进程、就业目标的实现和城乡居民收入增长。报告呼吁有关部门适时出台包括“积极实施稳健的金融政策”在内的6大扶持措施，化解中小企业资金短缺困境。

观察人士指出，从目前经济进程的演化来看，中国企业的经营环境短期内不容乐观，许多宏观层面上的问题仅靠地方政府、企业本身难以解决。如不及时采取措施，未来还会有多少民营企业如“多米诺”般倒下，仍然是未知数。

进入2008年7月份以来，温家宝、习近平等分别到江苏、上海等经济热点地区密集考察工作：7月4~6日，温家宝总理到江苏、上海就经济运行情况进行调研。他在上海调研时表示，要“把握好宏观调控的重点、节奏和力度”；在江苏期间，他特别改变行程，专程赴无锡市第一棉纺织厂调研，了解纺织品出口退税减少对行业的影响。7月4~5日，国家副主席习近平到广东调研，当了解到有些港资企业受国外消费需求下降、石油和原材料涨价等因素影响，生产经营出现较大幅度下滑的情况，习近平鼓励他们通过多种方式克服困难，并叮嘱随行的地方和部门负责同志要采取措施帮助类似企业，为他们排忧解难。7月6~8日，国务院副总理李克强到浙江调研，他特地考察了一些轻纺、机

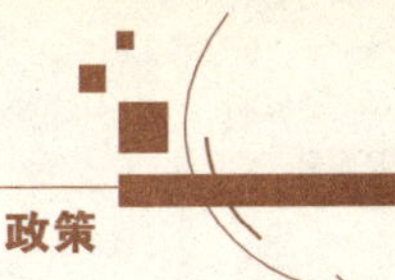



电和高新技术企业，并主持召开经济情况座谈会，着重就企业发展改革、国内外市场环境等问题深入进行调研。7月3～5日，国务院副总理王岐山到山东调研，深入企业了解了人民币升值和美元贬值、原材料涨价等因素对企业的影响，强调维护金融安全稳定，落实好“区别对待、有保有压”的方针。

与此同时，商务部、银监会、国税总局等负责人也纷纷出动。2008年6月中旬，国家税务总局进出口司司长马林带领的国税总局调研组造访温州；6月25～27日，全国政协副主席、全国工商联主席黄孟复一行18人，也来到温州考察调研民营企业“走出去”发展情况；7月2日，商务部部长陈德铭率领商务部调研组抵达温州开展调研；7月4日，由商务部部长助理鲁建华率领的商务部调研组又到宁波调研。此外，银监会也组织多个工作组奔赴江苏、浙江、山东三地调研小企业的生存状态。调研的主要内容包括小企业在信贷紧缩、成本上升、人民币升值的情况下的发展情况，以及小企业的融资渠道和融资难易程度，并重点考察是否存在一些符合国家产业政策、处于成长期的小企业遭到“错杀”，成了调控的对象，面临贷款难题。

分析人士指出，此次密集调研是自2008年6月13日中央及省市和有关部门负责人会议之后，中央、国务院和各部门的一次集体大行动。中央决策层如此高规格、高密度的视察调研经济领域，是新中国成立以来极不寻常的举动。特别值得关注的是，企业发展状况及宏观政策对企业的影响成为密集调研的一项重要内容，这意味着在现行宏观政策背景下，中小企业发展面临的实际困难已引起高层关注。

面对中小企业的发展困境，各地政府也进行了积极应对。飞跃资金问题暴露后，浙江省、台州市、椒江区三级政府紧急召开会议商讨对策，决定出手相救。浙江省经委牵头紧急召开债权银行会议，要求各家银行不要切断飞跃的资金链。温州市已把2008年定为“政企联动服务年”，在企业最关心的融资难问题上，政府将会“主动穿针引线”。此外，为了更好地规范和引导民间资本，从2008年7月开始，浙江逐步开展了小额贷款公司的试点工作。浙江省省长吕祖善表示，“政府将和企业一起，齐心共渡难关”。

在深圳，为帮助企业克服困难，该市出台了《关于优化政府服务促进产业发展的若干措施》。深圳市有关负责人表示，这一政策出台一方面是着力解决企业发展面临的困难与问题，另一方面，是为了向企业传递一个明确的信息：在经济发展与产业升级的特殊困难时期，政府将充当企业发展的坚强后盾，与企业共渡难关。

不仅是沿海地区，内地一些城市企业也遭遇同样困境。对此，重庆开始实施“政府拿钱补企业”6条措施，第一条措施就是解决中小企业融资难问题，包括大规模扩大担保公司的业务量、对“三有产品”的企业配备政府贴息等。其他措施还包括：对出口创汇企业给予资金、资本上的补助，大幅扩充15%的企业所得税的应税面等。重庆市常务副市长黄奇帆表示，“当经济困难的时候，政府要拿钱补企业，不管是国有、民营，甚至是外资都要补，补了钱，这些企业渡过难关就是民生，就是就业，就是社会的安稳。”

## 地方政府救企“三招”

2008年以来，受全球经济衰退、人民币升值、经济结构调整、成本上升、信贷紧缩等影响，全国中小企业大量倒闭，其中不乏行业龙头企业。中小企业正步入“寒冬期”，这个时候，更需要政企联动、相互支持，共度时艰。

第一招，政府垫资稳定局势。此轮中小企业倒闭风波中，很多企业老板身负巨额债务外逃，于是出现大量职工的欠薪得不到保障的问题。对这一问题政府当然不能坐视不管，政府有义务帮助失业工人维护自己的合法权益。虽然有人质疑政府垫资是政府职能的越位，但是，政府垫付欠薪是一种责任政府的体现，维护了职工的合法权益和社会稳定。

企业倒闭的风险绝对是当地政府“不能承受之重”，在中小企业经营困难面前，一些政府官员也纷纷登场，树立信心、澄清事实、稳定局势、解决问题以增强发展后劲，官方渠道毕竟比小道消息可信得多，也更加鼓舞人心。浙江省委书记、省人大常委会主任赵洪祝勉励飞跃集团董事长邱继宝要继续当好“国宝”。

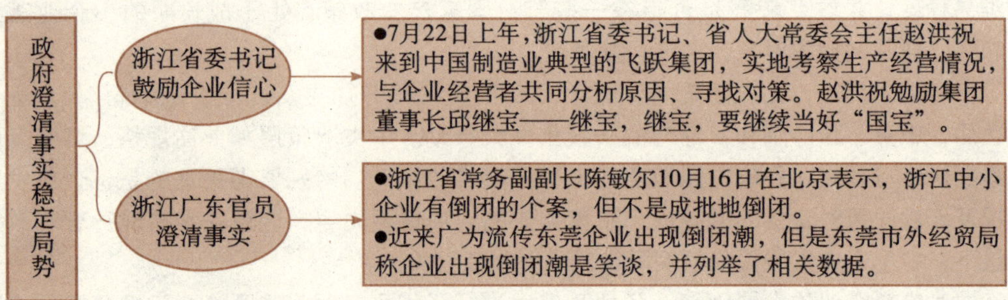


政府垫付欠资情况

| 背景资料 | 政府措施 |
| --- | --- |
| 全球最大玩具代工商之——广东合俊集团旗下两工厂倒闭，6500 名员工面临失业 | 樟木头镇委、镇政府迅速行动，成立了专门应对小组，承诺 100% 垫付工人被拖欠工资。目前 6400 名工人约 2400 多万元的欠薪，大部分已经兑现完毕，并且全面接管倒闭企业的全部厂房设备。 |
| 深圳百灵达在发出破产公告后，百灵达千余职工徒步至西乡街道办，请示政府施以援手 | 西乡街道办迅速介入决定发放给每名员工 300 元生活费，共计垫付了拖欠工资和加班工资共计 855 万元。当地法院已经查封了百灵达的资产，但企业负责人仍然没有出现。 |
| 中国规模最大的印染企业江龙集团 10 月该公司突然传出“资金链断裂，老总出走”的消息，企业陷入困境 | 江龙控股危急发生后，其突出的矛盾令绍兴市政府难以回避。江龙控股八家企业共拥有约 4000 名职工，在江龙控股事发的第一时间，县政府首先选择解决职工拖欠工资的问题。 |

第二招，政府推动企业重组。被中国纺织工业协会命名为“中国纺织基地县”的绍兴县，连续遭受了华联三鑫石化江龙控股集团等 4 家龙头民营纺织企业及关联企业关停的冲击。绍兴县政府出面，积极推动上述 4 家企业的重组工作。但是政府仅仅垫资求得一时稳定是不够的，而促进企业重生、劳动者再就业更加重要。在中小企业危难时刻，政府推动各企业重组，有效配置资源、盘活现有资产是一条可行之路。

地方政府推动企业重组情况

| 公司 | 过　程 |
| --- | --- |
| 浙江绍兴江龙控股集团有限公司的重组 | 重组方案：江龙集团一分为四，四个独立法人单独组建，由当地企业按块分别去收购兼并它。收购兼并以后，县政府给他们优惠政策。 |
| | 财务清查：江龙控股的财务状况也基本摸清，县审计局牵头，会计师事务所为主体，组成三个审计小组，出具了评估报告。 |
| | 风险控制：政府出面理清、妥处江龙与工人、供货商、银行等方面的关系。 |
| 浙江绍兴华联三鑫的重组 | 成立政府工作组：绍兴县政府在三鑫破产第二天10月1日就成立了“三鑫石化应急处置工作小组”，引导其资产重组。 |
| | 稳定局势：绍兴县政府有关部门已带队进驻，展开应急处置工作，要求当地银行在现阶段不拖贷、不起诉。 |
| | 重组方案：最终由浙江远东化纤集团、绍兴县滨海工业区开发投资有限公司（国资）分别注资9亿元和6亿元。 |
| 浙江台州飞跃集团的重组 | 资金问题：在当地政府的协调下，十余家银行和部分民间借贷方与飞跃达成协议。保证两年内不收贷，利息按基本利率执行。当地政府还着手对飞跃多余的生产能力。厂房以市场价进行收购，增加现金流。 |
| | 重组方案：7月28日，在台州工业主管部门支持下，中捷股份与飞跃集团签订了《合作意向书》。 |

第三招，政府力助企业融资。不可否认，中小企业目前始终无法获得主流金融机构的认可，资金难题始终困扰着中小企业，而民间借贷是一把“双刃剑”。信贷紧缩使企业普遍面临资金紧张，股权质押、小额贷款公司试行，向中小企业资金性“输血”、改革规范金融体制维护企业的持续发展亟须政府的关注与支持。浙江省政府作为第一个省份回应银监会、央行2008年5月联合发布《关于小额贷款公司试点的指导意见》，而义乌是唯一一个被批准设立两家小额贷款公司的县（市、区），义乌市场商位使用权权利质押贷款进入正式运作阶段，突破了原来只允许所有权抵押贷款的模式。

2008年11月14日—15日，国务院总理温家宝在广东调研时强调，中小企业在我国经济社会发展中具有举足轻重的作用，各级政府要加大对中小企业的支持力度，其中明确要求切实解决中小企业融资难问题，确保第四季度中小企业贷款快于各项贷款增长。11月16日，工业和信息化部副部长欧新黔在北京市中小企业信用再担保公司成立大会上透露，中央财政将新增10亿元用于2008年度中小企业信用担保机构业务补助，补助资金将采取无偿资助的方式，用于弥补代偿损失。同时，越早扩大中小企业担保规模的地区，越能争取到更多的中央财政补助资金。而政策界定时限为10月1日，也就是说在第四季度新增的中小企业担保额可以获得更多的补助。此后，上海、广东、山西、安徽等省份已经应声而动。而北京市先行一步，于11月16日成立了全国首家省级层面的中小企业再担保公司。在中央财政补贴的刺激下，原本让地方政府感觉是“鸡肋”的中小企业担保、再担保公司立时变成了“香饽饽”。

| 地方政府力助企业融资情况 | |
|---|---|
| 浙江 | 5月，义乌市政府出台了一项文件，义乌市场商位使用权权利质押贷款进入正式运作阶段，突破了原来只允许所有权抵押贷款的模式。 |
| | 7月16日，浙江银监局与人民银行杭州中心支行联合制定了《浙江省股权质押贷款指导意见》，首次以股权质押的方式拓展中小企业的融资渠道。 |
| | 浙江省政府作为第一个省份回应银监会、央行5月联合发布《关于小额贷款公司试点的指导意见》，而义乌是唯一一个被批准设立两家小额贷款公司的县（市、区）。 |
| 广东 | 5月1日起，广东省工商局开展股权出资试点工作，允许投资人直接以其在其他公司的股权作为出资，设立新公司或扩充被投资公司的注册资本。 |
| | 10月6日，东莞市政府决定从市财政出资10亿元，帮助面临困境的中小企业和加工贸易企业融资。 |
| | 东莞市财务局表示正在制定一份全市中小企业名录，银行放贷给这份名单中的企业，才能享受政府的风险补偿，甚至可以拿到奖金。 |
| 四川 | 成都高新区借鉴美、欧、日、韩等一些国际一流科技园区扶持中小企业快速成长的成功经验，创造性地提出了科技型中小企业的“梯形融资模式”：在管委会的统筹安排下，成都高新区以园区成立的创投公司为融资平台，将根据有融资需求企业的发展状况，分梯度选择帮助其融资方式，将其打包推介，增大贷款总额。 |

## 调控“股房两市”，确保经济平稳发展

2007年底以来，我国股市一路震荡下行，连续跌破6000点、3000点、2000点三大关口。2008年10月8日，中国人民银行宣布自10月15日起下调存款类金融机构人民币存款准备金率0.5个百分点，10月9日起下调一年期人民币存贷款基准利率各0.27个百分点，其他期限档次存贷款基准利率作相应调整。同时，国务院决定10月9日起对储蓄存款利息所得暂免征收个人所得税。专家学者纷纷表示，在全球金融危机不断加深及各国央行纷纷联手救市之际，中国央行一月之内两次降息意味着紧缩政策向宽松方向转变，今后一段时期保持经济稳定增长将成为主要任务。同时，此时出手对于稳定股市，提振投资者信心有积极的作用。

而对于中国的房市，从2007年10月份开始，全国几个主要大城市的房市开始陷入低迷，北京、上海、天津等地的房地产成交量持续下滑，深圳甚至出现了“断供”风波。深圳国土资源和房屋管理局2008年7月9日发布的有关报告称，深圳房价已跌落到一年前的水平。面对房市的持续低迷，一时间，房地产业下滑可能引发危机的声音开始出现，“救市”呼声乍起。

### 资本市场与实体经济日趋密切

我国股市与经济已不仅仅是简单的“晴雨表”关系，它与实体经济的关系越来越密

切。股市健康繁荣，能对经济产生正向推动作用，否则，会产生反向阻碍作用。正如中国证监会主席尚福林在2008年6月22日召开的证监会党委会议上所指出的，随着我国资本市场与实体经济联系日趋密切，宏观经济政策的调整与变化，宏观经济景气度的上升与下降，国内经济运行中的突出矛盾和问题都可能会在股市运行中得到反映。

由于历史的原因，中国股票市场过去一直是全球唯一一个实行股权分置的双轨制资本市场。2005年4月底启动的股权分置改革结束了这种状况，股市的基本功能得以恢复，并使股市摆脱了此前长达4年的熊市，走出了两年的上升行情。而我国股市与实体经济的联动性关系也就已经开始确立起来，随着金融、石油、煤炭等大市值股票的上市，我国股市与实体经济进一步融合，联动性进一步加强，现在已经很难将二者分割开来。一旦这种关联力量充分释放出来，股市与实体经济的周期就会变得趋同，起码不会背离得太远。在这种时候，最令人担忧的是宏观经济和股市之间出现恶性循环，即宏观经济不好导致股市下跌，而股市下跌又反过来导致宏观经济更加不好。这种局面一旦恶化，那么很可能就会出现市场危机。

或许正因为如此，国务院总理温家宝3月底在老挝访问时表示，“政府要努力促进内地股市平稳健康发展，避免大起大落，集中力量解决经济发展引起的问题，中国经济存在的问题解决了，中国的股市会好起来。”

2008年6月22日，尚福林在证监会党委会议上明确表态，我国资本市场发展具备良好的实体经济基础、制度环境和内外部条件等的有力支撑，其稳定健康发展的基础不会动摇，实现长期可持续发展的路径没有改变。要密切关注市场内外部环境变化对我国资本市场发展和运行带来的影响，积极采取措施，深化资本市场体制机制改革，着力加强市场监管，统筹兼顾、突出重点，促进资本市场稳定健康发展。紧接着，中国证监会还召开系统视频会议，就进一步加强上市公司监管，打击损害上市公司利益行为，维护投资者合法权益等工作进行了部署。

业内人士认为，在股权分置改革的后续阶段，加强资本市场基础性制度建设是当务之急。暴跌的中国股市，既有资金短缺问题，也有制度不完善问题；既需要尽快建立规范的投资和交易规则，又需要政府出台措施稳定市场；既需要政府表明继续维护市场长期健康稳定发展的态度，更需要配套的法制政策。此外，还必须把股市作为与实体经济相并列的宏观组成部分加以考虑。正如尚福林所指出的，我国资本市场依然是一个“新兴加转轨”的市场，在新的运行环境下，一些老问题将逐步化解，一些新问题又逐步显现，市场发展面临的内外部环境更趋复杂。必须坚持以科学发展观为统领，充分认识市场变化的复杂性和多变性，充分认识促进资本市场稳定健康发展的长期性和艰巨性，深入分析影响市场稳定健康发展的各种因素，统筹兼顾地做好各项工作。

## 地方政府悄然“救市”

面对房市的持续低迷，“救市”呼声不断高涨。但从2008年全国国土资源厅局长座谈会上传来的消息显示，一系列从紧的土地政策在2008年下半年并不会有所放松。在这种情况下，越来越多的地方政府开始出手“救市”。

2008年7月，重庆市常务副市长黄奇帆在中国（重庆）民营经济发展论坛上公开披露，重庆市政府将投入百亿资金收购市面上的中低价商品房，用于拆迁户安置，拆迁居民购买安置房每平方米只要2000多元。此前的6月15日，成都市政府办公厅下发了《关于促进房地产业恢复发展扶持居民安居置业的意见》，提出从6月15日至2009年12月31日，购房可享受多重优惠政策。因房屋垮塌或受损有安全隐患，需要购买商品住房的，可享受首次购房的信贷优惠政策。同时，凡在成都市购买70平方米以上商品住房的，可按有关规定办理入户手续。《意见》明确，购买普通商品住房，按所交契税的地方所得部分给予全额补贴；购买其他商品房和已办房屋所有权证的存量住房，按所交契税的地方所得部分给予50%补贴。7月22日，长沙市政府出台《关于促进我市房地产业健康发展的若干意见》，除宣布全面推行保障性住房分配货币化、加快棚户区改造等政策外，还就激活二手房市场、取消教育配套费、降低公积金贷款首付比例等作了具体规定。内容包括：城市无房困难户可获8万元购房补助；二手房交易税调整为1.1%；多项房地产税费减免或延迟收取；公积金贷款首付降为20%。西安市也出台《关于恢复房地产业发展的若干意见》，明确表示从2008年9月4日起至2009年12月31日对市民购房给予一定比例的财政补贴。而深圳、南京则在地价不降低的前提下，纷纷为土地出让条件“松绑”，如降低单幅地块的出让金总额，准许开发商延后开发等，在一定程度上鼓励开发商拿地。

有关专家指出，假如当下的商品房价格已经与普通大众的购买力相当，或者工薪阶层足以承受贷款买房的债务负担，房市依然一蹶不振，那么政府出台政策刺激商品房消费，适当干预一下市场，从而维护市场各方利益，也未尝不可。但我国近几年房地产市场泡沫严重已是不争的事实，政府为此采取了税收、金融等多方面措施遏制房价的过快上涨，其目的就是为了挤出泡沫、让房价回归至合理水平。中国房地产行业整体并没有进入衰退的下行通道，房价涨幅的回落，说明政府宏观调控效果开始显现，这是政府宏观调控的初衷。

从全国而言，宏观调控的目标并未实现，高房价仍让广大百姓“望而却步”，谈房地产救市为时过早。特别是国家明确表示一系列从紧的土地政策在2008年下半年并不会有所放松的情况下，地方政府就急于出台“救市”政策，很可能使中央部署的房地产调控政策被化解。事实也证明，匆忙出台的“救市”政策效果并不理想。就在西安市政府出台房地产“救市”政策第三天，楼市即出现9月以来成交量最低点，7日单日跌幅最大，普通住宅成交均价较前一日下跌20.51%。有评论不客气地指出，西安市动用财政税收对房地产交易实行“行政补贴”，是对房地产市场秩序的严重干预，破坏了自由竞争、平等公平的市场经济规律。

鉴于房价上涨对通货膨胀的推动作用，在房价持续数年上涨使得住房这一民生问题恶化的情况下，加强对房地产市场的调控仍是中央的首要选择。对此，各地政府一定要从维护中央权威的高度，自觉与中央宏观调控保持一致。倘若匆忙出手“救市”，不仅可能打破中央的整体部署，还将损害政府公信力，并加大以后挤压高房价泡沫的成本、风险和难度。

与此同时，地方政府也要积极关注房地产市场下滑的趋势，切实维护房地产市场稳定。2008年8月5日，辽宁省政府专门召开促进房地产业又好又快发展电视电话会议。省长陈政高在会上强调，要保持房地产投资的合理增长速度，保持房地产投资在全社会固定资产投资中的合理比重。要大力发展工业地产和商业地产，以此带动商品住宅开发，为农村人口转移，着力搞好经济适用住房和廉租房的建设，解决好低收入家庭和贫困家庭的住房问题。进一步发挥政府职能，加强房地产市场调控，保持房地产市场的公开、公正和公平，保持房地产市场价格的基本稳定，防止出现大起大落。深圳市市长许宗衡9月9日做客《民心桥》时直言，房地产市场在全国范围内出现了一个大规模浮动的趋势。房地产出现困难的时候，支持他们稳定的发展，确保房地产市场的健康和顺利，政府也负有不可推卸的责任。

在各地频频出台刺激房市政策的同时，中央稳定房地产业的政策也终于出台，央行决定自2008年10月27日起，将商业性个人住房贷款利率的下限扩大为贷款基准利率的0.7倍；最低首付款比例调整为20%。财政部决定，从2008年11月1日起，对个人首次购买90平方米及以下普通住房的，契税税率暂统一下调到1%；对个人销售或购买住房暂免征收印花税；对个人销售住房暂免征收土地增值税。地方政府可制定鼓励住房消费的收费减免政策。

# 干部队伍，着力培养监督

## 完善党政干部培养链

注重干部培养，是我们党的优良传统。2007年12月，中组部部长李源潮在全国组织部长学习十七大专题研究班上提出，要“努力形成来自工农一线的党政干部培养链”。这给各级组织人事部门提出了一个新命题。

### 以正确的用人导向推进组织制度创新

2008年2月17～19日，全国组织工作会议在北京召开。胡锦涛总书记在会上强调，要坚持以改革创新精神全面推进党的建设新的伟大工程，使党的建设工作更富有时代气息、更富有实际成效。在讲话中，他提出了党建改革创新的三个方面、四个着力、六个大力推进。“三个方面”即以改革创新的精神状态、改革创新的思想作风、改革创新的工作方法全面加强和改进党的各方面建设；“四个着力”即着力提高党的执政能力、保持和发展党的先进性，着力加强和改善党的领导，着力改进党的领导体制、执政方式、组织形式、活动方式、管理方式，着力提高推动科学发展、促进社会和谐的能力；“六个大力推进”则包括要大力推进党内民主建设，大力推进党的制度创新等。

胡锦涛强调，发展党内民主是以改革创新精神加强党的建设的重要内容，也是以改革创新精神加强党的建设的重要条件。要坚持民主集中制，尊重党员主体地位，保障党员民主权利，充分发挥党员在党内事务中的参与、管理、监督作用，通过扎实有效的工作，不断提高党内民主建设质量和水平，促进党内民主和人民民主良性互动、共同发展，不断探索具有中国特色的发展党内民主的内容、途径、方法。

胡锦涛强调，要继续加大制度建设和创新力度，整体设计，分步实施，及时将党的

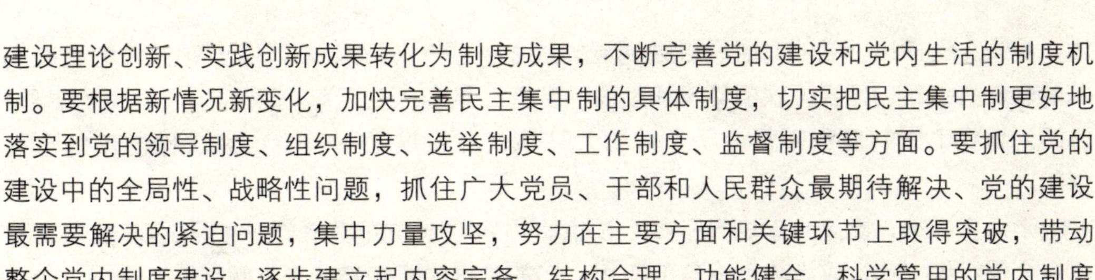


建设理论创新、实践创新成果转化为制度成果，不断完善党的建设和党内生活的制度机制。要根据新情况新变化，加快完善民主集中制的具体制度，切实把民主集中制更好地落实到党的领导制度、组织制度、选举制度、工作制度、监督制度等方面。要抓住党的建设中的全局性、战略性问题，抓住广大党员、干部和人民群众最期待解决、党的建设最需要解决的紧迫问题，集中力量攻坚，努力在主要方面和关键环节上取得突破，带动整个党内制度建设，逐步建立起内容完备、结构合理、功能健全、科学管用的党内制度体系。

在会上，中共中央政治局常委、中央书记处书记习近平明确提出以改革创新精神进一步做好党建工作和组织工作的目标任务，强调要在加大组织制度改革创新力度、加强干部队伍建设等七个方面取得新进步。坚持以党的执政能力建设和先进性建设为主线，在坚持改革创新上下工夫，在突破重点难点上下工夫，在做好基础工作上下工夫，在提高工作水平上下工夫，奋力开创新起点上党的建设和组织工作新局面。

紧接着，中央组织部发出通知，提出“七个深刻领会”，要求全国组织系统认真学习贯彻胡锦涛等中央领导同志在全国组织工作会议上的重要讲话精神，更加自觉地以改革创新精神推进党的建设和组织工作，以服务中心、推进改革、发展民主、加强基层为重点，着力为科学发展选干部、配班子、建队伍、聚人才，不断开创组织工作新局面。

观察人士注意到，2008 年以来，“用人导向”问题受到中央领导的格外关注。胡锦涛在全国组织工作会议上指出，要坚持正确的用人导向，真正把那些政治上靠得住、工作上有本事、作风上过得硬、人民群众信得过的干部选拔到各级领导岗位上来。要在党内特别是干部队伍中大力营造鼓励探索、支持创新、宽容失误的环境和氛围教育和引导广大党员、干部自觉坚持锐意改革、奋勇创新，自觉反对不求进取、得过且过，激励广大党员、干部不断保持和增强蓬勃向上的朝气、开拓进取的锐气、不畏艰险的勇气，真正推动出现一个广大干部奋勇争先、与时俱进、为党和人民建功立业的生动局面。

就在全国组织工作会议召开前夕，习近平在河北考察工作时明确提出了选人用人的“六个导向”。在此基础上，习近平在全国组织工作会议上对上述六个导向做了进一步完善，增加了“要树立鼓励创新的导向”，强调注重选拔思想解放、作风扎实、勇于创新、锐意进取的干部。

而在习近平河北考察到全国组织工作会议召开前后，《人民日报》连续发表《以改革创新精神做好新形势下的组织工作》、《不能让老实人吃亏》、《不让投机钻营者得利》、《在基层一线培养干部》等 4 篇署名“仲祖文”的评论员文章；全国组织工作会议结束后，《人民日报》又第一时间刊发《以改革创新精神开创组织工作新局面》的社论，指出以改革创新精神推进党的建设和组织工作，是时代的呼唤、事业的需要、人民的期待，也是各级党委的重要职责。

中组部部长李源潮在 2007 年 12 月举行的全国组织部长学习贯彻党的十七大精神研究班上提出，要以“四种眼光”推动组织工作不断迈上新台阶。在十七大召开后不久，他还在《人民日报》专门发表文章，对党内民主取得的进展及下一步推进方向做了系统阐述。观察人士指出，党的高层积极强调党内民主并提出明确要求，提出在党内营造鼓励探索、支持创新、宽容失误的环境和氛围以及不让老实人吃亏等一系列用人导向的倡导，已经为组织工作制度创新营造了良好的大环境，必将推动下一步组织工作制度的全面创新。

十六大以来，党建创新进行了多个试点，内容涵盖党的建设的方方面面。其中，在这次全国组织工作会议上典型发言的四川、江苏等省的探索经验尤为瞩目。

有关专家指出，上述创新是基层党组织适应变化、破解矛盾的积极选择，为进一步的创新提供了丰富的经验和选择。下一步，党建创新应重点解决以下问题：

第一，要处理好党代会、全委会、常委会的关系，特别要理顺全委会与常委会的关系。建议普遍推行党代会常任制，充分发挥党代会及党代表的作用，充分体现党代会作为党内最高权力机关的地位。

第二，加大乡镇直选力度。江苏、四川直选乡镇党委班子让党内民主往前进了一大步，值得大力推广，建议乡镇直选可以引入高校、国企等领域。

第三，要对党代表任期制、党代表的权利义务进行规范。基本思路是，在试行党代会常任制的地区加大探索党代会与政协会、人代会的关系以及党代会、全委会、常委会的关系。没有试行党代会的地区围绕党代表任期制探索党代表发挥作用的办法。另外党务公开的力度也要加大，丰富和完善党务公开的途径、层次和保障体系。

第四，提高党员的主体意识和主体地位，改善党的活动方式、选举方式、学习方式。这需要通过制度载体来保证。湖北、浙江、四川等省凡是进行党代会常任制的地方，党员的主体作用就能够经常性发挥出来。这些好的做法都值得其他地区借鉴。

## 拓宽后备人才队伍，延伸党政干部培养链

2007 年 12 月，中央政治局委员、中央书记处书记、中组部部长李源潮在全国组织部长学习十七大专题研究班上提出，要“努力形成来自工农一线的党政干部培养链”。2008 年 3 月，中组部会同教育部、财政部等部委决定，从 2008 年开始，用五年时间选聘 10 万名高校毕业生到农村任职。中组部有关负责人在解读高校毕业生到农村任职政策时指出，此举对于从长远解决党政干部来源单一问题，形成来自工农一线的党政干部培养链，具有战略意义。3 月 20 日，李源潮在选聘高校毕业生到农村任职工作座谈会上指出，选聘高校毕业生到农村任职，是党中央作出的一项重大决策，对于深入贯彻落实科学发展观，加快推进社会主义新农村建设，培养造就经过基层实践锻炼、对人民群众有深厚感情的党政干部后备人才，具有重大而深远的战略意义。

有关专家指出，在形成党政干部培养链问题上强调来自工农和基层一线，这是中国国情决定的。全面建成小康社会需要一大批了解国情、熟悉基层、服务群众、推动发展的干部。中国最大的国情就是“三农”问题。从目前的干部队伍来看，不少干部从校门一步迈进机关门。现在在中间增加了一个农门，这一路径符合干部成长的规律。实践证明，有过一定基层经历的干部，做群众工作、处理实际问题和应对复杂局面的能力都会

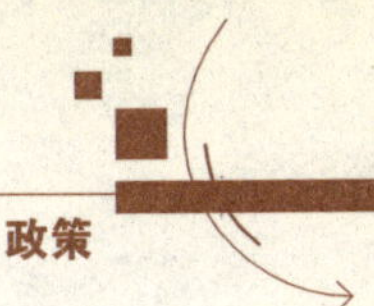



得到明显提高，在制定政策、开展工作的时候，也更了解实情，更符合实际。

鼓励和引导高校毕业生下基层任职工作已在各地全面深入推进。如江苏省启动了“一村一社区一名大学生工程”，为全省 1011 个经济薄弱村每村选配一名大学生村干部；2008 年，上海市“三支一扶”计划拟将“农村、尤其是集体经济相对困难村”作为输送青年人才的重点，用两年左右时间实现“集体经济相对困难村 1 村 1 名支扶大学生”目标；随着 2008 年再招 3000 名大学生村官计划的落实，北京市大学生村官将达到 8600 名，在全国率先实现了“村村有大学生”，正向“每村有两名大学生”的目标努力。

有关人士指出，形成党政干部培养链关键就在于“链”，它应该具有三个特征：第一，是一个循序渐进的培养机制；第二，是一个环环相扣的系统工程；第三，是一个面向未来的科学规划。换言之，干部培养链体现了科学化和系统化的特征，是一种组织化、规范化的人才培养方式。从这个角度看，选拔大学生到农村任职只是一个源头工程。这个“链”上接下来的重要一环，则是创新选人、用人机制，不拘一格用人才，从而形成“在培养中使用、在使用中培育”的良性循环。

在这方面，不少省区都做了积极探索。如四川、江苏等地近年来在全国率先尝试了县乡干部公推公选、公推直选，为各方面人才脱颖而出创造了良好环境条件。2003 年以来，江苏仅在省级层面就先后开展了四次公开选拔和公推公选。公选规模一再扩大，职位层次连番提高，选人视野从省内一举扩大至“长三角”、全国乃至海外，选拔对象从党内延伸至党外，首次公选正职，首次现场直播……干部人事制度改革创新已覆盖江苏干部选拔任用、管理考核的全过程。

不拘一格大胆使用基层干部还有一个典型例子是湖南。2006 年 6 月，湖南省委选拔 5 名优秀县（市、区）委书记到省直机关担任副厅级领导职务；7 月，又选拔 5 名优秀乡镇党委书记到省直机关担任处长。这一举措被媒体喻为基层干部坐上了“直升机”。与此同时，湖南还与广东、浙江、江苏、山东、上海和四川等 6 省（市）开展了大规模的互派干部任职、挂职工作，这是培养锻炼干部的一项重大举措。

干部队伍建设始终是执政党建设的重中之重。着眼长远，今后 20 年或更长一段时间，我们干部队伍的结构应该是什么样？干部来源在什么地方？今后的干部培养和使用工作，还需要有一个系统的科学规划。据中组部部长李源潮在 2008 年 2 月召开的全国组织部长会议上透露，2008 年除继续抓好《干部教育培训工作条例》（试行）和《2006～2010 年全国干部教育培训规划》的落实外，中央还提出要研究制定“五个规划、一个纲要”，即《2008～2013 年全国党政领导班子建设规划》、《进一步深化干部人事制度改革规划》、《2008～2020 年全国党政后备干部队伍建设规划》、《全国人才队伍建设中长期规划》、《2008～2012 年全国党员教育培训工作规划》和《基层党内民主建设纲要》。这“五个规划、一个纲要”以加强领导班子建设为重点，涉及干部、组织、人才三个方面的各项工作。可以说涵盖了党政干部培养链的所有环节。

在完善党政干部培养链过程中，用人导向是一个至关重要的问题。2008 年 2 月，中央书记处书记习近平在全国组织工作会议上强调树立“六个导向”正确用人，其中之一就是“要树立重视基层的导向，注重选拔在基层和生产一线的优秀干部，选拔长期在条件艰苦、工作困难地方努力工作的优秀干部”。5月13日，他在中央党校2008年春季学期第二批进修班暨师资班开学典礼上进一步强调，各级领导干部要认认真真学习、老老实实做人、干干净净干事。各级党组织要把重视老老实实的干部、起用老老实实的干部作为干部工作的一种理念来倡导、一种导向来落实，真正使那些老老实实做人、扎扎实实做事、实绩突出的干部得到褒奖和重用，推动全党全社会形成当老实人、讲老实话、做老实事的良好氛围。

有关专家指出，中央提出“努力形成来自工农一线的党政干部培养链”将会形成干部工作的新导向，带来干部人事制度的一系列改革，即人才要到基层锻炼，干部要面向基层选拔：基层党政干部的选拔要面向优秀的村干部；基层党政干部后备人才的来源要拓展到到村任职的优秀大学生；各级党政机关招录公务员要面向基层优秀年轻干部。面向基层一线选拔干部，不让老实人吃亏，关键在于各级组织人事部门要把选人、用人的眼光更多地投向那些在艰苦环境和岗位上做出政绩的干部，根本在于形成科学的用人机制和制度。

在这方面，陕西省已经开始实行的“农村基层人才队伍振兴计划”明确提出，今后将实行从基层选拔县以上机关公务员的制度；上海市召开市政府常务会议提出，今后“市级机关工作人员不直接从高校毕业生中选拔，要从区县和街道的优秀公务员中选拔”，市政府办公厅等12家单位已着手试点。而在山西晋城市，党政干部基层培养链已经形成。继2007年换届中从县乡基层选拔22名优秀干部到市县机关任职之后，2008年3月21日，晋城市22名40岁以下副处级后备干部和148名优秀年轻干部分赴全市84个乡镇，开始新一轮大规模集中挂职锻炼。4月25日，河南省委召开公开选拔领导干部电视电话会议，就面向全国公开选拔60名省直副厅级和高校校级领导干部工作作出安排部署。省委组织部部长叶冬松强调，要注重从基层一线选拔善于做群众工作、能妥善应对复杂局面、有处理实际问题能力的优秀干部，激励更多的年轻干部到基层去、到生产一线去、到艰苦的地方去经受锻炼、增长才干。

## 新一轮干部公选趋势

深化干部制度改革，关系到各项改革的进一步推进和深化，关系到科学发展观的落实和社会主义和谐社会的构建。“坚持民主、公开、竞争、择优，形成干部选拔任用科学机制”是党的十七大对深化干部制度改革提出的明确要求。在干部选拔任用机制方面，十七大要求采取“完善公开选拔、竞争上岗、差额选举办法。扩大干部工作民主，增强民主推荐、民主测评的科学性和真实性。加强干部选拔任用工作的全过程监督。”2008年以来，“公选”成为媒体曝光率最高的词汇之一，河南、广东、重庆、南京、贵阳等省市在公选干部方面不断创新，探索出全国选拔、差额选举、电视直播等新形式，凸显出干部选拔任用的新趋势。

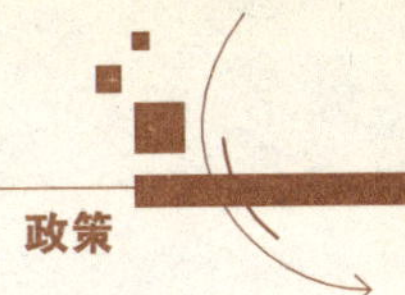



## 最大限度拓宽选人视野：从省内到全国已成趋势

从2008年3月到8月，广西决定面向全国公开选拔48名领导干部，涉外方面人才成为此次公开选拔的重点；河南省委4月决定，面向全国公开选拔60名省直副厅级和高校校级领导干部；8月1日，广东省委组织部发布公告，面向全国公开选拔100名年轻干部，其中包括东莞、珠海、佛山、中山、江门等“珠三角”五大城市的副市长，选拔不仅对考生提出了要懂外语的要求，同时还向新经济组织、新社会组织、海外留学回国人员等敞开大门，要求干部具有更丰富的国际经验和更强的国际交往能力；8月4日，山东省委组织部对外宣布，该省决定面向全国公开选拔17名省管国有企业高级经营管理者，这是山东省首次集中组织省管国企面向全国公开选拔高级经营管理者；四川省委组织部8月16日发布公告：面向全国统筹公开选拔72名县（处）级领导干部；浙江省委9月3日决定，从9月初开始，用一个月时间，在全省范围内开展竞争性选拔干部工作，119个职位是该省历史上以竞争性选拔方式推出职位数量最多、涉及面最广的一次，不少岗位都面向全国抛出“橄榄枝”。

针对各地把公开选拔人才的视野投向全国乃至更大范围，且呈现出公选人数多、范围广、级别高等趋势，有关专家指出，扩大视野，拓宽渠道，是形成科学的干部选拔任用机制的必要组成部分。由于体制上的障碍及社会上不正之风的干扰等种种原因，在选拔干部的工作中，仍存在着“小圈子”选人，凭印象选人，公开度、透明度不够等问题。面向全国公开选拔任用干部，不但最大限度上避免了传统干部选任方式的局限性，更有利于进一步拓宽选人渠道，扩大用人视野，做到好中选优、优中选强，提高选人用人准确性和干部群众的满意度。毫无疑问，面向全国公开选拔任用领导干部必将成为一种选人用人总体的取向。

## 最大限度增强公信力：差额选举群众评议一个都不能少

传统的干部选拔任用方式，采取任命制和等额选举，人选与职位基本是一对一的关系，难以真正做到“竞争、择优”。为深化干部人事制度改革，党的十七大和2008年召开的全国组织工作会议，都提出探索差额选任办法。

2008年6～7月，重庆市委组织部在沙坪坝区、合川区和荣昌县，开展党委全委会差额选任重要领导职务试点，并印发了《关于提高选人用人公信度的实施意见》。7月29日，重庆市荣昌县的8名官员通过演讲等方式，角逐该县人事局局长、党组书记，县审计局局长、党组书记，县政府农办主任、党组书记以及该县市政园林管理局党组书记等四个部门“一把手”职务。每个职务的竞选者为两人，在经过演讲和现场答问两个环节后，由29名县委委员投票决定两人中何人中选。与既往的官员任用采用“委任制”相比，组织部门这次也归位到“程序组织者”角色，而不再是“权力授予者”角色。

除了重庆，全国多个地方也在积极推动基层官员的差额选举工作。贵阳市四个区（县）党委书记公推竞岗2008年7月23日以市委委员无记名差额票决的形式，从8名

"公推竞岗建议人选"中选出4人成为最后的拟任职人选。同日，黑龙江省牡丹江市宁安市马河乡84名群众代表向2名乡长候选人提问，然后投票，主持人当场公布群众票决结果。7月29日，湖北省委九届四次全会以无记名投票方式，差额推荐了10名优秀县市区委书记提任省直单位副厅级领导职务考察人选。采取差额推荐、差额考察、差额票决县市区委书记提拔人选，在湖北省尚属首次。浙江省启动的竞争性选拔干部工作中，在面试等工作中，将由目标职位所在单位系统的省市党代表、人大代表、政协委员、中层及以下干部和其他有关方面代表组成群众评委组，评分权重达30%。

有关专家指出，无论是差额推荐、差额考察、差额选举还是引入群众评委，在上述省区市的干部选拔工作中，群众的参与广度和深度都有了前所未有的拓展。差额选举、群众评议都为选举引入竞争机制，在很大程度上避免了"暗箱操作"、"走过场"等老问题。为了顺利当选，每个候选人必然努力争取选民的支持，这个时候选票才开始具有价值，选民才真正具有影响力，选举才真正成为反映社情民意的重要渠道和参与党内民主生活的有效途径。

## 最大限度开放透明：直播"选"官成必不可少环节

2008年2月26日，江苏省南京市在全国首开先河，采取电视和网络视频直播的方式，公开推选市劳动和社会保障局、市药监局、市旅游局和市级机关管理局4个局长人选，16名竞争人选不但要面对电视镜头发表竞选演说，还要回答直播现场各界人士提出的问题。约20多万人收看和参与了这场直播，媒体称此举"在公开和透明上具备开创性意义"。借鉴南京"直播"选官经验，在贵阳市自6月28日启动的"公推竞岗"工作中，"公开透明"也成为最大的特色。由于贵阳拿出公选的是4个区县的书记职位，因而被称为"县政改革的一次重大突破"。81名"报考者"通过民主推荐、调研报告、竞岗演讲答辩、民意测验、党政干部领导能力测试5项"考试"，根据其综合成绩排名，确定8位候选人进入组织考察程序。7月14日举行的公推竞岗演讲答辩和民意测验大会以及7月23日进行的拟任职陈述及差额票决，均通过电视、广播、网络全程直播。最终，4位分别是各自区（县）竞岗者中综合成绩排名第一的"考生"在此轮公推竞岗中胜出。无独有偶，浙江省也决定，在9月开始的竞争性干部选拔中首度尝试确定1～2个工作业务涉及面广、社会关注度较高的职位，进行面试实况电视和网络直播。

分析人士指出，近年来，一些地方实行公开选人用人，相对过去的"密室敲定"，已经是一个进步。但这些公选，还多在会议室里进行，"裁判"不外乎上级领导和纪检、组织人事部门领导等，人民群众还是被排除在外。如何让人事过程公开在阳光下，让公众看到一些细节，南京、贵阳等地做出了成功的尝试。官员候选人上电视公开PK、竞争上岗，使选拔官员更加民主、公开。显然，这是落实群众知情权、监督权和当家做主权力的有益尝试，也让想干事的人有机会、能干事的人有平台、干成事的人有地位。电视竞职辩论会这一新的突破，完全符合中央"让权力在阳光下运行"的精神，更表明公推公选引入媒体的力量正在成为一种趋势。

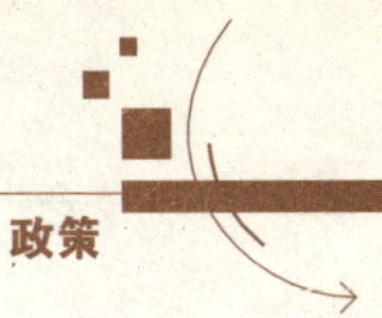



# 从反腐败到预防腐败

2008年1月14～16日，中央纪委十七届二次全会在京召开。胡锦涛在会上发表了重要讲话，明确提出了当前和今后一个时期加强反腐倡廉建设的指导思想、基本要求、工作原则和主要任务。4月28日，胡锦涛主持召开中央政治局会议，审议通过《建立健全惩治和预防腐败体系2008～2012年工作规划》。会议强调，《工作规划》是今后5年推进惩治和预防腐败体系建设的指导性文件。在恢复纪委30年之际，这两个会议透露出我国反腐败工作的新走向和新路径，也表明了党中央加大反腐败斗争的坚强决心和实际行动。

## 纪委恢复30年后的反腐新任务

2008年1月14～16日，备受关注的中央纪委十七届二次全会在京召开。1月15日，胡锦涛总书记在会上发表了重要讲话，明确提出了当前和今后一个时期加强反腐倡廉建设的指导思想、基本要求、工作原则和主要任务。中央纪委随后发出通知指出，胡锦涛同志的重要讲话是加强反腐倡廉建设的纲领性文件，各级纪检监察机关要认真学习贯彻。综合媒体评论和有关专家分析，胡锦涛总书记在此次讲话中针对当前和今后一个时期反腐倡廉建设提出了以下新思路、新要求和新举措：

提出四个“十分清醒、一以贯之”；明确反腐倡廉建设“改革创新、惩防并举、统筹推进、重在建设”的“十六字”基本要求；提出反腐倡廉工作的重要目标：即要在未来一段时间内“努力把腐败现象减少到最低程度”。清华大学教授任建明指出，这是我国进入转型发展近30年来首次明确提出的关于反腐败目标的看法。

此外，胡锦涛总书记在原来“两个结合”的基础上又提出“四个结合”以及“五个力”，完整地体现了反腐倡廉建设的各方面内容和各项任务；在重申十七大报告提出的充分认识反腐败斗争的长期性、复杂性、艰巨性“三性”的基础上增加了反腐倡廉建设的整体性、协调性、系统性、时效性。中央纪委宣教室监察专员闫群力认为，这“四性”的新提法，说明我们反腐倡廉建设必须是全党抓，全社会参与，全民支持，真正达到整体推进；在“6·25”讲话提出“三个更加”的基础上又提出“四个更加”。闫群力认为，前“三个更加”在注重惩治腐败的同时抓好治本预防腐败，后“四个更加”主要是从党员干部的态度、组织措施、工作力度和取得成效上强调要加大力度取信于民。专家认为，上述新提法、新思路、新举措是我国反腐倡廉理论的创新，对于进一步加强反腐倡廉建设具有重要的指导意义。

就在中央纪委十七届二次全会召开前，由北京大学宪法与行政法研究中心和耶鲁大学法学院中国法研究中心举办的“反腐败法制建设”国际研讨会于2008年1月12日举行。参会的反腐学者、法学学者人数之多、规模之大、层次之高为近年来罕见，最高人民法院、最高人民检察院、国家预防腐败局等单位受邀官员积极参会更成为一大亮点。会议期间，与会代表围绕“中国转型时期的腐败现象：表现形式和原因分析”、“透明政府：政务信息公开”等六个议题进行了深入探讨，就中国腐败现象的成因、反腐败的路径特别是制度建设的重点进行了全面分析，提出了极具建设性的意见建议。

对于腐败存在的原因，北京大学教授李景鹏认为，把今天腐败的根源归结于改革开放和市场经济的看法并不正确。中国30年前实行的全能主义政治和计划经济，为今天的腐败埋下了根源。政府和各级官员手中掌握了对各种社会资源支配的巨大权力，而这些权力缺乏监督，这为改革开放和市场经济条件下的权钱交易提供了条件。最高人民检察院理论研究所教授谢鹏程认为，腐败现象之所以滋生和蔓延，是由于法制生态中存在“不必要的自由裁量权大量存在，必要的自由裁量权缺乏程序控制”等五个有利于腐败的生态因子。

对于治理腐败的制度路径，许多学者都强调了程序的重要性。北京大学姜明安教授认为，正当法律程序缺位，是我们国家滋生和蔓延腐败的重要原因。中国政法大学教授马怀德也指出，有多种原因导致了腐败，包括：立法和制度的腐败、政府的错位、缺少程序规则等。

对于治理腐败的制度建设重点，官员财产申报法再次受到学者推崇。中国惩治和预防腐败重大对策研究课题组组长王明高通过总结各国的反腐败经验和教训，提出了通过科学的制度来反腐的观点。他指出，实践证明反腐要靠制度，应以财产申报制度为主要依据。但是，目前实行的收入申报制还存在缺陷，主要是“申报内容完全不公开”。此外，目前的申报主体范围过窄，应该将所有国家工作人员都作为财产申报的主体，因为家庭财产申报制度作为一项防范、遏制和打击腐败行为的措施，其申报主体应与贪污贿赂罪的主体相同。现有的申报方式不够科学，目前要向跟申报者有千丝万缕联系的本部门组织人事部门申报，而负有监督检查职能的党的纪检部门和行政监察部门却不受理申报。王明高表示，官员的家庭财产申报制度在中国一定会实现，“这两年中央领导对这个问题比以前更加重视”。

毫无疑问，在恢复纪委30年之际，各界对我国近30年来的反腐败工作经验和存在的问题进行全面梳理总结，对未来如何借鉴国内外反腐败工作已有经验选择我国反腐败工作路径、进而彻底治理腐败具有重大意义。

《中国共产党第十七届中央纪律检查委员会第二次全体会议公报》提出，2008年反腐倡廉要重点抓好七项工作，其中，“认真开展对党的十七大重大决策部署执行情况的监督检查，推动深入贯彻落实科学发展观”被放在第一位。《公报》强调，要严明党的纪律尤其是政治纪律，保持全党在指导思想、路线方针政策和重大原则问题上高度一致。要加大监督检查力度，坚决纠正有令不行、有禁不止的现象，促进中央关于市场价格调控、节能减排、固定资产投资、土地管理、房地产调控等方面政策措施的贯彻落实，确保中央政令畅通。

有关专家指出，对于各级领导干部来说，通过反腐维护中央权威、确保政令畅通已经成为一个日益重要的问题。中央纪委监察部发出通知，要求各级纪检监察机关明确加强价格监管的纪律要求，加强对落实加强价格监管措施情况的监督检查，严肃查处党员干部违反加强价格监管措施的行为，以良好的党风政风促进中央加强价格监管各项措施的落实。1月21日，上海市委书记俞正声在上海市纪委九届二次全会上代表市委常委会提出“十不”承诺，其中，“不违反政治纪律，反对自由主义，与党中央保持高度一致”位列首位。俞正声指出，要进一步严格党风廉政建设责任制，保证反腐倡廉建设各项任务的落实。各级党委要切实担负起全面领导反腐倡廉建设的政治责任，各级纪委要认真担负起反腐倡廉建设的重大责任，各部门要切实履行在反腐倡廉建设中的重要职责，进一步推动形成反腐倡廉建设的整体合力。

## 5年建成惩治和预防腐败体系框架

2008年4月28日，胡锦涛主持召开中央政治局会议，审议通过《建立健全惩治和预防腐败体系2008～2012年工作规划》。会议强调，《工作规划》是今后5年推进惩治和预防腐败体系建设的指导性文件。

中央纪委副书记李玉赋对《工作规划》要点进行了解读。《工作规划》共分8个部分，涉及150多项任务，着重对整体推进教育、制度、监督、改革、纠风、惩处六项工作进行了部署。一是推进反腐倡廉教育，提出制定《关于加强廉政文化建设的指导意见》。二是健全反腐倡廉法规制度。完善党内民主和党内监督制度，健全党内民主集中制的具体制度，完善违纪行为惩处制度、反腐倡廉领导体制和工作机制的具体制度，加强反腐倡廉国家立法工作，提高反腐倡廉法制化水平。三是强化监督制约，加强对领导机关、领导干部特别是各级领导班子主要负责人的监督；加强对重要领域和关键环节权力行使的监督，注重对干部人事权、司法权、行政审批权和行政执法权的监督，加强对财政资金、金融和国有资产的监管；加强和改进党内监督，支持和保证人大监督、政府专门机关监督、司法监督、政协民主监督、群众监督和舆论监督，形成监督合力。四是推进干部人事和司法体制改革、行政管理和社会体制改革、财税、金融和投资体制改革、国有企业改革和现代市场体系建设及相关改革，不断从源头上铲除滋生腐败的土壤和条件。五是纠正损害群众利益的不正之风，深入开展专项治理；强化对社保基金、住房公积金和扶贫救灾专项资金的监管；健全防治不正之风的长效机制。六是保持惩治腐败的强劲势头，重点查处发生在领导机关和领导干部中滥用职权、贪污贿赂、腐化堕落、失职渎职的案件，严肃查处官商勾结、权钱交易和严重侵害群众利益等案件；深入开展治理商业贿赂工作；健全查处案件的协调机制。

《工作规划》提出，经过今后5年的扎实工作，建成惩治和预防腐败体系基本框架，拒腐防变教育长效机制初步建立，反腐倡廉法规制度比较健全，权力运行监控机制基本形成，从源头上防治腐败的体制改革继续深化，党风政风明显改进，腐败现象进一步得到遏制，人民群众的满意度有了新的提高。

有关专家指出，在全面贯彻落实党的十七大精神第一年、改革开放30周年和各级纪委重建30周年之际，《建立健全惩治和预防腐败体系2008～2012年工作规划》的出台，表明了党中央加大反腐败斗争的坚强决心和实际行动。

建立健全惩治和预防腐败体系事关党和国家工作大局，涉及改革发展的许多重要问题，是党的建设的重要组成部分。党的十七大报告把坚决惩治和有效预防腐败，定位为“党必须始终抓好的重大政治任务”，强调要“坚持标本兼治、综合治理、惩防并举、注重预防的方针，扎实推进惩治和预防腐败体系建设”。2007 年 9 月成立的国家预防腐败局，显示中国政府正着力提高预防腐败工作的专业化水平。此次制订并实施《建立健全惩治和预防腐败体系 2008～2012 年工作规划》是推进惩治和预防腐败体系建设的有效措施，是贯彻落实党的十七大精神的重要体现，是建立健全惩治和预防腐败体系的发展战略。

工作规划进一步明确了今后五年惩治和预防腐败体系建设的指导思想、基本要求、工作目标和重点任务，进一步回答了当前和今后一个时期党风廉政建设和反腐倡廉斗争坚持什么方向、抓什么工作、怎么抓工作的问题，是当前和今后一个时期惩治和预防腐败体系建设的指导性文件。落实《工作规划》，就是要把腐败问题滋生蔓延的概率控制在最低限度。

改革开放特别是党的十六大以来，反腐倡廉工作不断取得新的成效。但是，党风廉政建设和反腐败斗争面临的形势仍然严峻，任务仍然艰巨。《工作规划》将“惩治”与“预防”确定为今后 5 年反腐倡廉建设的两个“关键词”。按照工作规划要求，各级纪检监察机关必须在教育、制度、监督等方面解放思想，大胆探索和试验有效预防腐败的新措施、新办法。要把惩治与预防、教育与监督、深化改革与完善法律制度有机结合起来，在坚决惩治腐败的同时，更加注重治本，更加注重预防，更加注重制度建设，形成有利于反腐倡廉建设的思想观念、文化氛围、体制条件、法制保证。

2008 年 5 月 23 日，全国贯彻落实《建立健全惩治和预防腐败体系 2008～2012 年工作规划》电视电话会议在京召开。中央纪委书记贺国强在会上强调，贯彻落实《工作规划》，扎实推进惩治和预防腐败体系建设，必须牢牢把握正确方向，围绕中心、服务大局，加强对推动科学发展重大决策部署贯彻落实情况的监督检查，认真解决损害群众利益的突出问题，切实维护党的政治纪律，确保中央政令畅通。特别要坚决贯彻执行中央关于抗震救灾的各项决策部署，克服一切艰难险阻，坚决打胜抗震救灾这场硬仗。贺国强指出，反腐倡廉重在建设，贵在落实。各级党委、政府要认真抓好《工作规划》的学习宣传，使广大党员干部了解《工作规划》的精神实质、基本要求和主要内容；要把贯彻落实《工作规划》列入重要议事日程，同经济社会发展工作一起部署、一起检查、一起考核；要紧密结合实际，抓好任务分解，搞好协调配合，加强监督检查，推动工作落实。

在当天的会议上，江苏省、河南省、辽宁省的负责同志在会上发了言。其中，江苏省委书记梁保华表示，在贯彻落实《工作规划》中，江苏将在三个方面下工夫：一是以提高拒腐防变自觉性和能力为重点，完善反腐倡廉教育长效机制；二是以用制度管权、管事、管人为重点，健全反腐倡廉法规制度；三是以推进权力阳光运行为重点，强化监督制约机制。扎实推进党内民主建设，加强党内监督，既要加强对领导机关和领导干部

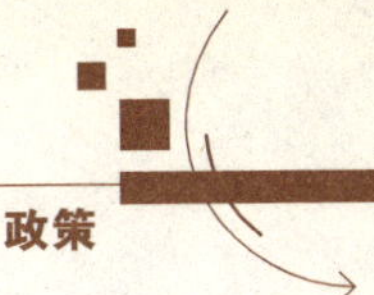



的监督，又要管住关键岗位、关键环节和关键人物。

全国贯彻落实工作规划电视电话会议召开后，各地第一时间对贯彻落实《工作规划》作出部署。河南省委书记徐光春提出，要紧密结合河南实际，针对个别干部身上存在奢靡之风、浮躁之风、贪占之风、跑要之风，以狠刹这“四股歪风”为抓手，研究制定贯彻《工作规划》的具体实施办法。安徽省委书记王金山要求，要把贯彻落实《工作规划》作为一项政治任务分解到部门、单位、人头，形成上下联动、齐抓共管、通力合作的工作局面。上海市委书记俞正声强调，要坚持以完善惩治和预防腐败体系为重点，抓紧制定本市贯彻落实《工作规划》的实施意见，深入推进上海反腐倡廉建设。2008 年 6 月 6 日，上海市纪检监察系统召开贯彻《建立健全惩治和预防腐败体系 2008～2012 年工作规划》座谈会，新任上海市纪委书记董君舒表示，上海要率先建成与社会主义现代化国际大都市相适应的惩治和预防腐败体系框架。作为三个预防腐败体系试点之一，上海市已出台《关于进一步加强对局级领导班子主要负责人监督的若干意见（试行）》、《关于党委（党组）实施“三重一大”制度的若干意见（试行）》，《关于加强上海市财政资金和公共资金管理的若干意见》也已制定完成。

# 和谐民生，尤须重视民意

## 和谐社会三大工程

2008年3月26日以来，中央先后召开巡视干部培训暨工作动员会、全国纠风工作会议和全国社会治安综合治理工作会议，部署巡视、纠风、综治工作。做好这三项工作，对贯彻落实党的十七大和全国“两会”精神、推进和谐社会建设以及办好2008年北京奥运会具有重要意义。

### 科学发展观落实情况和领导班子廉政情况是新一轮巡视工作重点

2008年4月10～15日，中共中央政治局常委、中央纪委书记贺国强在湖南调研时强调，从2006年开始，全国地方党委、人大、政府、政协陆续进行了换届。新一届领导班子和领导干部以什么样的精神状态和工作作风带领广大干部群众干事创业至关重要，从一开始就要十分重视加强作风建设，就要有好作风、新形象。他指出，要增强群众观念、公仆意识，真心实意地为群众谋利益，着力解决人民群众最关心、最直接、最现实的利益问题，坚决反对不关心群众疾苦甚至侵害群众利益的行为。要发扬艰苦奋斗的优良传统，坚决反对铺张浪费、讲排场、比阔气等奢靡之风，把有限的资金资源、财力物力用到促进发展上，用到为群众谋利益上。要带头廉洁自律，经受住权力、金钱和美色的考验，严格要求配偶、子女和身边工作人员，绝不能把权力变成谋取私利的工具。

此前的3月26日，中央纪委、中央组织部巡视干部培训暨工作动员会在京召开。中央书记处书记、中央纪委副书记何勇在会上指出，中央纪委、中央组织部巡视组即将分赴巡视一线，开展党的十七大之后的新一轮巡视。要加强对党的十七大重大决策和部署贯彻执行情况的监督检查，加强对科学发展观贯彻落实情况、深化行政管理体制改革情况、党政领导班子党风廉政情况、选拔任用干部情况等的监督检查。

## 打击价格违法是头号任务，纠风工作锁定“损害群众利益突出问题”

2008年4月8日，全国纠风工作会议在杭州召开。国务院总理温家宝，中央纪委书记贺国强会前对纠风工作作出重要批示，强调要切实防止农民负担反弹，坚决纠正损害群众利益的不正之风。

会议召开前，国办转发了《关于2008年纠风工作实施意见》的通知。国务委员兼国务院秘书长马凯在会上强调，2008年纠风工作要着力在解决损害群众利益的突出问题和防治不正之风上取得新成效，务求在重点领域和关键环节取得新突破。一要加强“两项督查”，督促落实中央宏观调控政策措施和惠民政策，维护政令畅通，严防惠民财政资金“跑、冒、滴、漏”。在国务院纠风办《意见》中，“采取有效措施，确保中央价格监管政策的落实”成为2008年头号任务。意见对“价格违法违规行为”，用了“严厉打击”这样的字眼，并且特别指出，加强对“居民基本生活必需商品及服务价格的监管”。二要深化“三项治理”，着力解决涉农负担、教育收费、医疗卫生方面损害群众利益的问题，防止农民负担反弹。国务院纠风办《意见》列出了这三个方面治理的时间表，要求“教育、卫生两个专项要力争在两年内基本完成治理任务”，“涉农问题要力争在三到五年内基本解决”。三要强化“四项资金监管”，有效维护社保基金、住房公积金、扶贫资金、救灾资金等事关人民群众切身利益的公共资金安全。四要推进“两项建设”，促使政风和行风建设有新的明显改进。2008年纠风工作的一个重要转变是将更重视从源头治理。监察部部长、国务院纠风办主任马馼在会议上作工作报告时强调，开创纠风工作新局面，必须要以改革创新的思路和方法来深化纠风工作，着力实现纠风专项治理从事后查处为主向推进改革、源头治理转变，政风行风建设实现从以开展创建活动为主向纠建并举、制度创新转变，民主评议和政风行风热线实现从以扩大规模为主向规范运作、注重质量转变。

在地方，湖北省纠风办、文明办制发了《政风行风热线工作投诉办理及责任考核意见》，要求上线单位必须就受理群众有关行风举报投诉问题的答复处理时限进行公开承诺，一般性问题的回复不超过七天，重要问题回复最长不得超过三个月。与此同时，“政风行风热线”的开展情况将被纳入湖北省政风行风评议和创建文明单位的重要内容。太原市纠风办表示，2008年将就百姓关注的哄抬物价、挤占挪用公积金、教育乱收费、看病难、看病贵、克扣涉农补贴等五大民生问题，重拳出击，纠正行业不正之风，让党和政府的惠民政策落地有声。

## 社会治安综合治理重心是做好流动人口服务管理工作

2008年4月7~9日，全国社会治安综合治理工作会议在广州召开。中央政法委书记、中央综治委主任周永康在会上强调，做好矛盾纠纷排查化解是综合治理工作第一位的任务。流动人口服务和管理工作是社会管理的难点，也是社会治安综合治理工作的重点。在新形势下，流动人口管理工作必须实现由控制管理型向服务管理型、由“以证管人”向“以房管人”和运用信息化手段服务和管理、由政府部门管理向社会化服务和管理的转变、由突击性的清理整治向日常化的有序服务和管理的“四个转变”。根据中央综治委发布的《2008年全国综治工作要点》，2008年全国综治工作将以确保北京奥运会成功举办为重点，深入推进平安建设；着力加强和完善社会管理，积极调整充实流动人口服务管理工作机构和力量；建立社会治安综合治理巡视制度等。4月9日，公安部副部长刘金国表示，要解决流动人口办理居民身份证等方面存在的实际困难，总结推广暂住证、婚育证、就业证“三证合一”的管理模式，实现“一站式”服务。

江苏省通过健全流动人口服务管理组织网络，在全省88%的乡镇（街道）建立了流动人口服务管理办公室，并大力推广集中住宿、集中管理、集中服务的“三集中”模式，切实改善外来人员的居住条件。广东省坚持以人为本，通过推动工作方式从部门管理为主向政府综合管理转变、管理导向从限制型管理向服务型管理转变等“四个转变”，初步探索出了一条适合广东实际的流动人口服务管理新路子。深圳市则推出了“旅业式”、“物业式”、“单位自管式”、“散居包片式”和“院区围合式”等五种规范化管理模式，破解了流动人口与出租屋管理这道社会管理的“第一难题”。

## 构建和谐劳动关系

*深圳华为、沃尔玛等企业大规模“裁撤”员工的风波尚未平息，媒体报道称，珠三角“万余港企面临关闭潮，更多数量庞大的中小企业计划迁离这里”；部分韩国企业选择“连夜逃跑”的方式非法撤离。关于《劳动合同法》的新一轮风波再起。*

### 《劳动合同法》实施两月，新一轮风波又起

2008年1月1日，新《劳动合同法》正式开始实施。2月26日，全球知名的财经类媒体《华尔街日报》发表长篇报道称，“受困于高涨的成本和日益严格的监管，成千上万家工厂弃珠三角而去”。另据韩联社报道，在青岛、广州等韩资企业相对集中的地区，部分韩国企业选择“连夜逃跑”的方式非法撤离。导致上述现象出现的原因很多，其中，新的《劳动合同法》对此有不小的影响。

采取行动的不仅是外资企业。恰逢全国“两会”召开，有“大陆首富”之称的全国政协委员张茵表示，“无固定期限劳动合同”相当于计划经济时代的“铁饭碗”，她将向大会递交建议继续完善《劳动合同法》的提案。一时间，新《劳动合同法》再度成为人们关注的话题。

对于“外资撤离”事件引发的争议，全总法律部部长刘继臣在接受媒体采访时明确表示，“劳动密集型企业办不下去和《劳动合同法》没有关系”，而韩资撤离很大程度上“是经营不善造成的”。刘继臣表示，《劳动合同法》必须坚决贯彻执行，和法律对抗的必须制裁，虽然认识上有不同，但不能因为认识上的差异就不执行。2008年3月4日，十

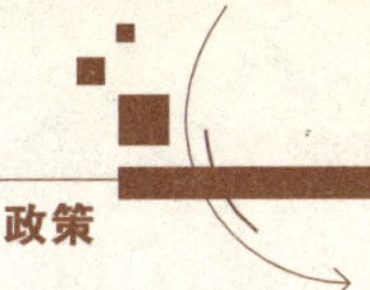



一届全国人大一次会议新闻发言人姜恩柱在回答记者提问时也强调，新法规定的“无固定期限劳动合同”，并非“终身制”、“铁饭碗”，而是希望构建和谐稳定的劳资关系。希望外资企业根据中国经济社会发展的情况，不断调整和完善自己的投资战略和方式，“吸引外资是中国对外开放政策的重要组成部分，中国将继续坚定不移地实行对外开放，欢迎外商到中国来投资”。

全国政协委员、新希望集团董事长刘永好认为，实施新法带来的压力是企业必须面对的，劳动合同必须保护员工的基本利益。制定任何一部法律都应是多方协调和博弈的结果。希望制定实施细则时既能考虑到劳工的权益，也要考虑到投资者的权益，做到平衡。对于无固定期限合同，刘永好认为，“完全取消的可能性不大，也没有必要，怎么规范实施的细则反而更重要。”

## 新《劳动合同法》有助于构建和谐劳动关系

新《劳动合同法》已实施两个多月，但以“华为事件”为开端的“企业人力资源异动”风波一直未平，对部分条款的争议仍在继续。据某杂志一项主要针对制造业与服务业企业的调查显示，有七成企业希望修改新《劳动合同法》。而根据中金公司2008年1月就新《劳动合同法》相关问题到江、浙、川等地所做的调研显示，新法对不同类型企业的影响程度各异，其中，对劳动密集型企业影响较大。在1月31日召开的“2007年度中国民营企业发展分析会”上，全国工商联主席黄孟复表示，用工成本、管理成本上升尤其是新《劳动合同法》实施后，民营企业的生存环境将更加窘迫。他建议，应“按企业类型特点分类、有序地推行劳动合同制度”。在2008年全国“两会”上，民营企业劳动关系问题也将是全国工商联的重点提案内容。

劳动保障部副部长孙宝树曾明确表示，制定劳动合同法的目的“首先是尊重劳动、保护劳动者权益”。舆论也普遍认为，“侧重保护劳动者的合法权益”是新法最大特点。但如果企业这个主体因此而消亡，工人直接面对的将是失业，“合同”无从谈起，更遑论什么“无固定期限”。因此，从这个角度看，围绕新劳动合同法的种种争议，正说明构建和谐社会的复杂和艰巨。另外，很多企业虽然对其自身应该承担的社会责任有了更加清醒的认识，但真正到了要付出成本的时候，往往会产生这样那样的“不习惯”，而这，恰恰说明我们还有很多更细致的工作要跟上。

## 完善配套法规，让《劳动合同法》更好地为扩大就业服务

已于2008年1月1日开始实施的《劳动合同法》、《就业促进法》以及将于5月1日开始实施的《劳动争议调解仲裁法》关系到亿万劳动者的切身利益。为确保法律确立的各项制度落到实处，最重要的是尽快制定和完善相关配套制度，让法律更好地为劳动者就业服务。在坚决贯彻落实新《劳动合同法》的同时，对于法律实施中反映出来的种种问题，还要有针对性地做好回应、解释和宣传工作，及时消除误解和疑虑，让《劳动合同法》真正促进就业，而不是带来失业。

新劳动合同法对不同类型企业工资成本影响

| 企业类型 | 企业规模 | 受影响情况 |
|---|---|---|
| 高科技企业 | 苏州<br>100人以下 | 预计未来几年成本压力主要来自原材料成本及工资成本。新法实施对该企业没有劳动力成本上升的压力，无固定期限合同对企业的人力资源管理有积极正面的作用，能稳定员工队伍。 |
| 餐饮业 | 苏州<br>三种规模 | 预计未来几年成本压力主要来自工资和原材料。新法实施对该企业劳动力成本有额外上升15%的压力。此外，行业内服务类人员参保意愿不高，潜在劳资纠纷构成劳动力成本上升隐性压力。 |
| 纺织类 | 苏州<br>500～1000人 | 预计未来几年成本压力主要来自原材料成本和人民币汇率的上升。新法实施对企业的劳动力成本造成大约7%的上升压力。 |
| 机械<br>电子类 | 苏州<br>700人 | 预计未来几年成本压力主要来自原材料成本，工人工资和人民币汇率的上升。受访企业对员工社保缴纳工作规范，新法实施对该企业不会造成劳动力成本上升压力。 |
| 电气设备<br>企业 | 温州<br>上万人 | 该企业认为新劳动合同法是对制造型企业的一次“洗牌”，新法实施对大型及比较正规的企业的工资没有产生额外的成本，但会影响到同行业中的中小企业。 |
| 服装业 | 温州<br>60多人 | 企业的成本压力主要来自能源、工人工资以及环保投入。由于大部分流动性较高的员工均未参保，估计新法可能会给企业带来额外的15%左右的工资成本。 |
| 鞋类 | 温州<br>3200人 | 企业预计未来其成本压力主要来自原材料（如石油及其副产品）、工人工资以及人民币汇率的上升。企业认为今后企业主和员工双方权利和义务的不对等，可能会产生一些隐性压力。 |
| 烟具类 | 温州<br>400人 | 企业预计未来原材料、工人工资及人民币升值都将成为其成本压力的主要来源。企业一半以上员工没有上社保，且周工作时间约在40～50小时，预计新法将使企业成本额外增加20%。 |
| 眼镜类 | 温州<br>500人 | 预计未来成本压力主要来自工人工资。企业中大部分流动性比较大的员工没有缴纳社保，估计新法将使企业额外增加10%左右的成本。 |

（数据来源：中金公司研究部 哈继铭、徐剑；《第一财经日报》2008年2月18日）

2007年12月5日，全总召开《劳动合同法》宣传专题新闻发布会，明确表示将对“劝说、辞退甚至胁迫职工辞职”等三类违反和规避劳动法律和《劳动合同法》的行为予以制止。2008年2月19日，劳动保障部、国务院法制办、全总三部门又召开会议，决定制定实施细则，使新法实施更具操作性。三部门还成立联合调研组赴东北、西北和华东调研。劳动保障部部长田成平表示，将结合社会各方面的意见，继续抓紧制定贯彻实施三部法律所必需的法规规章，主要是劳动合同法实施条例、职业技能培训条例、劳动争议仲裁委员会仲裁规则等，使之更加具体化，更具有可操作性。虽然一些企业希望能在实施细则里改变新版《劳动合同法》有关法条是不可能的，但相信实施细则的制订还是会给企业带来一些希望。在制定实施细则时，各省应根据省情，就《劳动合同法》里一

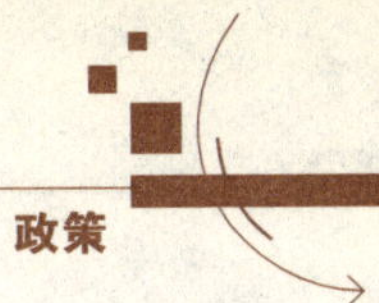


些超前的条款结合实际进行细化、完善，分类制定实施细则。

总之，我们要以长远的眼光和理性的态度来对待新《劳动合同法》带来的种种争议，在此基础上完善相关配套法规政策，切实维护劳动者合法权益。

## “瓮安不安”的反思

2008年6月28日，中央处理信访突出问题和群体性事件联席会议召开全国处理信访突出问题及群体性事件电视电话会议，对全国开展“县（市、区）委书记大接访”活动等进行了部署，要求全力推进群众信访问题，为北京奥运会成功举办创造良好和谐的社会环境。

### “大接访”活动启动

2008年6月28日，中央处理信访突出问题和群体性事件联席会议召开全国处理信访突出问题及群体性事件电视电话会议，部署在全国开展“县（市、区）委书记大接访”活动和中央国家机关在奥运会期间组织干部下访工作，全力推进群众信访问题“事要解决”，为北京奥运会成功举办创造良好和谐的社会环境。会议要求各地要进一步贯彻落实胡锦涛总书记等中央领导同志有关处理信访突出问题及群体性事件重要讲话精神，深入基层、深入群众开展矛盾纠纷大接访、大排查、大调处，推动解决一大批信访突出问题，最大限度地增加和谐因素，最大限度地减少不和谐因素。按照中央的有关部署，全国各县（市、区）委书记，要在7月至年底展开“大接访”活动。据悉，此次接访的时间、地点和形式要在媒体上公布，建立接访台账，做到专班、责任、处理意见、时限解决到位“四个明确”。对排查出的重大疑难案件，将实行县、市、区委书记带头包案制，全程参与，直至彻底解决。此前，胡锦涛总书记曾对信访工作作出“责成党委出面接访”的重要批示。有关专家指出，责成县委书记“大接访”，把党委组织放到第一线，深入与上访群众交流沟通，是消除官民之间隔阂的开局之举，将成为变上访为下访的历史开端。2008年7月3日，全国公安信访工作电视电话会议在京召开，对做好今后一段时间特别是奥运会期间的公安信访工作提出了明确要求；7月7日，公安部交通管理局又下发通知，要求进一步加强迎奥运文明执法工作，对轻微违法要以教育为主，不能因执法不当激化矛盾。

2008年7月3日，在贵州省委关于瓮安“6·28”事件阶段性处置情况汇报会上，省委书记石宗源进一步指出，这次事件表面的、直接的导火索是女中学生的死因争议，但背后深层次原因是当地在矿产资源开发、移民安置、建筑拆迁等工作中，侵犯群众利益的事情屡有发生，而在处置这些矛盾纠纷和群体事件过程中，一些干部作风粗暴、工作方法简单，甚至随意动用警力。石宗源强调，“冰冻三尺，非一日之寒”，这起事件看似偶然，实属必然，是迟早都会发生的。鉴于有关部门的领导干部负有不可推卸的责任，贵州省委已免去瓮安县委书记王勤、县长王海平、县公安局长申贵荣等人的职务。至此，瓮安事件暂告一段落。但由此引发的反思刚刚开始。分析人士指出，“瓮安事件”暴露出一些基层政府治理功能的弱化，矛盾不是迅速解决而是长期地积累，干群党群关系不是和谐互动而是紧张缺乏互信，这种现象不止瓮安所独有。解决这些问题，首先要有畅通的民意表达渠道。更重要的是，对暴露出的问题，不能听之任之，更不能推诿敷衍。否则，一旦矛盾积少成多，让群众的怨气形成危险的“堰塞湖”，最后由一个导火索引发恶性事件，后果往往十分严重。“瓮安事件”应该给更多地区及官员敲响警钟。

2008 年 7 月 9 日，贵州省委召开党的基层组织建设年活动开展情况黔西汇报会。石宗源在会上强调，瓮安“6·28”事件暴露出一些地方在政权建设和政法队伍建设中存在的突出问题。要扎实开展县（市、区）委书记大接访活动，有效预防和化解矛盾纠纷。坚持信访工作原则，强化县级责任，形成县委书记带头、县级领导干部参加，直接面对群众、亲自接待来访，解决突出问题、化解矛盾纠纷，维护群众合法权益、促进社会和谐稳定的工作格局，通过大接访活动，探索建立起正确处理人民内部矛盾的长效工作机制。牢固树立执政为民、执法为民、执警为民的思想，坚持依法行政、文明行政，防止违法行政、粗暴行政，正确处理新形势下的人民内部矛盾。坚持以人为本，认真做好群众的思想政治工作，用真情劝慰，用法律劝导，用情理劝止，引导群众以理性合法的形式表达利益诉求。进一步提高社会建设和社会管理工作水平，多方为群众提供畅通的诉求渠道，使群众有话有处说，有理有处讲，有难有处帮，有效预防和化解矛盾纠纷。

从 7 月 4 日开始，瓮安县信访局带头上街设点接访，此后各个政府部门纷纷效仿，短短几天时间内，全县收到各类上访案件上百起。瓮安新任领导表示，将逐一清理解决各种历史积案，拿出切实有效措施解决群众反映强烈的突出问题，及时化解社会矛盾。

瓮安“6·28”事件发生后，贵州省委书记石宗源在瓮安街头走访群众时曾拿浙江的治安状况与瓮安相比较，群众回答“浙江好”。原因何在？早在 2003 年，时任浙江省委书记的习近平就在浙江率先建立领导下访接待群众制度，并提出了“平安浙江”的口号。浙江四套领导班子主要领导 4 年来共下访 4 万余人次，接待来访群众 8 万余批、30 多万人次，解决信访事项 6.8 万件，群众满意率超过 85%。浙江经验表明，变上访为下访，对于从源头上减少信访问题产生、进一步密切党群干群关系具有十分积极的作用。

在全国处理信访突出问题及群体性事件电视电话会议召开前，湖北省早在 2008 年 3 月就在全国率先全面开展县（市、区）委书记大接访活动。胡锦涛、习近平和周永康等中央领导先后对湖北省县（市、区）委书记大接访作出重要批示，并决定在全国推广湖北经验。湖北省委书记罗清泉表示，大接访工作下一步将重点抓好建立县（市、区）委书记大接访长效机制、深入抓好重信重访专项治理和矛盾纠纷排查化解工作等，推动各项工作落到实处。

2008 年 6 月 26 日，广州市试行了规模浩大的市长、区长、局长三级干部大接访，由市长和 8 位副市长带头，市、区（县级市）、街（镇）和政府职能部门领导共 1039 人分布全市 202 个点参与联动大接访，共接待群众 4576 批 8350 人次。

河北省决定，2008 年 6~8 月在全省开展“保稳定、促发展、迎奥运”活动。河北省

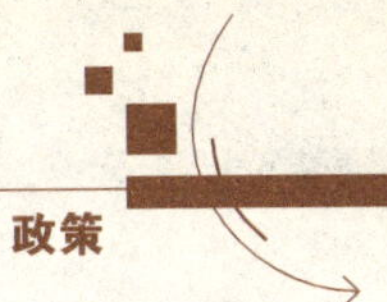



选派近10万名党政干部、政法干警、人武干部深入基层工作，通过进村入户、逐户走访摸排影响农村社会稳定的不安全、不和谐因素和苗头隐患。

## 信访责任追究体系形成

为贯彻落实2007年中央出台的《关于进一步加强新时期信访工作的意见》，中央纪委发布《关于违反信访工作纪律适用〈中国共产党纪律处分条例〉若干问题的解释》，监察部、人力资源和社会保障部、国家信访局联合发布《关于违反信访工作纪律处分暂行规定》。这是国家第一次就信访工作责任追究作出系统规定，也是近年来第一次对某一领域违纪行为同时发布党纪、政纪处分规定。

现行《信访条例》于2005年5月1日正式施行，它的出现为"信访"这种富有中国特色的权利救济方式提供了有力的法律支持，但条例中不少有关法律责任的条文都以"给予行政处分"一笔带过。此次的《解释》和《规定》弥补了上述"操作性不强"的漏洞，同时从党纪和政纪处分两个方面进行责任追究，这样严厉的治理力度近年来十分罕见。

2008年7月24日，中央纪委等四部委就颁布实施《解释》和《规定》联合召开新闻发布会。会议强调，在纪律责任追究方面，《中国共产党纪律处分条例》和《行政机关公务员处分条例》出台后，已经形成了党纪和政纪两种处分制度体系。在此基础上分别起草了《解释》和《规定》，其基本内容和政策界限是一致的。但两者的适用对象及适用的处分种类不同。《解释》适用于所有党政机关、人民团体、企业、事业单位中的中共党员，适用的处分种类为警告、严重警告、撤销党内职务、留党察看和开除党籍。《规定》适用于各级行政机关公务员，法律、法规授权的具有公共事务管理职能的事业单位中经批准参照《公务员法》管理的工作人员和其他事业单位中由国家行政机关任命的人员，适用的处分种类为警告、记过、记大过、降级、撤职和开除。

中央纪委副书记张惠新在会上要求，要严格执行《解释》和《规定》，严厉查处违反信访工作纪律的行为，维护党纪国法的严肃性。对违反信访工作纪律的行为以及背后的腐败问题，要发现一起，查处一起，绝不姑息迁就，对构成犯罪的，要及时移送司法机关追究刑事责任。

为实现对信访工作违纪行为领导责任的追究，首先必须明确"领导责任"的概念。现有国家法律法规中对此还没有明确、统一的规定，《解释》和《规定》为了强化行政机关"领导"的法律责任，在大量研究相关案例的基础上，借鉴《党纪处分条例》的有关规定，在《规定》第四条明确规定了"领导责任"，即有关领导人员在处理信访突出问题及群体性事件时，承担的与领导工作职责相关的责任，分为主要领导责任和重要领导责任。主要领导责任指在其职责范围内，对直接主管的工作不履行或不正确履行职责，对造成的影响或后果负直接领导责任。重要领导责任指在其职责范围内，对应管的工作或参与决策的工作不履行或不正确履行职责，对造成的影响或后果负次要领导责任。

| 十六种信访工作中需要追究领导责任的违纪行为 |
| --- |
| ● 决策违反法律法规和政策，严重损害群众利益，引发信访突出问题或群体性事件 |
| ● 主要领导不及时处理重要来信、来访或不及时研究解决信访突出问题，导致矛盾激化，造成严重后果 |
| ● 对疑难复杂的信访问题，未按有关规定落实领导专办责任，久拖不决，造成严重后果 |
| ● 拒不办理上级机关和信访工作机构交办、督办的重要信访事项，或者编报虚假材料欺骗上级机关，造成严重后果 |
| ● 拒不执行有关职能机关提出的支持信访请求意见，引发信访突出问题或群体性事件 |
| ● 本地区、单位或部门发生越级集体上访或群体性事件后，未认真落实上级机关的明确处理意见，导致矛盾激化、事态扩大或引发重复越级集体上访，造成较大社会影响 |
| ● 不按有关规定落实信访工作机构提出的改进工作、完善政策、给予处分等建议，造成严重后果 |
| ● 对可能造成社会影响的重大、紧急信访事项和信访信息，隐瞒、谎报、缓报，或者授意他人隐瞒、谎报、缓报，造成严重后果 |
| ● 在处理信访事项过程中，工作作风简单粗暴，造成严重后果 |
| ● 对信访事项应当受理、登记、转送、交办、答复而未按规定办理或逾期未结，或者应履行督查督办职责而未履行，造成严重后果 |
| ● 在处理信访事项过程中，敷衍塞责、推诿扯皮导致矛盾激化，造成严重后果 |
| ● 对重大信访突出问题和群体性事件，应到现场处置而未到现场处置或处置不当，造成严重后果或较大社会影响 |
| ● 超越或者滥用职权，侵害公民、法人或者其他组织合法权益，导致信访事项发生，造成严重后果 |
| ● 应当作为而不作为，侵害公民、法人或者其他组织合法权益，导致信访事项发生，造成严重后果 |
| ● 因故意或重大过失导致认定事实错误，或者适用法律、法规错误，或者违反法定程序，侵害公民、法人或者其他组织合法权益，导致信访事项发生，造成严重后果 |
| ● 违反规定使用警力处置群体性事件，或者滥用警械、强制措施，或者违反规定携带、使用武器 |

《解释》和《规定》归纳概括了16种信访工作中需要追究领导责任的违纪行为，规定的相应党纪、政纪处分量纪标准，增强了责任追究的可操作性。其中，《规定》有两个方面的内容引人注目：对因决策违反法律法规和政策，严重损害群众利益，引发信访突出问题或群体性事件的；违反规定使用警力处置群体性事件，或者滥用警械、强制措施，或者违反规定携带、使用武器的，给予记过、记大过、降级或者撤职乃至开除等处分。这让人想起贵州省委书记石宗源在处理“瓮安事件”时说的话：“事件背后深层次原因是……侵犯群众利益的事情屡有发生，一些干部作风粗暴，甚至随意动用警力”“绝不能动不动就把公安政法机关推到第一线”。“瓮安事件”以及云南孟连警民冲突，肇因大同小异，而警察在事件中的行为尤其受到关注。动辄动用警力解决问题，极有可能把原本简单的民事纠纷转化为民众与地方政府和公安机关的矛盾，这与在法治的轨道上平息社会纷争的追求背道而驰。

此外，为避免遗漏，《解释》和《规定》还设计了概括性条款，规定在信访工作中有其他失职、渎职行为，引发信访突出问题或群体性事件，也要追究相应的纪律责任。《规

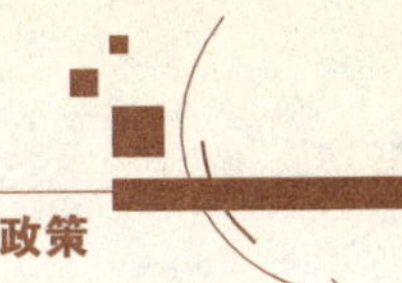



定》还针对引发地方社会失序常见的问题如官员工作作风简单粗暴；敷衍塞责、推诿扯皮等“导致矛盾激化，造成严重后果”的错误，明确了惩罚标准。

制定《解释》和《规定》的一个直接目的，就是要初步形成信访责任追究的纪律处分体系，强化党员干部和行政机关公务员的主体责任意识，这必将给党员干部和行政机关公务员依纪依法做好信访工作施加更大压力。正如国家信访局副局长张恩玺在发布会上指出的，“当前信访总量仍在高位运行”，一些信访突出问题屡屡演变升级为群体性事件。因此《解释》和《规定》出台非常及时，具有很强的现实针对性，但鉴于以往的经验教训，在执行《解释》和《规定》的过程中，需要防止在严格追究信访违纪责任的压力之下，一些党员干部和行政机关公务员出现“负面反弹”行为。

通常来说，为避免由一般信访问题“引发信访突出问题或群体性事件”，“造成严重后果”，地方政府和有关职能部门有两种选择，一种是正视当前信访总量高位运行的实情，顶着短期内信访量可能居高不下的压力，严格依纪依法办事，公正妥善地协调处理群众信访反映的问题和矛盾，以此逐渐减少信访数量，减轻信访压力。这是一种实事求是的正确选择，应该提倡和鼓励。另一种选择是，采取强制手段“截访”、“控访”，限制、干涉群众的正常信访活动，粗暴侵犯群众的信访权利。这是一段时间以来一些地方政府和有关职能部门的惯用手法。因此，尤其要在信访工作的常态中约束地方政府和有关职能部门的权力，及时纠正并严肃惩处以强制、高压手段限制群众正常信访活动、侵犯群众信访权利的违纪违法行为，防止在《解释》和《规定》的压力之下出现“负面反弹”，避免给信访工作增加新的不利因素。

## 应对群体事件需要新思维

在应对全球金融危机的严峻挑战、救经济保增长的紧要关头，一些地方由于各种矛盾积累引发的群体事件，格外牵动整个社会的神经。2008 年 11 月 24 日《瞭望东方周刊》刊登评论员文章称，应对群体事件需要新思维，贵州、云南反思瓮安、孟连事件的教训，政府实现认识上的进步，并适时推出善政袪除弊政，经验理应为全国各地各级政府共享。重庆、三亚对出租车停运事件的处理善后，各地不仅要学习地方领导出面与民众座谈、倾听呼声、化解矛盾、平息事态的做法，更要从中吸取矛盾是如何积累的、呼声为何长期被漠视的教训，加紧改革出租车管理制度。

最根本的，则是遵照胡锦涛总书记强调的那样，把学习实践科学发展观活动作为统一思想、应对挑战、解决矛盾的重大契机；按照十七大要求的那样，真正落实各项民生和民权保障，不可因暂时的经济寒冬而延缓、停步。

因为，建立顺畅的民意沟通机制，满足民众的利益诉求，加大对民生的保障力度，从来没有像现在这样紧迫。必须认识到，中国经济形势逆转，除了外部环境恶化的连累，也有经济结构失衡的内因；中国应对全球金融危机的挑战，除了与世界各国一样面对共同的难题，更因自身国情而多了不少隐患。

这种隐患，最突出体现在城乡发展的失衡和政府权力与公民权利的失衡上。经济寒流下，吞下苦果最多、最直接的承受者是为数庞大的困难群体。经济发展放缓，严重危及底层民众的饭碗和生计，各种社会情绪，更易引爆引燃。如果不能及时疏导化解，釜底抽薪地排除导火索，将加大中国应对这场危机的难度，干扰整个救经济、保增长的大局。

因而，我们必须“两线”救经济：4万亿投入刺激是一条线，加快公共政策的改革是另一条线。危机变成转机，公共政策的改革在某种意义上更能治本。前提是把危机变成加快改革的契机，一些应该实施却因各种原因屡屡被拖延的改革，如进一步加大公民各项权利的保障，实现公共服务和社会保障的城乡一体化，农民工从就业方式到权益保障上彻底变身现代产业工人，城市出租车管理去“寄生虫”化，对摊贩游商、“黑车”、“黑摩的”等被迫成为“地下经济”的民众自己解决饭碗的就业模式“地上化”，搬掉教育医疗住房负担沉重的“三座大山”，将能真正拉动内需、缓解就业压力、免除底层民众的恐慌，并倒逼中国经济转型升级、走上科学发展之路。

所幸的是，相关改革有加速之势，总体目标直指经济寒流中促进社会和谐、保障公平正义。和谐社会是抗压性最强的社会，公平正义是共克时艰的“软实力”。坚持科学发展不动摇、不让旧的施政理念借救经济“还魂”，才是走出寒冬的唯一正确道路。

2008年，中国群体性事件的发生频率、规模及危害，引起了全社会的高度关注。中国社科院农村发展所社会问题研究中心主任于建嵘教授认为，在目前中国威权体制具有相对的结构稳定性的前提下，群体性事件只是一种表达民众利益诉求或情绪的方式，不是针对政权的政治性活动；虽然会对社会治理结构带来一定影响，但不会带来政治结构的重大变化，也不会从根本上影响政府统治的完整性和有效性。当前中国社会是一个利益高度分化的多元社会，每一起事件遇到的问题各不相同，很难产生使当前纠纷式的社会冲突向运动式的社会冲突转化的话语体系。正因如此，执政者在如何防范群体事件的发生，并科学地处置各类群体事件方面，可有所作为。他列举了四项应该采取的措施：第一，要确保民众的合法权益，并通过建立真正的公平、公正的社会分配体制，让社会各阶层共享经济发展的成果。这是维持社会和谐的基础性工作。第二，要建立科学的司法制衡制度，树立法制的权威，真正做到依法治国。这是解决中国政府管治困境对策的重点。他建议，可以考虑实行司法人员的“流动回避制”。第三，要建立全面而有效的社会政治状况信息收集网络和科学评价体系，还要加强对现代危机的管理体系，建立特别事件处理制度。要求各级政府制定行之有效的关于社会泄愤事件的应急计划，并将如何处理社会泄愤事件纳入领导干部及公务员的教育之中。为了防止政府滥用警力，应追究滥用警力者的行政责任甚至刑事责任。第四，让民众能够充分有效地在体制内维护他们的合法权益，是中国长期稳定发展的最可靠的政治保障。

REPORT ON CHINA'S NATIONAL POLICIES

中国国策报告

# 中央部委指明决策导向

## 2008年部委政策扫描

2008年初，随着党中央和国务院重大会议的相继落幕，各大部委也都开始紧锣密鼓地制定和出台一系列相关政策。为方便决策者从大势上把握2008年中央的政策走向，因势利导、因地制宜地推动当地经济社会又好又快发展，我们对年初中央部委的政策要点进行了梳理，以期提供更多的政务信息参考。

| 国家发改委　关键词：双防 | |
|---|---|
| **核心关注** | **政策扫描** |
| 2008年，宏观调控的主要任务是“双防”，国家发改委在严格控制高耗能高排放行业的盲目扩张，控制“两高”产品出口过快增长，从严限制新上扩能项目，推进产业结构调整，以及稳定物价等方面会打出什么样的“组合拳”令人关注，也影响广泛。 | ◆ 修订现行产业结构调整指导目录，制定和实施适用于不同主体功能区发展定位的产业指导目录，实行差别税率和不同的占地、耗能、耗水和排放标准；<br>◆ 制（修）订高耗能产品能耗限额强制性国家标准、终端用能产品（设备）能效标准；<br>◆ 加快建立淘汰落后产能退出激励机制；<br>◆ 继续推进资产价格改革；<br>◆ 调整煤炭、有色金属、铁矿石等矿产资源的资源税额标准；<br>◆ 推进户籍制度改革以及与其挂钩的教育、医疗、社会保障、住房等领域的改革。 |

| 中国人民银行　关键词：从紧 | |
|---|---|
| **核心关注** | **政策扫描** |
| 2007年，央行货币政策操作达到空前的力度和频度：6次加息、10次上调存款准备金率、启动特别国债、特种存款等。但是过剩的流动性压力依然不减，人民币升值的压力和呼声持续高涨。面对不断扩大的贸易顺差和持续走高的通胀，央行在多种矛盾中艰难平衡。2008年，货币政策将如何既保证总体“从紧”、又确保“待扶持领域的有效支持”？在维持国内的物价稳定和保持汇率稳定之间，将如何抉择？ | ◆ 认真执行从紧的货币政策；<br>◆ 扎实推进金融体制改革，巩固和扩大改革成果；<br>◆ 加快构建金融稳定长效机制，切实维护金融体系稳健运行；<br>◆ 加大创新力度，推动金融市场发展；<br>◆ 进一步深化外汇管理体制改革，稳步推进资本项目可兑换。 |

| 卫生部　关键词：医改 | |
|---|---|
| **核心关注** | **政策扫描** |
| 去年关注度最高的话题之一，就是新的国家医疗改革方案。随着2007年陈竺赴任卫生部部长，人们想撩开方案“面纱”的欲望越来越强。2007年底卫生部向社会公布了方案“四梁八柱”的框架。方案预计将在2008年3月底公布，医改就此进入了倒计时读秒期。 | ◆全面推进医药卫生体制改革，认真组织好医改试点；<br>◆加强医疗服务体系建设，为群众提供安全、有效、方便、价廉的服务。 |

| 劳动和社会保障部　关键词：劳动合同法 | |
|---|---|
| **核心关注** | **政策扫描** |
| 2008年，在建设和谐社会的总体框架下，劳动保障工作成为关注焦点。《劳动合同法》将改善企业用工环境，但配套文件如何制定，将影响这部法律的执行实效；医改方案出台后，劳动和社会保障部将全面建立并管理城市居民基本医疗保险体系；如何让职工工资随着经济增长和企业效益提高、物价上涨而相应提高，同时又保护企业分配自主权，在政策层面值得期待。 | ◆ 城镇居民基本医疗保险试点争取在全国50%左右的城市启动实施；<br>◆《劳动合同法》抓紧制定配套文件，密切关注企业用工和劳动争议案件的动态；<br>◆加快推进企业职工工资正常增长机制，加大对企业职工工资增长的调节力度。 |

| 建设部　关键词：住房保障 | |
|---|---|
| **核心关注** | **政策扫描** |
| 历经两年多的努力，中国低收入人群的住房保障系统基本形成体系。但是，随着2007年房价快速上涨，居民买不起房的问题日益尖锐化。先解决低收入人群需要，再考虑中等收入人群，这是任何国家应付住房问题的必然逻辑。与解决低收入人群住房需求相比，中等收入人群住房需求的解决更为复杂，牵动房地产产业格局以及整体社会福利政策。然而，限价房、政策性租赁房都是各地因地制宜为稳定房价筹划的灵活措施，我们需要一个远景目标。 | ◆全面推进住房保障制度建设，加快调整住房供应结构；<br>◆ 继续调控引导住房需求，坚持根据人多地少的国情，进一步引导合理住房消费；<br>◆坚持保障生存性需要，支持自住性需要，抑制投资性需求，遏制投机性需求；<br>◆ 配合有关部门完善和落实有区别的税收、信贷政策，严格执行第二套住房信贷管理的有关规定，推进征收物业税试点。 |

国土资源部　关键词：闲置土地

| 核心关注 | 政策扫描 |
| --- | --- |
| 继2007年一系列土地调控政策出台后，国务院1月3日正式发布《关于促进节约集约用地的通知》，从房地产开发用地到基础设施用地再到农村集体土地，新政为今后我国的土地利用印制了“节约集约”的新标签。为保住18亿亩耕地红线，在实行最严格土地管理制度的同时，节约集约利用土地成为今后我国土地利用的根本方针。 | ◆贯彻《国务院关于促进节约集约用地的通知》；<br>◆4月底前完成闲置土地清理，6月底前全面完成处置工作；<br>◆ 清查所有矿区，查处无证勘查开采等违规违法行为；<br>◆全面推进矿产资源有偿使用制度改革； |

农业部　关键词：农民增收

| 核心关注 | 政策扫描 |
| --- | --- |
| 在十七大报告确定“城乡经济社会发展一体化”方向基础上，今年中央“一号文件”以切实加强农业基础建设，进一步促进农业发展农民增收为主题，切中了当前农业农村发展的要害，抓住了实现经济社会又好又快发展的基础问题。可以预期，这必将成为今后“三农”工作再创辉煌的新动力和建立城乡经济社会发展一体化新格局的新起点。 | ◆增加粮食和“菜篮子”产品生产。力争粮食产量稳定在1万亿斤以上，四大粮食作物综合优质率达到65%。努力恢复扩大油料、大豆面积，力争单产提高1个百分点。下大力气抓好高致病性猪蓝耳病防控，推进生猪标准化规模养殖；<br>◆多渠道促进农民就业增收。力争农民人均纯收入增长6%以上。加快实施新一轮优势农产品区域布局规划，发展乡镇企业和农村二、三产业，进一步加大政策扶持力度，落实各项补贴政策。推广节本增效技术，提高投入品利用率，降低农业生产成本。 |

国家税务总局　关键词：个税改革

| 核心关注 | 政策扫描 |
| --- | --- |
| 把地方税制的改革和完善作为下一步税制改革的一项重要内容抓紧抓好。努力构建以财产税、资源税等为主体的地方税制体系是对2008年税务工作提出的一个要求。2008年资源税调整有望实施，届时地方税收收入将有大幅增加，预计比现在提高四到五倍。 | ◆制定和完善新的企业所得税法配套管理制度和办法，出台总分公司汇总纳税的分配方案；<br>◆ 推进个人所得税税制改革，研究综合与分类相结合的个人所得税制度，更好地调节个人收入分配；<br>◆ 进一步完善增值税制度，研究制定在全国范围内实施的方案。 |

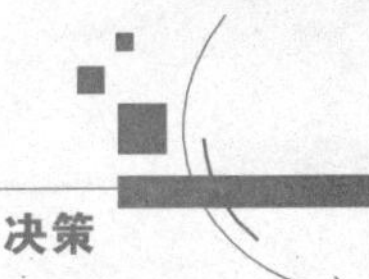



## 财政部　关键词：抑制通胀

| 核心关注 | 政策扫描 |
| --- | --- |
| 在防止经济过热、抑制通货膨胀中，财政政策也将扮演重要角色。2007年底，资源税改革方案未获通过，缘于资源税改革有可能加剧通胀压力。而在10天时间内连续出台对原粮及其制品取消出口退税，后又征收5%～25%的暂定关税的政策，目的则在于防止国内粮食产品供应减少，抬高物价。在2008年财税政策以抑制通胀、防止经济过热、节能减排为重点目标的情况下，增值税转型在全国推开将面临阻力，因为消费型增值税作为减税政策，对投资有拉动作用。 | ◆ 深化预算制度改革，建立健全预算执行与编制的浮动机制；<br>◆ 改革完善地方税收体系，提高地方税收收入；<br>◆ 修订《增值税暂行条例》，争取将生产型增值税修订为消费型增值税；<br>◆ 研究开征环境税；<br>◆ 拟定《政府非税收入管理条例》和《政府采购实施条例》；<br>◆ 实现城市义务教育免费。 |

## 环保总局　关键词：土壤污染

| 核心关注 | 政策扫描 |
| --- | --- |
| 2007年中国的污染减排出现重要转机。两项主要污染物总量增加的趋势明显减缓。然而，江河湖海的污染却已不堪重负。全面建立污染防控体系，实施并且继续制定更严格的环境保护措施已经刻不容缓。今后三年是实施环保"十一五"规划的关键时期。污染减排、水污染防治、环境准入、重点行业、重点工程和农村环境保护均是重点。 | ◆ 继续加大污染防治力度；<br>◆ 江河湖海生态恢复，保证饮水安全；<br>◆ 改善区域环境质量。集中整治市区和周边地区大气、污水和生活垃圾等污染；<br>◆ 强化执法监督；<br>◆ 提高环境准入门槛，严格控制"两高一资"行业过快增长，停止审批向河流排放重金属、持久性有机污染物的建设项目。继续实行"区域限批"；<br>◆ 严控重污染企业落后产能向农村和落后地区转移；全面完成土壤污染调查任务。 |

## 国务院国资委　关键词：央企上市

| 核心关注 | 政策扫描 |
| --- | --- |
| 央企改革的终极目标，是到2010年打造一支约由100家央企组成的"国家队"。距离这一时限已不到两年，2008年必将是充满挑战的一年。国资委如何把控央企上市进程与节奏，对资本市场影响巨大。与此同时，国资委如何定位自己，在中央企业提高控制力与市场开放之间，国资委扮演什么样的角色，对那些期待进入垄断领域的民营企业来说很关键。 | ◆ 扩大董事会试点户数和范围，继续进行外部董事担任董事长的探索；<br>◆ 继续推进中央企业重组调整；<br>◆ 配合起草《国有资产法》；<br>◆ 探索建立混合产权管理的有效模式，监管重点向上市公司国有股份转移，加强国有控股股东行为管理；<br>◆ 完善出资人财务监督体系。 |

| 国家外汇管理局　关键词：热钱 | |
|---|---|
| 核心关注 | 政策扫描 |
| 2007年，中国外汇储备达到1.53万亿美元，同比增幅超过43%。外汇储备流入持续加大增大了人民币升值压力。而在美国经济面临衰退风险之时，资金流向是否可能发生逆转，也值得警惕。外管局还承担着大部分外汇资产的保值增值使命，未来新增外汇资产是否还会以某种方式划入中国投资公司，也值得关注。 | ◆ 推动进出口核销制度改革，分步实施服务贸易外汇管理改革；<br>◆ 加强外汇市场基础建设，进一步改进货币兑换服务；<br>◆积极支持境内企业个人境外直接投资；<br>◆ 加强金融机构外汇业务监管；<br>◆ 以外汇资金流入和结汇后人民币资金流向为重点组织一系列专项检查，开展对银行执行外汇政策合规性的专项检查。 |

| 审计署　关键词：专项审计，效益审计 | |
|---|---|
| 核心关注 | 政策扫描 |
| 对审计署来说，一如既往地坚守自己的底线，对审计结果进行完整披露，是公众最期待的事情。当然，公众还是会问：审计出的问题到底怎么解决了? | ◆ 加强对社保、医疗、教育等关系民生的财政资金监督，促进各项惠民政策落实；<br>◆ 加强对涉农资金、社保资金、救灾资金、环保资金等领域的审计；<br>◆ 加强经济责任审计，重点加强对领导干部特别是主要领导干部、人财物管理使用、关键岗位的监督，健全质询、问责、经济责任审计；<br>◆ 加强关于转移支付、资源与环境以及科技领域的专项资金审计；<br>◆ 逐步加大对政策性银行、证券公司、保险公司和金融资产管理公司的审计力度。 |

| 国家统计局　关键词：统计改革 | |
|---|---|
| 核心关注 | 政策扫描 |
| 2007年，随着股市的跌宕起伏，宏观经济数据成为市场关注的焦点。如何加强统计的透明度、权威性、科学性、准确性，成为各界讨论的焦点，统计局的位置也因此变得更为“显性”。2008年，宏观经济中有了更多的变数，统计如何能适应经济发展的需要，不断改进统计方法，完善统计制度，成为在经济迅速发展的时代对统计的最大挑战。 | ◆ 加强对城镇低收入居民的基本生活费用价格指数的编制工作；<br>◆ 进一步做好价格统计的监测预警工作，增加一项对于部分食品价格的调查，从月报改为旬报；<br>◆ 房地产价格的统计改革，一是统一所调查的城市辖区或企业项目统计范围；二是合并和规范一些指标的设置。 |

## “大部制”改革揭幕前后的思考

2008年初，与各大部委的新政频出相应，“大部制”也成为主流媒体和民间舆论的高频关键词。这不仅是因为十七大报告首次提出“大部制”改革，还因为改革开放30年后，随着经济的发展，这一次政治体制改革，有望突破以往行政体制改革的弊端，令人期待。部分专家学者们希望政府能够以此为契机，进一步按照精简、统一、效能的原则进行机构改革，完成从投资型的经济发展职能走向公共服务型经济促进职能的转变。

“大部制”作为现代社会公共服务型政府的制度产物，也是市场经济成熟的国家普遍采用的政府体制模式。从长远来看，“大部制”是社会大转型中政府突出保障功能淡化行政色彩的必然选择。

然而，任何一项改革新政都是一把“双刃剑”。与媒体热议的改革领域、冗员职位精简和改革意义相比，如何优化改革后大部门的科学决策职能、建立高效的执行机制、约束和监督庞大权力机器的健康运行，减少我国政治体制改革巨轮前行过程中可能付出的历史代价，或许更值得我们冷静思忖。

## 快、重、准、实扩大内需

当前，愈演愈烈的国际金融危机严重冲击着世界经济的发展，对我国经济的影响也越发明显。为及时有效应对变化很快的国内外经济形势，促进经济增长，近日，党中央、国务院审时度势，把握时机，果断对我国宏观经济政策进行重大调整，决定实施积极的财政政策和适度宽松的货币政策，出台了一系列有力的扩大国内需求措施。回顾这些政策措施，密度之高、规格之高、速度之快、措施之实，令人惊叹，为之振奋。

11月10日，国务院召开省区市人民政府和国务院部门主要负责同志会议。国务院总理温家宝发表讲话时指出，中央出台扩大内需促进经济增长的十条措施，对于克服当前的困难和保持长远的发展都具有重大意义。他还指出，实施这些措施，总的要求是，出手要快，出拳要重，措施要准，工作要实。其中“快、重、准、实”的“四字”总要求，可谓简洁明快，字字千钧。

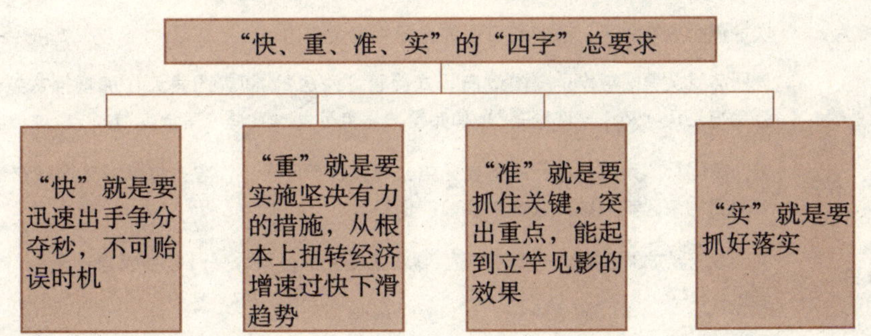


### 出手快：政策落实争分夺秒

当前，我国经济社会发展正处在一个关键时期，要想使我国经济快速稳定的发展，就要与时间赛跑，与国际金融危机的不利影响赛跑。

今年以来我国经济发展面临的形势，可以用“复杂多变”来概括。面对复杂多变的形势，温家宝总理在不同的场合强调了中国政府将采取灵活审慎的宏观经济政策，努力保持经济稳定、金融稳定、资本市场稳定。

我国经济增长在今年呈现逐季放缓，有我国主动调控的因素，也有国际金融危机导致的世界经济增长放缓的影响。从“防过热、防通胀”到“一保一控”，再到“把保持经济稳定增长放在首要位置”，充分体现了我国宏观经济政策的灵活性、针对性，也显示政府宏观调控能力日臻成熟。

由美国次贷危机引发的全球性金融危机愈演愈烈，并已开始对全球实体经济造成严重影响。中国虽然受到的直接冲击相对较小，但对经济增长带来的负面影响也已经开始显现，经济增速连续五个季度减缓，今年GDP增速从一季度的10.6%下滑到三季度的9%。近一个多月来，受日益加重的国际金融危机影响，我国出口增长明显放缓，经济增长回落势头加快，企业经营困难，促进农业增产、农民增收难度加大，房地产领域存在的问题也愈加突出，节能减排任务更加艰巨。

党中央、国务院一直密切关注着国际金融危机的发展态势和国内经济形势的变化，实施灵活审慎的宏观经济政策，在近几个月连续出台了一系列政策措施：加大支农惠农政策力度，较大幅度提高粮食最低收购价；调整外贸政策支持出口稳定增长，适当调高了部分劳动密集型和高技术含量、高附加值商品的出口退税率；增加保障民生投入、加强对中小企业支持；连续三次降低利率，两次降低存款准备金率；降低购房首付比例，支持百姓首次购买住房；核准了一批事关长远发展的基础设施建设项目。这些措施在增强信心、克服困难、稳定经济方面发挥了积极作用。

美国面对金融危机情况

| 时间 | 内　容 |
| --- | --- |
| 2007年4月 | 美国新世纪金融公司申请破产，标志着次贷危机正式爆发。 |
| 2007年8月 | 次贷危机席卷美国、欧盟和日本等世界主要金融市场。 |
| 2008年9月初 | 美两房巨头濒临破产，美国政府正式接管“两房”，即美国两大住房抵押贷款巨头——范尼梅公司（又译“房利美”）和弗雷迪马克公司（又译“房地美”）。 |
| 2008年9月15日 | 曾为美国第四大投资银行的雷曼兄弟公司发表声明表示，宣布将根据美国破产法案第11章向纽约南区美国破产法庭申请破产保护。 |
| 9月20日 | 美国政府要求国会批准一项总额达7000亿美元的金融救援计划，以阻止金融危机进一步恶化。 |
| 9月21日 | 美联储宣布华尔街“地震”中幸存的两大投资银行——高盛集团和摩根士丹利公司获准向商业银行转型。这一举措意味华尔街传统的投资银行模式宣告终结。 |
| 9月29日 | 美国国会众议院以228票对205票的投票结果，否决了布什政府提出的总额为7000亿美元的金融救援方案。 |
| 10月4日 | 美国国会众议院以263票赞成、171票反对的表决结果通过了备受瞩目的7000亿美元救市方案。 |

11月5日，温家宝总理主持召开国务院常务会议，研究部署进一步扩大内需促进经济平稳较快增长的措施。会议提出，当前要实行积极的财政政策和适度宽松的货币政策，并确定了当前进一步扩大内需、促进经济增长的十项措施。随后的11月10日，国务院召开省区市人民政府和国务院部门主要负责同志会议。会议要求各地区各部门要认真贯彻落实中央的决策和部署，扎实做好各项工作，努力保持经济平稳较快发展。中央从出台扩大内需促进经济增长的十条措施，到及时召开省区市人民政府和国务院部门主要负责同志会议进行部署，期间只用了短短几天的时间。11月11日，国家发改委紧急召开会议安排四季度新增1000亿元投资工作。由于国务院要求必须在明年两会前落实到项目上，在余下的110天里，争分夺秒地投资，成了各级政府的要务。而相比美国政府7000亿美元救市计划的一波三折，我国政府的出手可谓争分夺秒，坚决果断。

## 出拳重：中央4万亿扩大内需

当前，我国的经济形势不容乐观。虽然前三个季度的平均增长速度为9．9%，但第三季度的增速已明显放缓，而经济放缓的原因在一定意义上说也与世界金融危机影响有关。在这种情况下，如果按部就班地继续采取稳步推进的经济政策显然不行。因为这样根本达不到刺激经济重新提速的效果，也就不能从根本上扭转经济增速过快下滑趋势。在这种情况下，就是要实施坚决有力的措施，出重拳、下猛药，用坚决有力的措施和不断加大的工作力度，防止出现大的起落，确保经济平稳较快发展。

11月5日，温家宝主持召开国务院常务会议，会议确定了当前进一步扩大内需、促进经济增长的十项措施。初步匡算，到2010年底约需投资4万亿元。为加快建设进度，会议决定，今年四季度先增加安排中央投资1000亿元，明年灾后重建基金提前安排200亿元，带动地方和社会投资，总规模达到4000亿元。

进一步扩大内需、促进经济增长的十项措施

| 十项措施 | 具体内容 |
|---|---|
| 一是加快建设保障性安居工程 | 加大对廉租住房建设支持力度，加快棚户区改造，实施游牧民定居工程，扩大农村危房改造试点。 |
| 二是加快农村基础设施建设 | 加大农村沼气、饮水安全工程和农村公路建设力度，完善农村电网，加快南水北调等重大水利工程建设和病险水库除险加固，加强大型灌区节水改造。加大扶贫开发力度。 |
| 三是加快铁路、公路和机场等重大基础设施建设 | 重点建设一批客运专线、煤运通道项目和西部干线铁路，完善高速公路网，安排中西部干线机场和支线机场建设，加快城市电网改造。 |
| 四是加快医疗卫生、文化教育事业发展 | 加强基层医疗卫生服务体系建设，加快中西部农村初中校舍改造，推进中西部地区特殊教育学校和乡镇综合文化站建设。 |
| 五是加强生态环境建设 | 加快城镇污水、垃圾处理设施建设和重点流域水污染防治，加强重点防护林和天然林资源保护工程建设，支持重点节能减排工程建设。 |

续表

| 十项措施 | 具体内容 |
|---|---|
| 六是加快自主创新和结构调整 | 支持高技术产业化建设和产业技术进步，支持服务业发展。 |
| 七是加快地震灾区灾后重建各项工作 | |
| 八是提高城乡居民收入 | 提高明年粮食最低收购价格，提高农资综合直补、良种补贴、农机具补贴等标准，增加农民收入。提高低收入群体等社保对象待遇水平，增加城市和农村低保补助，继续提高企业退休人员基本养老金水平和优抚对象生活补助标准。 |
| 九是在全国所有地区、所有行业全面实施增值税转型改革 | 鼓励企业技术改造，减轻企业负担 1200 亿元。 |
| 十是加大金融对经济增长的支持力度 | 取消对商业银行的信贷规模限制，合理扩大信贷规模，加大对重点工程、“三农”、中小企业和技术改造、兼并重组的信贷支持，有针对性地培育和巩固消费信贷增长点。初步匡算，实施上述工程建设，到 2010 年底约需投资 4 万亿元。为加快建设进度，会议决定，今年四季度先增加安排中央投资 1000 亿元，明年灾后重建基金提前安排 200 亿元，带动地方和社会投资，总规模达到 4000 亿元。 |

对于四季度增加安排的中央千亿投资计划，国家发改委召开紧急会议加以落实，会议指出，新增中央投资将优先安排符合投向并可以迅速形成实物工作量的在建项目，并及时启动符合条件的新开工项目，以形成有效需求、有效拉动。同时，将严格防止新增中央投资用于“两高”（即高耗能、高污染）行业和低水平重复建设，防止铺张浪费。目前，已大致分配到农业部、水利部、住房和城乡建设部、环境保护部和卫生部等 11 个部委。

## 措施准：以点带面全面发展

中央强调当前要实行积极的财政政策和适度宽松的货币政策，提出了当前进一步扩大内需、促进经济增长的十项举措，看起来是全面开花，实际上，这十个方面就是投资的十个重点。具体到各个阶段各个地区各条战线，则各有侧重点，必须集中精神抓好重点项目的投资，而后以点带面，达到推动经济社会全面发展的目的。

**货币政策发生重大方向性转变**。中国社科院金融所货币政策研究室主任彭兴韵认为，这标志着我国货币政策发生重大转向。仅从字面含义上来看，宽松是相对于从紧而言的，二者在操作方向上相反。与去年以来从紧货币政策相对照，这次国家提出适度宽松的货币政策，是货币政策的方向性转变。

国务院发展研究中心宏观经济部研究员张立群认为，适度宽松意味着在货币供给取向上，将不再是以控制供应、收缩信贷为基调，而是以对资金供给的释放、信贷的放松为基调，最终是为了达到拉动内需、刺激经济的目的。

中国人民大学财金学院副院长赵锡军认为，这十项措施是针对国内、国际形势变化的及时反映。对于发展中国家来说，经济发展仍然被摆在重要位置，因此拉动内需成为弥补外需下降的关键，以 4 万亿元来刺激消费、拉动投资非常有针对性。从长期来看，这将为我国经济保持长期稳定增长打下基础，对于提高我国经济发展的质量具有重要意义。

**宏观调控提出新要求，出手快出拳重措施准。**中国发展研究基金会副秘书长汤敏认为，从世界范围来讲，我国出台十项措施时机也选得比较好，是对金融危机的危险性看准摸清了，火候到了的时候才出手的。其实，美国次贷危机在今年上半年已经愈演愈烈。但当时我国通货膨胀率较高，若那时出手，就有可能推高通货膨胀，影响经济稳定。而现在，通货膨胀率降下来了，危机的危害性也看得越来越清楚了，所以此时出手恰逢其时。

财政部财政科学研究所所长贾康认为，从 1998—2004 年我国实行积极财政政策的效果看，积极财政政策每年对 GDP 的贡献率大约在 1．5 至 2 个百分点左右，力度还是相当大的。近年来，我国财政收入持续快速增长，国家财力大大增强，社会保障支出加大和扩大投资不会给财政带来过大压力。近年来我国实行稳健的财政政策，财政赤字逐年下降，保持在一个很低的水平。适当扩大国债发行规模仍在安全可控范围之内，不会导致财政赤字风险。从财政投资的重点来看，投资领域涉及民生、“三农”、基础设施、医疗卫生、文化教育、生态环境等社会薄弱环节，以这样的投资方式拉动经济增长，很好地体现了优化结构、有保有压，让百姓得到了更多实惠。

**4 万亿投资将从整体上带动社会投资。**国家发改委投资研究所所长罗云毅认为，4 万亿资金并不都是中央财政投入，其中既有国家财政，也有地方财政、企业等社会力量的投入。此外，还包括一部分银行贷款。至于能够带动多少社会投资，我认为不同项目的带动效应是不一样的。那些能够带来经营性收入的项目，其拉动社会投资的效应大一些，而一些公益性投资项目，其带动效应就小一些。但不管怎么样，国家投入必将从整体上带动社会投资。

## 工作实：中央主推七项工作

任何工作最终都要落实到落实上。11 月 10 日，国务院在确定拉动内需的十项措施后的第五天，召开了省区市人民政府和国务院部门主要负责同志会议，部署了落实中央政策措施的七项工作。目前，各部委，各地区都纷纷召开扩大内需促进增长工作会议，坚决贯彻落实国务院关于进一步扩大内需促进经济增长的会议精神和温家宝总理的重要讲话精神，研究部署进一步扩大内需促进经济平稳较快增长的措施。

温家宝部署了落实中央政策措施的七项工作

| 七项工作 | 具体内容 |
| --- | --- |
| （一）加大投资力度和优化投资结构 | 中央出台的十条措施，主要有四类：加快实施重大民生工程；加快在建重大基础设施项目建设；尽快启动一批有利于增强经济发展后劲的大型工程项目；加大力度支持产业结构调整和优化升级关键项目建设。落实这些措施，要加强对重大投资的管理，认真做好可行性研究论证，提高投资质量和效益。要加强对市场自主投资的鼓励和引导，支持引导民间资本投向政府鼓励项目和符合国家产业政策的领域，广泛参与各种民生工程、基础设施和生态环境建设，把政府投资引导作用与发挥民间投资积极性有机结合起来。 |
| （二）着力扩大消费需求特别是居民消费需求 | 要把扩大消费与完善收入分配政策结合起来，与扩大就业结合起来，与发展服务业结合起来。最重要的是，要千方百计增加居民收入，提高消费能力。加大力度调整国民收入分配格局，提高中低收入居民收入比重。努力消除制约消费的制度和政策障碍，改善居民消费预期，引导和促进居民扩大消费需求。 |
| （三）促进房地产市场平稳健康发展 | 房地产业是国民经济的重要支柱产业，对于拉动钢铁、建材及家电家居用品等产业发展举足轻重，对金融业稳定和发展至关重要，对于推动居民消费结构升级、改善民生具有重要作用。要认真分析和研究房地产市场的形势，正确引导和调控房地产走势。要增加廉租房、经济适用房等保障性住房的投资收购和开发建设；落实和完善促进合理住房消费的政策措施；促进中小户型、中低价位普通商品房开发建设稳定发展；加快发展二手房市场和住房租赁市场。继续整顿房地产市场秩序，规范市场交易。 |
| （四）努力保持出口稳定增长 | 综合运用出口退税、外贸发展基金、财政贴息等政策措施，支持拥有自主品牌、核心技术的产品和大型机械设备以及农轻纺等有竞争力的劳动密集型产品出口。加快实施出口市场多元化战略。积极扩大国内需要的先进技术、设备、关键零部件和能源原材料进口，增加重要战略物资储备。 |
| （五）着力提高企业素质和市场竞争力 | 保持经济平稳较快发展，最根本的是要激发企业的活力，促进企业发展。各类企业都要苦练内功，加快自主创新，优化产品结构，提升产品质量，增强开拓市场的能力，提高市场竞争力。各项宏观经济政策都要有利于企业发展，要从财税、金融、贸易、产业、收费等方面，采取多种政策措施，积极推动企业兼并重组，支持企业特别是中小企业发展。 |
| （六）认真做好金融财政工作 | 改进金融调控，综合运用多种政策工具，保持货币信贷合理增长。银行、证券、保险业都要加大对促进经济增长的支持力度，有效满足实体经济对金融服务的合理需求。促进股票市场稳定健康发展。各类金融企业要切实加强基础管理、内部控制和风险防范；要加强金融监管，完善监管制度和协调机制，有效防范金融风险，确保我国金融安全。大力开展财政增收节支工作。依法加强税收征管，调整优化财政支出结构，加大对经济社会发展薄弱环节支持，严格控制一般性支出。 |
| （七）积极推进关键环节和重点领域改革 | 全面实施增值税转型改革；抓住有利时机，进一步理顺成品油、天然气价格形成机制；加快推进医药卫生体制改革，组织好改革试点，抓紧出台各项具体配套政策；进一步转变政府职能，提高办事效率。 |

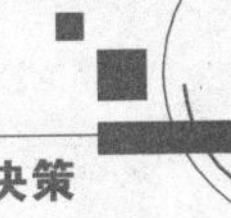



各地落实中央拉动内需"十项措施"情况

| 地区 | 贯彻落实内容 |
| --- | --- |
| 北京 | 提出了拉动内需的五大举措：第一，增强群众对经济增长的信心，改善消费预期。第二，将继续提高城乡居民收入水平，特别是加大对困难群体的保障力度，增强居民的消费能力和欲望。第三，北京应该培育新的消费增长点，推动消费结构升级，特别是要综合利用奥运形成的资源，加大国际旅游市场的开发力度，提升国内旅游的规模和档次。第四，在扩大农村消费方面，要建立城乡一体化的市场流通网络建设，建立完善商贸流通法规体系。第五，要积极开展消费信贷，营造良好的消费体系。 |
| 天津 | 全市各地区、各部门要紧密结合天津经济发展实际，以滨海新区开发开放为重点，加大固定资产投入，尽快排出一批大项目、好项目，包括重大基础设施项目、民计民生项目、保障性住房项目、循环经济项目、农业水利设施项目、教育文化卫生等。要加强协调，密切配合，积极主动与国家各部门衔接沟通，加大对接力度，切实抓好项目和资金的落实。要为重大项目提供良好服务，加快审批进度，创造良好建设环境。要建立工作落实机制，明确责任，形成合力，主要领导要亲自抓，快行动，见成效。 |
| 上海 | 陆续制定了加快基础设施建设、促进社会事业均衡发展、稳定房地产市场等 8 项具体措施。 |
| 重庆 | 在未来 5 年内投下 3000 亿元，改善人居扩大内需。将主要用于强化住房保障、改善生态环境、提升服务功能等，以求在改善人居环境的同时，用项目投资扩大内需，从而带动经济持续发展。 |
| 广东 | 出台了一系列扩大内需措施，其中总投资 2.37 万亿元的"新十大工程"，成为广东加快调整产业结构、转变发展方式、促进经济平稳较快发展的强大引擎。 |
| 河北 | 省发改委按照国家提出的支持方向和重点，对该省备选项目进行了分类汇总。项目总计 559 项，总投资 5889 亿元，并陆续上报国家发改委，为争取新增中央投资奠定了基础。 |
| 安徽 | 10 月 31 日，出台《安徽省人民政府关于促进经济平稳较快增长的若干意见》。《意见》共包括 14 条，包括鼓励自主创新、强化金融支持、建立中小企业贷款风险补偿资金、促进住房消费等。其中部分意见与中央提出的"十举措"具有一定的相关度。 |
| 黑龙江 | 要牢牢牵住大项目建设"牛鼻子"，在建项目要往前抢进度，抓好年末国家紧急启动 1000 亿元投资，积极争取国家资金。 |
| 广西 | 部署了落实中央政策措施的十项工作：一是加快建设保障性安居工程。二是加快农村基础设施建设。三是加快铁路、公路和机场等重大基础设施建设。四是加快医疗卫生、文化教育事业发展。五是切实抓好节能减排工作，努力推动生态文明建设。六是加快自主创新和结构调整。七是加快我区灾区灾后重建工作。八是提高城乡居民收入。九是认真做好全面实施增值税转型改革相关工作。十是加大金融对经济增长的支持力度。 |
| 吉林 | 围绕振兴吉林老工业基地中心任务，以信息化带动工业化，以工业化促进信息化，推进信息化与产业发展有机融合，优化产业结构升级，转变发展方式，谋划建设一批带动作用强的重点项目，发展壮大一批优势骨干企业，研究开发一批行业关键技术，加快科技成果产业化，增强信息产业的竞争力，推动信息产业实现跨越式发展，把信息产业建设成为支柱产业，提高信息产业对经济增长的贡献率。 |

续表

| 地区 | 贯彻落实内容 |
| --- | --- |
| 陕西 | 提出了贯彻中央决策的八项措施，一是加大基础设施投入力度。二是支持一批优势重点工业项目。三是进一步推进民生八大工程。四是以推进农业产业化、农村工业化和城镇化促进县域经济发展。五是切实增加居民入，全面落实中央提高居民特别是农民和城乡低收入群体收入的各项政策。六是加快灾后恢复重建步伐。七是加大招商引资力度。八是加大财政金融支持力度。 |
| 内蒙古 | 要实施积极的财政政策和适度宽松的货币政策，出台更加有力的扩大内需措施，加快民生工程、基础设施、生态环境建设和灾后重建，提高城乡居民特别是低收入群体的收入水平。 |

# 地方政府理顺决策过程

## 广泛进行课题调研

通览各地出台的调研课题可以发现，地方政府在与中央政策精神保持高度一致的基础上，致力解决问题和探索出路，政府自身建设、转变经济增长方式、推动产业结构升级成为主要内容。

第一，健全监督机制凸显服务型政府建设。温家宝总理在2008年的《政府工作报告》中强调，要健全监督机制，创造条件让人民群众更有效地监督政府。因此，完善政府约束监督机制被列为各省（市）政府重点研究课题之一。安徽省作为县委书记腐败的重灾区，2008年选定的课题《县（区）“一把手”权力监督问题研究》，以安徽省近年来20多个县（区）委书记腐败案件为依据，旨在有针对性地提出加强对“一把手”权力监督的对策建议。

第二，力推节能减排凸显经济增长方式转变。在2008年各省（市）重点研究课题中，节能减排研究也占据了重要位置。以石家庄为例，城区内仍然存在着很多高耗能、高污染企业，节能减排任务依然艰巨。该市将从科技支撑重点及对策等方面进行调研，力求尽快转变经济增长方式。

第三，发展现代服务业凸显产业结构升级。2008年上海“两会”上，关于航运中心建设亟须提升的软环境成为热议话题。航运中心软环境的不足，极大地限制了船舶保险、评估、保险经纪等金融及法律咨询服务产业的发展，也不利于上海国际金融中心的建设。因此，在2008年上海市决策咨询研究重点课题中，涉及了多项与服务业相关的课题。

上海、重庆、广州等地针对当前出现的热点、难点、重点问题，相继对外公布了各自的2008年政府重点调研课题，为政府制定和完善公共决策提供了越来越多的智力支持。从内容上看，除了各具特色的区域谋略外，这些政府课题关注的重点主要集中在政府监督机制、节能减排和服务业发展三个方面。

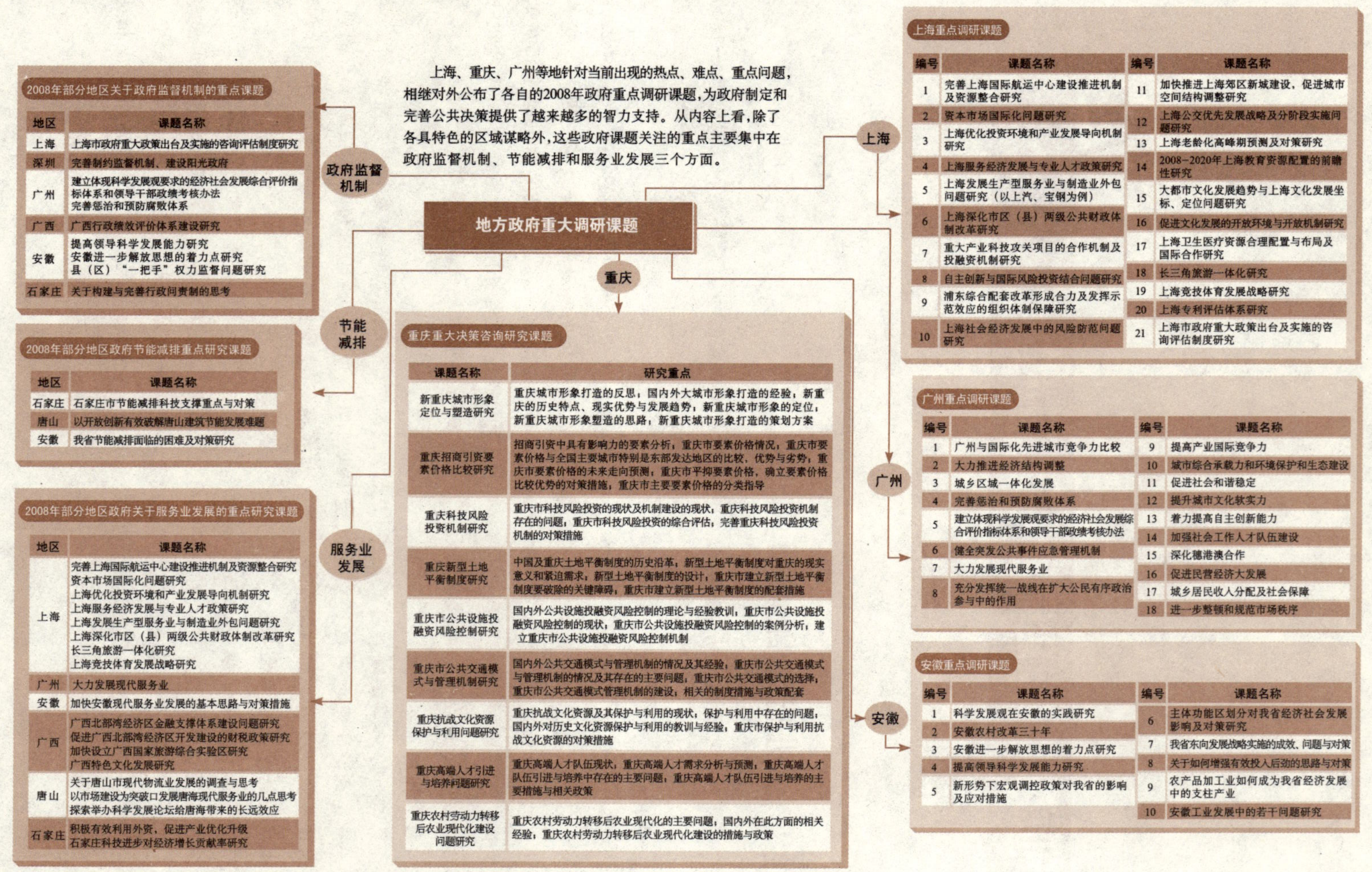


上海重点调研课题

| 编号 | 课题名称 | 编号 | 课题名称 |
|---|---|---|---|
| 1 | 完善上海国际航运中心建设推进机制及资源整合研究 | 11 | 加快推进上海郊区新城建设，促进城市空间结构调整研究 |
| 2 | 资本市场国际化问题研究 | 12 | 上海公交优先发展战略及分阶段实施问题研究 |
| 3 | 上海优化投资环境和产业发展导向机制研究 | 13 | 上海老龄化高峰期预测及对策研究 |
| 4 | 上海服务经济发展与专业人才政策研究 | 14 | 2008-2020年上海教育资源配置的前瞻性研究 |
| 5 | 上海发展生产型服务业与制造业外包问题研究（以上汽、宝钢为例） | 15 | 大都市文化发展趋势与上海文化发展坐标、定位问题研究 |
| 6 | 上海深化市区（县）两级公共财政体制改革研究 | 16 | 促进文化发展的开放环境与开放机制研究 |
| 7 | 重大产业科技攻关项目的合作机制及投融资机制研究 | 17 | 上海卫生医疗资源合理配置与布局及国际合作研究 |
| 8 | 自主创新与国际风险投资结合问题研究 | 18 | 长三角旅游一体化研究 |
| 9 | 浦东综合配套改革形成合力及发挥示范效应的组织体制保障研究 | 19 | 上海竞技体育发展战略研究 |
| 10 | 上海社会经济发展中的风险防范问题研究 | 20 | 上海专利评估体系研究 |
|  |  | 21 | 上海市政府重大政策出台及实施的咨询评估制度研究 |

广州重点调研课题

| 编号 | 课题名称 | 编号 | 课题名称 |
|---|---|---|---|
| 1 | 广州与国际化先进城市竞争力比较 | 9 | 提高产业国际竞争力 |
| 2 | 大力推进经济结构调整 | 10 | 城市综合承载力和环境保护和生态建设 |
| 3 | 城乡区域一体化发展 | 11 | 促进社会和谐稳定 |
| 4 | 完善惩治和预防腐败体系 | 12 | 提升城市文化软实力 |
| 5 | 建立体现科学发展观要求的经济社会发展综合评价指标体系和领导干部政绩考核办法 | 13 | 着力提高自主创新能力 |
| 6 | 健全突发公共事件应急管理机制 | 14 | 加强社会工作人才队伍建设 |
| 7 | 大力发展现代服务业 | 15 | 深化穗港澳合作 |
| 8 | 充分发挥统一战线在扩大公民有序政治参与中的作用 | 16 | 促进民营经济大发展 |
|  |  | 17 | 城乡居民收入分配及社会保障 |
|  |  | 18 | 进一步整顿和规范市场秩序 |

安徽重点调研课题

| 编号 | 课题名称 | 编号 | 课题名称 |
|---|---|---|---|
| 1 | 科学发展观在安徽的实践研究 | 6 | 主体功能区划分对我省经济社会发展影响及对策研究 |
| 2 | 安徽农村改革三十年 | 7 | 我省东向发展战略实施的成效、问题与对策 |
| 3 | 安徽进一步解放思想的着力点研究 | 8 | 关于如何增强有效投入后劲的思路与对策 |
| 4 | 提高领导科学发展能力研究 | 9 | 农产品加工业如何成为我省经济发展中的支柱产业 |
| 5 | 新形势下宏观调控政策对我省的影响及应对措施 | 10 | 安徽工业发展中的若干问题研究 |

重庆重大决策咨询研究课题

| 课题名称 | 研究重点 |
|---|---|
| 新重庆城市形象定位与塑造研究 | 重庆城市形象打造的反思；国内外大城市形象打造的经验；新重庆的历史特点、现实优势与发展趋势；新重庆城市形象的定位；新重庆城市形象塑造的思路；新重庆城市形象打造的策划方案 |
| 重庆招商引资要素价格比较研究 | 招商引资中具有影响力的要素分析；重庆市要素价格情况；重庆市要素价格与全国主要城市特别是东部发达地区的比较，优势与劣势；重庆市要素价格的未来走向预测；重庆市平抑要素价格，确立要素价格比较优势的对策措施；重庆市主要要素价格的分类指导 |
| 重庆科技风险投资机制研究 | 重庆市科技风险投资的现状及机制建设的现状；重庆科技风险投资机制存在的问题；重庆市科技风险投资的综合评估；完善重庆科技风险投资机制的对策措施 |
| 重庆新型土地平衡制度研究 | 中国及重庆土地平衡制度的历史沿革；新型土地平衡制度对重庆的现实意义和紧迫需求；新型土地平衡制度的设计；重庆市建立新型土地平衡制度要破除的关键障碍；重庆市建立新型土地平衡制度的配套措施 |
| 重庆市公共设施投融资风险控制研究 | 国内外公共设施投融资风险控制的理论与经验教训；重庆市公共设施投融资风险控制的现状；重庆市公共设施投融资风险控制的案例分析；建立重庆市公共设施投融资风险控制机制 |
| 重庆市公共交通模式与管理机制研究 | 国内外公共交通模式与管理机制的情况及其经验；重庆市公共交通模式与管理机制的情况及其存在的主要问题；重庆市公共交通模式的选择；重庆市公共交通模式管理机制的建设；相关的制度措施与政策配套 |
| 重庆抗战文化资源保护与利用问题研究 | 重庆抗战文化资源及其保护与利用的现状；保护与利用中存在的问题；国内外对历史文化资源保护与利用的教训与经验；重庆市保护与利用抗战文化资源的对策措施 |
| 重庆高端人才引进与培养问题研究 | 重庆高端人才队伍现状；重庆高端人才需求分析与预测；重庆高端人才队伍引进与培养中存在的主要问题；重庆高端人才队伍引进与培养的主要措施与相关政策 |
| 重庆农村劳动力转移后农业现代化建设问题研究 | 重庆农村劳动力转移后农业现代化的主要问题；国内外在此方面的相关经验；重庆农村劳动力转移后农业现代化建设的措施与政策 |

2008年部分地区关于政府监督机制的重点课题

| 地区 | 课题名称 |
|---|---|
| 上海 | 上海市政府重大政策出台及实施的咨询评估制度研究 |
| 深圳 | 完善制约监督机制、建设阳光政府 |
| 广州 | 建立体现科学发展观要求的经济社会发展综合评价指标体系和领导干部政绩考核办法<br>完善惩治和预防腐败体系 |
| 广西 | 广西行政绩效评价体系建设研究 |
| 安徽 | 提高领导科学发展能力研究<br>安徽进一步解放思想的着力点研究<br>县（区）“一把手”权力监督问题研究 |
| 石家庄 | 关于构建与完善行政问责制的思考 |

2008年部分地区政府节能减排重点研究课题

| 地区 | 课题名称 |
|---|---|
| 石家庄 | 石家庄市节能减排科技支撑重点与对策 |
| 唐山 | 以开放创新有效破解唐山建筑节能发展难题 |
| 安徽 | 我省节能减排面临的困难及对策研究 |

2008年部分地区政府关于服务业发展的重点研究课题

| 地区 | 课题名称 |
|---|---|
| 上海 | 完善上海国际航运中心建设推进机制及资源整合研究<br>资本市场国际化问题研究<br>上海优化投资环境和产业发展导向机制研究<br>上海服务经济发展与专业人才政策研究<br>上海发展生产型服务业与制造业外包问题研究<br>上海深化市区（县）两级公共财政体制改革研究<br>长三角旅游一体化研究<br>上海竞技体育发展战略研究 |
| 广州 | 大力发展现代服务业 |
| 安徽 | 加快安徽现代服务业发展的基本思路与对策措施 |
| 广西 | 广西北部湾经济区金融支撑体系建设问题研究<br>促进广西北部湾经济区开发建设的财税政策研究<br>加快设立广西国家旅游综合实验区研究<br>广西特色文化发展研究 |
| 唐山 | 关于唐山市现代物流业发展的调查与思考<br>以市场建设为突破口发展唐海现代服务业的几点思考<br>探索举办科学发展论坛给唐海带来的长远效应 |
| 石家庄 | 积极有效利用外资，促进产业优化升级<br>石家庄科技进步对经济增长贡献率研究 |

## 学习考察领先地区

他山之石，可以攻玉。发达城市在产业发展、城乡统筹、城市规划等方面的先进实践经验，历来都是地方政府考察学习的重点。2008年以来22个省区党政代表团的考察，主要集中在“长三角”和“珠三角”地区，包括上海、杭州、苏州、南京、无锡、宁波、金华、广州、深圳等九个城市。

“珠三角”也是2008年省市党政代表团考察的重点地区。2008年8月18日，广东召开“珠三角地区推动建设现代产业体系工作座谈会”，“珠三角”七市纷纷表示要按照省委、省政府《关于加快建设现代产业体系的决定》提出的建设“珠三角现代产业核心区”的重大战略构想，通过五年努力，把“珠三角”建设成核心竞争力强、高端产业集聚、三次产业协调发展，带动全省、辐射华南的现代产业示范区。

2008年9月19日至21日，环渤海地区经济联合市长联席会第十三次会议在石家庄举行。会议的指导思想是：深入贯彻落实党的十七届二中全会精神，积极抓住滨海新区纳入国家发展战略总体布局的重要机遇，以扩大交流、联合发展、双向互动、互惠互利为宗旨，以深化环渤海区域合作为主题，全面总结《推进环渤海区域合作的天津倡议》的阶段性成果，研究新形势下促进环渤海区域合作的总体战略，共同推动环渤海地区的繁荣与发展。

### 中国领先城市考察报告——“长三角”篇

**南京：建成长三角先进制造业中心。**

“十一五”期间，南京到2010年，将建成“长三角”先进制造业中心。2008年以来，共有4省（市）4批党政代表团，3名党政“一把手”亲临学习考察。

● 考察项目：

1. 南京地铁控制中心：在地铁控制大厅，控制系统由信号、通信、供电、防灾报警和自动售检票等6个部分组成，采用先进技术来控制、协调、指挥线路的运营。乘客乘坐一号线地铁，无论是从河西新城区，还是城北迈皋桥至新街口，都不超过20分钟。江西省委书记苏荣和天津市市长黄兴国先后到此考察学习。

2. 秦淮河整治工程：2002年以来，南京市先后投入30亿元巨资，对秦淮河进行综合治理，实施沿河水利、环保、景观、路网、安居等五大工程。重庆市市长王鸿举、江西省委书记苏荣和天津市市长黄兴国先后到此参观考察。

3. 江宁经济技术开发区：作为南京产业经济的重要承载区，引进了42个国家和地区的1800多个项目，其中包括36家世界500强企业，投资总额达90亿美元，初步形成了电子信息和汽车两大主导产业，软件研发、电力控制等一批特色产业。重庆市市长王鸿举曾到此参观考察。

| 考察领域 | 发展重点、亮点和热点 | 考察点 | 考察学习省区 | 时间 | 带队领导 |
|---|---|---|---|---|---|
| 城市规划 | 建设河西新城，是南京市委在市第十一次党代会上确立的"一城三区"城市发展战略中的重要内容。河西新城规划定位为商务、商贸、文体三大功能为主的城市副中心。 | 南京城东干道九华山隧道、火车站、城市规划建设展示馆、地铁、奥体中心、外秦淮河整治工程等 | 重庆 | 4. 11 | 市长王鸿举 |
| | | | 江西 | 4. 18 | 省委书记苏荣 |
| | | | 天津 | 5. 17 | 市长黄兴国 |
| 园区建设 | 苏州高新区建有苏州高新技术创业服务中心，国际企业孵化器、中国苏州留学人员创业园等孵化基地和创新创业载体，累计引进和培养1000多家创新型企业。 | 昆山经济技术开发区、出口加工区；苏州工业园区、高新区 | 重庆 | 4. 11 | 市长王鸿举 |

杭州：打造"长三角"活力的增长极。

杭州市委、市政府提出了"接轨大上海、融入'长三角'、打造增长级、提高首位度"战略部署，并明确杭州在"长三角""一城、七中心"的战略定位。2008年以来，共有5省（区市）7批党政考察团，4位党政"一把手"亲临考察。

● 考察项目：

1. 阿里巴巴商务公司：著名的电子商务公司，为来自220多个国家和地区的1900多万家企业和商人提供服务，重点面向中小企业，每天向全球各地企业以及商家提供100多万条商业供求信息，每日盈利100万元。广东省委书记汪洋、天津市市长黄兴国先后带团到此考察。

2. 钱江新城：钱江新城的规划定位是集行政、商贸、金融、文化科技、旅游休闲等功能为一体的杭州城市新中心和中央商务区。市委、市政府提出钱江新城建设"两年打好基础、五年基本成形、八年全面竣工"目标。天津市市长黄兴国、河北省委书记张云川先后带团到此考察。

| 考察领域 | 发展重点、亮点和热点 | 考察点 | 考察学习省区 | 时间 | 带队领导 |
|---|---|---|---|---|---|
| 市容城建 | 2008年，杭州市环保局推出新政，以金融信贷支持环保的"绿色信贷"切断违法排污企业的资金源，鼓励和引导更多的企业走环境友好型之路。 | 江南大道、钱江新城、西湖大道、南山路、杨公堤等街道，杭州西湖综合保护工程 | 广东 | 2. 20～21 | 省委书记汪洋 |
| | | | 天津 | 2. 9<br>5. 13 | 市长黄兴国 |
| | | | 河北 | 5. 20～21 | 省委书记张云川 |
| 企业经营 | 8月25日，杭州工业经济专题会拟出台用足用好减征房产税、土地使用税和水利建设资金等12项政策，帮助工业企业过冬。 | 中控集团、阿里巴巴集团、万向集团、福耀集团 | 广东 | 2. 20～21 | 省委书记汪洋 |
| | | | 重庆 | 4. 19 | 市委书记薄熙来 |
| | | | 天津 | 5. 13 | 市长黄兴国 |

金华：共建长三角旅游经济强区。

2004年10月10日至13日，"长三角"旅游城市15+1高峰论坛正式将金华接纳为

“长三角”旅游城市联盟成员，迈出了真正融入“长三角”的第一步。2008年，共有3省（市）4批党政代表团，3位党政“一把手”亲临学习考察。

● 考察项目：

1. 中国义乌国际商贸城：20多年来，义乌小商品市场五易其址、八次搬迁、十一次扩建，实现了从最初的“马路市场”、“棚架市场”向大型现代化室内交易商场的跨越。广东省委书记汪洋、天津市市长黄兴国和河北省委书记张云川先后率团前来参观。

2. 东阳横店影视产业试验区：位于东阳市的横店影视产业示范区被誉为“中国好莱坞”。从20世纪90年代开始，这里从无到有，从小到大，从单一行业到全面发展，已成为全国第一家集影视创作、拍摄、制作、发行于一体的国家级影视产业示范区，2007年实现营业性收入16亿元，创税收6600万元。河北省副省长孙士彬和河北省委书记张云川曾先后两次率团到此参观考察。

| 考察领域 | 发展重点、亮点和热点 | 考察点 | 考察学习省区 | 时间 | 带队领导 |
|---|---|---|---|---|---|
| 民营经济 | 7月底，义乌提出了全面建设国际商贸名城的口号，重点打造“三中心两高地”。 | 义乌国际商贸城 | 广东 | 2.20～21 | 省委书记汪洋 |
| | | | 天津 | 5.15 | 市长黄兴国 |
| | | | 河北 | 5.20～21 | 省委书记张云川 |
| 文化产业 | 2008上半年，横店影视产业实验区入区企业营业收入6亿元，同比增长26%；引进企业39家，新增注册资金5200万元。 | 东阳横店影视产业试验区 | 河北 | 5.20～21 | 省委书记张云川 |

**无锡：努力打造“长三角”创意产业中心。**

“十一五”期间，无锡将打造成“长三角”创意产业中心。2008年以来，共有4省（市）党政代表团，2位党政“一把手”亲临学习考察。

● 考察项目：

城市规划：为将生态修复和景观建设巧妙结合，无锡市专门请法国、加拿大、深圳等国内外4家设计院进行规划。江西省委书记苏荣曾率团到此考察。

| 考察领域 | 发展重点、亮点和热点 | 考察点 | 考察学习省区 | 时间 | 带队领导 |
|---|---|---|---|---|---|
| 城市规划 | 未来5年，蠡湖地区的功能定位是蠡湖休闲商务区RBD，对休闲旅游、商务服务、生态居住的功能全面开发。 | 太湖广场、环湖路、十八湾景区、蠡湖生态保护区 | 江西 | 4.17 | 省委书记苏荣 |
| | | | 天津 | 5.16 | 市长黄兴国 |
| 创意产业 | 无锡新区创意产业园软件产业产业规模达200亿元，其中，IC设计业产值达70亿元，占全国比重超过20%。 | 创新创意产业园 | 天津 | 5.16 | 市长黄兴国 |

**苏州：建设长三角区域金融中心。**

2007 年，江苏省第一季度金融工作会议提出，苏州要接轨上海，成为“长三角”的区域金融中心之一。2008 年以来，共有 4 省（市）4 批党政考察团，4 位党政“一把手”亲临考察学习。

● 考察项目：

苏州工业园区：借鉴新加坡经验，在城市规划、建设和管理，经济发展，公共行政管理等三个层次创新了 80 多个先进管理制度。目前以占苏州 4% 左右的土地、7% 的工业用电量以及 1% 的 $SO_2$ 排放量，创造了全市 15% 左右的 GDP、地方一般预算收入和固定资产投资，集约发展和生态环保指标处于国家级开发区前列。广东省委书记汪洋、重庆市长王鸿举、江西省委书记苏荣和天津市长黄兴国先后率团考察。

| 考察领域 | 发展重点、亮点和热点 | 考察点 | 考察学习省区 | 时间 | 带队领导 |
|---|---|---|---|---|---|
| 城市规划 | 2008 年 3 月 27 日，苏州规划局与中国城市规划设计研究院于 2008 年 3 月至 2008 年 12 月进行苏州市总体城市设计工作。 | 昆山、山塘街老城改造工程、金鸡湖亮化工程 | 重庆 | 4. 12～13 | 市长王鸿举 |
| | | | 江西 | 4. 16～17 | 省委书记苏荣 |
| | | | 天津 | 5. 15 | 市长黄兴国 |
| 园区建设 | 苏州高新区建有苏州高新技术创业服务中心，国际企业孵化器、中国苏州留学人员创业园等孵化基地和创新创业载体，累计引进和培养 1000 多家创新型企业。 | 昆山经济技术开发区、出口加工区；苏州工业园区、高新区 | 广东 | 2. 17～20 | 省委书记汪洋 |
| | | | 重庆 | 4. 12～13 | 市长王鸿举 |
| | | | 江西 | 4. 16～17 | 省委书记苏荣 |
| | | | 天津 | 5. 15 | 市长黄兴国 |

**上海：推动“长三角”地区联动发展的动力引擎。**

2008 年以来，共有 8 省（区市）9 批党政代表团，5 位党政“一把手”亲临考察学习。

● 考察项目：

1. 张江高科技园区：园区近 5000 家高新技术企业构筑了集成电路、软件产业、生物医药等产业集群，已成为上海提高自主创新能力的一个重要基地。

2. 洋山深水港建设：上海充分发挥市场机制作用，打破画地为牢的行政体制障碍让前来考察的广东省委书记汪洋、吉林省委书记王珉、湖南省长周强和重庆市委书记薄熙来印象深刻。

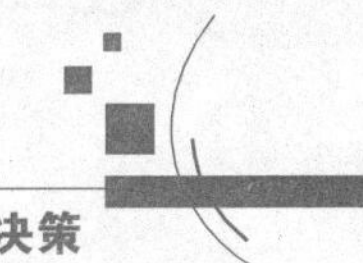



| 考察领域 | 发展重点、亮点和热点 | 考察点 | 考察学习省区 | 时间 | 带队领导 |
|---|---|---|---|---|---|
| 文化产业 | 2007年，上海文化产业拉动GDP增长达0.8个百分点。数字出版、数字印刷、数字影视、文化产品数字物流等正在形成新的产业优势。 | 上海市文广集团、上海多媒体产业园、浦东张江文化创意产业基地、上海市博物馆 | 河北 | 3.16～18 | 副省长孙士彬 |
| | | | 广东 | 2.17 | 省委书记汪洋 |
| 园区建设 | 离开工作场所，步行10分钟的范围之内就能有30种以上的餐饮选择；下班后，能在10分钟之内到家。这是上海正在规划的高科技园区所要达到的以人为本目标。 | 张江高科技园、浦东软件园、上海化学工业区、外高桥保税区、漕河泾开发区 | 广东 | 2.17 | 省委书记汪洋 |
| | | | 湖南 | 6.16～17 | 省长周强 |
| | | | 黑龙江 | 4.27 | 副省长杜家豪 |
| | | | 吉林 | 5.5 | 省委书记王珉 |
| | | | 重庆 | 4.20～21 | 市委书记薄熙来 |
| 公共服务 | 在公共服务的供给方面，浦东新区探索了一种由政府和企业、市场以及社会联手的"政社合作"模式。 | 浦东市民中心、卢湾区城市监管指挥中心、方松社区文化活动中心、泰晤士小镇 | 吉林 | 5.5 | 省委书记王珉 |
| | | | 江西 | 4.15～16 | 省委书记苏荣 |
| 综改试验 | 浦东新区建立"小政府"管理模式，注重培育和发展社会中介组织，按政务管理、区域经济管理、城市市政管理、社会发展和社会保障五大系统综合设置机构。 | 浦东新区 | 广东 | 2.17 | 省委书记汪洋 |
| | | | 吉林 | 5.5 | 省委书记王珉 |
| | | | 江西 | 4.15～16 | 省委书记苏荣 |
| | | | 重庆 | 4.20～21 | 市委书记薄熙来 |
| 航运金融 | 国家发改委正制定加快推进上海国际金融中心和航运中心建设的意见，包括航运金融试点、开放独资邮轮公司等政策。 | 东海大桥、洋山深水港、上海证券交易所、中国银联上海信息中心 | 广东 | 2.17 | 省委书记汪洋 |
| | | | 湖南 | 6.16～17 | 省长周强 |
| | | | 吉林 | 5.5 | 省委书记王珉 |
| | | | 重庆 | 4.20～21 | 市委书记薄熙来 |

**宁波：建设"长三角"南翼经济中心。**

2006年8月，国务院批复宁波市城市总体规划（2006～2020），正式确定把宁波建设成为长江三角洲南翼经济中心的功能定位。2008年以来，共接受4省（市）4批党政代表团，3名党政"一把手"亲临考察学习。

● 考察项目：

杭州湾跨海大桥：大桥的建成，使宁波和上海的陆路距离缩短了120公里，有利于支持上海国际航运中心建设，促进宁波—舟山深水良港资源的整合开发和利用。河北省委书记张云川、天津市长黄兴国先后率团到此参观考察。

| 考察领域 | 发展重点、亮点和热点 | 考察点 | 考察学习省区 | 时间 | 带队领导 |
|---|---|---|---|---|---|
| 交通航运 | 到2015年，宁波将先后建成1号线全线和2号线一期工程。 | 杭州湾跨海大桥、北仑港三期集装箱码头、宁波港公司 | 重庆 | 4.17～18 | 市委书记薄熙来 |
| | | | 天津 | 5.14 | 市长黄兴国 |
| | | | 河北 | 5.20～21 | 省委书记张云川 |
| 城市规划 | 2020年宁波目标人均居住面积达20平方米，城市化水平达70%以上。 | 天一广场 | 重庆 | 4.17～18 | 市委书记薄熙来 |
| | | | 河北 | 5.20～21 | 省委书记张云川 |
| 企业经营 | 宁波银行专门为中小企业提供专业化服务的零售银行部团队近400人，采取“一对多”的流程化管理，评价企业引入了多种灵活的指标。 | 雅戈尔集团 | 重庆 | 4.17～18 | 市委书记薄熙来 |
| | | | 天津 | 5.14 | 市长黄兴国 |

## 中国领先城市考察报告——“珠三角”篇

**广州：珠三角“同城”发展的龙头。**

2008年6月22日，广州市委书记朱小丹在市委理论学习中心组集中学习会上将广州定位为成为珠三角“同城”发展的龙头和全省“首善之区”，并逐步发展为大珠三角世界级城市群的重要中心。2008年以来，共有8省（区市）8批党政代表团，7位党政“一把手”亲临考察学习。

● 考察项目：

1. 广州地铁4号线：广州地铁4号线将成为世界首条中大运量的线性电机线路，也是全国第一条采用直线电机车辆技术的轨道交通线路。广西壮族自治区主席马飚和湖南省长周强先后带团到此参观。

2. 广州港南沙港区：港区地处珠江三角洲地理几何中心，是广州—佛山经济圈通向海洋的必由之路，方圆100公里内覆盖整个“珠三角”城市群，是连接“珠三角”两岸城市群的枢纽性节点。南沙港区投产三年便跻身世界十大港口之列。广西壮族自治区主席马飚和江苏省委书记梁保华先后率团到此参观学习。

3. 广州科学城：广州科学城把高新技术园区、经济技术开发区、保税区、出口加工区四大功能整合，形成了电子信息、生物、新材料、先进制造、新能源与节能环保、知识密集型服务业六大创新产业集群。江苏省委书记梁保华曾率团到此参观。

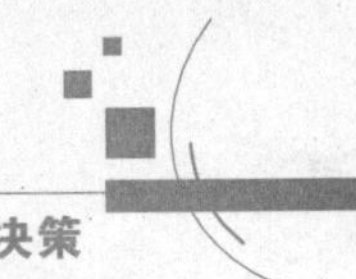

| 考察领域 | 发展重点、亮点和热点 | 考察点 | 考察学习省区 | 时间 | 带队领导 |
|---|---|---|---|---|---|
| 交通航运 | 未来几年广州市将扩大广州港辐射带动能力，形成以高、快速路为骨架，以铁路、水路为支撑的综合交通体系。广州港的目标是以南沙港区为龙头，以新沙港区、黄埔港区为双翼，力争用5年左右时间，使广州港发展成为面向国际、连接港澳、辐射华南、服务泛珠三角的枢纽港口和现代物流中心。 | 广州地铁、广州港南沙港区、广州中船龙穴造船基地、广州白云国际机场、花都空港经济区联邦快递亚太转运中心、广东塑料交易所 | 重庆 | 4.7 | 市长王鸿举 |
| | | | 广西 | 4.16～17 | 主席马飚 |
| | | | 江苏 | 4.26 | 省委书记梁保华 |
| | | | 湖南 | 7.24 | 省长周强 |
| 高新技术 | 2008年1月，广州市委、市政府发出《大力推进自主创新，加快高科技产业发展的决定》的一号文。不久，广州市发改委、经贸委等部门制定了25个配套政策文件，瞄准城市创新体系的薄弱环节和主要瓶颈，从产业规划、人才引进、资金等方面破解高新技术产业发展存在的难题。 | 中科院广州生物医药与健康研究院开放式试验室、广州大学城、广州科学城、中国电器科学研究院广州威凯检测技术研究所 | 广西 | 4.16～17 | 主席马飚 |
| | | | 江苏 | 4.26 | 省委书记梁保华 |
| | | | 吉林 | 5.5～6 | 省委书记王珉 |
| 园区建设 | 上半年，广州开发区预计实现地区生产总值560亿元，同比增长20.41%；主要经济指标增速创全市10个城区最高。引进超1000万美元项目30个，新引进世界500强企业投资项目2家，全区世界500强企业数达到102家。 | 广州开发区 | 吉林 | 5.5～6 | 省委书记王珉 |
| 招商引资 | 广州在引进项目中始终坚持正确产业导向，坚持“以我为主”和“有所招，有所不招”两大原则，注重引进项目的质量，注重引进项目与环境的和谐，注重经济的可持续发展，注重提升参与国际分工的层次，大力引入先进制造业、高新技术产业和现代服务业资本和技术，从“招商引资”到“招商选资”，利用外资质量水平不断提高。 | 广州 | 湖北 | 6.17～20 | 省长李鸿忠 |
| | | | 辽宁 | 7.24～25 | 省长陈政高 |
| 企业经营 | 广州市市长张广宁在8月18日召开的珠三角地区推进现代产业体系座谈会上表示，广州市未来三年每年投入本市级财政超过10亿元人民币，用于推进企业自主创新和高新技术发展，推动“广州制造”向“广州创造”提升。 | 广州海格通信集团股份有限公司、广州丰田汽车有限公司、广州JFE钢板有限公司、广东威创视讯科技股份有限公司 | 广西 | 4.16～17 | 主席马飚 |
| | | | 江苏 | 4.26 | 省委书记梁保华 |
| | | | 吉林 | 5.5～6 | 省委书记王珉 |

**佛山：打造“珠三角”西翼区域物流中心。**

2007年6月28日，佛山市市长陈云贤在第四届佛山（国际）物流合作洽谈会上表示，未来五年佛山将投入4200多亿元，全力打造交通、能源、生态、环保等九大重点工程，把佛山建设成为珠三角西翼区域物流中心、广东重要的物流基地。2008年以来，除广东省委书记汪洋、省长黄华华先后考察外，共有2批省级党政代表团，2位省级党政“一把手”亲临考察；还有5个市级党政“一把手”率团考察。

● 考察项目：

1. 南海经济开发区：佛山南海经济开发区于2003年6月经广东省人民政府批准成立，规划面积85.63平方公里。2006年9月经国家发展和改革委员会审核批准为省级开发区，面积8.4平方公里。开发区已成为南海区经济发展的新引擎，科技创新的先导，辐射带动的基地。延边朝鲜族自治州州委书记邓凯、肇庆市委书记覃卫东、惠州市委书记黄业斌先后率团到此参观考察。

2. 奇正创意产业园：佛山首个创意产业园，2007年3月29日正式挂牌。该园区总占地面积100亩，现已有建筑面积8万多平方米。已经吸引了从事工业设计、服装设计、陶瓷设计、建筑设计、金融保险、风险投资、律师服务、专利服务等方面的20多家知名企业入驻，包括澳大利亚HNG建筑设计等。广东省委书记汪洋、苏州市长阎立先后到此调研考察。

| 考察领域 | 发展重点、亮点和热点 | 考察点 | 考察学习省区 | 时间 | 带队领导 |
|---|---|---|---|---|---|
| 创意产业 | 佛山市拟出台指导意见扶持创意产业发展。2008年8月21日，市长陈云贤在南风古灶国际创意产业园调研时透露，佛山今后将从土地、资金、人才、知识产权保护与交易等方面力促创意产业发展。 | 陈村花卉世界、奇正创意产业园 | 广东 | 6.19 | 省委书记汪洋 |
| | | | 江苏苏州 | 7.8 | 市长阎立 |
| 园区建设 | 按照规划，位于佛山市南海区千灯湖的广东金融高新技术服务区功能定位初步为广东省金融后台服务基地，涵盖数据处理中心、呼叫中心、灾备中心、培训中心、创新研发中心等。 | 广东金融高新技术服务区、乐从国际家具博览中心、南海经济开发区 | 吉林延边 | 3.27～28 | 州委书记邓凯 |
| | | | 重庆 | 4.8 | 市长王鸿举 |
| | | | 广东肇庆 | 5.6 | 市委书记覃卫东 |
| | | | 广东惠州 | 5.22～23 | 市委书记黄业斌 |
| | | | 江苏苏州 | 7.8 | 市长阎立 |

**东莞：“珠三角”现代制造业名城。**

2008年8月18日，广东省委、省政府召开珠三角地区推进建设现代产业体系工作座谈会，重申东莞定位：以建设现代制造业名城为目标，建设有世界竞争力的现代产业体

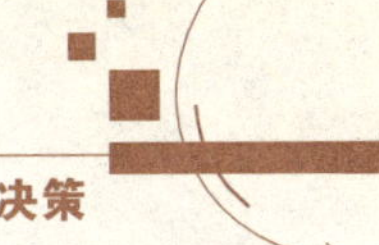



系，把加工贸易转型作为建设现代产业体系的突出重点。2008年以来，除广东省委书记汪洋、省长黄华华先后考察外，共有2批省级党政代表团，2位省级党政“一把手”亲临考察。

● 考察项目：

1. 广东易事特电源股份公司：广东易事特电源股份公司通过加快技术创新和品牌建设，取得了显著成效，是国内最大的电源生产基地和“神舟号”系列制定UPS电源供应商。产品被“神舟号”系列飞船及嫦娥探月工程所应用，为中国航天事业做出重大贡献。重庆市长王鸿举曾到此参观考察。

2. 寮步伟易达电子公司：该公司最初贴牌加工，已在东莞投资设厂达6家，2007年累计出口11.84亿美元。公司不断探索转型升级，2006年在清远设厂，把劳动密集型简单生产环节转移过去，减少了在东莞用工人数。广东省委书记汪洋、省长黄华华先后到此调研。

3. 东莞爱铭数码电子有限公司：为推进转型升级，爱铭数码投资1300万元用于生产线半自动及自动化的改进，提高生产能力，降低人力成本，已减少用工约700人。湖南永州市委书记黄天锡、广东省长黄华华曾先后到此调研考察。

<table>
<tr><th>考察领域</th><th>发展重点、亮点和热点</th><th>考察点</th><th>考察学习省区</th><th>时间</th><th>带队领导</th></tr>
<tr><td rowspan="6">产业升级转移</td><td rowspan="6">2008年8月，广东省政府同意东莞市作为广东省建设“全国加工贸易转型升级示范区”试点城市，为全省加工贸易转型升级探索经验。可以在推动来料加工企业不停产转型等六个方面先行先试。广东省还将从自主品牌和科技兴贸专项资金方面拿出500万元作为东莞试点城市的专项资金。</td><td rowspan="6">东莞新科磁电制品厂、新州鞋业、伟易达电子公司、大朗镇、永强汽车集团公司、颖祺实业有限公司、伟易达电子公司、东莞联泰制衣有限公司、东莞华强三洋电子有限公司、东莞铭丰包装制造有限公司、瑞肯国际有限公司、东莞爱铭数码有限公司、东莞信立国际农产品贸易城、台威运动用品有限公司、东莞市新科电子厂、高埗镇工业裕元制造厂、普吉国际股份有限公司</td><td>湖南</td><td>7.24</td><td>省长周强</td></tr>
<tr><td>辽宁</td><td>7.27</td><td>省长陈政高</td></tr>
<tr><td rowspan="2">广东</td><td>3.25～26</td><td>省委书记汪洋</td></tr>
<tr><td>7.30～31</td><td>省长黄华华</td></tr>
<tr><td>广西贺州</td><td>4.22～23</td><td>市委书记赵乐秦</td></tr>
<tr><td>湖南永州</td><td>7.22～24</td><td>市委书记黄业斌</td></tr>
<tr><td rowspan="3">园区建设</td><td rowspan="3">松山湖科技产业园是东莞落实科学发展观，推进经济结构调整和产业升级的示范区。科技创新是松山湖的核心功能。东莞开发建设松山湖，主要目的就是要建设一个强大的科技中心。</td><td rowspan="3">松山湖科技产业园、东莞新能源科技有限公司、广东易事特电源股份公司</td><td rowspan="2">广东</td><td>3.25～26</td><td>省委书记汪洋</td></tr>
<tr><td>7.30～31</td><td>省长黄华华</td></tr>
<tr><td>重庆</td><td>4.7～9</td><td>市长王鸿举</td></tr>
</table>

**深圳：打造“珠三角”的“曼哈顿”。**

2006年，市长许宗衡在市四届人大二次会议上指出要加快建设区域金融中心，积极推进罗湖、福田、南山三大金融聚集区的建设。深圳规划局也已完成了《深圳市金融配套服务基地选址研究》。2008年以来，共有6省（区、市）党政代表团，5位党政一把手亲临学习考察。

● 考察项目：

1. 盐田港区：盐田港区是深圳市的主要港区之一，经过20多年的建设，成为“中国港口十大集装箱码头”和“全球最佳港口”，在保税区、保税物流园区等物流产业的建设和发展方面积累了丰富经验。率团到此参观的广西壮族自治区主席马飚说，深圳盐田港集团发展思路新，工作标准高，体制机制活，创新招法多。

2. 华为公司：深圳华为技术有限公司实行管理变革，提出做国际市场光有产品不行，必须在整体上与国际接轨。8万名员工中近一半从事研究开发，其产品和解决方案已经应用于全球100多个国家以及31个全球前50强的运营商，服务全球10多亿用户，2007年合同销售额160亿美元，72%来自国际市场。江苏省委书记梁保华和吉林省委书记王珉先后到此参观考察。

3. 中国（深圳）设计之都创意产业园：由民营企业独立投资运营，以“不当二房东”的理念，建立了全国首创的一站式数字化运营平台，积极为入驻企业提供高端增值服务。该园开园不到一年，就吸引了国内外70余家知名设计企业入驻，成为我国工业设计类园区的第一品牌。江苏省委书记梁保华曾率团到此学习考察。

| 考察领域 | 发展重点、亮点和热点 | 考察点 | 考察学习省区 | 时间 | 带队领导 |
|---|---|---|---|---|---|
| 创意产业 | 2008年7月17日，《深圳市文化产业促进条例》提交市四届人大常委会第20次会议进行三审。增加了“打造国家级创意产业园区”的内容，提出要积极吸引知名文化企业、中介组织和研究培训机构把总部或者研发、制造、采购、财务中心设在园区。 | 大芬村、各文化产业创意园区、怡景国家动漫产业基地、中国（深圳）设计之都创意设计产业园 | 青海 | 1.5～7 | 副省长吉狄马加 |
| | | | 江苏 | 4.27 | 省委书记梁保华 |
| 物流交通 | 深圳市委市政府高度重视深圳物流业的发展，在国内率先建立了涵盖海港、空港和第三方、第四方物流的专项资金扶持政策体系，并拟于今年11月在深圳举行2008中国（深圳）国际物流博览会。 | 中集国际海运集装箱（集团）股份有限公司、深圳盐田港集团有限公司、华南物流园、华南国际工业原料城 | 广西 | 4.16～17 | 主席马飚 |
| | | | 江苏 | 4.27 | 省委书记梁保华 |
| | | | 吉林 | 5.7～5.8 | 省委书记王珉 |

续表

| 考察领域 | 发展重点、亮点和热点 | 考察点 | 考察学习省区 | 时间 | 带队领导 |
|---|---|---|---|---|---|
| 企业经营 | 2008年深圳市中小企业集合债券组织申报工作进展顺利，目前中小企业对集合债券很积极。一些获悉发债信息并有需求的企业，已开始积极申报。这是继去年全国首创中小企业集合债后，该市启动的第二批中小企业集合债。 | 深圳华为技术有限公司、深圳富士康集团 | 广西 | 4. 16～17 | 主席马飚 |
| | | | 江苏 | 4. 27 | 省委书记梁保华 |
| | | | 吉林 | 5. 7～5. 8 | 省委书记王珉 |
| 高新科技 | 2008年6月，深圳成为国家首个“创新型城市”试点。深圳市有关方面正在抓紧编制的《深圳国家创新型城市建设规划（2008～2015年)》计划于今年第三季度出台，其中将会涉及不少工业产业相关的配套财政、税收、金融创新措施等经济政策。 | 中兴通讯公司、大族激光科技股份有限公司、清华大学深圳研究院、深圳市软件园、翰宇生物工程有限公司 | 江苏 | 4. 27 | 省委书记梁保华 |
| | | | 吉林 | 5. 7～5. 8 | 省委书记王珉 |

## 中国领先城市考察报告——环渤海篇

北京：公共安全和城市管建的好榜样。

奥运会期间，北京试水“全民安保”，共有将近11万人投入到安保工作，3万余名大中型商场和重点餐饮企业的售货员、保安员成为社会安保志愿者。

| 考察领域 | 发展重点、亮点和热点 | 考察点 | 考察学习省区 | 时间 | 带队领导 |
|---|---|---|---|---|---|
| 赛事承办 | 奥运场馆布局设施相对集中，均衡分布，在功能上既满足会赛要求，也考虑奥运资源的深度开发和后续利用。 | 奥运村、国际广播中心、主新闻中心等 | 上海 | 4. 25 | 市委书记俞正声 |
| | | | 广州 | 8. 22～23 | 市长张广宁 |
| 轨道交通 | 2008年7月20日，北京第二条大容量快速公交线路（BRT）——安立路BRT开通运营。 | 京津城际铁路、北京南站、快速公交1号线 | 江苏 | 9. 4 | 省委书记梁保华 |
| | | | 济南 | 3. 12 | 市长张建国 |
| 环境整治 | 8月19日，北京市环保局公布的最新数据显示，承办奥运以来，北京市累计已投入了1400亿元治理环境。 | 二环路、北京植物园、海淀公园、前门大街等 | 广州 | 8. 22～23 | 市长张广宁 |
| 园区建设 | 9月8日公布的《中关村科技园区条例》提出园区定位：建设创新型国家和首都创新型城市的综合改革试验区。 | 中关村科技园区、亦庄经济技术开发区等 | 上海 | 5. 25～26 | 市委书记俞正声 |
| 金融服务 | 目前北京CBD的跨国金融机构已占全市60%以上。 | 朝阳区中央商务区 | 上海 | 5. 25～26 | 市委书记俞正声 |

● 考察人数：

2个省级、5个地市级代表团，7位党政一把手。

● 考察项目：

奥体中心：建筑面积为4.7万多平方米，可容纳观众7000人。在充分利用现有设施、维持现有建筑风格的基础上，充分体现“绿色奥运、科技奥运、人文奥运”三大理念。上海市委书记俞正声和广州市市长张广宁曾先后率团到此学习。

**石家庄：“三年大变样”挥洒和谐拆迁、科学城建的大手笔。**

2008年1月18日，石家庄召开城市建设“三年大变样”动员大会下发了《省会城市建设三年大变样和2008年迈大步实施方案（征求意见稿）》，1400亿元、600个项目的投资规划引起全省全社会关注。

| 考察领域 | 发展重点、亮点和热点 | 考察点 | 考察学习省区 | 时间 | 带队领导 |
|---|---|---|---|---|---|
| 市容市貌 | 石家庄市专门成立了“三年大变样”指挥部，抓政策研究，抓工作调度，抓责任落实，抓视野拓宽，抓市场开放，抓标准制定，为深入推进城市精细化管理提供依据。 | 维明街改造、槐底村、谈固村拆迁现场、石家庄亮化工程、滹沱河生态开发整治工程、大马村拆迁改造工程、方北集团剑桥春雨项目、二十里铺城中村改造等 | 河北 | 6.27 | 省委书记张云川 |
| | | | 阳泉 | 4.17～18 | 市委书记谢海 |
| | | | 包头 | 4.18 | 市委书记莫建成 |
| | | | 安阳 | 8.14 | 市长张笑东 |
| | | | 青海 | 9.3～4 | 省长宋秀岩 |
| 企业园区 | 藁城循环经济化工示范基地规划坚持产品项目、物流传输、公用辅助、环境保护、管理服务等六个一体化规划理念。 | 石药集团维生药业、石药集团恩必普药业、藁城化工基地、常山恒新纺织 | 包头 | 4.18 | 市委书记莫建成 |

● 考察人数：

1个省级、7个地市级考察团，8位党政一把手。

● 考察项目：

1. 城镇面貌“三年大变样”：石家庄2008年启动了做好“三篇大文章”、实现“三年大变样”工作，历经“拆、整、装、靓”等阶段，全面推进“主城改造、新区建设、道路畅通、品位提升、精细管理、市民素质”六大工程，走在河北全省前列。

2. 石药集团：全国医药行业特大型制药企业，河北省大型支柱型企业集团之一。石药集团现有资产总额73亿元。

**天津：带动环渤海地区发展的新增长极。**

2008年5月28日，国家副主席习近平在亚洲协会第十八届企业年会开幕式上表示，天津滨海新区已成为强劲带动环渤海地区发展新的增长极。

| 考察领域 | 发展重点、亮点和热点 | 考察点 | 考察学习省区 | 时间 | 带队领导 |
|---|---|---|---|---|---|
| 园区建设 | 滨海新区将努力建设成为我国北方对外开放的门户、北方国际航运中心和国际物流中心。 | 滨海新区、临港工业区、东疆保税港区、响螺湾商务商业区等 | 广西 | 2.29 | 党委书记郭声琨 |
| | | | 江苏 | 9.4 | 省委书记梁保华 |
| 航运物流 | 滨海新区综合物流园区战略规划已完成，将成为重要东北物流节点，天津最大的现代物流综合服务基地。 | 天津港、国际贸易与航运服务中心、空港物流加工区等 | 广西 | 2.29 | 党委书记郭声琨 |
| | | | 江苏 | 9.4 | 省委书记梁保华 |
| 市容市貌 | 2007 年 10 月 26 日，市政府发文，决定打造 60 条“精品”道路。 | 海河规划建设、五大道历史风貌建筑、天津站等 | 广西 | 2.29 | 党委书记郭声琨 |
| | | | 江苏 | 9.4 | 省委书记梁保华 |
| 企业经营 | 到 2010 年，天津将最终形成完善的中药创新体系，建设 50 个中药材规范种植基地。 | 天津一汽丰田、协和干细胞基因工程、力神电池、中新药业 | 广西 | 2.29 | 党委书记郭声琨 |
| | | | 青岛 | 4.16 | 市委书记阎启俊 |

● 考察人数：

2 个省级、11 个地市级代表团，13 位党政一把手。

● 考察项目：

响螺湾商务商业区：滨海新区商业区的起步区，规划面积 1.1 平方公里，有 33 家各省区市和中央企业驻津机构入驻。江苏省委书记梁保华曾率团考察。

**唐山：大曹妃甸计划打造环渤海地区新引擎。**

2006 年 12 月 24 日河北省召开曹妃甸建设工作会议，要求其在环渤海区域经济发展大格局中发挥引擎作用。

| 考察领域 | 发展重点、亮点和热点 | 考察点 | 考察学习省区 | 时间 | 带队领导 |
|---|---|---|---|---|---|
| 市容规划 | 2008 年 7 月 11 日，市委出台《打造宜居靓城、建设幸福之都攻坚行动实施方案》。 | 凤凰新城规划、大城山凤凰山园林绿化工程 | 防城港 | 5.28 | 市委书记禤沛钧 |
| | | | 九江 | 8.26～27 | 市委书记陈安众 |
| 园区港口 | 2007 年 1 月 29 日，唐山市委八届三次全会指出，乐亭、滦南、曹妃甸工业区等 9 个临海行政单位将作为统一的经济共同体，构成大曹妃甸区统一规划。 | 曹妃甸工业区、南湖生态城等 | 青海 | 9.1～2 | 省长宋秀岩 |
| | | | 青岛 | 4.17 | 市委书记阎启俊 |
| 新农村 | 唐山被确定为科学发展学习实践活动试点城市。围绕农村现代化，探索了新农居建设等 22 个新模式。 | 迁安市唐庄子村、路北区刘火新庄 | 河北 | 7.17 | 省委书记张云川 |

● 考察人数：

1个省级、7个地市级代表团，8位党政一把手。

● 考察项目：

曹妃甸工业区：其发展定位是，国际性能源和矿石等大宗货物的集疏港、中国北方新型工业化基地、商业性能源储备基地、国家级循环经济示范区。

**青岛：港城联动，借力奥运谋增长的典型。**

近年来，青岛抓住筹办北京奥运会帆船比赛等重大机遇，依托青岛港直通国际市场的优势和人流、物资流、资金流、信息流、技术流的作用实现了港城联动、科学发展。

| 考察领域 | 发展重点、亮点和热点 | 考察点 | 考察学习省区 | 时间 | 带队领导 |
|---|---|---|---|---|---|
| 城市建设 | 青岛客站改造，是青岛市迎接北京奥运会帆船比赛的配套工程。改造后将成为一个集铁路、地铁（远期规划）、公交、客运、出租于一体的大型综合交通枢纽。 | 青岛客站改造工地、黄岛金沙滩改造、市城市规划展览馆、奥帆中心、青岛市人才评荐中心 | 山东 | 4.9 | 省委书记姜异康 |
| | | | 秦皇岛 | 3.12 | 市委书记王三堂 |
| | | | 柳州 | 4.10～11 | 市长郑俊康 |
| | | | 连云港 | 8.24～25 | 市委书记王建华 |
| 港口物流 | 2008年6月，国家电子商务专项《青岛港现代物流及电子商务系统工程》正式通过验收。 | 国际集装箱码头、青岛港物流信息中心、20万吨矿石码头 | 秦皇岛 | 3.12 | 市委书记王三堂 |
| | | | 柳州 | 4.10～11 | 市长郑俊康 |
| | | | 连云港 | 8.24～25 | 市委书记王建华 |
| 园区建设 | 目前在青岛软件园注册、签约入住的企业达140余家，其中外包企业30余家。 | 青岛经济技术开发区、青岛软件园、海信信息产业园 | 秦皇岛 | 3.12 | 市委书记王三堂 |
| | | | 德州 | 3.13～16 | 市委书记雷建国 |

● 考察人数：

4个地市级代表团，4位党政一把手。

● 考察项目：

青岛港：青岛港拥有资产184亿元，营运泊位67个。2007年港口吞吐量居世界第七位，集装箱吞吐量居世界第十位。

**大连：建设东北亚重要国际航运中心。**

根据辽宁《关于加快建设大连东北亚国际航运中心的决定》，大连将东北亚国际航运中心的建设作为重要发展战略。

| 考察领域 | 发展重点、亮点和热点 | 考察点 | 考察学习省区 | 时间 | 带队领导 |
|---|---|---|---|---|---|
| 城市建设 | 6月1日，省长陈政高在大连考察时称，滨海公路要成为连接沿海"五点"的经济带和沿海美丽的景观带 | 辽宁滨海公路大连段、海之韵公园、棒槌岛、星海湾广场等 | 辽宁 | 6.1 | 省长陈政高 |
| | | | 防城港 | 5.29～30 | 市委书记禤沛钧 |

续表

| 考察领域 | 发展重点、亮点和热点 | 考察点 | 考察学习省区 | 时间 | 带队领导 |
|---|---|---|---|---|---|
| 企业经营 | 蒂森克虏伯镀锌钢板有限公司是我国钢铁行业最大的中外合资企业 | 英特尔半导体，鞍钢新轧·蒂森克虏伯镀锌、大连船舶重工 | 四平 | 4. 10～11 | 市委书记王克成 |
| | | | 防城港 | 5. 29～30 | 市委书记裙沛钧 |
| 港口园区 | 辽宁省提出要明确产业定位，按照国际一流水平做好268平方公里全域规划，使花园口经济区成为二、三产业的承载地、环保示范区和有识之士的创业之地 | 长兴岛临港工业区、花园口经济区、大连开发区、大窑湾保税港区、大连高新技术产业园区 | 辽宁 | 6. 1 | 省长陈政高 |
| | | | 厦门 | 6. 11 | 市长刘赐贵 |
| | | | 哈尔滨 | 9. 2 | 市长张效廉 |
| | | | 沈阳 | 3. 12～13 | 市委书记曾维 |

● 考察人数：

7个地市级代表团，7位党政一把手。

● 考察项目：

滨海公路：辽宁滨海公路大连段规划建设总里程856.2公里，占省规划总里程的59%。沈大、丹大高速公路也于8月16日正式通车。

**沈阳：打造世界级先进装备制造业研发基地。**

2008年2月26日，辽宁提出沈阳要打造世界级先进装备制造业研发基地。

| 考察领域 | 发展重点、亮点和热点 | 考察点 | 考察学习省区 | 时间 | 带队领导 |
|---|---|---|---|---|---|
| 城市建设 | 2008年房交会突出了沈阳经济区的概念，由沈阳经济区八城市首次共同主办。 | 沈阳行政审批服务中心、房交会等 | 辽宁 | 8. 4 | 省委书记张文岳 |
| | | | | 9. 14 | 省长陈政高 |
| 企业园区 | 沈鼓集团专业设计制造国产化大型离心压缩机、大型水泵、大型往复式压缩机等装备，为国家重大技术装备国产化作出了贡献 | 浑南新区动漫产业基地、铁西新区、沈阳重工、沈阳鼓风机集团、沈阳机床集团等 | 辽宁 | 5. 28 | 省委书记张文岳 |
| | | | 哈尔滨 | 4. 14～15 | 市委书记杜宇新 |
| | | | 台州 | 6. 14～16 | 市委书记张鸿铭 |

● 考察人数：

3个地市级代表团，3位党政一把手。

● 考察项目：

铁西新区：被发改委和东北办授予“老工业基地调整改造暨装备制造业发展示范区”。

## 认真落实科学发展

2008年是全面贯彻党的十七大精神的第一年，也是本届政府的开局之年，改革发展任务繁重而艰巨。3月29日，国务院印发了《国务院2008年工作要点》，提出了宏观调控，农业基础建设，经济结构调整，节能减排和环境保护，经济体制改革、保障和改善民生，文化体制改革，社会主义民主法制建设，行政管理体制改革，港澳台等十个方面的工作要点。在总体要求中再次强调了温总理在2008年政府工作报告中提出的“更加重视加强和改善宏观调控，更加重视推进改革开放和自主创新，更加重视调整经济结构和提高发展质量，更加重视节约资源和保护环境，更加重视改善民生和促进社会和谐”。而北京、广东、安徽、青海、福建、江苏等出台的政府工作要点中，同样将上述五方面列为2008年的重中之重。

## 2008年地方政府工作要点的三大特征

2008年上半年来各地政府出台的2008年工作要点，是当地政府工作报告的高度浓缩、提炼和概括。通览工作要点所涵盖的诸多方面和具体工作，我们归纳出三大特征：

一是“清”。每项工作要点后面，都有相关的责任部门和牵头部门。由于责任清楚，不仅便于抓落实，也便于因工作不落实而事后问责和责任追究。如北京的《折子工程》、山西的《政府工作目标责任分解》等都有特定的领导或部门分工主持。

二是“细”。既突出了重点，抓住了关键环节，又立足于全局，照顾了全面，把地方经济社会发展的方方面面考虑得很周到。其中，在搞好宏观调控，保持经济平稳较快发展方面，还有具体的量化指标。如安徽省在大力发展非公经济方面提出了“新增规模以上中小工业企业1000户以上，重点支持100家创业辅导中心及小企业创业示范基地建设”的年度目标。

三是“实”。务实为民，强调着力解决经济社会发展中的突出矛盾，着力解决人民群众十分关切的问题。江苏省在2008年将加快实施道路通达工程、教育培训工程、农民健康工程、环境整治工程、文化建设工程等新农村建设的五件实事；北京市在社会建设方面共列出78项具体指标，2008年督办落实59件重要民生实事。

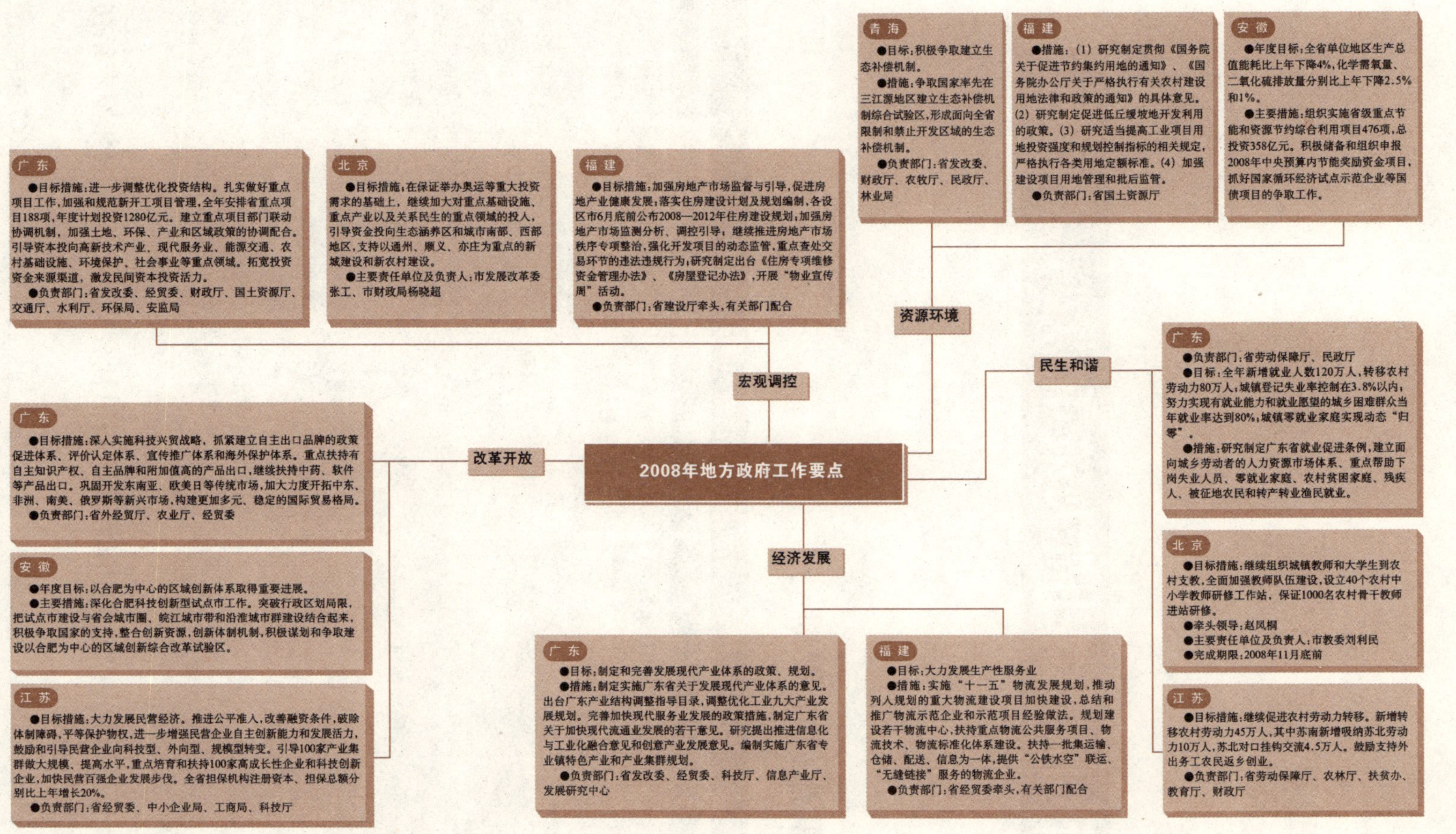
2008年地方政府工作要点
宏观调控
广东
●目标措施：进一步调整优化投资结构。扎实做好重点项目工作，加强和规范新开工项目管理，全年安排省重点项目188项，年度计划投资1280亿元。建立重点项目部门联动协调机制，加强土地、环保、产业和区域政策的协调配合。引导资本投向高新技术产业、现代服务业、能源交通、农村基础设施、环境保护、社会事业等重点领域。拓宽投资资金来源渠道，激发民间资本投资活力。
●负责部门：省发改委、经贸委、财政厅、国土资源厅、交通厅、水利厅、环保局、安监局
北京
●目标措施：在保证举办奥运等重大投资需求的基础上，继续加大对重点基础设施、重点产业以及关系民生的重点领域的投入，引导资金投向生态涵养区和城市南部、西部地区，支持以通州、顺义、亦庄为重点的新城建设和新农村建设。
●主要责任单位及负责人：市发展改革委张工、市财政局杨晓超
福建
●目标措施：加强房地产市场监督与引导，促进房地产业健康发展；落实住房建设计划及规划编制，各设区市6月底前公布2008—2012年住房建设规划；加强房地产市场监测分析、调控引导；继续推进房地产市场秩序专项整治，强化开发项目的动态监管，重点查处交易环节的违法违规行为；研究制定出台《住房专项维修资金管理办法》、《房屋登记办法》，开展“物业宣传周”活动。
●负责部门：省建设厅牵头，有关部门配合
资源环境
青海
●目标：积极争取建立生态补偿机制。
●措施：争取国家率先在三江源地区建立生态补偿机制综合试验区，形成面向全省限制和禁止开发区域的生态补偿机制。
●负责部门：省发改委、财政厅、农牧厅、民政厅、林业局
福建
●措施：（1）研究制定贯彻《国务院关于促进节约集约用地的通知》、《国务院办公厅关于严格执行有关农村建设用地法律和政策的通知》的具体意见。(2）研究制定促进低丘缓坡地开发利用的政策。(3）研究适当提高工业项目用地投资强度和规划控制指标的相关规定，严格执行各类用地定额标准。(4）加强建设项目用地管理和批后监管。
●负责部门：省国土资源厅
安徽
●年度目标：全省单位地区生产总值能耗比上年下降4%，化学需氧量、二氧化硫排放量分别比上年下降2.5%和1%。
●主要措施：组织实施省级重点节能和资源节约综合利用项目476项，总投资358亿元。积极储备和组织申报2008年中央预算内节能奖励资金项目，抓好国家循环经济试点示范企业等国债项目的争取工作。
民生和谐
广东
●负责部门：省劳动保障厅、民政厅
●目标：全年新增就业人数120万人，转移农村劳动力80万人；城镇登记失业率控制在3.8%以内；努力实现有就业能力和就业愿望的城乡困难群众当年就业率达到80%；城镇零就业家庭实现动态“归零”。
●措施：研究制定广东省就业促进条例，建立面向城乡劳动者的人力资源市场体系、重点帮助下岗失业人员、零就业家庭、农村贫困家庭、残疾人、被征地农民和转产转业渔民就业。
北京
●目标措施：继续组织城镇教师和大学生到农村支教，全面加强教师队伍建设，设立40个农村中小学教师研修工作站，保证1000名农村骨干教师进站研修。
●牵头领导：赵凤桐
●主要责任单位及负责人：市教委刘利民
●完成期限：2008年11月底前
江苏
●目标措施：继续促进农村劳动力转移。新增转移农村劳动力45万人，其中苏南新增吸纳苏北劳动力10万人，苏北对口挂钩交流4.5万人。鼓励支持外出务工农民返乡创业。
●负责部门：省劳动保障厅、农林厅、扶贫办、教育厅、财政厅
改革开放
广东
●目标措施：深入实施科技兴贸战略，抓紧建立自主出口品牌的政策促进体系、评价认定体系、宣传推广体系和海外保护体系。重点扶持有自主知识产权、自主品牌和附加值高的产品出口，继续扶持中药、软件等产品出口。巩固开发东南亚、欧美日等传统市场，加大力度开拓中东、非洲、南美、俄罗斯等新兴市场，构建更加多元、稳定的国际贸易格局。
●负责部门：省外经贸厅、农业厅、经贸委
安徽
●年度目标：以合肥为中心的区域创新体系取得重要进展。
●主要措施：深化合肥科技创新型试点市工作。突破行政区划局限，把试点市建设与省会城市圈、皖江城市带和沿淮城市群建设结合起来，积极争取国家的支持，整合创新资源，创新体制机制，积极谋划和争取建设以合肥为中心的区域创新综合改革试验区。
江苏
●目标措施：大力发展民营经济。推进公平准入，改善融资条件，破除体制障碍，平等保护物权，进一步增强民营企业自主创新能力和发展活力，鼓励和引导民营企业向科技型、外向型、规模型转变。引导100家产业集群做大规模、提高水平，重点培育和扶持100家高成长性企业和科技创新企业，加快民营百强企业发展步伐。全省担保机构注册资本、担保总额分别比上年增长20%。
●负责部门：省经贸委、中小企业局、工商局、科技厅
经济发展
广东
●目标：制定和完善发展现代产业体系的政策、规划。
●措施：制定实施广东省关于发展现代产业体系的意见。出台广东产业结构调整指导目录，调整优化工业九大产业发展规划。完善加快现代服务业发展的政策措施，制定广东省关于加快现代流通业发展的若干意见。研究提出推进信息化与工业化融合意见和创意产业发展意见。编制实施广东省专业镇特色产业和产业集群规划。
●负责部门：省发改委、经贸委、科技厅、信息产业厅、发展研究中心
福建
●目标：大力发展生产性服务业
●措施：实施“十一五”物流发展规划，推动列入规划的重大物流建设项目加快建设，总结和推广物流示范企业和示范项目经验做法。规划建设若干物流中心，扶持重点物流公共服务项目、物流技术、物流标准化体系建设。扶持一批集运输、仓储、配送、信息为一体，提供“公铁水空”联运、“无缝链接”服务的物流企业。
●负责部门：省经贸委牵头，有关部门配合

# 新闻媒体扫描决策重点

## 聚焦媒体策划

'07 岁末值得关注的 24 篇新闻报道

| 关注度指数 | 第一周 | 第二周 | 第三周 | 第四周 |
|---|---|---|---|---|
| ☆☆☆☆☆☆ | 《中国房地产报》：总理关切住房引发业界共鸣 | 《经济观察报》：中新天津生态城框架初定 | 《中国经营报》：省部领导第三波调整结束 | 《中国经济导报》：完成"双防"难度不小 |
| ☆☆☆☆ | 《财经》：医改方案背后利益之争 | 《凤凰周刊》：财政预算制度酝酿改革 | 《半月谈》："大部门"是政府改革新起点 | 《中华工商时报》：浙江老板阳光面对劳动法 |
| ☆☆☆ | 《中国青年报》：政府如何争取第一话语权 | 《新华每日电讯》：为什么"有腐败，无举报" | 《凤凰周刊》：江阴工资集体协商调查 | 《中国社会报》：今年灾后重建工作进展如何 |
| ☆☆ | 《南方周末》：民主党派中央换届 | 《中国财富》：期待"国民收入倍增计划" | 《新华每日电讯》："教育孤岛"留撤两难 | 《北京青年报》："富翁村官"能否圆脱贫之梦 |
| ☆ | CCTV《经济半小时》：农民工需要避风港 | 《科技日报》：城市创新评价体系新共识 | 《中国青年报》：安徽规范县委书记用人权 | 《财经》：嘉兴农村住房抵押贷款试验 |

### 媒体关键词："定位中国发展，折射社会变迁"——聚焦岁末年初重要媒体策划

'07 岁末'08 年初，盘点要事、见证风云、用最独特的视角梳理 2007 年的热点事件、

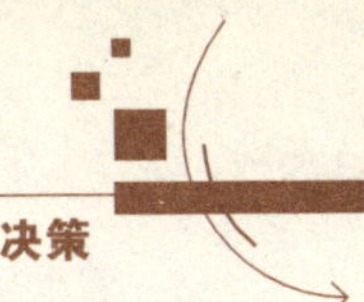



人物成为国内媒体的重头戏。穿越传统媒体刻意炒作的喧嚣，我们可以聆听到更多知名媒体对中国改革开放、社会变迁的冷峻思考。《南方周末》、《南风窗》、《财经》、《经济观察报》等分别通过的不同视角窥斑见豹，向国人全方位地展现了中国发展的铿锵足迹以及目前面临的种种挑战和机遇。

| 媒体 | 策划专题/栏目名称 | 文章标题 |
|---|---|---|
| 《南方周末》 | 年终寄语 | 常人的悲欢，常识的力量 |
| | 年度关注 | 2007：财富中国的清明上河图 |
| | | 2008 年，股市继续火，楼市变数多 |
| | | 向后 15 年，远眺 2022 |
| | 中国年度人物 | 厦门人：以勇气和理性烛照未来 |
| | | 肖扬：天下事，无患难行，患无行之人 |
| | | “钉子户”吴苹：我绝不会停下 |
| | 传媒讲述 | 民主政治体制改革正在碎步向前 |
| | | 与其说是写作 不如说是行动 |
| | | 不敢愧对“黑砖窑”奴工 |
| | | 苛刻抉择中度过 |
| | 记者讲述 | 厦门的天，黑砖窑的地 |
| | | “破坏”与“宣传” |
| | | 弱者不仅仅是穷人 |
| | | 自责，是被远远淡忘了的 |
| 《南风窗》 | 盘点中国 | 中国改革路线之变 |
| | | 金融改革的“全民股份化”之路 |
| | | 分税制走到十字路口 |
| | | 利益集团能否公开化? |
| | | 2007：断裂社会的牛市咆哮 |
| | | 2007 社会关键词 |
| | | 环境危机：阴影下的希望 |
| | | 立法提速，面临大考 |
| | | 新世纪的“三生主义” |
| 《21 世纪经济报道——中国道路全球价值》 | 思想者 | 中国道路的代际传承和全球价值 |
| | 建设者 | 税收破 5 万亿后的税改大思路 |
| | | 新医改决策年：理念公开交锋 |
| | 宏调策 | 展望 2008：高位通胀下的中国经济增长 |
| | 货币战争 | 2008：“市场原教旨主义”的退却 |
| | | “从紧货币政策”下的可持续发展 |
| | | 走出人民币汇率困局 |
| | | 中国货币政策新抉择 |

续表

| 媒体 | 策划专题/栏目名称 | 文章标题 |
| --- | --- | --- |
| 《21 世纪经济报道——中国道路全球价值》 | 资本新政 | 解剖证券执法“生产线” |
| | | 稽查体制演变路径 |
| | | 谁是证券执法的“绊脚石” |
| | | 证券执法“战法”变迁：由单兵作战到“集团军” |
| | 稽查新政 | 司令部＋野战部队：稽查系统军队式架构建成 |
| | | 围剿“八宗罪” |
| | | 打赢“持久战”：市场操纵三阶段与短线化趋势 |
| | | 魔道斗法：全流通格局下的监管难点和重点 |
| | 城市之光 | 寻找中国伟大的城市 |
| 《经济观察年报——转型力量》 | 中国制造 | 从中国制造到中国价值 |
| | | 李书福：无法自由 |
| | | 刘永好：为中国制造赢得认同 |
| | | 鲁冠球：革命者的休息地是墓地 |
| | | 谭旭光：握住风筝的长线 |
| | 中国创造 | 马云：唯一的互联网明星 |
| | | 李彦宏：细节为王 |
| | | “变态”江南春 |
| | | 郭广昌：抓住机遇的整合者 |
| | 中国资本 | 杨元庆：与联想共同“突击” |
| | | 董文标：最好的民生 |
| | | “掮客”庞玉良 |
| | 中国价值 | 史玉柱：巨人前传 |
| | | 马蔚华：招行一小步，中国银行业一大步 |
| | | 刘明达：抱着感恩的心态 |
| | | 反思者李东生 |
| | | 达人老柳 |
| | | 风雨王亚伟 |
| 《财经年刊——2008：预测与战略》 | 十七大时代 | 响亮的回答 |
| | | 政改重点 |
| | | 关键症结 |
| | 中心话题 | 关于金融系统的稳态及其演进 |
| | | 每个梦都会醒 |
| | | 谁能从金融改革获益？ |
| | | 人民币：以改革求平衡 |
| | | 双重盈余祸福相倚？ |
| | | 廉政建设十大方向 |
| | | 反腐统一战线 |

续表

| 媒体 | 策划专题/栏目名称 | 文章标题 |
| --- | --- | --- |
| 《财经年刊——2008：预测与战略》 | 中心话题 | 中国资本输出潮 |
| | | 中国环境的真正挑战 |
| | | 突破环保之障 |
| | 全球经济：动荡又来 | 龙的呼吸 |
| | | 中国2008，日本1988? |
| | 中国：寻求平衡 | 保护私产 |
| | | 什么造成贫富分化? |
| | | 税改新动力 |
| | | 农村转型 |
| | | 编织社保安全网 |
| | | 告别“中国制造”危机年 |

## 2007年终媒体排行榜监测

| 媒体关注的2007年十大新闻 | |
| --- | --- |
| 榜单名称 | 榜单内容 |
| 中国网络媒体2007年度新闻风云榜：国内十大新闻 | ①中国共产党第十七次全国代表大会胜利举行；②我国首次月球探测工程圆满成功；③十届全国人大五次会议高票通过物权法；④我国全面建立农村最低生活保障制度；⑤国家预防腐败局成立，中共严查高级干部违纪案表明反腐决心；⑥陈水扁当局推动“入联公投”，对台海和平稳定构成严峻威胁和挑战；⑦我国物价增幅创10年新高，政府采取措施稳定市场；⑧国家调整法定节假日，出台《职工带薪休假条例》；⑨“黑砖窑”事件震惊全国，中央高度重视严查非法用工；⑩中共中央政治局集体学习，研究加强网络文化建设和管理。 |
| 2007：影响民生的十件大事 | ①1.5亿农村孩子学杂费免除，义务教育“实至名归”；②2亿多城镇居民受惠医保，梦想的阳光照进现实；③逾2000万农民纳入低保，城乡一体化再提速；④物权法施行，有恒产者有恒心；⑤“财产性收入”进入党代会报告，百姓进入理财新时代；⑥廉租房“高调”推出，低收入群体有望“住有所居”；⑦食品价格上涨过快，政府频出调控之手；⑧“劝辞风潮”起波澜，劳动合同法梳理劳资关系；⑨太湖蓝藻事件暴发，催生“生态文明”新理念；⑩调整休假制度引发全民关注，带薪休假有了法律保障。 |
| 2007十大改革新闻 | ①《物权法》正式生效；②十七大布局未来5年的综合改革；③解决城市低收入家庭住房困难成为重要政治议程；④《反垄断法》终于出台；⑤促进就业成为政府的法定责任；⑥万钢、陈竺入阁中央政府；⑦中国经济发展方式“好字优先”；⑧国企不分红的时代走向终结；⑨医疗改革方案千呼万唤难出台；⑩成都、重庆成为统筹城乡配套综合改革试验区。 |

续表

| 榜单名称 | 榜单内容 |
| --- | --- |
| 2007 中国十大社会新闻 | ①以改善民生为重点的社会建设首次写入党的全国代表大会报告；②3000 余万农民首次纳入最低生活保障，全民低保成现实；③1.5 亿农村孩子学杂费免除，免费师范生教育计划启动；④全国评选出 53 位道德模范，激发全社会的公民意识；⑤《物权法》、《劳动合同法》高票通过；⑥物价增幅创 10 年新高，城市低保和临时救助同步"提标"；⑦倡导绿色文明，"节能减排"成 2007 主题词；⑧廉租房政策出台，2 亿多城镇居民受惠医保，城乡医疗救助全面铺开；⑨国家法定节假日调整，带薪休假条例出台；⑩山西黑砖窑案件受到查处。 |
| 2007 年度十大公安新闻 | ①胡锦涛亲切会见全国公安系统英雄模范和立功集体代表，并勉励广大公安民警；②全国公安科技大会在北京召开，进一步推动了科技强警战略的深入开展；③公安部召开领导干部会议，宣布中共中央关于公安部主要负责同志职务调整的决定；④公安部组织参观学习辽宁省公安机关"三基"工程建设经验，推动全国"三基"工程建设工作；⑤北京奥运安全保卫工作扎实推进；⑥依法打击网络淫秽色情专项行动成效显著；⑦全国治理自行车被盗问题专项行动取得显著成效；⑧罗金勇、罗映珍夫妇的感人事迹引起强烈社会反响；⑨湄公河次区域合作反对拐卖人口第二届部长级磋商会暨第五次高官会在京举行；⑩全国公安消防部队灭火救援首次突破 50 万起，抢救遇险群众 44 万人。 |

## 2007 年中国媒体十大流行语

**①综合类：**十七大、嫦娥一号、民生、香港回归十周年、CPI 上涨、廉租房、奥运火炬手、基民、中日关系、全球气候变化

**②国际时政类：**韩国人质、库尔德工人党武装、红色清真寺、和平使命、萨科齐、核设施去功能化、贝·布托、慰安妇问题、反导、达尔富尔

**③国内时政类：**物权法、又好又快发展、中央宣讲团、入联公投、"和谐号"、国家大剧院、郑筱萸、黑砖窑、道德模范、铁路第六次大提速

**④社会生活类：**华南虎、熊猫烧香、食品安全专项整治、群租、东方田鼠、小产权房、零就业家庭、独居老人、金猪、关停小火电

**⑤经济类：**企业所得税法、节能减排、土地增值税、人民币升值、燃油附加费、财产性收入、第二套房贷、从紧货币政策、成品油价格调整、贷款基准利率

**⑥教育类：**师范生免费教育、方永刚、农村义务教育、助学贷款、绿色通道、孔子学院、校园集体舞、创业教育、港校、网游防沉迷系统

**⑦文化娱乐类：**《变形金刚》、《集结号》、80 后、帕瓦罗蒂、藏友、新七大奇迹、《士兵突击》、社区文化、孙道临、好男儿

**⑧科技类：**南海 I 号、动车组、绕月探测工程、Vista、阿特兰蒂斯、中华鲟、干细胞、支线飞机、京沪空中快线、海上丝绸之路博物馆

**⑨构建和谐社会专题：**社区卫生服务、预防腐败局、生态文明、轨道交通、和谐文化建设、最低生活保障制度、服务型政府、劳动合同法、农民专业合作社、带薪休假

续表

| ⑩民生专题：经济适用房、法定节假日调整、手机单向收费、农民低保、民生净福利指标、惠农政策、居民基本医疗保险、个税起征点、交强险费率浮动、农民合作医疗 |
|---|
| ⑪金融专题：加息、QDII基金、股指期货、认沽权证、理财产品、跨行通存通兑、新股民、港股直通车、第三方存管、次级抵押贷款 |
| ⑫奥运专题：上海特奥会、好运北京、倒计时一周年、无车日、奥运门票、祥云、奥运测试赛、奥运火炬、微笑圈、金镶玉 |

地方党报年终专稿

| 媒体 | 专稿文章标题 | 媒体 | 专稿文章标题 |
|---|---|---|---|
| 《河北日报》 | 打开解放思想"总阀门"开创发展新局面 | 《江西日报》 | 2007，奏响富民兴赣协奏曲 |
| 《新华日报》 | 结构调整为江苏经济"点睛" | 《福建日报》 | 集中财力改善民生，去年我省财政唱响"主题歌" |
| 《黑龙江日报》 | 为振兴老工业基地作出更大贡献 | 《南方日报》 | 从解放思想再起步 |
| 《四川日报》 | 更大力度的改革，更高质量的开放 | 《大众日报》 | 高举旗帜 科学发展 实现富民强省新跨越 走出山东看亮点 |

### 进入改革开放30年的中国充满激情与渴望

综观'07岁末'08年初国内主流媒体的策划专稿，我们可以清晰地看到在改革开放三十周年来临之际社会舆论对处于十字路口的中国命运的关切与思考。从媒体关注的焦点和评选出的新闻、关键词来看，"改革"和"民生"是贯穿2007始终的红线。"财产性收入"、"好字优先"、"人均GDP翻两番"、"新农合"、"廉租房"、"物权法"、"劳动合同法"等热词和新法的频繁出炉，进一步彰显了2007年中央政策精神的新变化与社会舆情在民生领域产生的更多重合和共鸣。无论从中央改革政策的侧重方向、地方改革的探索路径，还是社会舆论对改革进程的主观感知来看，社会领域的改革都是2007年全年改革的重中之重。这既可以看做是中共十六届六中全会提出的建设社会主义和谐社会的号召在2007年改革部署上的具体体现，也可以认为是十七大报告中关于落实科学发展观的真实感受。进入改革开放30年的中国，处处充满激情与渴望，充分把握国策民情高度一致的历史良机，寻求改革的新突破，成为新时期政府面临的最大考验。

## 媒体关注什么

2008年3月份召开的全国两会为我国今后经济社会发展构建了基本框架，各地党报从不同角度对全国"两会"大政方针的地方意义进行了全方位的解读。就我们所搜集到的报道评论来看，地方主流媒体所反映的政府实践的内容比较广泛。如果加以粗略地划分，主要集中在政府自身建设和经济建设两大领域。简单地说，就是用什么人，做什么事。

第一，党员干部的作风建设和遴选机制成为两会后各地政府建设的重点内容。从这些报道的对象来看，河南的正厅级领导干部无记名票决、湖北的县市区委书记大接访活动、川赣苏三省的深入学习实践科学发展观试点、浙江的“树新形象、创新业绩”主题实践活动以及重庆的市管党政领导干部现代经济知识强化培训班都让我们清晰地看到地方的实践步履。

第二，解放思想热潮下，地方政府的科学发展思路更加理性、开阔。以山西为例，《山西日报》在全国“两会”后推出了主题为“贯彻全国‘两会’精神，开创山西科学发展新局面”的系列评论，反映了山西省政府今后以思想大解放促进事业大发展、以发展新兴产业为重点加快现代产业体系建设、以去污增绿为重点加快生态文明建设、以普惠民生为重点加快和谐山西建设、以创新体制机制为着力点保障科学发展、以激发创造活力为抓手推动全民创业的整体构划。

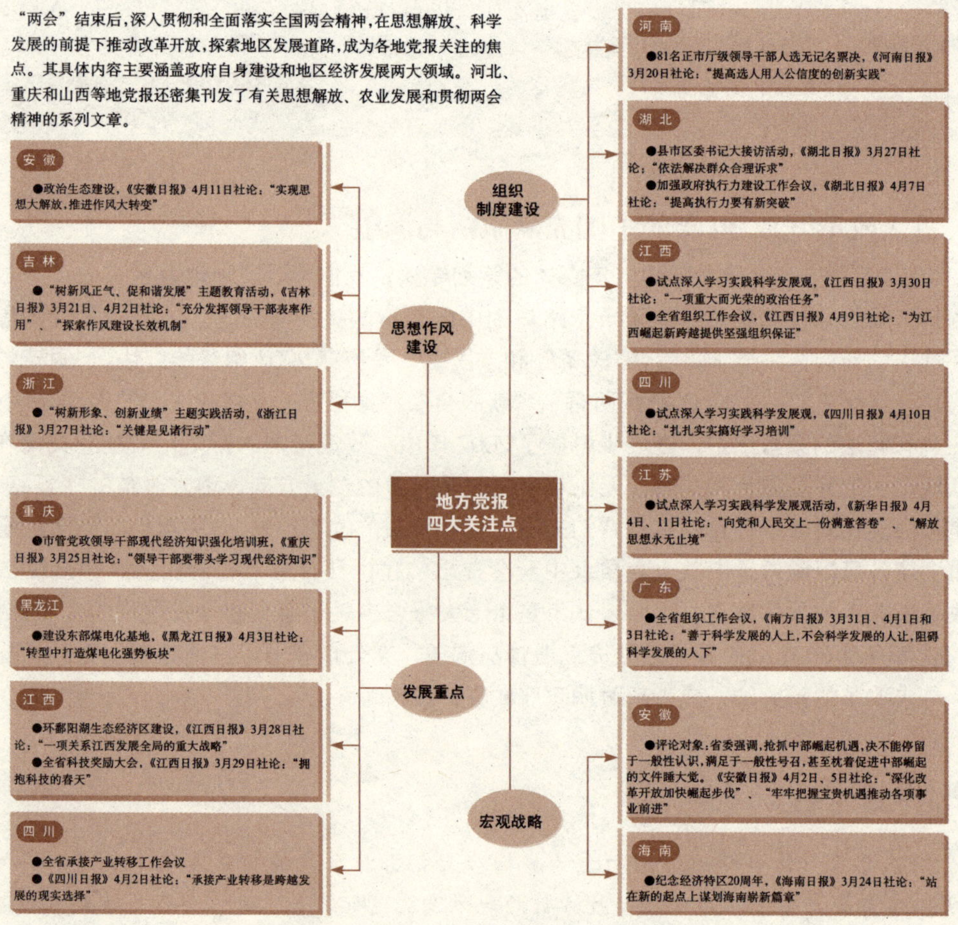

**值得关注的 15 篇报道**

| 媒体名称 | 文章标题 | 媒体名称 | 文章标题 |
|---|---|---|---|
| 《中国青年报》 | 为什么要下决心花五年改革公共财政 | 《人民日报》 | 公祭之风越刮越热 |
| | | 《工人日报》 | 廉租房流转缘何遭遇尴尬 |
| 《第一财经日报》 | 浙江富阳试验："大部制"原则的基层样本 | 《南方周末》 | 部委公务员福利房回潮 |
| | | 《21 世纪经济报道》 | 安徽当涂查虫记 |
| 人民网 | 专家披露"69 位院士签名支持中华文化城"真相 | 《第一财经日报》 | 重庆直击环保部"首役" |
| 《南方都市报》 | "婆家"难找，民间组织求解 20 年之困 | 《财经》 | 新拆迁条例路漫漫 |
| 《人民日报》 | 春耕之困如何解 | 《羊城晚报》 | 珠三角首遇"转型阵痛" |
| 《参考消息》 | 抵制奥运噪音吓不倒中国 | 《经济观察报》 | 激辩救市　股市监管新思维渐现 |
| CCTV《经济半小时》 | "温州制造"：面临危机? | | |

**大报头版头条对地方的重点报道**

| 媒体 | 时间 | 标题 | 省区 |
|---|---|---|---|
| 《人民日报》 | 3.23 | 河北加快发展可再生能源产业 | 河北 |
| | 3.26 | 浙江科学抗灾促春耕 | 浙江 |
| | 3.30 | 山东推进公共服务向基层延伸 | 山东 |
| | 3.31 | 辽宁千万农民受益集体林权改革 | 辽宁 |
| | 4.2 | 北京商务中心区视野更高更远——做中国与世界经济的联结点 | 北京 |
| | 4.5 | 湖南推广粮食高产示范片 | 湖南 |
| | 4.8 | 河南焦作完善机制保障村民民主权利 | 河南 |
| | 4.9 | 湖北宜昌构建三峡生态屏障 | 湖北 |
| | 4.15 | 浙江大学鼓励教师走出校门推广先进适用技术 | 浙江 |
| 《经济日报》 | 3.23 | 广东：着力推进区域协调发展 | 广东 |
| | 3.27 | 科学发展创新业——河南新乡市唐庄镇新农村建设纪实 | 河南 |
| | 3.30 | 大连大力发展生态渔业 | 辽宁 |
| | 3.31 | 湖北随州扎实推进生态文明建设 | 湖北 |
| | 4.2 | 珠海：加强基础设施建设 积蓄经济发展后劲 | 广东 |
| 《21 世纪经济报道》 | 3.19 | 天津"红三月"：OTC 市场落子 | 天津 |
| | 4.15 | 国家粮食局调查安徽粮库 | 安徽 |

新华网“焦点网谈”涉及地方政务内容

| 地区 | 时间 | 标　　题 |
| --- | --- | --- |
| 黑龙江 | 3. 18 | 记者调查：农民眼中的农资涨价潮 |
| 贵州 | 3. 26 | 自己存钱反腐败，“廉政保证金”是否作秀？ |
| 宁夏 | 3. 27 | 粮价涨获利少 高成本吞噬种粮热情 |
| 甘肃 | 3. 31 | 探访“尘中村”：百家污染窑 10年关不掉 |
| 浙江 | 4. 2 | 退保容易转保难：养老保险背后的利益链 |
| 上海 | 4. 3 | 透视祭扫乱象：离“文化清明”有多远？ |
| 安徽 | 4. 11 | 村委会“一票直选”能走多远？ |

问策

REPORT ON CHINA'S NATIONAL POLICIES

中国国策报告

# 一问区域经济如何破题求解

## 解放思想科学发展

30年前，“改革开放”令广东经济迅速崛起；而今，广东发动“新一轮思想大解放”，并率先调整发展战略，制订出了科学发展的“路线图”。《关于争当实践科学发展观排头兵的决定》，全面总结回答了广东解放了什么思想，坚持什么，确定什么，反对什么，在广东发展中起着战略性、纲领性的意义，既符合科学发展的内涵和实质，也符合广东实际，更符合广东在整个中国发展大格局中的历史定位。而山东和四川则在发展服务业和承接产业转移方面实践着科学发展观。

### 广东谋定科学发展“路线图”

2007年底召开的广东省委十届二次全会决定开展以“继续解放思想，坚持改革开放，争当实践科学发展观排头兵”为主题的解放思想学习讨论活动，并提出要制定关于争当实践科学发展观排头兵的指导性文件。从2008年1月开始，经过学习宣传、讨论调研、决策部署三个阶段，各地各部门围绕制约科学发展的突出问题，进行了深入扎实的讨论调研并形成了12项主要调研成果及300多份调研报告。

汪洋在广东省委十届三次全会上强调，未来一个时期将是检验广东解放思想能否落到实处、科学发展能否取得成效的关键时期。《关于争当实践科学发展观排头兵的决定》提出的“八个必须”，是解放思想认识成果的集中体现，是广东今后争当实践科学发展观排头兵的重要思想基础。

广东新坐标：主力省+试验区+先行地。《决定》首先明确了广东未来发展的三大战略定位和总体目标：坚持面向世界，服务全国，努力建设成为提升我国国际竞争力的主力省，即要求广东在接下来的发展中必须通过科学发展增强综合竞争能力，在世界竞争中引领中国发展；探索科学发展模式的试验区，即要求广东在未来的发展新阶段中，通过对高投入、高消耗、高排放的粗放型经济增长方式的转变，促使发展模式的转变，从而带动广东的发展模式、经济增长方式在全国先行一步；发展中国特色社会主义的先行地，即要求全省沿着中国特色社会主义的道路，继续探索和前进。

万余项配套政策推动广东科学发展新征程。《决定》第三、四、五、六、七、八部分强调了广东推动科学发展要重点解决的六个突出问题。其中提出了许多新的思路，如构建粤港澳紧密合作区，增创国际竞争新优势。创新合作思路和方式，全面推进粤港澳紧密合作，发挥港澳在广东省产业优化升级中的桥梁作用；打造数字广东，占领经济社会发展制高点。重点加快信息技术在经济社会发展各个领域的推广应用。积极推进政务、商务、生产、生活等领域的信息化，促进信息产业、信息技术、信息资源和信息环境全面发展；实施城乡居民收入倍增计划，加快完善覆盖城乡惠及全民的社会保障网，切实解决住房、医疗和教育等突出民生问题等，成为《决定》的突出亮点。据悉，《决定》的配套政策性文件或措施多达 13560 多项，其中已有 6000 余项完成。

广东科学发展的“八个必须、八个解放”

| 类别 | 内容要点 |
| --- | --- |
| 一 | 必须全面准确理解科学发展观的内涵，从片面追求总量和速度的观念中解放出来 |
| 二 | 必须全面把握现代化的综合价值取向，从单一的经济价值取向中解放出来 |
| 三 | 必须坚持以人为本，从“重物轻人”的观念中解放出来 |
| 四 | 必须创新发展模式，从粗放型的发展路径中解放出来 |
| 五 | 必须发扬积极进取精神，从小富即安的思想中解放出来 |
| 六 | 必须树立世界眼光和战略思维，从过分依赖地缘优势及习惯于在本行政区域配置资源的思维定式中解放出来 |
| 七 | 必须增强实现共同富裕的政治责任感，从先富帮后富责任意识不强的被动状态中解放出来 |
| 八 | 必须认清民主法制是落实科学发展观最根本的保障，从不重视人民群众主体作用的意识中解放出来 |

广东省三大战略定位及具体部署

| 战略定位 | 重要举措 |
| --- | --- |
| 提升我国国际竞争力的主力省 | 构建粤港澳紧密合作区，实施国际产业、跨国公司、开放人才培育工程，建立定期政府会晤机制和民间交流合作机制，建设具有国际水准的服务外包基地等。 |
| 探索科学发展模式的先行试验区 | 推动由行政区域配置资源向按经济区域配置资源转变、在东西北地区之间和区域内部实行非均衡协调发展战略、从简单的扶持经济增长向扶持提高公共服务水平和缩小生活水平差距转变、建立落实科学发展观的评价指标体系和考核办法等。 |

续表

| 战略定位 | 重要举措 |
| --- | --- |
| 探索中国特色社会主义道路的先行地 | 做好中央确定的深入学习实践科学发展观试点工作；发挥广州、深圳的龙头带动示范作用。广州要努力成为我省建立现代产业体系和建设宜居城市的“首善之区”，深圳要努力建设中国特色社会主义示范市；创建国家自主创新综合试验区；选择佛山、东莞、中山先行试点，积极探索基本公共服务均等化，建立以工促农，以城带乡的长效机制。 |

## 山东新一轮服务业发展先扎“龙头”

服务业发展滞后，发展载体不强是重要原因之一。山东新一轮服务业发展，把加快培育重点服务业城区、重点服务业园区和重点服务业企业三大服务业发展载体，摆到事关全局的战略位置，作为加快发展服务业的总抓手，抓住了关键和要害。服务业和工业一样，也需要大项目、大企业的示范带动，服务业要实现大的突破，必须做大做强龙头骨干企业，推动服务业上层次、上水平。这也是江苏、浙江等服务业大省最重要的经验和启示。

继2007年9月30日出台山东省进一步加快服务业发展的《意见》后，山东省11月20日至21日召开全省服务业发展工作会议，并于12月24日推出关于加快培育三大载体实施意见，拉开了新一轮服务业发展的大幕。

山东省“十一五”期间全省服务业发展的主要目标是：到2010年，服务业增加值占生产总值的比重每年提高一个百分点，达到37%以上；就业人数占全社会就业人员的比重每年提高一个百分点，达到35%以上；服务贸易总额达到40亿美元；济南、青岛要率先形成以服务经济为主的产业结构，其他市服务业增加值年均增长速度要达到20%以上。到2020年，实现经济结构向以服务经济为主转变，服务业增加值占全省生产总值的比重超过50%，实现服务业总体发展水平与全面建设小康社会的要求相适应。

加快发展六大产业 做大做强“三大载体”。六大产业即：有序发展金融保险业，推动济南、青岛两大区域金融中心的培育和建设，把地方金融企业做强做大；大力发展现代物流业，构建鲁中、鲁东、鲁南、鲁西四大物流集聚区；健全完善科技与信息服务业，推动企业自主创新和科研成果的转化；加快发展文化旅游业，打造“文化圣地、度假天堂”的山东旅游形象品牌，培植一批大型文化企业集团；规范发展房地产业；积极发展商务服务业。“三大载体”即：加快培育重点服务业城区、重点服务业园区和重点服务业企业。集中培育50个经济基础较好、总量规模大、服务业优势明显、发展特色鲜明的重点服务业城区，到2010年，50%以上的重点服务业城区形成以服务经济为主的产业结构。重点培育50个规模较大、产业集聚度高、发展特色鲜明的重点服务业园区，到2010年，初步形成与城市功能定位相配套、省市县三级服务业园区相结合的服务业园区体系。重点培植100个主营业务突出、具有知名品牌、市场竞争力强的重点服务业企业，到2010年，争取有10家以上大型服务业企业进入全国百强。

培育服务业“三大载体”做到“六个结合”。一是与发挥本地优势和资源潜力相结合。着力解决制约本地服务业发展的关键问题，努力培育和形成服务业发展新的增长点。二是与建设制造业强省相结合，促进先进制造业与现代服务业融合互动发展。三是与推进城市化进程相结合。通过城市化拓展服务业发展空间，通过服务业发展强化城市功能定位。四是与推进社会主义新农村建设相结合，着力构建适应农民生产、生活需要的服务体系。五是与转变对外贸易增长方式相结合，大力提升服务业对外开放水平。六是与解决突出的民生问题相结合。引导更多的资源向公共服务体系、社会事业的薄弱环节配置，提高公共服务供给能力，扩大公共服务的覆盖面和社会满意水平。

## 四川力推承接产业转移

受缺工、缺地、缺电以及原材料、工薪、租金普涨的巨大压力，“珠三角”及浙江温州、山东青岛等地出现大规模的内外资企业逃逸、撤离现象，这对正努力承接国内外的转移产业的中西部来说可能是个“好”消息。产业转移已是必然趋势，但转移到何处却不确定。为抓住这一重大机遇，四川省召开了历史上“首次”、“里程碑意义”、“最高规格”的承接转移工作会议，并出台了工作意见和方案。

2007 年 4 月，广西率先在国内召开了承接产业转移工作会议，并出台了《关于推进承接产业转移工作的决定》，刘奇葆时任广西壮族自治区党委书记。当年 12 月刘奇葆接任四川省委书记，毫无疑问，四川省此次承接产业转移的思路延续和深化了广西的《决定》。目前，港、台、粤企业正加速转移到广西，这表明，刘奇葆的以承接产业转移加速北部湾经济区发展的举措已见成效。而现在，四川省以承接产业转移来促工业强省目标的实现，并且推出的政策力度更大、工作举措更强，发展势头值得期待。

2008 年 3 月 31 日，四川省召开了承接产业转移工作会，同时下发了《中共四川省委四川省人民政府关于加快推进承接产业转移工作的意见》，从指导思想、工作原则和工作重点、促进政策、主要措施等几个方面详细阐述了四川省将要实行的一系列保障产业顺利转移的政策。

四大扶持政策打造产业转移最佳承接环境。四川省主要从财政、税收、金融、要素四个方面制定了加快推进承接产业转移的政策。其中既有全国各地承接产业转移的有效做法，如“对鼓励类产业转移项目的各种规费、手续费等，在符合国家现行政策的前提下，按照能免则免、能减则减、就低不就高的原则实行减免”曾被写入广西《关于推进承接产业转移的决定》；也有四川推进其他工作的经验，如有关奖励和税收优惠方面的政策就脱胎于《四川省培育大企业大集团工作实施意见》和《四川加快军民结合产业发展工作实施意见》等；更有突破常规的创新，如提出从 2008 年起各级政府要整合设立承接产业转移专项资金，加大园区基础设施建设、专业投资促进机构建设、公共服务平台建设等，是一个含金量十足的文件。为落实上述政策，《意见》还明确了主要措施，包括科学规划布局、壮大承接载体、搭建承接平台、改善承接条件、完善促进体系、建立激励机制、提高服务效率、强化组织领导等八方面内容。

“六带一链四集群”格局促进转移产业集约化发展。在《意见》出台后，四川省又公布了《2008～2012 年四川省承接产业转移工作方案》。按照产业承接与产业结构和区域布局优化相结合的原则，《方案》根据成都经济区、川南经济区、攀西经济区、川东北经济区、川西北经济区这省内五大经济区的各自优势，明确其承接产业转移的主攻方向和产业布局。2008～2012 年期间，将围绕打造“六带、一链、四集群”和现代服务业的产业格局承接国际国内产业转移，力争引进 17000 亿元省外到位资金和 220 亿美元外商投资资金。

四川省承接产业转移的相关促进政策

| 促进政策 | 政策内容 |
|---|---|
| 财政扶持政策 | 1. 设立承接专项资金，加大财政资金支持和银行贷款贴息的扶持力度。<br>2. 减免各类规费、手续费等。<br>3. 对收购国有企业原有的不良资产，可予以核销，对非经营性资产准予剥离。<br>4. 享受品牌发展的支持政策。<br>5. 鼓励开发并申报国家级自主创新产品。<br>6. 服务外包企业可申请专项资金支持。 |
| 税收扶持政策 | 1. 落实国家对西部大开发的区域性产业税收优惠政策。<br>2. 国家鼓励类产业项目减征收企业所得税。<br>3. 技术开发费用可免税。<br>4. 技术转让所得免征或减征所得税。<br>5. 投资于国家重点扶持的公共基础设施项目和环境保护、节能节水项目实行免税。<br>6. 对中小企业信用担保机构，免征 3 年营业税。 |
| 金融促进政策 | 1. 建立协调机制，搭建融资服务平台。<br>2. 鼓励金融机构为优质客户开辟“绿色通道”。<br>3. 指导和帮助在境内外上市融资，允许多种方式筹集资金。<br>4. 政策性金融机构要支持鼓励企业发展。<br>5. 做好保险服务工作。 |
| 要素支持政策 | 1. 优先用地预审和安排用电、用气、用水计划和指标。<br>2. 加强交通运输服务，在各方面给予优先保障。<br>3. 加强职业培训，为转移企业提供技术工人。 |

## 省区战略各有不同

2008 年不少省份对各自的战略进行了深化和调整。2 月，《鲁南经济带区域发展规划》的正式通过，标志着山东省“一体两翼”区域发展新规划步入正式实施阶段。5 月 28 日，《安徽省会经济圈发展规划纲要（2007～2015）》正式发布实施。而此后的 5 月 29 日，广东省委、省政府在推进产业转移和劳动力转移工作会议上，正式出台了《关于推进产业转移和劳动力转移的决定》及系列配套文件，全力推进“双转移”。

## 广东产业劳动力"双转移"

广东为加快区域间产业转移的探索，2005 年出台了《关于我省山区及东西两翼与珠江三角洲联手推进产业转移的意见》。2006 年开始大力推进产业转移工业园建设，但进展不理想。2007 年底广东省委书记汪洋首次提出"双转移"概念，要求实现产业、劳动力双向转移，探索出实现共同富裕的成功经验和路子。2008 年 5 月 29 日，广东省委、省政府在推进产业转移和劳动力转移工作会议上，正式出台了《关于推进产业转移和劳动力转移的决定》及系列配套文件，全力推进"双转移"。

力推"双转移"5 年 500 亿元重点扶持 8 方面。《决定》中首先明确了"双转移"的具体目标，即到 2012 年，珠三角地区功能水平显著提高、产业结构明显优化，东西两翼和北部山区形成一批布局合理、产业特色鲜明、集聚效应明显的产业转移集群，推动全省产业竞争力位居全国前列。同时，人力资源得到充分开发，劳动力素质整体提升，就业结构整体优化，本省劳动力就业比重提高，农村劳动力在城镇就业以及向二、三产业转移成效显著。新增转移本省农村劳动力 600 万人，组织技能等级培训 360 万人，全社会非农就业比重达到 80%。

为确保"双转移"目标的实现，广东省从 2008～2012 年的 5 年时间里，将连续投入 500 余亿元资金，从以下 8 个方面进行重点扶持：一是扶持欠发达地区完善基础设施。二是以竞争形式扶持欠发达地区建设产业转移园。三是加大力度扶持欠发达地区重点产业发展。四是实施政府有效引导的产业转移政策。五是实施免费技能培训。六是鼓励贫困农村适龄青年掌握职业技能。七是以农田标准化建设减少农村单位土地使用的劳动力，推动农村劳动力加速转移。八是造新耕地挂钩置换，增加欠发达地区可开发土地和支持解决全省新增建设用地占用耕地的占补平衡问题。

系列配套文件形成"双转移"完整政策体系。广东省此前也曾推出过产业转移政策，但因产业发展规划、财政投入支持、劳动力转移等配套政策体系不够完善，推进情况不尽如人意。此次"双转移"配套文件，将相关措施进一步具体化，使之更具系统性和可操作性。

广东省"双转移"系列配套文件内容要点

| 配套文件 | 实施部门 | 主要内容 |
| --- | --- | --- |
| 《广东省产业转移区域布局指导意见》 | 广东省经贸委 | 包括指导思想、主要原则、产业转移区域产业布局、产业转移工业园区布局、工作措施五部分。规定了鼓励珠三角向东西两翼和粤北山区转移的产业、东西两翼和粤北山区主要承接的产业、禁止东西两翼和粤北山区承接的产业。 |
| 《广东省农村劳动力技能培训及转移就业实施办法》 | 省劳动保障厅、省教育厅、财政厅、省农民工工作联席会议办公室 | 对本省每年未能继续升学的初高中毕业生实行半年至 3 年的技工教育、职业技术教育或职业技能培训，使其取得初、中级以上职业资格；由政府给予培训补贴和职业技能鉴定补贴；对农村贫困人口，给予培训期间的生活补贴。 |

续表

| 配套文件 | 实施部门 | 主要内容 |
| --- | --- | --- |
| 《关于珠江三角洲各市中等职业技术学校和技工学校招收东西两翼与粤北山区学生的实施办法》 | 广东省教育厅 | 计划每年转移招生 10 万人。从 2008 年秋季起，珠三角中职学校每年安排不少于 30% 的招生指标专门招收东西两翼与粤北山区学生就读，并负责推荐在当地就业；建立健全家庭困难学生资助政策体系，一、二年级全日制在校生中所有农村学生和城市家庭经济困难学生均享受每生每年 1500 元的国家助学金。 |
| 《广东省农村贫困家庭子女免费接受职业技术教育的实施办法》 | 广东省劳动和社会保障厅、省教育厅、省财政厅、省扶贫办 | 从 2008 年秋季起，招收符合资助条件的农村贫困家庭子女入读各类技工学校和职业技术学校，使其免费接受 3 年正规职业技术教育，按每人每学年 3500 元的标准给予资助。 |
| 《关于做好优秀农民工入户城镇工作的意见》 | 广东省劳动和社会保障厅、发改委、公安厅 | 优秀农民工，年龄在 35 周岁以下，身体健康，无犯罪记录，纳入就业登记，签订劳动合同，缴纳社会保险费，遵守计划生育规定，已办理暂住证，所从事工种符合入户地准予入户工种目录规定等基本条件的，可申请在就业地入户。 |

## 山东科学规划“一体两翼”

苏、浙、沪一体化提速和环渤海经济圈崛起，促动了山东区域发展规划格局的根本性转变。2007 年 7 月，在东部突破烟台、中部突破济南和西部突破菏泽区域的战略基础上，山东省政府提出构建“一体两翼”的经济发展格局的思路。2008 年 2 月，《鲁南经济带区域发展规划》的正式通过，标志着山东省“一体两翼”区域发展新规划步入正式实施阶段。至此，山东区域发展格局重心从“东中西”全面转变为“北中南”。

2008 年 2 月 28 日，山东省在济宁市召开加快鲁南经济带发展座谈会，省委常委、常务副省长王仁元出席并在讲话中指出，鲁南经济带是全省“一体两翼”和海洋经济战略的重要组成部分。省委、省政府出台的《鲁南经济带区域发展规划》和《支持鲁南经济带加快发展的政策意见》标志着“一体两翼”和海洋经济战略进入了实质性操作阶段。

《支持鲁南经济带加快发展的政策意见》中明确了 44 条支持政策，包括加大基础设施投入、推进产业发展、加大财政扶持、加强金融支持、加大建设用地供应、搞好资源开发补偿、提高科技创新能力、扩大对外开放、促进社会事业发展和加强人才队伍建设等 10 个方面。其中，给予资金支持的 19 条、政策支持 14 条，鼓励和优先安排政策 11 条。

近年来，江苏举全省之力支持苏北发展，不但破解了苏北振兴难题，也为类似山东这样区域发展不平衡的省份提供了最佳借鉴“蓝本”。2007 年 9 月，山东省委提出，对鲁南经济带政策措施支持的综合力度，应不低于江苏对苏北的水平。结合江苏经验，山东确立了“一体两翼”发展思路，鲁南 5 市成为区域经济板块的“南翼”。“鲁南经济带”由此冲破行政区划概念，以一个区域发展整体走向前台。此次山东出台含金量极高的“44

条”和区域产业布局详细规划，支持鲁南加快发展，体现了其追赶邻省苏北、实现区域协调发展的决心。

**山东省“44条”扶持政策及与江苏省投入比较**

| 年度 | 山东鲁南五市 | 江苏北部各地 | |
|---|---|---|---|
| 2006年 | 转移支付总量为102.4亿元。 | 转移支付为102.9亿元。 | |
| 2007年 | 各类转移支付150亿元。 | 财政转移支付金额160多亿元。 | |
| 财政扶持政策 | 投入资金年均增长10%以上；扶贫开发专项资金达全省总量的50%。省级营业税和企业所得税返还政策继续执行3年。 | 财政支付转移 | 5年内财政性扶持资金近1000亿元。“十五”期间，总投资4400亿元，占全省总投资的61.7%。省级科技投入共8.16亿元，科技贷款150亿元。 |
| 项目补偿 | 矿产资源补偿费90%留在鲁南当地。 | 项目转移 | 5年承接500万元以上的产业转移项目逾8000个，总投资额超过2500亿元。 |

按照国家主体功能区划分，鲁南经济带属山东省重点开发区域，也是该省“一体两翼”中“南翼”。按照统一布局、错位竞争、一体推进原则，《鲁南经济带区域发展规划》从基础条件与发展环境、总体思路和目标任务、打造三大经济区、构建现代产业体系、提高支撑保障能力、主要政策措施等六个方面对鲁南经济带进行了总体规划。在总体布局中，“一带、三区、六大产业基地”成为建设核心。

**鲁南经济带结构分布和发展重点**

| 类别 | 名称 | 发展重点和目标 |
|---|---|---|
| 一带 | 大产业带 | 在鲁南的东西大通道两侧，形成产业集中布局的大产业带。 |
| 三区 | 临港经济区 | 在日照、临沂建设鲁南临海产业区，发展商贸物流业。 |
| | 运河经济区 | 在济宁、枣庄发展沿运河经济；加快资源型城市转型步伐。 |
| | 京新沿路菏泽经济区 | 在菏泽、京新沿线，以工业园区为载体提高工业化水平。 |
| 六大产业基地 | 农产品生产加工基地 | 形成现代农业产业体系，提高农业综合生产能力和农产品市场竞争力。 |
| | 能源及煤化工基地 | 到2010年产煤1.2亿吨，新增发电装机容量1000万千瓦左右。 |
| | 精品钢铁基地 | 到2010年建成一期钢铁项目1500万吨。 |
| | 优质建材基地 | 扩大对东南亚、南非、欧洲市场的建材产品出口，形成以出口为主导的日照建材中心。 |
| | 机械制造基地 | 形成以造船为主、修船为辅、配套能力较强的产业体系，着力打造沿海重要的船舶修造基地。 |
| | 商贸物流基地 | 到2010年，形成商品交易额超过10亿元的专业批发市场50家；营业额过1000万元的物流企业达到50家。 |

## 安徽打造首个“省会经济圈”

着眼于融入“泛长三角”战略，2006年6月，安徽省出台《沿江城市群“十一五”经济社会发展规划纲要》，将南部的马鞍山等8市组成沿江城市群。同时，《沿淮城市群“十一五”经济社会发展规划》也通过专家评审。同年10月，安徽省第八次党代会提出建设包括合肥、六安和巢湖三市的省会经济圈战略构想。2008年5月28日，《安徽省会经济圈发展规划纲要（2007～2015）》正式发布实施。

打造“省会经济圈”是近年许多省份提出的新战略，如山西省提出“加快太原经济圈发展”，其规划正在制定中；山东省提出“发挥省城优势，发展省会经济”，《济南都市圈规划》已在2007年发布。安徽则首次使用“省会经济圈”概念作为规划名称。不仅如此，《安徽省会经济圈规划纲要》更具开放性：一方面是“对内开放”，未来要形成“大省会经济圈”。另一方面是“对外开放”，将长远目标确定为融入“长三角”城市群。这种开放心态是对区域一体化发展规律的遵循，将对安徽提出的打造全国性区域品牌战略产生有力推动。

《安徽省会经济圈发展规划纲要》的发布，标志着以合肥为中心，六安、巢湖为两翼的省会经济圈建设正式启动，这是全国首个以“省会经济圈”命名的规划纲要。根据《纲要》，安徽省会经济圈建设的目标是：努力把省会经济圈建设成为国内优势明显的先进制造业基地、科技创新及高新技术产业化基地、生态型旅游度假基地和现代农业基地；融入“长三角”，成为新亚欧大陆桥和长江黄金水道的重要节点；成为联动沿江、沿淮城市群，引领安徽乃至中部崛起的战略增长极。之后的主要任务是加快合肥与六安、巢湖两市的一体化发展，构建省会经济圈“一核、两翼、七带、多组团”的区域空间总体布局。中期（2011～2015年）使省会经济圈的影响范围扩大。远期目标则是融入“长三角”城市群。据透露，安徽已被正式纳入《长江三角洲地区区域规划纲要》，这意味着，安徽提出的“融入长三角”已升格为国家区域战略。为此，《纲要》已从多个方面提出要与“长三角”对接，比如，建设优质农产品基地，着力开拓“长三角”地区大市场；率先建成“数字省会经济圈”，构建与“长三角”对接的信息平台；建立区域科技资源共享平台，实现与“长三角”科技公共平台的对接等。

从各地经验看，推进区域一体化要实现既定目标，建立有效的区域合作协调机制至关重要。在《纲要》中，安徽提出了多层次区域合作协调机制：一是成立省会经济圈领导小组。由省政府牵头，三市政府和省直有关部门参加，下设领导小组办公室。负责组织实施经济圈发展规划，研究、协调经济圈重大政策和建设问题。二是建立三市联席会议制度。三市定期举办党政领导联席会议，研究构建省会经济圈的重大问题，协调解决区域经济合作中存在的现实问题。定期召开三市政府部门专题联席会议，协调区域经济合作中操作层面的问题，制定具体的行动计划，形成“政府推动、市场引导、企业主体”的全方位合作机制。三是发挥非政府组织的作用。充分发挥区域行业协会、社会中介组织、专家和企业等非政府组织的作用，引导他们积极参与区域发展协商与协调。另外，

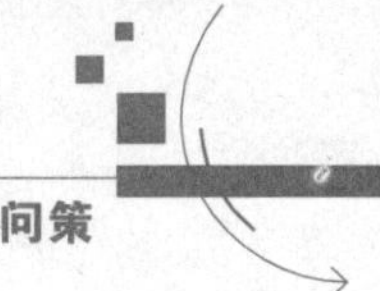



《纲要》还提出建立统计考核制度，设立省会经济圈统计指标体系，按年度发布统计分析报告。

安徽省会经济圈发展阶段、建设重点及规划目标

| 阶段 | 建设重点 | 规划目标 |
| --- | --- | --- |
| 中心集聚阶段<br>近期（2007～2010年） | 落实区域协调发展的政策措施，启动一批事关省会经济圈一体化发展的重大项目，优先构建快速综合交通网。 | 形成合肥1小时经济圈和六安、巢湖半小时经济圈。 |
| 轴向生长阶段<br>中远期（2011～2015年） | 加快推进一体化进程，使省会经济圈的影响范围，北到淮南、蚌埠，东到滁州、南京，南到芜湖、铜陵、安庆，西到六安、叶集等区域，形成一体化的大省会经济圈。 | 生产总值达到7000亿元，年均增长16%以上；占全省经济的比重提高到40%左右；人均生产总值超过4万元。 |
| 融合发展阶段<br>远景（2016～2020年） | 进一步完善都市圈的结构与体系，实现省会经济圈、沿江城市群、沿淮城市群融合发展，融入长三角城市群。 | 基本实现合肥成为长三角城市群副核心城市的战略设想。 |

## 城乡统筹势在必行

北京大学中国国民经济核算与经济增长研究中心2007年7月3日公布的《中国经济增长报告（2007）——和谐社会与可持续发展》提出，未来我国区域发展将出现十大趋势，其中包括：城市化水平迅速提高，城市在经济发展中的作用将进一步扩大；城市间的经济联系不断加强，大城市圈将成为区域经济发展的主导力量。就目前看，如何壮大城市发挥好城市效应进而推进城乡统筹仍然是一个新课题。2007年以来，一些省区在深化城乡统筹中力推以城带乡，通过强化城市的主导地位使其在城乡统筹中扮演越来越重要的角色，包括重庆、成都城乡统筹改革试验区在内的很多省区目前正在积极推进这方面的探索和实践。从山东、辽宁、河北、河南等省的部署看，目的在于进一步强化城市战略主导地位，放大城市“统筹”效应，进而带动区域经济加快发展。

### 鲁辽冀豫强化城市主导地位，放大城市统筹效应

2007年以来，山东、辽宁、河北、河南等省相继召开市长工作会议，市长、政协主席联席会议，对加快区域中心城市、城市带、城市群发展做出进一步部署。

山东：集中培植50个示范市30个集约化园区。在2007年7月26日至27日在济南召开山东全省市长工作会议上，山东省代省长姜大明强调，要集中培植50个示范市、100个重点企业集团和30个集约化园区，重点抓好半岛城市群、省会城市群经济圈、鲁南经济带、黄河三角洲高效生态经济区和海上山东建设，积极推动区域经济协调发展。莱芜市4月17日召开的省会城市群经济圈重大课题调研工作会议提出，要加速融入省会

城市群经济圈，努力打造区域强势经济板块。

辽宁：推动中部城市群腹地与“五点一线”连接。2007 年 8 月 6 日，辽宁省 2007 年中部城市群书记市长联席会议在沈阳召开，探讨推进中部七城市与沿海与腹地良性互动问题。会间，沈阳市与鞍山、营口、辽阳等城市签订了《辽宁中部城市群经济区出海产业大道建设合作框架协议》，决定以沈西工业走廊为基础，加快中部城市群腹地与“五点一线”沿海经济带的连接，打造世界级先进装备制造业基地。沈阳市与本溪市签订了《沈本一体化建设合作框架协议》，加强沈本工业带建设，实现本溪与沈阳在产业空间上的对接。

河北：把城市化摆在活跃全局的位置来抓。河北省 2007 年 8 月 2 日至 4 日在北戴河召开全省市委书记、市长会议。河北省省长郭庚茂强调，推进沿海强省建设，要注意抓好 6 个关系全局的重大举措，把城市化摆在活跃全局的位置来抓，继续坚持“一线两厢”区域布局，加快建设沿海经济隆起带，着力培育内地经济增长极，同时加快交通基础设施建设。河北省第二次城市化工作会议 8 月中旬也在廊坊市举行，此次会议召集各县级市市长、扩权县县长和部分重点镇镇长参加，安排部署今后几年和“十一五”期间全省城市化工作重点，交流城市化工作经验，共商发展大计。这是河北省城市化工作一次非常重要的会议，城市化成为下半年河北省除全民创业之外最重要的专项工作。

河南：政协主席联席会议为中原城市群搭建对话平台。中原城市群政协主席联席会议 2007 年 4 月 23 日在洛阳举行。这是中原城市群政协主席联席会议制度建立之后举行的第二次专题议政会，中心议题是“打造中原城市群旅游共同体”。河南省 2006 年 9 月建立中原城市群政协主席联席会议制度，为区域经济发展搭建对话平台，围绕事关中原城市群建设现实的、关键的、前瞻性的问题进行专题议政，探寻解决问题的有效途径。联席会议每半年举行一次。

## 重庆城乡统筹三驾马车启动

统筹城乡综合配套改革涉及方方面面。作为全国面积最大的直辖市，重庆市大城市带大农村发展的特点更为突出。重庆自古因商而兴，具有厚重的商业文化底蕴，但与成都相比却相对滞后；重庆市是信息化程度较低的城市，城乡“数字鸿沟”巨大；重庆外向型经济也相对落后。目前无论是城乡商贸统筹、城乡信息化统筹还是内陆开放型经济现状，都与重庆的地位不相称。

商务部和信息产业部选择重庆作为城乡商贸统筹、城乡信息化和外向型经济试验区，和统筹城乡试验区一样，给予重庆一系列特殊政策，赋予重庆先行先试的权限，全力支持重庆市统筹城乡综合配套改革试验，是科学发展考量的结果。建设城乡大市场，在西部地区率先实现流通现代化；探索现代信息化模式，打造西部信息产业增长极和内陆开放型经济新路径方面，不仅对重庆、西部乃至对全国统筹城乡综合配套改革都具典型示范意义。

继 2007 年 6 月成为全国统筹城乡综改试验区后，重庆市又相继被商务部确定为全国首个城乡商贸统筹发展试点区、内陆首个开放型经济“试验田”以及信产部确定的全国首个统筹城乡信息化试验区。

首个城乡商贸统筹发展试点区，着力建设城乡大市场。2007年8月6日召开的重庆市城乡商贸统筹发展工作会议透露，经商务部批准，重庆市成为首个全国城乡商贸统筹发展试点区，旨在通过重庆的先行先试，实现重点突破，从而示范带动全国商贸流通改革。重庆市商委已选择在重庆九龙坡区、万州区、黔江区、垫江县、梁平县和荣昌县等区县进行试点。重庆市将着力建设大市场，培育大企业，以城市商贸带动农村商贸，在西部地区率先实现流通现代化。力争在2010年前，重庆市在城市商贸设施建设、农村新型流通体系、商业文化建设等方面要摸索出一些经验。在城乡商贸统筹发展方面，重庆市已先期进行了一些尝试和探索，并取得一定成效。

首个统筹城乡信息化试验区，打造西部信息产业增长极。2007年9月25日上午，信息产业部、国务院信息化工作办公室、重庆市人民政府三方联合签订了《关于共建统筹城乡信息化试验区和发展信息产业的合作协议》，重庆市成为全国首个统筹城乡信息化试验区。按照协议，重庆市将围绕统筹城乡综合配套改革的总体思路，着力打造信息化人才实训平台和信息化投融资平台，力争在农民工信息管理与服务、城乡就业信息共享、农村公共服务信息化、农村电子商务和中小企业信息化等领域取得突破。为把重庆打造为西部地区信息产业的重要增长极，国家将加强对重庆电子信息产业的发展战略、科技创新、招商引资等工作的指导，同时适时推进国家级电子信息产业基地和园区建设，支持重庆发展集成电路、通信、软件、智能仪表、汽车电子、数字医疗等特色优势产业，引导适应农村特点的信息终端产品生产企业落户重庆。

内陆首个开放型经济“试验田”，探索内陆开放型经济新路径。2007年10月13日，商务部与重庆市在京签署《共同建设内陆开放型经济合作备忘录》，多项在国内率先试行的政策和措施，使重庆成为内陆首个部市共建开放型经济“试验田”。重庆市外经贸委人士透露，和统筹城乡试验区一样，重庆开放型经济的试验也有先行先试的权限。从某种意义上说，它和统筹城乡综合改革试验区是同等级别的关系。根据这份备忘录，商务部与重庆共建开放型经济模式。时任商务部部长薄熙来在签署仪式上称：此次与重庆共建内陆开放型经济，目的是调动双方政策资源，吸引和集聚国内外生产要素，承接国内外产业转移，培育先进生产力和体制机制，带动地区经济和社会发展，走出一条内陆地区发展开放型经济的新路。这是商务部支持中西部地区扩大开放的新举措，也是重庆发展内陆开放型经济的新探索。专家认为，重庆在中西部地区更具示范意义，探索内陆开放型经济路径，还有另外一层含义：解决中国吸收利用外资的区域分布不平衡问题。

## 推进六项改革、抓好六个关键、实现三个创新

成都成为全国统筹城乡综合配套改革试验区40天后，公布了试验区建设总体蓝图，提出要用“全域成都”的理念实施城乡统筹。而城乡统筹是重庆继百万移民之后又一个世界级难题。重庆何时拿出以及拿出一个什么样的改革方案为各方所关注。经过5个月的调研谋划和探索实践，重庆市改革试验总体思路目前基本形成。

重庆试验区的改革担负着为全国统筹城乡改革探索道路的重任，它既要有坚实的理论支撑，又需要体现很强的操作性。重庆市统筹城乡发展的战略思路关键在创新。从此次市委全委会披露的主要目标、任务以及措施看，抓住了城乡统筹的关键，包括坚守四条底线控制改革风险计划比较周全。与成都相比，重庆的方案出台相对要晚，能否后来居上还要看在推进过程中一系列难点的把握和处理。

备受关注的《重庆市统筹城乡综合配套改革试验的意见》，2007 年 11 月 14 日提交到重庆市委三届二次全委会上审议。《意见》明确了改革试验的总体思路和今后 5 年的主要任务。

《意见》提出，今后 5 年（到 2012 年）改革试验的阶段性目标是：基本形成统筹城乡发展的制度框架，初步建立城乡、区域协调互动发展机制，农民工等重点领域改革取得突破性进展，促进重庆经济实力、人民生活和城乡统筹发展水平迈上新台阶。

主要任务是：推进行政管理、城乡规划、土地管理、公共财政、金融服务、社会管理六项制度改革形成综合配套效应；抓住技能培训、就业指导、安居扶持、社保解忧、服务均衡、转户进城六个关键环节建立农民工有序转移通道；引导就业人口在主城、区县城、小城镇三级城镇合理分布；贴近农民工、农村居民、城镇居民三大群体引导发展，建立民生制度体系；着力在发展经济增加非农产业就业岗位、扶持有条件的农民工转化、加强社会主义新农村建设三个方面改革创新。六项制度改革突破的要害，是建立城乡全覆盖的行政管理体制。重庆市将向农村延伸政府部门职能，实行“大部门”体制，推进城乡一体规划建设。鼓励农民携家带眷进入城镇，到 2010 年前，每年将引导 15 万农民进城落户。为此，将在提升农民就业技能等 6 个环节建立扶持机制。

坚守四条底线控制风险，设“创新奖”鼓励创新。2007 年 11 月 20 日，重庆市二届人大常委会第三十四次会议开幕，会议听取了市政府关于重庆市统筹城乡综合配套改革试验意见的报告。报告称，在统筹城乡综合配套改革试验中，必须坚守四条底线，控制改革风险，这就是耕地保护、粮食生产、生态环保、群众权益保护。在统筹城乡综合配套改革试验中，为了保护和调动各方面的积极性，重庆市还将设立“改革创新奖”，对改革试验中出现困难和问题的区县和单位给予帮助。

解放思想对推进改革尤为重要。时任重庆市委书记汪洋在重庆市委三届二次全委会上讲话表示，党的十七大鲜明地指出，解放思想是发展中国特色社会主义的一大法宝，并突出强调要继续解放思想。这对于肩负统筹城乡综合配套改革试验光荣使命的重庆尤其具有针对性，对于处在改革试验第一线的全市广大党员干部来说尤其重要。要贯彻落实好十七大精神，在新的历史条件下，推进统筹城乡综合配套改革试验，实现“加快”和“率先”，就必须运用好解放思想这一法宝。全市各级干部一定要敢闯敢试，敢作敢为，勇敢承担起改革试验的使命和责任。要以创新解决农民工问题的体制机制作为切入点和突破口，着重在户籍管理、社会保障、土地流转、劳动就业等方面进行制度创新，尽快形成统筹城乡的体制机制，并以此带动各个方面的改革深入推进。

# 二问体制改革如何深化开展

## 创新完善行政立法

党的十七大报告指出，健全组织法制和程序规则，保证国家机关按照法定权限和程序行使权力、履行职责。但目前在规范行政权力方面，我国尚未制定全国统一的《行政程序法》。早在2003年，《行政程序法》就列入了十届全国人大常委会五年立法规划，由于多种原因尚未启动。先从地方立法是一条好路径，可以为制定《行政程序法》积累立法和运行经验。

### 湖南行政机关行使职权要符合六大原则

近年来湖南省已制定了有关行政程序的多部单项地方立法。比如湖南省行政执法条例、行政处罚听证程序规定等。此次湖南率先制定出台《湖南省行政程序规定（草案）》，是政府制度改革很重要的一大突破，具有重要开创性意义，将为其他省份和全国的行政程序立法发挥重要的影响和推动作用。但也要看到，行政程序立法只是法治政府建设的起点，真正贯彻实施才是关键。

2008年2月18日，湖南省政府法制办全文公布了《湖南省行政程序规定（草案）》，就行政程序进行统一立法，这在全国尚属首次。

建立健全了重大行政决策规则。《湖南省行政程序规定（草案）》共10章169条，就行政程序的原则、行政程序主体、行政决策程序、行政执法程序、特别行政行为程序、行政听证程序、行政公开以及监督检查、责任追究等问题作了规定。这部被专家们冠以“开创性”和“标志意义”的草案，亮点颇多：草案最大的亮点，是建立健全了重大行政决策规则。草案明确规定了10类事项为重大行政决策，并确定调查研究、专家论证、公众参与、合法性审查和集体研究等必经程序。参加论证的专家，须选择与重大行政决策相关的不同专业、持不同观点者等。针对“红头文件”过多、过滥等问题，草案规定了规范性文件统一登记、自动失效、网上检索和申请审查四大制度。规范性文件统一登记、编号和发布，有效期预定为5年，期满自动失效。公开原则和公众参与贯彻草案始终，也是一大亮点。公众将参与决策、执法、监督和指导等各方面；以政府公报和指定的政府网站为本级政府统一的政府信息发布平台，重要政府信息须在此公布。草案还对行政执法程序，包括行政合同、行政指导、行政裁决、行政调解、行政听证等特别行为程序，以及行政公开都作了详细规定。另外，草案还涉及提高行政效能、政府职能转变和管理创新、监督检查和责任追究等多方面。

《规定》将作为全省各级公务员的培训教材。湖南省省长周强在2008年2月13日省政府常务会议审议该《草案》时要求，《湖南省行政程序规定》颁布后，要作为全省各级公务员的培训教材，切实加强培训和管理，提高公务员队伍的素质，严格依照法定权限和法定程序行使职权，提高依法行政的能力和水平，努力建设清廉公正、务实高效的高素质公务员队伍。

**湖南重大行政决策程序图**

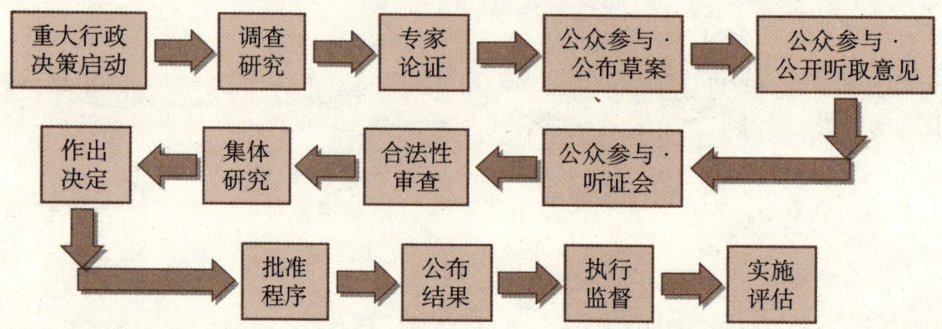


## 山西首次出台投资项目管理流程图

2008年4月，山西省政府印发了《山西省固定资产投资项目管理流程图》，不仅使投资者了解办事程序，办事更方便、快捷，同时，各部门也有章可循、做到规范有序。推进固定资产投资项目管理的规范化、程序化、公开化，是政府依法规范行政、民主科学行政、公开透明行政的具体体现。山西省通过编制《流程图》，促进行政权力行使的程序化、规范化和透明化，有利于政府部门及其工作人员改进工作作风，提高办事效率，提升服务水平，避免不按程序办事、暗箱操作而导致违纪违法行为的发生。用流程而不只是用垂直式行政管理手段去协调解决部门间的相互关系，这是提高政府部门工作效率的一条行之有效的好路子。

三大原则全面规范固定资产投资管理全过程。《流程图》涉及部门、环节较多，基本覆盖了固定资产投资管理的全过程。不仅包括适用于全省各类固定资产投资项目的《流程总图》，还分别制定了审批、核准、备案的《流程图》和《省级煤炭可持续发展基金安

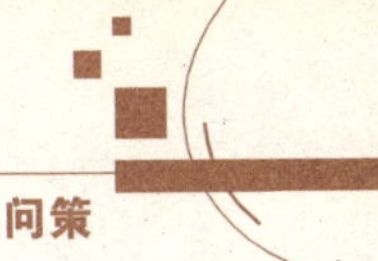

排使用管理流程图》，后者是对《流程总图》内容的细化、具体化，分别适用于不同类型的固定资产投资项目。在编制《流程图》过程中，遵循了三大原则。一是涵盖行政部门职能分工的原则。《流程图》根据国务院关于“新三制”的规定和各部门的分工职能，从更全面、更综合、更完整的角度，将全省固定资产投资项目的管理程序有机地联结起来。其涵盖了项目审批、核准、备案程序中的行政许可关系，也反映了相关行政部门的职能、分工关系。二是符合“绿色通道”的原则。《流程图》强调按规矩办事，提倡规范化操作，并规定了土地、环保、规划等行政手续可以并联审批，体现了“首办负责制”和“限时办结制”的要求，有利于各行政部门建立“绿色通道”、提高行政审批效率。三是符合国家产业政策的原则。各类总体规划、专项规划和国家制定的相关产业政策、法律法规，是全省各类固定资产投资项目提出并推进的重要依据。《流程图》的编制严格以法律、法规为依据。凡是法律法规有明确规定的，按照相关规定列入《流程图》；凡是法律法规没有规定的，一律不得列入《流程图》。

细化投资管理环节，保证政府资金的安全和投资效益。根据《国务院关于投资体制改革的决定》、《国务院办公厅关于加强和规范新开工项目管理的通知》要求，《流程图》将固定资产投资项目的管理、监督责任等，尽可能予以分解。《流程图》规定，审批制仅适用于政府资金以直接投资或资本金注入方式投入的政府投资项目。对于以补助、转贷、贴息等形式投入的政府投资建设项目，政府投资主管部门只审批资金申请报告。审批制程序相对严格，主要是为了保证政府资金的安全和投资效益。

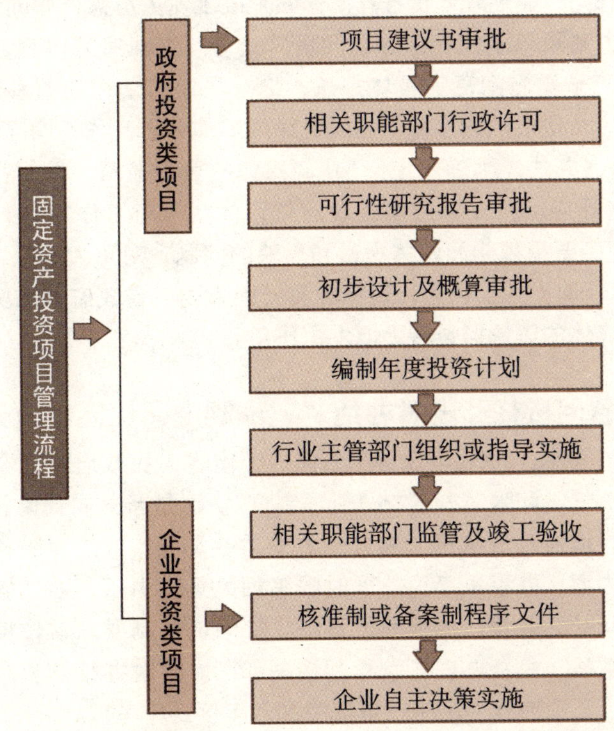

## 打造服务型政府

2008年初，新一届云南省人民政府第一个大动作便是颁布《关于省政府部门及州市行政负责人问责办法》，在全省实行行政问责制。省长秦光荣强调，出台行政问责办法，是深化行政管理体制改革的重要步骤，是提高政府执行力和公信力的需要，也是政府履行好职责的重要保证。"要让行政问责制度家喻户晓，让全社会都来监督政府官员和政府行为。"

《人民日报》2008年2月18日的《多地官员高调力挺媒体监督视为"善政"契机》一文指出，如同在信息时代需要学会"数字化生存"，在建设民主政治进程中，党政干部也得主动学会"在舆论监督中生存"。有越来越多的领导干部力挺媒体监督，为舆论监督大开方便之门，创造宽松的监督环境，将舆论监督作为推动地方政府治理的工具，折射出地方政府执政理念正在发生转变。云南更值得肯定之处，是把舆论监督写入行政问责办法中，使之有了制度化保障。

### 十种情形、十种方式媒体监督成问责依据

2008年3月1日起，《云南省人民政府关于省政府部门及州市行政负责人问责办法》正式实施。据报道，"因舆论监督被停职问责的第一人"已经产生。昆明市便民服务中心户政窗口的工作人员，因接待办事群众时态度粗暴，和群众发生争吵而被当地媒体曝光。随后，昆明市有关部门迅速启动问责程序。这名户政工作人员被停职问责。

云南行政问责办法规范了问责主体、问责方式、问责程序等内容，是省政府对所属部门和各州市领导班子实施问责的具体办法，弥补了现有法律监督和纪律监督的不足，补充了行政监督手段，使未触犯法律、违反纪律的不作为、乱作为有了追究责任的依据。备受各界关注的是，《办法》明确规定："新闻媒体的舆论监督，是对行政首长进行问责的依据之一"。与此呼应，新一届云南省政府修订的《政府工作规则》中增加了一条规定："省政府及各部门要重视新闻媒体报道和反映的问题，对重大问题，各部门要积极主动地查处和整改"。新闻界人士认为，这标志着云南省委、省政府对待舆论监督的态度将走向更加开明，而媒体的舆论监督将更能发挥作用。

### 服务承诺、首问责任和限时办结"三项制度"提高行政效能

在实行问责制的同时，2008年3月1日起，云南省人民政府还在全省行政机关推行服务承诺制、首问责任制和限时办结制"三项制度"。这是新一届云南省政府加强自身建设，提高工作效能，增强政府执行力和公信力的重要举措。其中，服务承诺制要求行政机关对行政服务的内容、办事程序、办理时限等相关具体事项，通过媒体向社会和公众作出公开承诺，接受社会监督，承担违诺责任。首问责任制要求首位接待或受理群众业务的工作人员认真解答、负责办理或引荐到相关部门。限时办结制要求在规定的时间处理行政事项。上述"三项制度"的执行情况将列入年度工作考核。

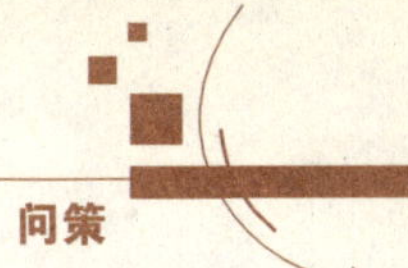

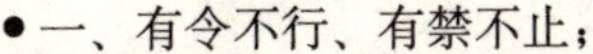

云南行政问责的情形、方式和依据

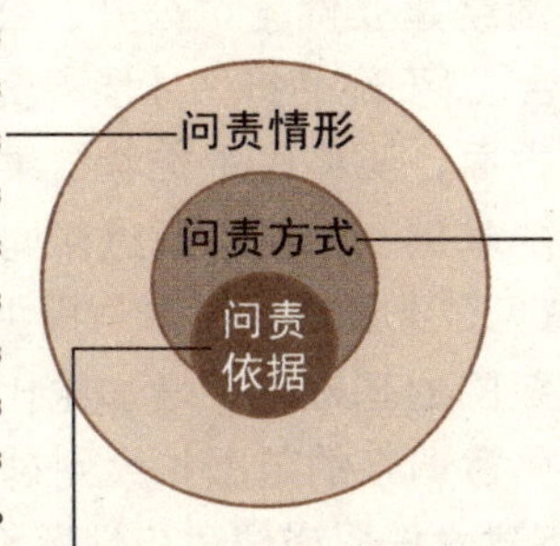


问责情形：

- 一、有令不行、有禁不止；
- 二、独断专行、决策失误；
- 三、滥用职权、违法行政；
- 四、办事拖拉、推诿扯皮；
- 五、不求进取、平庸无为；
- 六、欺上瞒下、弄虚作假；
- 七、态度冷漠、作风粗暴；
- 八、铺张浪费、攀比享受；
- 九、暗箱操作、逃避监督；
- 十、监管不力、处置不当。

问责方式：

- 一、诫勉谈话；
- 二、取消当年评优评先资格；
- 三、责令作出书面检查；
- 四、责令公开道歉；
- 五、通报批评；
- 六、调整工作岗位；
- 七、停职检查；
- 八、劝其引咎辞职；
- 九、责令辞职；
- 十、建议免职。

问责依据：

- （一）省委和上级机关及其领导的指示、批示和通报；
- （二）省长、副省长、省长助理、省政府秘书长提出的意见建议；
- （三）人大代表、政协委员通过议案、提案等形式提出的意见建议；
- （四）行政机关、监督机关和司法机关等提出的意见建议；
- （五）公民、法人和其他组织的检举、控告；
- （六）巡视（巡查）、工作检查或工作目标考核中的意见建议；
- （七）新闻媒体的报道；
- （八）其他渠道反映的。

## 科学规范干部任用

在党的十七大上，“公信度”这个词首次出现在党的纲领性文件中，这是十七大对干部工作提出的新要求。2008年初，重庆市委组织部制定了《关于提高选人用人公信度的实施意见》及《测评办法》。中组部也以工作通报形式印发了重庆市的《实施意见》，并要求各地进一步深化干部人事制度改革，完善干部选拔任用和监督机制，不断提高选人用人公信度，为造就高素质的干部队伍提供有力保障。

选人用人的公信度，就是广大群众对干部选拔任用工作的公认程度。近年来各地开始普遍推行的票决制、公推公选、公推直选等就是这方面的探索。而中央近年来也采取了一系列有效措施，包括民主推荐、民主测评、民意调查、实绩分析、任前公示等，把干部选拔的标准、要求和程序交给群众，把干部任用的过程也亮给群众。除重庆外，其他地方如河北、山东等出台的干部考核评价办法，提高选人用人公信度也是重要内容。山东省也首次采用电话随机访问形式，调查德州、烟台两市常住居民对该市党委、政府的评价，更是在实践上走到了前面。

重庆市委组织部在全国率先出台的《关于提高选人用人公信度的实施意见》制定了具体的工作目标，即力争到2009年底，使群众满意率和基本满意率之和达到80%以上，至2012年底，达到90%以上。

### 建立“三公”、“三意”、“三匹配”机制，提高干部选用公信度

《意见》提出，提高选人用人公信度，重点是加快建立健全选人用人导向机制、干部

选拔任用工作机制、防治用人不正之风监督机制和群众满意度评价反馈机制。

在干部选拔任用上，要紧紧围绕建立健全“公开、公平、公正”相统一，“组织意图、群众意见、个人意愿”相结合，“干部品行、才能、资历与任职岗位”相匹配的干部选拔任用工作机制。在“三公”方面，要将民主推荐结果作为干部提名的重要依据；完善任前公示制度，在原公示范围的基础上，推行通过新闻媒体向社会公示，扩大公示范围。“三意”中的充分体现群众意见，主要是扩大参与民主推荐、民主测评、民意调查的范围，在《干部任用条例》规定范围的基础上，增加党代表、人大代表和政协委员参与重要领导岗位人选的民主推荐，民意调查的范围扩大到过去曾经工作过的单位及服务对象的部分干部群众。“三匹配”指建立任职岗位适应性评价制度，完善能上能下、人岗相宜的用人机制。

## 设置17项评测内容，全面考核干部选用公信度

重庆市委组织部出台了《重庆市选人用人公信度测评办法（试行）》，共设置测评内容17项，从基本原则、测评对象、测评内容、组织实施和结果运用五大方面制定了选人用人公信度测评方案。

《测评方法》着重从干部选拔任用工作满意度和防治用人不正之风工作满意度两个方面进行测评，每项内容设置“满意、基本满意、不满意、不了解”四个评价选项。每年由市委组织部负责组织广大干部群众，对区县（自治县）党委及其组织部门和市级各部门党组（党委）及其组织人事部门进行测评，并有针对性地改进和完善工作措施。

重庆测评选人用人公信度内容和方法

| 测评内容 | 测评标准 | 测评方法 |
| --- | --- | --- |
| 干部选拔任用工作满意度 | 1. 对坚持公布职位、任职资格、任职条件、符合条件的干部名单及工作要求等的评价；2. 对执行民主推荐、任前考察和任前公示等规定程序的评价；3. 对按规定召开组织（干部、人事）部（处）务会议和党委常委（党组、党委、党工委）会议集体讨论决定干部任免的评价；4. 对执行干部交流、回避和职务任期规定的评价；5对开展公开选拔、竞争上岗工作的评价；6. 对坚持“公开、公平、公正”相统一的评价；7. 对坚持“组织意图、群众意见、个人意愿”相结合的评价；8. 对坚持“干部品行、才能、资历与任职岗位”相匹配的评价；9. 对选拔任用的领导干部工作实绩评价；10. 对选拔任用的领导干部公众形象评价（从思想道德素质、作风和廉洁自律方面进行评价）；11. 对本地经济社会发展（或机关单位整体工作状态）的感受评价。 | 1. 每年结合领导班子和领导干部年度考核对全市区县（自治县）和市级各部门开展测评。同时根据工作需要，或结合巡视工作，适时开展测评。<br>2. 每次测评工作开展之前，由被测评单位组织人事部门组织测评参与人员学习《公务员法》、《干部任用条例》等选人用人政策法规，增强测评的实效。 |

续表

| 测评内容 | 测评标准 | 测评方法 |
| --- | --- | --- |
| 防治用人不正之风工作满意度 | 1. 对开展选人用人监督检查情况的评价；2. 对畅通群众监督渠道，及时受理和查处用人不正之风举报情况的评价；3. 对防治违纪违法进行拉票贿选的效果评价；4. 对防治“跑官要官、买官卖官、许官送官、跑风漏气”的效果评价；5. 对防治“带病提拔”、“带病上岗”的效果评价；6. 对防治“突击提拔调整干部”的效果评价。 | 3. 具体实施测评工作采取召开大会的方式进行。被测评单位党委（党组）主要负责人报告本单位干部选拔任用及防治用人不正之风工作的情况，测评票的发放、回收和统计由市委组织部工作人员负责。 |

# 三问国企改制如何拓展思路

## 省企与央企对接合作

2004年后，湖南国企进入大规模改革改制阶段。2006年5月，湖南省专门出台了《关于加快引进战略投资者的指导意见》及《“十一五”期间湖南省引进战略投资者产业发展方向与重点》，为引资打造良好的政策环境。2007年12月，长株潭城市群获批为“全国两型社会建设综合配套改革试验区”；2008年2月又被确定为“综合性国家高技术产业基地”，这些都推动了境内外企业加快进驻湖南的步伐。

近年来，看好央企行业“龙头”的优势，与央企合作成为许多省份推动国企改革重组、壮大地方经济实力的重要途径。如2005年后，辽宁国企纷纷融入央企产业链条，超过1/3的大型国企重组改制都有央企参与；2006年底，河南洛玻、风神股份先后“嫁”给央企，抢占央企产业链上的制高点。到2008年3月，湖南已与57户央企实施对接项目92个，取得如此丰硕成果，其因素有：一是几位从中央“空降”来的领导不遗余力的推动；二是在合作中省委、省政府出面解决央企不能解决的问题，创造了良好的合作环境；三是形成了一套与央企对接合作的联席会议制度。

2008年全国“两会”期间，湖南省在京召开央企对接合作座谈会，省委书记张春贤、省长周强、国务院国资委副主任邵宁及40余家中央大型企业负责人出席。这表明湖南与央企对接合作战略进入高潮。这次会议将对接合作由省属国企延伸到了县域企业和民营企业，拓宽到基础设施、农业产业化、生产性服务业等领域。3月4日，湖南省委省政府又邀请董建华等80多名香港特区代表举行座谈，进一步谋求湖南省与港资企业的合作。

### 依托国资委：搭建省属企业与央企合作信息平台

在2008年3月3日的座谈会上，国务院国资委副主任邵宁证实：“湖南是第一个提出与央企对接的省，也是第一个在国务院国资委网站开通投资网页的省。”2006 年 3 月 28 日，国务院国资委网站“投资湖南”网页正式开通，介绍湖南基本情况和投资环境、省属国企改革的进展和下一步国有经济布局与结构调整规划，重点推出了湖南一批优势骨干企业和项目，向众多央企抛出了“橄榄枝”。与此同时，国资委还向各中央企业发出《关于推进中央企业与湖南省企业开展对接合作工作有关事项的通知》中指出，湖南作为我国中部地区的一个重要省份，具有北靠南联、承东启西的区位特点，有着丰富资源和较好的工业基础，具有一定的产业承接能力，各中央企业结合实际情况要高度重视与湖南企业的对接合作工作。自此，湖南与央企的对接合作拉开了序幕。据湖南省省长周强在 3 月 3 日座谈会上的介绍，到 2008 年 3 月，湖南已与 57 户央企实施对接项目 92 个，涉及投资总额 1582.16 亿元。

## 筹建联席会议制度：将对接战略提升至新高度

为使与央企对接战略顺利执行，省委书记张春贤表示：“湖南将建立一套与央企对接合作的联席会议制度。”并提出了三点建议：一是建议央企在对接湖南省属企业的同时，加大与县域企业和民营企业的对接合作力度；二是在采取产权转让、增资扩股、资产置换、项目合作等方式合作的同时，建议加大在人才培养、技术研发等层面的合作；三是要求省国资委搭建更高层次的信息交流平台，完善协调沟通机制。有关人士认为，这一制度将成为央企与地方国有企业或者其他地方企业进行合作对接的有效解决方案。

湖南省和部分央企对接合作情况

| 时间 | 对接央企 | 合作内容 |
|---|---|---|
| 2006.4.14～17 | 中冶集团 | 签署《湖南省人民政府与中国冶金建设集团公司战略合作框架协议》及六项具体协议，未来五年在湖南投融资 50 亿～100 亿元。 |
| 2006.4.18 | 中国黄金集团 | 共建的湖南金鑫黄金集团有限责任公司挂牌成立。 |
| 2006.4.28～25 | 中钢集团公司 | 签署重组衡阳有色冶金机械总厂协议。 |
| 2006.7.11 | 中钢集团 | 签署了关于衡阳有色冶金机械总厂破产资产重组等四个协议。 |
| 2006.7.17 | 中粮集团 | 与中联重工科技发展公司签订项目合作协议。 |
| 2006.7.25 | 中核集团 | 签订协议，打造内陆首座核电站。 |
| 2007.3.26 | 中盐公司 | 签订株化集团增资扩股协议。 |
| 2007.4.28 | 中化新材料总公司 | 重组湘维公司，投资 9 亿元建聚乙烯醇生产线及配套工程项目。 |
| 2007.5.31 | 中国航空工业集团 | 签署战略合作协议，投资 55 亿元，创建长株潭航空城。 |
| 2007.8.6 | 中国航天科工集团 | 签署战略合作协议，合作实施湖南航天“一城四基地”。 |
| 2007.8.7 | 中国电子科技集团 | 签署战略合作协议，投资 35 亿元，建设太阳能光伏项目。 |
| 2007.8.21 | 中材集团 | 签订重组韶峰水泥集团协议。 |
| 2007.9.27 | 中材集团 | 签订战略合作协议，进行余热发电合作；投资高新技术材料。 |
| 2007.11.21 | 31 家电子企业 | 原信产部组织 31 家国内外知名电子企业高层负责人赴湘考察。数个电子项目落户湖南。 |

## 国企市场化、证券化重组

国务院国资委主任李荣融2008年8月10日在答记者问时指出，按照国务院对国有经济布局调整的要求，中央企业到2010年将会减少80户到100户。中央企业中有相当一部分企业不属于关系国家经济命脉和国家安全的企业，这些企业应更多地进入市场经济竞争。到2008年上半年，经过不断调整央企数已不到150家。奥运会后，中央企业的重组步伐将加快，且重组将会由企业自愿组合转向由国资委主动推进。

作为国资第一"重镇"的上海，其改革思路始终牵动着全国的目光。2008年9月，《关于进一步推进上海国资国企改革发展的若干意见》及《关于进一步规范和完善市管国有企业法人治理结构的意见》、《关于市管国有企业试行董事会选聘经理人员的意见》等四个配套文件正式发布。上海市国资委2002～2005年间的改革虽有力地推动了国有资本间流动重组和上市，但行政主导的重组因整合效果不理想备受争议。此次出台的《若干意见》不但清晰了市场化、开放式重组思路，而且明确了主导产业资本化、证券化的市场化目标。这与国务院国资委近年来推行的一系列重组改革——明确所有央企主业后逐渐剥离非主业、加快央企整体上市步伐、加大市场化选拔企业经营者力度等的思路是一致的。

### 新战略：做强主业，分类监管

2008年6月以来，上海市多次讨论国资国企改革思路。最后形成的思路可概括为三个层次：在国资改革上，要解决一个优化国资布局结构的问题；在国企改革发展上，要解决一个怎样增强主业竞争力或核心竞争力的问题；在班子建设上，要进一步解决法人治理结构的问题。《若干意见》提出，根据国资布局结构调整的要求和企业（集团）的战略定位，明确产业类企业（集团）的主业，推动优势资源向主业集中。2008年3～8月，上海市国资委先后发布四批41家国企主业目录，鼓励企业做强主业，逐步退出非主业。

在上述基础上，上海市国资委确定了对沪属国有企业的监管方式，即按照"主业"的划分，分类监管。2008年4月通过的《上海市国有企业投资监督管理暂行办法》严格明确了上述分类监管方式。比如，对主业投资计划实行备案管理，主业投资计划以报告的形式向市国资委报送；对非主业投资计划则实行核准，以请示的形式向市国资委报送。此次《若干意见》进一步明确了分类监管的具体内容。并提出，要按照"市场化、职业化"要求，选择符合任职条件的人选担任市管国有企业的董事、监事和经营者；取消企业和企业领导人员的行政级别。企业领导人员不再保留公务员身份。

### 新路径：开放性、市场化、证券化重组

重组仍是上海新一轮国企改革的重中之重。这一次改革更强调重组的开放性和市场

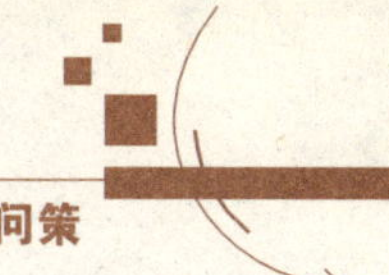



化，目标是做优做强国有控股上市公司，实现资产资本化、证券化。《若干意见》明确提出，充分发挥企业主体作用，大力推动上海国有企业跨地区、跨所有制重组，吸引中央企业、全国地方企业及外资企业、民营企业参与本市国资调整和国有企业重组，大力推动企业整体上市或核心业务资产上市，推动上海企业走向全国、走向世界。上海市国资委主任杨国雄表示，到2008年9月，上海国有控股的上市公司共72家，所有制权益1000多亿元，占整个上海7000多亿元经营型资本17.6%。用3～5年时间能达到30%是上海的目标。

2008年上海部分国企在资本市场上的重组行动

| 时间 | 重组内容 |
| --- | --- |
| 4月9日 | 上海电气集团将其持有的上柴股份股权转给上汽集团。 |
| 4月28日 | 城投控股通过原水股份实现整体上市的计划获得证监会并购重组委审核通过。 |
| 5月12日 | 广电电子受让控股股东上广电集团和广电信息持有的从事第五代TFT-LCD业务的光电子公司的股权。 |
| 5月19日 | 上海远洋渔业借壳华立科技实现了上海水产集团下属的远洋渔业捕捞业务的上市。 |
| 6月4日 | 外高桥拟向控股股东外高桥集团和上海东兴投资发行股份用于认购上海外高桥保税区联合发展有限公司等3家公司的股权。 |
| 6月23日 | 久事公司控股的巴士股份被上海市国资委无偿划拨至上汽集团并拟注入上汽集团下属拥有的与独立供应汽车零部件业务相关的资产。 |
| 7月3日 | 上海华谊集团下属的三爱富启动重组，上海焦化的全部股权被通过非公开发行的方式置入上市公司。 |

## 打造国企“旗舰”、“航母”

近年来，我国煤炭需求量大增给产煤大省山西带来了新的压力：一是煤炭需求过大而生产能力不足；二是电煤合同价与市场价相差悬殊；三是安全生产形势严峻。为此，2008年8月26日，山西省政府通过了《关于加快推进煤矿企业兼并重组的实施意见》和《山西省煤矿企业兼并重组整合规划方案》。9月3～6日，山西省政府先后在临汾、大同和长治召开推进会议，分别对焦煤、动力煤和无烟煤三个区域的资源整合进行推动。

2008年9月3日，山西省正式公布了《关于加快推进煤矿企业兼并重组的实施意见》，一场大规模煤矿企业兼并重组正式在全省展开。山西省煤炭行业因近年“矿难”频发和能源价格波动备受社会关注。为解决安全生产与谐和发展问题，2006年国务院关于同意山西省开展煤炭工业可持续发展政策措施试点后，山西省出台了《煤炭资源整合和有偿使用办法》，对煤炭资源全面实行有偿使用和资本化管理。在此基础上，山西省根据煤炭企业规模化、大型化发展潮流以及国务院国资委国企改革方向，以组建煤炭旗舰企业为重点，加快了煤矿企业关闭整顿和兼并重组，以彻底解决煤炭生产中存在的问题。

## “三管齐下”打造煤炭旗舰企业

山西省提出用两年的时间对煤矿企业进行兼并重组，以提高煤炭产业集中度和产业水平。按照《意见》，现有国有重点煤矿企业、在晋中央煤矿企业、市营煤矿企业和经省煤炭资源整合领导组批准单独保留和整合的市营以下地方煤矿，按照“规划先行、稳步推进、整合为主、新建为辅”和“以大并小、以强并弱、扶优汰劣”的原则，依法进行煤矿企业兼并重组。在举行的第二届煤博会上，山西省有关人士表示，山西政府将支持山西焦煤集团、山西同煤集团、潞安集团、山西阳煤集团、晋煤集团五大煤企整体上市。

山西省强调，做好煤炭经济大文章，必须“三管齐下”：一是推进煤炭资源整合、企业重组，从源头上解决问题；二是实施“十关闭”、“十整顿”为主要内容的严厉打击非法开采煤炭专项行动，强化安全生产；三是开展煤焦领域反腐败专项斗争。到2010年使全省煤炭企业控制在300家以内，矿井个数控制在1500座以内。形成2~3个年生产能力达到亿吨级的特大型煤炭集团，3~5个年生产能力5000万吨级的大型煤炭集团，大集团控股经营的煤炭产量达到全省总产量的75%以上。

## 十项扶持政策加快重组进程

《意见》透露，国家及山西省对兼并重组煤矿企业将实行一系列的扶持政策，以加快推进速度。

山西煤矿兼并重组的途径、模式与矿区划分

| 类别 | 具体内容 |
|---|---|
| 途径 | 以三个大型煤炭基地和18个规划矿区为单元，以市、县（市、区）为单位，以资源为基础，以资产为纽带，通过企业并购、协议转让、联合重组、控股参股等多种方式，由大型煤炭生产企业兼并重组中小煤矿，并鼓励大型煤矿企业之间的联合重组；鼓励电力、冶金、化工等与煤炭行业相关联的大型企业以入股的方式参与煤矿企业兼并重组，但必须由煤矿企业控股，以实现专业化管理、煤炭与相关产业一体化经营。 |
| 模式 | 股份制是主要形式，兼并重组企业应在被兼并企业注册地设立子公司。国有企业之间的兼并重组，可采用资产划转的方式；非国有之间或非国有与国有之间煤矿企业的兼并重组，可采用资源、资产评估作价入股的方式。 |
| 矿区划分（原则是“一个矿区尽可能由一个主体开发，一个主体可以开发多个矿区”） | 大同煤矿集团：大同矿区、轩岗矿区、朔南矿区和河保偏矿区。 |
| | 山西焦煤集团：西山矿区、离柳矿区、乡宁矿区、汾西矿区、霍州矿区、霍东矿区、岚县矿区和石隰矿区。 |
| | 阳泉煤业集团：阳泉矿区和东山矿区。 |
| | 潞安矿业集团：潞安矿区和武夏矿区。 |
| | 晋城无烟煤集团：晋城矿区。 |
| | 中煤能源平朔公司：平朔矿区。 |

山西省兼并重组煤矿企业可享受的扶持政策

| 类别 | 具体内容 |
| --- | --- |
| 国家扶持政策 | 1. 安全监管。按照管理权限实行安全考核指标单列，3年内按原企业类型、统计口径考核。2. 运力保障。铁路运输部门优先保障煤炭运输。增加年度运力计划。3. 出口经营权。2010年前，国家优先授予年产1亿吨以上的煤矿企业出口经营权。4. 市场融资。支持具备条件的兼并重组企业上市融资，已上市公司可优先增发或配售股票，可通过发行企业债券、股权转让等融资方式筹集发展资金。5. 信贷支持。各类金融机构优先给予信贷支持，对其贷款授信和不良债务回购等予以优惠。6. 中央预算内投资支持。对煤矿安全改造、煤炭产业升级、煤矿地质勘探等项目，优先安排补助或贴息资金支持。7. 设立专项资金。2008～2010年，国家安排专项资金支持煤矿企业兼并重组。8. 税收优惠。2010年前，免征印花税、契税；以资源、技术、管理入股评估增值部分免征所得税。对年产量5000万吨以上的煤矿企业实行消费型增值税。 |
| 省级扶持政策 | 1. 资金支持。省级煤炭可持续发展基金优先安排兼并重组煤矿企业用于煤矿安全改造、煤炭产业升级、转产转型等，并切块设立专项基金，与中央设立的专项基金一并，按不同产量规模，支持煤矿企业的兼并重组。鼓励特大型煤矿企业集团组建集团财务公司，支持其依法依规融资。<br>2. 资源价款政策。国有大型煤炭生产企业应缴采矿权价款可转为政府资本金，实现资源资产化，由省、市、县（市、区）人民政府按既定分成比例持有，应交国家部分按国家有关规定办理。 |

# 四问人才战略如何创新推进

## 谋建人才支撑体系

抓好重大项目建设，首要前提是人才。科技部2007年3月印发了《关于在重大项目实施中加强创新人才培养的暂行办法》，旨在通过重大项目的实施，培养具有创新意识和创新能力的各类人才，从而加强我国创新人才培养和创新团队建设，实现从技术突破的单一目标向科技持续创新能力提高的综合目标转变。近年来一些省市围绕加快重大项目建设进度，不断创新推进和服务重大项目的工作机制，如江西省对重大项目实行调度会议制。相比之下，陕西省把人才支撑体系建设作为重大项目建设的根本，更有针对性。

高层次人才是人才资源中的稀缺部分，也是起决定性作用的一部分。2003年召开的全国人才工作会议提出，要着重培养造就大批适应改革开放和社会主义现代化建设的高层次人才。在这方面，先后有“长江学者奖励计划”、“珠江学者计划”、“闽江学者计划”、“天府学者计划”等各省市的高层次人才引进培养计划相继实施。但总体来看，高层次人才仍难以满足发展的需要。

### 陕西要建重大项目人才支撑体系

陕西省2007年底就加强重大项目人才支撑体系建设制定出台了十九条指导意见。《意见》提出陕西省“十一五”期间重大项目人才支撑体系建设的主要目标是：力争到2010年使本省重大项目建设人才支撑体系基本建立，全省可用于重大项目建设的各类人才总量达到120万人以上；能源化工、冶金建材等人才较短缺的行业和陕北、陕南地区，人才供需差率分别下降到10%以下；项目建设各阶段的在岗人才再教育率达到90%以上。重大项目也是培养和造就一流人才的有效平台。大项目的意义不仅在于出大成果，更重要的是能够出大人才。因此，陕西此举已经突破了重大项目本身，事实上是在为经济转型铺平道路。这正是陕西人才支撑体系建设的非同凡响之处。

适应重大项目建设需要，重点选拔培养和引进七方面人才。一是选择一批学历高、管理能力强和专业技术水平高的复合型人才进入各级党政部门；二是重点培养和引进一批产业化项目策划人才、投融资人才和懂技术、会管理、善营销的复合型人才；三是注重培养电子信息、生物医药、新材料和先进环保等高新技术产业所需要的技术和管理骨干；四是积极引进在飞机、动力设备、汽车、输变电、数控机床和专用设备等装备制造领域掌握行业领先技术的高级研发人才和工程技术人才；五是引进和培养煤化工、石油化工、煤制油等精深加工所急需的专业技术和高技能人才；六是重点引进和培育具有国际通用的任职资格和丰富的投融资经验，掌握国际金融发展最新动向的金融、保险、风险投资等领域的高级金融人才；七是引进和培养建设渭北果业基地和陕南绿色产业基地需要的农业技术和产业化经营人才，加快为陕北能源化工基地建设引入、调配一大批急需的专业技术人才、高技能人才、综合规划设计人才。

鼓励多种形式参与人才投资开发，建立以市场为导向的投资回报机制。《指导意见》明确要求，各级政府投资主管部门要从项目前期费用中拿出一定比例资金用于项目人才培养，项目建设单位也要在项目立项审批阶段设立人才培养专项资金，保证人才教育培训经费足额到位，并鼓励和支持社会力量以联合、代理、定向培养等多种形式参与重大项目人才的投资开发，建立以市场为导向的人才开发投资回报机制。

重大项目人才体系建设列入各级政府目标责任考核。《指导意见》明确，全省重大项目人才队伍建设列入各级政府目标责任考核体系。各级政府要建立健全领导干部联系重大项目制度，建立健全重大项目人才激励和约束机制，设立关键岗位“首席职工”，对全省现有重大项目人才资源，分专业、分层次、分地域建立数据库，及时掌握重大项目人才分布和流动状况，为引导人才流动提供依据并及时有效引导人才向重点建设项目流动。

## 安徽打造高层次人才“金字塔”

安徽省高层次人才在总量、素质、结构上与经济大省的要求还有差距，高层次人才开发的机制还需进一步完善，吸纳集聚高层次人才的能力还亟待加强，高层次人才创新创业的环境有待进一步优化。继 2002 年发布《关于培养引进和使用高层次人才的意见》之后，2008 年 1 月 22 日，安徽省又出台了《关于进一步加强高层次专业技术人才队伍建设的若干意见》，从指导思想和总体目标，完善高层次专业技术人才培养体系，加大高层次专业技术人才培养力度，建立和完善高层次专业技术人才评价、使用和激励机制，引进急需和紧缺的高层次专业技术人才，进一步优化高层次专业技术人才成长和创业环境等六大方面作了详细阐述。《意见》对高层次人才建设的目标进行了明确，即到 2010 年，全省高级职称专业技术人员达到 10 万人，其中，安徽省首席专家 20 名左右、安徽省杰出专业技术人才 40 名左右、安徽省学术和技术带头人 400 名左右、安徽省学术和技术带头人后备人选 800 名左右。此次省委省政府出台的文件表明，安徽省的人才战略已从注重引进转向加强人才队伍建设方面，打造本地人才“金字塔”，这将为安徽社会经济的持续发展创造必要条件，也必将推进安徽由人力资源大省向人才资源大省转变。

七项重点措施完善高层次专业技术人才培养体系。为实现全省高层次人才建设的目标，安徽省制定了一系列配套措施，完善高层次专业技术人才培养体系。

| 政策类别 | 具体内容 |
| --- | --- |
| 积极推行“院士工程” | 以高层次创新人才培养为重点，努力造就一批在全国同学科、同行业处于领先位置、具有较强创新能力的领军人才和高水平学科带头人，作为院士候选人的遴选对象，争取全省院士实现零的突破。 |
| 实施“安徽杰出人才工程” | 通过加强科技发展战略研究、实施重大科技专项等措施，培养具有国际视野和战略思维、能够组织领导重大科技创新活动的安徽省首席专家。 |
| 实施国家“百千万人才工程”带动战略 | 以国家“百千万人才工程”带动不同类型的高层次人才培养，建立拔尖人才培养体系。组织全省高层次人才申报、入选“百千万人才工程”国家级人选行列。 |
| 建立省学术和技术带头人选拔制度 | 选拔在省内自然科学和社会科学界具有一流水平、在相关领域取得显著成果和突出业绩的高层次专业技术人才，作为省学术和技术带头人重点培养。每年选拔一次，每次 100 名左右。 |
| 完善政府特殊津贴制度 | 鼓励创新，促进高层次专业技术人才成长。在皖新当选的享受国务院特殊津贴的中央部属单位专家同时享受省政府特殊津贴。 |
| 大力发展博士后事业 | 高等院校、科研院所和企业，特别是高新技术企业应申报建立博士后科研流动站和工作站。积极将省外出站的博士后引进安徽。 |
| 发挥离退休高级专家作用 | 启动“银发咨询”计划，建立离退休高级专家信息库，建设“江淮顾问”队伍，建立专家返聘制度 。 |

三大激励制度推动高层次人才建设。在分配机制方面，安徽将建立符合事业单位特点的岗位绩效工资制度和适应事业发展的高层次人才分配激励机制。引导收入分配政策向关键岗位和优秀人才倾斜。建立技术、专利等知识产权制度和技术创新人员持股制度。对部分紧缺或者急需引进的高层次专业技术人才，可实行协议工资、项目工资等灵活多样的分配办法。在激励制度方面，安徽将逐步建立和完善以政府奖励为导向，用人单位和社会力量奖励为主体的多元化人才奖励制度。对业绩特别显著、贡献特别突出、创造巨大经济效益或社会效益的优秀人才，依据《安徽省突出贡献人才奖励办法》，由省政府实施一次性重奖。在人才流动方面，将建立科学、灵活的人才柔性流动机制，逐步实现高层次专业技术人才供需动态平衡，促进高层次专业技术人才结构优化和资源合理配置。加快全省人才市场一体化建设，建立全省高级人才信息库和高级专业技术人才评价推荐中心。

## 联手“外脑”

*要素驱动、投资驱动、创新驱动和财富驱动是经济增长的四大动力。人均 GDP 从*

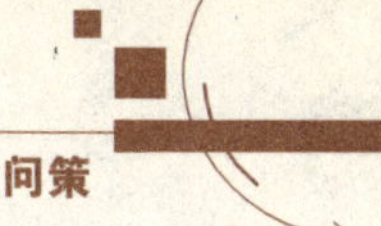



5000美元向8000美元的跨越，技术创新则成为经济发展的重要驱动力。目前国内省区市围绕增强自主创新开展省院合作已相当普遍，从创新驱动看，天津的优势并不明显，还没有成为企业总部集聚之地。2008年伊始，天津高调推进市院合作，推动发展方式向创新驱动型转变，力度前所未有。

第五代运载火箭、空客A320……一批国家重大项目先后落户天津滨海新区；党的十七大后，天津确定的新20项重大工业项目，以及此前开工的20项重大工业项目、刚遴选出的20项重大自主创新项目，都立足构建高端化、高质化、高新化的产业结构，推动发展方式向创新驱动型转变。2008年1月12日、13日和17日，天津市先后与中国航天科技集团公司、北京大学和清华大学在津签署合作框架协议，将在滨海新区建设我国重要的航天产业基地，在金融改革和创新、各类高层次人才培养、科研成果转化等众多领域开展多种形式的合作。

**天津与三大“外脑”合作协议内容**

| 合作单位 | 合作内容 |
| --- | --- |
| 中国航天科技集团 | 确保新一代运载火箭项目按计划落实实施、按计划投产；积极协调航天科技集团下属院所项目落户天津；在天津建设航天器制造及应用产业化基地；尽快启动比较成熟的民用项目；落实双方协调推动机制和政策支持等。目前，已确定将挠性线路板、气动脱硫、高精度冷拔——珩磨管（筒）等民用项目放在天津，项目总投资约100亿元。 |
| 北京大学 | (1) 北大将为滨海新区在金融改革和创新、建设北方国际航运中心和国际物流中心、宜居生态新城区等方面提供人才和智力支持。(2) 结合天津“131”创新型人才培养工程和各类高层次人才培养要求，北大为天津开设教育、卫生、区域经济、工商管理、房地产、旅游、文化产业、环境保护、新闻、法律等方面的各类培训、高级研修班，组织相关院士、专家、学者讲学，联合培养高层次创新型人才。(3) 北大积极鼓励教师与天津市科研机构、高等院校、企业科研人员合作，共同开展基础研究、应用研究，共同申报和承担科研课题，鼓励有关研究机构逐步开展多层次、多形式的合作交流；向天津市推荐符合滨海新区建设和高新技术产业发展需要的先进技术项目，支持滨海新区的生态文明建设；天津市在资金、项目、用地等方面给予政策支持，促进科研成果尽快转化为现实生产力。(4) 北大鼓励有关专家在医院建设与管理、医学技术交流、卫生人员培训、医疗资源共享等方面进行多种形式的合作。此外，市人事局、卫生局、塘沽区政府还分别与北京大学有关部门签署了子项目协议。 |
| 清华大学 | 市人事局与清华大学签署开展博士后工作合作协议；塘沽区与清华大学科研院签署关于加强自主创新、促进科技成果转化合作协议；塘沽区与清华大学环境科学与工程系、工业工程系、经济管理学院、热能系分别签署临港工业区应急救援系统建设框架性合作协议，临港工业区化工行业物流发展规划合作协议，滨海新区中心商务商业区城市功能定位、建筑规模及发展模式研究合作协议，燃煤烟气脱硫废弃物改良盐碱地合作协议；河西区与清华大学人文社会科学院签署陈塘科技文化产业区定位及开发战略研究课题委托协议。 |

这些项目80%被列入国家重大专项、863计划和科技支撑重大项目，总投资158亿元。按照天津市的规划，到2010年底，20个重大项目将完成各项研发任务并实现产业化，在生物医药、绿色能源、先进装备等40个重大技术方向取得突破，达到国内领先、国际一流水平，填补一批国内空白，抢占一批科技制高点。市委书记张高丽在1月18日天津市委、市政府召开的实施20项自主创新产业化重大项目现场办公会上强调，实施二十项自主创新产业化重大项目，要把握好三个着力点，其中之一就是要着力加快科研成果产业化步伐，抢时间，争速度，集中力量联合攻关，尽快使自主创新的成果转化为现实生产力。

# 五问惠民体系如何不断完善

## 建立长效机制

近年来，“民生”成为各级政府施政的主题词，公布、实施各种“民生工程”已成为许多地方政府每年的“常规动作”。2007年，一些地方进一步制定关于改善民生的专项政策文件，如河北省的6个民生文件；吉林省长春市的民生《行动计划》；广州市的“民生66条”。温家宝总理在2008年全国“两会”后中外记者招待会上强调：“解决民生问题，要有制度的保障。有了制度，就不会轻易改变，就不会因为政府的更替和领导人的变化而发生变化。”近年来，各级政府改善民生的力度不断加大，投入越来越多，但却较少见关于改善民生方面的综合规划及制度建设安排。浙江省出台的关于全面改善民生的《决定》是首个省级民生综合性文件，明确了今后若干年改善民生的目标及机制制度建设意见。

### 浙江出台改善民生“50条”

2008年4月15日召开的浙江省十二届三次会议通过了《关于全面改善民生促进社会和谐的决定》，共十个方面50条，这是国内首个关于全面改善民生的省级综合文件。《决定》强调把改善和保障民生作为各项工作的优先位置，切实保障人民政治、经济、文化、社会权益。浙江出台首个省级改善民生的综合性文件，不但提出了未来几年改善民生的目标，还明确要求制定相关的考核、投入和民生决策机制，加快制定或修改相关领域法规，完善依法解决民生问题的长效机制，等于给广大百姓吃了一颗“定心丸”。

确立八个方面到2012年改善民生的目标。《决定》围绕“创业富民、创新强省”总战略，制定了浙江教育、就业、收入、社保、医疗、文化、环境、社会稳定八个方面改善民生的工作重点和目标，逐步形成覆盖城乡、惠及全省人民的基本服务公共体系。

浙江省改善民生的八方面目标

| 政策类别 | 主要内容 | 到 2012 年目标 |
| --- | --- | --- |
| 优先发展教育 | 促进基础教育均衡发展；提高高等教育质量和大众化水平；发展职业教育和成人教育；完善教育保障机制。 | 现代国民教育体系更加完善，全省人民受教育程度和创新人才培养水平明显提高，教育综合实力进一步提升。 |
| 扩大就业和促进创业 | 坚持扩大就业和促进创业并举；完善市场调节、政府推动、城乡统筹、自主择业的就业机制；加强就业和创业培训；加大对困难群体的就业援助；做好高校毕业生就业工作；完善就业和创业服务体系；构建和谐劳动关系。 | 坚持扩大就业和促进创业并举。促进创业带动就业，使更多劳动者成为创业者，努力使社会就业更加充分。 |
| 增加城乡居民收入 | 促进城乡居民收入普遍增长；促进农民增收减负；建立职工工资正常增长机制和支付保障机制；进一步理顺和规范收入分配关系；实施“低收入群众增收行动计划”。 | 国民收入结构进一步优化，居民收入在国民收入分配中的比重稳步提高，中等收入者群体进一步扩大，基本消除绝对贫困现象。 |
| 完善社会保障体系 | 加快社会保障体系建设；建立健全覆盖城乡的养老保障体系；建立健全覆盖城乡居民的医疗保障体系；积极稳妥解决农民工社会保障问题；完善新型社会救助体系；大力发展社会福利事业；建立多层次住房保障体系。 | 覆盖城乡居民的社会保障体系基本建立，人人享有基本生活保障。 |
| 提高城乡居民健康水平 | 建立健全基本医疗卫生制度；加强公共卫生体系建设；加强医疗服务体系建设；建立医疗和药品供应保障体系；大力发展体育事业。 | 卫生服务的公平性明显提高，人人享有基本医疗卫生服务和基本体育健身服务，全省人群主要健康指标进一步提高。 |
| 加强公共文化建设 | 完善城乡公共文化服务体系；大力发展公益文化事业；加强精神文化产品创作和生产；加快城乡公共文化和信息基础设施建设；广泛开展群众性文化活动。 | 文化综合实力显著增强，公共文化服务体系更加健全，人民基本文化权益得到更好保障，城乡文化生活更加丰富多彩，社会文明程度不断提升，人民群众的精神风貌更加昂扬向上。 |
| 优化人居环境 | 加强污染治理与环境保护；全面实施“811”环境保护新三年行动计划；加快城乡一体的基础设施建设。 | 全省生态环境质量和环境保护能力继续居全国领先水平。 |
| 维护社会和谐稳定 | 健全社会管理体系；妥善处理人民内部矛盾；加强公共安全；加强司法保护；加强社会治安综合治理。 | 社会管理体系更加健全，社会治安状况更加良好，城乡居民安居乐业的局面更加巩固。 |

建立三大机制为全面改善民生提供有力保障。《决定》提出还将建立考核机制、投入机制和公共民生决策三大机制。在考核上，建立健全目标责任制，加强督促检查和考核，把解决民生问题的实绩作为考核评价领导班子和领导干部的重要内容。在投入上提出三个倾斜。确保新增财力三分之二以上用于解决民生问题，重点向低收入人群倾斜、向农村和农民倾斜、向欠发达地区和海岛山区倾斜。《决定》还提出，建立以民主促民生工作机制，健全公共民生问题决策机制，加快制定或修订热点难点问题的法规制度，推进依法行政，完善依法解决民生问题的长效机制。

## 安徽打造惠民“五个一”工程

近年国家惠民政策陡增，特别是直接补助给城乡居民的资金量越来越大。但落实过程中出现了部门配合不够协调、补助对象不够准确、资金发放不够及时甚至挪用、浪费等现象，使惠民政策大打折扣，群众反映强烈。据审计署披露，2004 年和 2005 年，全国审计机关共审计涉农项目 784 个，查出滞留、挪用侵占转移资金等 192 亿元、损失浪费 8.9 亿元。因此，2006 年以来审计署就将涉农资金专项审计列为重点任务之一。

安徽省推广的“五个一”惠民直达工程最早源于该省金寨县。金寨县 2004 年起推行财政补贴农民资金“一卡通”发放（已于 2007 年被财政部在全国推广），2007 年开始推行惠民资金“一线实”管理。与此同时，安徽省于 2005 年推行农村为民服务全程代理制，2006 年基本实现所有乡镇有服务中心和村有代理室。“五个一”惠民直达工程把惠民政策和资金落实的各个环节整合起来，建成了惠民利民的最直接通道，将有效堵塞各种漏洞，让各项惠民资金真正实现惠民。

2008 年 7 月，安徽省公布了《关于开展惠民直达工程试点工作的指导意见》，决定在芜湖市、滁州市、金寨县、太和县、合肥市蜀山区开展惠民直达工程试点工作。其主要内容是：将保障惠民政策和资金落实工作分成体制创新、平台搭建、对象审核、资金发放和服务提供五个既相对独立又相互联系的子系统，形成保障惠民资金及时、足额发放到位的管理体系。

“惠民直达工程”的“五个一”制度设计，分别针对惠民资金管理中存在的问题，采取针对性对策和措施，体例上相对独立，整体上又不可分割。它的目标是“惠民”，核心是“直达”，即各种惠民资金不再经过各级政府中转，由金融机构承办，直接到达受惠群众个人账户。

根据安徽省的相关办法，所有惠民补助资金基本全部纳入该省“五个一”直达工程，从而有望实现惠民效益的最大化。其主要分为三类：一是补贴类。包括粮食直接补贴、水稻良种补贴、农资综合直接补贴、农机具购置补贴等。二是保障类。包括农村五保户补助、未参保集体企业退休人员基本生活补助、城镇居民最低生活保障资金等。三是救助类。包括民政优待抚恤补助、社会救济定期补助、救灾资金等。

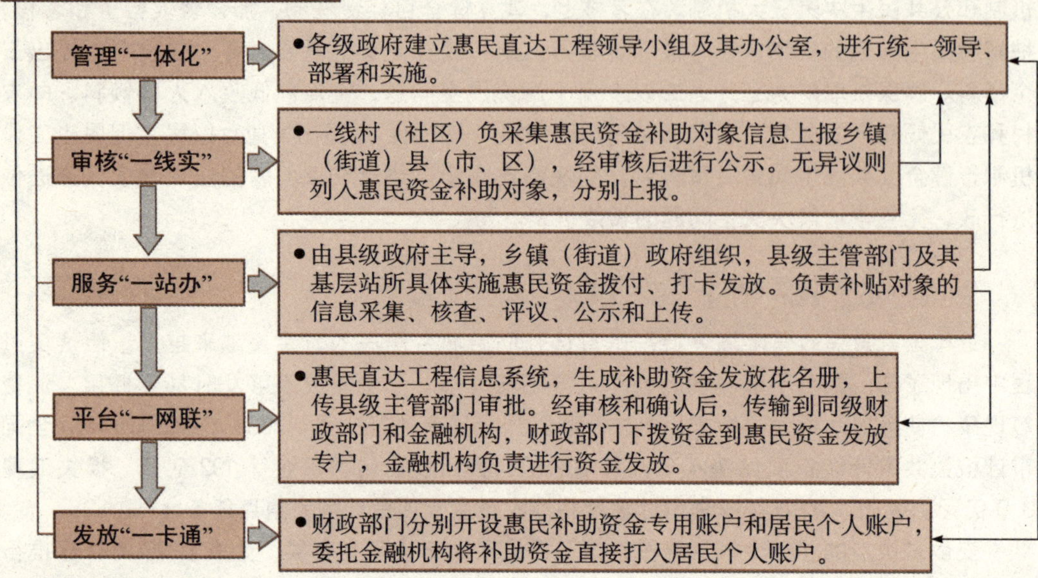


安徽省惠民直达工程"五个一"具体内容

| 政策类别 | 具体内容 |
|---|---|
| 管理<br>"一体化" | 指政府部门在惠民直达工程中工作关系、资源配置和管理方式等方面所构成的完整体系。形成"政府统一领导、部门分工负责、上下统一协调、整体配合联动"的工作机制。 |
| 平台<br>"一网联" | 以互联网为依托，以"金财工程"为支撑，建立集信息采集、录入、变更、监管、查询、发布等功能于一体的惠民直达工程动态管理信息网络。 |
| 审核<br>"一线实" | 按照"责任明确在一线要实、规范操作在一线要实、动态管理在一线要实、政策衔接在一线要实、考核奖惩在一线要实"的要求，建立惠民资金补助对象管理新机制。 |
| 发放<br>"一卡通" | 财政部门以每个居民户为单位，开设惠民补助资金专用账户，委托金融机构将补助资金直接打入居民个人账户。 |
| 服务<br>"一站办" | 依托乡镇、街道为民服务中心，集中办理各类惠民资金管理和发放，提供惠民服务事项，实行"一个中心"对外，"一个窗口"受理，"一条龙"服务。 |

## 完善救助体系

党的十七大明确提出，必须在经济发展的基础上，努力使全体人民学有所教、劳有所得、病有所医、老有所养、住有所居。江苏省2005年出台了《关于切实加强社会救助工作的意见》，提出10项举措全面构建新型社会救助体系。经过几年努力，这一体系基本建成。

江苏省基本构建起以城乡低保、灾害救助和农村五保供养制度为基础，以医疗、住

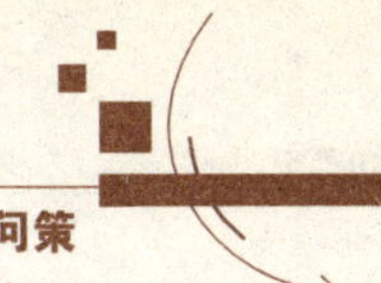



房、教育、法律、临时救助等专项制度为辅助，以慈善救助、结对帮扶、经常性社会捐助等社会帮困手段为补充的城乡社会救助体系，“民生指数”逐年提高，社会救助水平总体已接近国际公认标准，为全省困难群众撑起一片“蓝天”，用事实回答了什么是共建共享、什么是把民生工作放在更加突出的位置、什么是让人民群众共享发展成果，令人信服。2007年12月5日下午，江苏省政府召开新闻发布会，发布了江苏省社会救助体系建设情况。近几年来是该省民生事业投入最多、发展最快的时期，也是困难群众得实惠最多的时期。

## “补缺型”救助逐步转向“普惠型”救助，城市低保已达国际公认一美元保障线

2007年，江苏在全国率先建立城乡低保标准增长机制，创造“三大改变”：即低保标准直接与城乡居民人均收入水平挂钩并同步增长，改变了由领导和部门商定的传统决策方式；财政预算安排按实际需求给予保障，改变了量入为出的分配方式；补助资金直接由财政打卡到户，改变了由基层民政干部上门发放的形式。到2007年底，全省共保障城市低保对象43.95万人，占非农业人口的1.5%，月保障标准241元，按现行汇率计算已达到每人每天1美元的国际公认标准。同时，江苏省又出台了《城乡困难群众临时生活救助办法》，将救助体系覆盖范围从绝对贫困群体拓展到相对贫困群体，有效缓解了低保政策的“炕边冷”现象。

## 医疗救助惠及百万人，残疾人共享“发展红利”

到2007年底，全省95个含农村人口的县（市、区）全部实施了农村医疗救助制度。全省农村医疗救助达101.8万人次，安排救助金9424.6万元，分别比上年同期增长30%和46%。城市医疗救助制度试点县（市、区）实现全覆盖。2007年，全省已对低保对象中的近6万名重度残疾人本人按当地低保标准全额发放低保金。从2008年1月1日起，对所有无固定收入的重残人员按低保标准给予生活救助，全省有12万多名持证重度残疾人因此受惠。这一政策，再次成为江苏省在全国的政策亮点。

## 慈善救助百万困难群众，农村五保供养标准明显高于全国平均水平

慈善机构建设明显加快。到2007年11月，省及13个省辖市已全部成立慈善机构，106个县（市、区）中有87个已成立慈善机构，不少地方的慈善机构已延伸到乡镇。2007年全省慈善救助支出已达3亿多元，100多万困难群众得到救助。全省五保户平均集中供养标准每年达2876元，分散供养标准每年达2310元，明显高于全国平均水平。2005～2007年，省财政安排4.38亿元专项资金，新建、改扩建经济薄弱地区农村敬老院1252个，新增床位8.8万张，2007年底集中供养率将达到60%。

## 全省县城以上城镇全部建立廉租住房制度

全省经济适用住房建设力度逐年加大，2007年1～9月，全省经济适用住房新开工面

积647.21万平方米，竣工250.38万平方米，年初省政府确定的开工建设经济适用住房任务已经提前完成。截至2007年9月底，全省13个省辖市和52个县（市）已全部建立廉租住房制度，符合条件廉租住房保障并申请家庭30177户，28967户已得到廉租住房保障，绝大多数城市对申请保障的低保住房困难家庭实现了应保尽保。

## 推进公共服务均等化

公共服务是建立在一定社会共识基础上，为实现特定公共利益，一国全体公民都应公平、普遍享有的服务。其核心要义在于公民享受公共服务的公平性，实现这一目标是政府的基本职责。“天下之财，致天下之民”是对基本公共服务均等化的最好诠释。党的十七大报告明确提出，要积极推进和注重实现基本公共服务均等化。2008年温家宝总理的政府工作报告在教育、卫生、就业、居民收入、社保体系等方面的规划，让我们已经初步看到了基本公共服务均等化起步开跑。

2008年7月8日海南省通过了《关于大力改善民生推进基本公共服务均等化的意见》；几乎与此同时，浙江正式启动全国首个《基本公共服务均等化行动计划（2008～2012）》。实现基本公共服务均等化，根本在于加大公共财政支出中社会公共服务的比重。浙江和海南专门出台文件对此做出明确规定，走在了各地前面。浙江、海南率先出台纲领性文件，不约而同地加快了推进基本公共服务均等化的速度，将以往每年临时确定的民生工程作出系统化、规范化界定，并制定出长远目标规划，这是履行政府公共职能的一大突破，也是建设服务型政府的必然要求。

### 浙江：2170余亿元实施全国首个基本公共服务均等化行动计划

2008年初，浙江省十一届人大一次会议提出“全面小康六大行动计划”，基本公共服务均等化行动计划被列为内容之一。7月，浙江正式启动全国首个《基本公共服务均等化行动计划（2008～2012）》，将努力实现基本公共服务覆盖城乡、区域均衡、全民共享，促进社会公平正义和人的全面发展。为实现预期目标，浙江将在未来5年投资2170余亿元建设十大工程，2008年先期投入476亿余元，重点抓好积极扩大就业和促进创业、加快建立覆盖城乡居民的社会保障体系、加快促进教育均衡发展等8个方面31项工作任务。

### 海南：五年内五项公共服务超全国水平

《中共海南省委关于大力改善民生推进基本公共服务均等化的意见》提出，要把省和市县财政每年新增财力的55%以上投入民生。根据《海南省2008～2012年重点民生项目发展规划》，实施七大民生工程五年内将投入资金452.19亿元。

**浙江、海南推进基本公共服务均等化目标举措及投入比较**

| 规划要点 | 浙江省 | 海南省 |
| --- | --- | --- |
| 总体目标 | 三大体系：到2012年，建立健全多层次、全覆盖的社会保障体系，配置公平、发展均衡的社会事业体系，布局合理、城乡共享的公用设施体系。 | 到2012年，达到“一个率先”、“三个确保”、“四个提高”和“五个超过”。 |
| 工作重点 | 十大工程：就业促进工程、社会保障工程、教育公平工程、全民健康工程、文体普及工程、社会福利工程、社区服务工程、惠民安居工程、公用设施工程、民工关爱工程。<br>具体项目：81个。 | 七大民生工程：教育工程、就业工程、公共卫生及基本医疗体系建设工程、社会保障工程、住房保障工程、农民增收工程、生态文明建设工程。<br>重点项目：27个。 |
| 资金投入 | 五年投资2170余亿元，今年投资476亿余元。 | 五年计划投资452亿多元。 |

《意见》明确了五方面目标，即“一个率先”、“三个确保”、“四个提高”和“五个超过”，其中“五个超过”将民生项目发展目标提升到了前所未有的高度，即城乡居民最低生活保障补助水平超过全国平均水平，城乡居民人均收入超过全国平均水平，新型农村合作医疗人均筹资标准超过全国平均水平，城镇居民基本医疗保险人均筹资标准超过全国平均水平，城镇生活垃圾无害化处理率和污水集中处理率超过全国平均水平。

**海南省推进基本公共服务均等化主要任务及投入安排**

| 主要任务 | 五年资金投入 |
| --- | --- |
| 发展基础教育和职业教育，提高城乡居民受教育水平 | 100亿元 |
| 积极促进就业与再就业，显著提高城乡居民收入 | 40亿元 |
| 完善全民的社会保障网络，提高社会保障水平 | 130亿元 |
| 改善公共卫生医疗条件，争取率先实现全民医保 | 49亿元 |
| 加强住房保障，基本解决城乡居民住房困难 | 58亿元 |
| 优化人居环境，加快建设生态文明省 | 70亿元 |

## 成都2020年实现城乡居民基本公共服务均等化

成都市统筹城乡综合配套改革试验区建设又迈出关键一步。2008年11月25日，成都市《关于深化城乡统筹进一步提高村级公共服务和社会管理水平的意见（试行）》正式出台，以一系列创新举措全面推动城乡公共服务一体化发展格局的形成。

《意见》明确：到2012年，城乡统一的公共服务制度建设取得重大进展，农村公共服务和社会管理体系进一步完善，城乡基本公共服务差距进一步缩小。村级公共服务和社会管理水平达到“四个有”：有一套适应农民生产生活居住方式转变要求、城乡统筹的基本公共服务和社会管理标准体系；有一个保障有力、满足运转需要的公共财政投入保障机制；有一个民主评议、民主决策、民主监督公共服务的管理机制；有一支协同配合、管理有序、服务有利的村级公共服务和社会管理队伍。到 2020 年，建立城乡统一的公共服务制度，基本实现城乡基本公共服务均等化。

根据现状，成都将村级公共服务和社会管理划分为文体类、教育类、医疗卫生类、就业和社会保障类、农村基础设施和环境建设类、农业生产服务类、社会管理类七大类。文体类包括，广播电视村村通、电影放映服务、报刊图书阅览服务等；教育类包括，农村义务教育、农村高中阶段教育、农村学前教育等；医疗卫生类包括，农村居民基本医疗保险、农村医疗救助、农村基本医疗卫生服务等；就业和社会保障类包括，农村就业服务和就业援助、农村社会养老保险、农村最低生活保障等；农村基础设施和环境建设类包括，农村道路、水利、供水、供电等；农业生产服务类包括，农业科技推广、动植物疫病防控、农产品流通等；社会管理类包括，纠纷调解、农村警务、农村治保、环境卫生管理等。

在保障措施上，成都提出了推进村级公共服务和社会管理的五大机制：一是分类供给机制，政府、村级自治组织和市场主体分类提供服务。根据《意见》，应由政府提供的村级公共服务和社会管理项目，区（市）县政府和乡镇政府制订规划，相关部门制订工作计划、实施办法，并负责组织实施；可以委托村级自治组织实施的项目，原则上委托村级自治组织负责实施，同时提供相应的经费保障；具备条件的工作项目，也可向社会组织和机构采购。二是经费保障机制，以 2008 年为基数，各级政府每年新增的公共事业和公共设施建设政府性投资主要用于农村公共事业和公共设施建设，直至城乡公共服务基本达到均等化。根据《意见》要求，在经费保障机制方面，将全面提高村级公共服务和社会管理的财政保障水平，各级政府将村级基本公共服务和社会管理经费纳入本级财政预算，根据经济社会发展水平制定对村级公共服务和社会管理投入的最低经费标准。对村级公共服务和社会管理投入的增长幅度要高于同期财政经常性收入增长幅度。三是健全农村公共服务和社会管理设施统筹建设的机制。《意见》要求，因地制宜，突出重点，统一规划农村公共服务和社会管理设施布局。四是健全民主管理机制，建立农民群众民主评议、监督、管理制度。村级自治组织承接和实施的有关村级公共服务和社会管理项目的组织形式，包括机构设置、工作职责、管理制度和人员配备等，由村（居）民委员会提出建议，村（居）民大会或村（居）民代表大会或村（居）民议事会决定。五是健全人才队伍建设机制。《意见》要求，对专业性较强的岗位，由相关主管部门派出专业人员；也可按照“公平、公正、公开”的原则，向社会公开招聘专业人员。

村级公共服务和社会管理项目的实施机制和成效，将由村民评定和监督，实施过程也要接受农民监督。《意见》指出，由政府组织实施的村级公共服务和社会管理项目，建立农民群众民主评议制度，由农民群众对项目服务内容、服务方式进行评价；由政府委托村级自治组织实施的项目，要建立民主监督制度，由农民群众提出建议和批评，对服务水平、服务质量和效果进行监督；由村级自治组织提供的村级公共服务和社会管理项目，建立民主管理制度，由农民群众自主决定自己的事务；由政府支持、市场主体实施的项目，必须接受农民的评议和监督。

# 对策

REPORT ON CHINA'S NATIONAL POLICIES

中国国策报告

# 城市营销，树立好形象

## 打造个性城市品牌

城市不仅仅是高楼大厦、车水马龙，城市是人的生活方式，她是有灵气的。而这种灵气所在，就是她的决策者的智识、眼光和理想。2006年，杭州将“生活品质”一词写进“十一五”规划，这在全国尚属首次，现在杭州“生活品质之城”品牌正在向全球传播。

而西安擎起“皇城复兴”的大旗，毅然实施“新旧分治”，在老城区的规划与改造中注入唐风古韵，在新城区的规划与建设中倡导现代与古老的有机结合，千年古都西安走出了保护历史风貌与现代化建设相和谐的发展之路。这座中国人的人文圣殿，必将成为未来中国人的梦想之都。

工业遗产是老工业基地在发展进程中的一个历史符号，失去了它，就等于割断了城市的历史。铁西对工业文化遗产进行了适当的保护和挖掘利用，不仅直接促进了旅游业的兴盛，也促进了城市新形象的再塑，为老工业基地腾飞插上了新的翅膀。

### “生活品质”就是杭州的LOGO

杭州“生活品质之城”品牌正在向全球传播。2007年11月6日至10日，“品质：城市与旅游”国际论坛在西子湖畔举行。杭州市委书记王国平在接受亚洲新闻联盟集体采访时表示，追求生活品质，是杭州每个普通市民的当下愿望；追求生活品质，也是杭州这座城市发展的长远目标。提出“生活品质之城”，就是要把杭州每个普通市民的当下愿望与杭州这座城市发展的长远目标有机结合起来。我们打造“生活品质之城”，特别强调四句话：建设为人民，建设靠人民，建设的成果为人民共享，建设的成效由人民检验。

具体地说，杭州有一个很好的办法，这就是“三问四权”——问需于民、问计于民、问情于民，落实市民的知情权、选择权、参与权和监督权。

2006年，杭州将“生活品质”一词写进“十一五”规划，这在全国尚属首次。2007年2月10日，杭州市委书记王国平在中共杭州市委第十次党代会上正式提出了建设“生活品质之城”的战略。2月15日，杭州市委十届一次全会通过了《中共杭州市委关于坚持科学发展构建和谐社会建设生活品质之城的决定》。该《决定》明确了建设“生活品质之城”战略目标，即：今后5年，力争实现从中等发达水平向发达水平的历史性跨越，人民群众经济生活殷实富足、文化生活丰富充实、政治生活生动活泼、社会生活安全有序、环境生活舒适便利，人人生活更幸福，身心更健康，初步打响“生活品质之城”品牌。

“生活品质之城”的提出，是在科学发展观、和谐社会理论指导下，根据杭州的实际，在群众的广泛参与的基础上提出来的。整个提出过程可以分成两个阶段。第一阶段是在境内外广泛征集杭州城市品牌，一共征集到4000多个。通过专家评审、百姓投票，最终确定“生活品质之城”为杭州城市品牌。第二阶段是结合党中央提出的科学发展观、和谐社会理念的要求，审视杭州下一步的发展。该市认为，共建共享“生活品质之城”是杭州落实科学发展观、构建和谐社会的最佳结合点，是杭州所有实践的根本指向。它是杭州的城市品牌，也应当成为最终的奋斗目标。

杭州是我国沿海发达城市之一，经济总量在我国省会城市中位居第二。但王国平认为，今后五年杭州能否跨入发达城市“门槛”，不仅要看人均生产总值是否超过1万美元，更要看杭州人民群众是否真正享受到了发达城市的生活品位和生活质量，是否拥有相应的幸福感和满意度。

生活品质表示人们生活的品位和质量，包括经济生活品质、政治生活品质、文化生活品质、社会生活品质、环境生活品质“五大品质”。王国平强调，共建共享“生活品质之城”，共建是基础，共享是目的，要在共建上下工夫，在共享上求实效。生活品质之城，不仅仅是城市居民、本地居民、白领、富人的“生活品质之城”，更应该是农村居民、外来创业务工人员和困难群众、低收入阶层的“生活品质之城”。唯有让老百姓实实在在感受到经济社会发展给自己带来的好处，杭州才能真正成为不同阶层人民共同生活的美好家园。

打造“生活品质之城”是一个很高的目标，必须找到切实的抓手和有效载体，自2007年2月杭州市委通过关于建设生活品质之城的《决定》后，该市展开了一系列部署，稳步推进“生活品质之城”建设。其中，主要抓手有三个。

一是着力破解民生“七难”。王国平表示，建设“生活品质之城”是一个长远的过程，要从人民群众最关心、最迫切的直接利益问题做起，从破解困难群众就业难、看病难、上学难、住房难、行路停车难、办事难、清洁保洁难等“七难”做起，争取这些民生问题能尽快得到明显改善。自2002年以来，该市连续6年深入“破七难”。数据显示，2006年杭州市新增财力用于民生方面支出的比例超过2/3。2007年9月5日，杭州市委市政府召开“破七难”工作专题会议，要求根据形势发展充实拓展“破七难”的内涵，并把环境保护和食品安全问题作为“破七难”的重要内容，形成解决人民群众最关心、最直接、最现实利益问题的“7+2”框架。10月29日，市政府第16次常务会议原则通过了《关于深入贯彻党的十七大精神、进一步破解“七难问题”的若干意见》，提出到2010年，杭州“破七难”工作将取得重大进展。会议指出，破解“七难”是改善民生的主载体。只要是社会关注的涉及群众切身利益的热点难点问题，都应纳入改善民生范畴。

二是打造“国内最清洁城市”。2007年6月28日，杭州市召开打造“国内最清洁城市”动员大会，提出到2011年把杭州市区打造成全市人民和国内外公认的中国最清洁城市。10月23日，杭州市政府对乱扔垃圾违法行为提出“重磅”治理方案，《关于从重处罚乱扔垃圾等违法行为的通告》明确规定：对于个人乱倒垃圾的行为，罚款数额最低为30～50元，最高达2万元。而对于单位乱倒垃圾的违法行为，罚款数额最高可达10万元。敢于开出如此之高的罚单，足见杭州打造清洁城市的决心。

三是建设健康城市。近年来，杭州市十分重视建设健康城市工作。早在2005年，经过课题组的专题调研，就形成了《杭州市建设健康城市可行性研究报告》。2007年11月1日，该市召开建设健康城市试点评估情况汇报会，向全国爱卫会提出申请，欲成为建设健康城市首批试点城市。11月6日，杭州市爱卫会召集各相关部门、单位召开会议，对《杭州市建设健康城市“十一五”规划（讨论稿）》进行专题讨论。该市“十一五”期间建设健康城市指标体系涵盖广泛，紧紧围绕共建共享“生活品质之城”总体目标，以保障人的健康为出发点，以培养全民健康生活方式为重点，结合破解“七难”、打造“国内最清洁城市”、“建设卫生强市”，通过“改善健康环境、强化健康服务、培育健康人群、营造健康社会”等举措，提高市民的健康水平和生活品质。该市已顺利通过国家卫生城市复评，这是成为健康城市试点的先决条件。

### 复兴唐皇城魅力

2007年8月24日，陕西省委书记赵乐际主持召开省委常委会，专题研究支持西安加快发展问题。赵乐际强调，西安的问题说到底是发展问题，为此要在项目、土地、财税、金融等方面给西安倾斜，为西安发展创造宽松环境、提供便利条件。2007年以来，为加快西安市发展步伐，陕西省委予以大力支持。4月，赵乐际在西安调查研究时要求西安在各个方面走在全省前列。7月31日到8月2日，省委、省政府派出以常务副省长赵正永为组长的调研组，对西安市20多个企业和重点建设项目进行调研，就支持西安加快发展的政策措施与市委、市政府进行了座谈，并形成调研报告。此次专题研究支持西安市发展问题，是陕西省委推动全省科学发展的一个重大战略举措。8月29日，西安市委召开全市领导干部大会，市委书记孙清云强调，要充分认识省委常委会专题研究支持西安建设发展的重大意义，推动西安进入城市价值的充分兑现期。

2007年10月，西安大明宫遗址保护改造项目正式启动，这是古城西安实施“皇城复

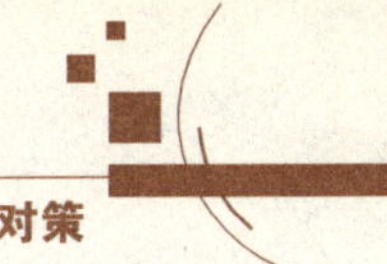



兴计划”中最大的一个项目，总投资将达 1000 亿元以上。而 2006 年 10 月，被誉为陕西改革开放以来最大的文化盛会、西安历史上最辉煌的艺术盛典——“人文奥运·盛典西安”已让全世界领略了这座城市独具魅力的人文风采。以实施“皇城复兴计划”为核心，西安这座古老的历史文化名城在新时期开始了自己的寻梦旅程。现在，趁着奥运东风，它正以全新的面貌、全新的风采迎接世人。

西安是世界四大古都之一，“东长安、西罗马”——奠定了古都西安在世界城市文明史中的基本地位。外国人到中国，也有“看百年历史到上海，看五百年历史到北京，看千年历史到西安”的基本认知。斗转星移，历史留给西安的不仅仅是辉煌，特别是近 20 年来，社会经济的快速发展，尤其大规模的城市建设使西安老城不堪重负，古老民居渐渐稀少，人口密度过大，建筑风格混乱，“有墙无城，有墙无市”的现状令很多慕名者遗憾连连。2004 年，经建设部同意，西安市启动了《西安市 2004～2020 年城市总体规划（草案）》修编工作。在这个过程中，复兴皇城的构想正式被提出。2005 年初，现西安市市委书记、时任西安市市长的孙清云在政府工作报告中明确阐明了“西安唐皇城复兴计划”。孙清云表示，皇城复兴计划出台的目的只有一个，那就是还原西安历史古都风貌，把老城区建设成具有鲜明的历史文化特色，以旅游、商贸、居住为主的世界著名古都的核心区。2005 年 4 月，西安市人大常委会作出了《关于同意〈西安市 2004～2020 年城市总体规划（草案）〉的决定》。随后，《规划（草案）》上报省政府和国务院审查批准。

古唐皇城（长安）位于今西安城墙内南城区西部，加上西北部的大明宫区域，两者面积约为 9.41 平方公里。“皇城复兴计划”主要是针对这些区域拟定的长远规划，规划时间为 30 年到 50 年。所谓“皇城复兴计划”，并不是恢复各历史时期原有状况，也不是修旧如故，更不是复“古”，而是以“唐”作为其时间坐标，以老城作为其空间坐标，寻找周、秦、汉、唐以来的历史印记和文化遗存，认真加以挖掘、整理及保护；是以“唐文化”为切入点，打造一个涵盖西安各历史时期的、完整的文化板块，用文化带动经济，增强该市的整体竞争实力，建构重返世界中心地位的发展蓝图，最终形成古代文化与现代文明交相辉映，老城区与新城区各展风采，人文资源与生态资源相互依托的鲜明城市特色，把西安建设成具有历史文化特色的国际性现代化大都市。

**西安唐皇城复兴规划范围**

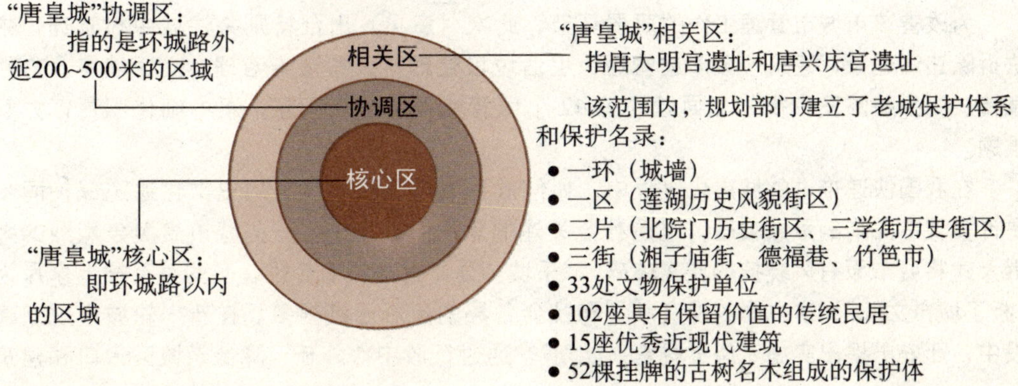

配合"皇城复兴计划"的实施，新的西安市总体规划提出了"新旧分治"理念。2006年5月，国务院批准西安市政府驻地由古城墙内整体迁至郊区。当年6月25日，未央新城建设项目正式启动，标志着西安市委、市政府实施唐皇城复兴计划战略迈出实质性步伐，也标志着城市北部新区的规划开始实施。

根据规划，未央新城规划面积为24平方公里。它的定位是：依托西安市行政中心、文化体育中心、北客站交通中心等三大功能，把未央新城建设成集办公、居住、文化、体育、商业为一体的城市北部新区。其中，西安市行政中心是未央新城的核心区，也是未央新城将要开工建设的第一个重点项目，并被列为全市的重点建设项目。

西安唐皇城复兴主要工程

- 顺城巷改造
- 骡马市步行商业街
- 大唐西市
- 长安锦园坊
- 大唐芙蓉园（2005年对外开放）
- 唐大明宫遗址公园
- 西大街改造
- 都城隍庙
- 洒金桥
- 贞观广场

"皇城复兴计划"的实施已使西安城市特色进一步彰显，一个历史文化特色明显、城市容貌整洁有序的城市形象已显雏形。但是城市化进程中出现的重建设轻管理和交通拥堵、社会服务相对滞后等现代城市问题还比较突出。2007年11月23日，西安市委、市政府召开该市历史上首次全市加强城市管理工作会议，并出台《关于进一步加强城市管理工作的若干意见》和《实施细则》。会议强调，要建立起适应社会主义市场经济和城市现代化要求的城市管理体制和运行机制，推动西安进入城市价值的充分兑现期，加快人文西安、活力西安、和谐西安建设。《意见》阐明了该市城市管理工作的新思路，将原先过于集中的城市管理权力分化，建立起"两级政府、三级管理、四级网络"的城市管理新架构。

为改善该市城市管理工作的薄弱环节，此次《意见》出台特别关注城中村管理，依法拆除违法建设，建筑垃圾清运管理，生活垃圾处理，大气污染治理，交通秩序、户外宣传、门头牌匾及临街外立面管理等12个城管焦点、热点问题，逐一细化职责，力解难题。

在我国快速推进的城市化过程中，如何做到城市建设发展与历史文化遗迹保护同步是许多城市面临的最大难题，也是社会关注的焦点。近年来，一些城市轰轰轰烈烈的大拆大建将城市原有风貌搞得支离破碎，"千城一面"丝毫没有个性，有些甚至被专家斥为"断了城市文脉"！这方面的现实教训和社会各界的反思已经很多。在新一轮城市规划建设中，西安市提出实施"唐皇城复兴计划"，通过行政中心外迁、降低老城区人口和建筑密度等办法，将西安城区“新”、“旧”分治，是国内城市在历史文化保护方面的一个突破之举，更是城市发展理念的一种更新。同时，杭州市在旧城改造中提出“有机更新”理念，也强调要尊重历史，遵循街区的原真性、整体性和持续性，反对大拆大建。可以说，无论是西安市的“新旧分治”，还是杭州市的“有机更新”，都将对我国城市特别是许多具有深厚历史文化积淀的城市的未来发展起到一种风向标的作用。

## 沈阳铁西打造国内首个“工业旅游联盟”

沈阳市铁西区素有中国“机床之乡”、“共和国装备部”、“东方鲁尔”之称，是新中国最大的工业区。人们常说，“东北看辽宁”、“辽宁看沈阳”、“沈阳看铁西”。作为沈阳工业的核心区，铁西跨越了日伪统治、解放战争、国家“一五”、“二五”等近百年历史，工业建筑摩肩接踵，工业遗存非常丰富，承载着历史记忆的工业文化成为铁西独一无二的特色文化品牌。在国家振兴东北老工业基地战略中，铁西区重新崛起，2007 年 6 月被国家发改委、国务院振兴东北办命名为全国首个“老工业基地调整改造暨装备制造业发展示范区”。与此同时，铁西继续探索新的发展道路。2007 年，无“景”可看的铁西区正式成立了旅游局，旨在将“工业旅游”打造成铁西甚至沈阳的一张名片，让世人都知道，沈阳除了有一宫两陵，除了有世博园，还有铁西工业旅游。沈阳市旅游局也把工业旅游作为宣传沈阳、提升沈阳城市品位的一条有效途径，全力打造“中国工业之旅”精品旅游品牌。

丰富的工业遗产是缺乏自然景观的铁西最大的旅游资源。2008 年 9 月 4 日启动的铁西区“工业文化之旅”活动月推出“工业遗产游”、“魅力都市游”、“现代工业游”三大旅游线路，全面拓展铁西文化旅游资源，其中尤以现代工业游为亮点，28 家企业组建了全国首个“工业旅游联盟”，推动工业旅游进入新阶段。

近年国内工业旅游发展迅速，但普遍存在着市场化程度不强，缺乏统一的协调组织等问题。铁西区的沈阳北方重工集团、沈阳东药集团、铁西百货等 28 家相关大型企业签署了《工业旅游联盟公约》，联合组建了铁西工业旅游联盟。今后，这些大型现代化企业将开放部分生产车间，供游人参观。如沈阳可口可乐公司已设计了参观线路，参观者可以看到生产全过程，并可以在场内品尝到刚刚下线的产品。

铁西“工业旅游联盟”涵盖了大型工业企业、宾馆住宿业、餐饮服务业、零售业、旅行服务业等五大行业，可为游客提供餐饮、购物、导游一条龙式的服务。作为一个资源共享、利益共得的互惠平台，将促进区内旅游景区、宾馆、旅行社及工业旅游示范企业间的广泛合作，使之成为铁西区旅游各相关行业沟通发展的纽带。联盟成员表示，将全力支持铁西“工业旅游联盟”工作，为铁西旅游作出应有的贡献。如各旅行社代表提出开通自助式旅游景区观光穿梭巴士线路；以“一卡通”为支付系统，以景点为站点，将铁西的优秀旅游资源串联起来，为游客提供无障碍的一站式旅游服务体系；国际服装城代表建议，建设以商业、铁西区特色旅游为核心的休闲、购物为一体商业旅游景区。铁西区旅游局负责人表示，将通过联盟来实现“资源整合、共创品牌、互惠互利、共同发展”的奋斗目标，通过行业合作提升旅游产业整体服务水平，加速推进铁西旅游产业的发展，共同为打造“旅游目的地城区”努力奋斗。

传承和弘扬铁西工业文化是铁西老工业基地振兴中的一项重要任务和历史使命。随着老工业基地改造启动，铁西区的工业文化遗产保护也随之开始。2006 年开始对全区工业建筑遗存情况进行全面排查。并出台了《铁西新区关于工业文物保护管理意见》，正式确立实施打造工业文化旅游线的举措，开始了以寻访老铁西记忆、展工业文化风貌为目的的“一场十馆”建设。2007 年 6 月 18 日，铁西区依托 50 年前堪称亚洲最大的铸造企业——沈阳铸造厂的翻砂车间建设的 1.78 万平方米的铸造博物馆、复原再现中国最大的工人聚集区——20 世纪 50 年代以来工人生活原貌的“工人村生活馆”，以及新建的蒸汽机车博物馆，同时免费对外开放，得到了社会各界的高度关注和好评。

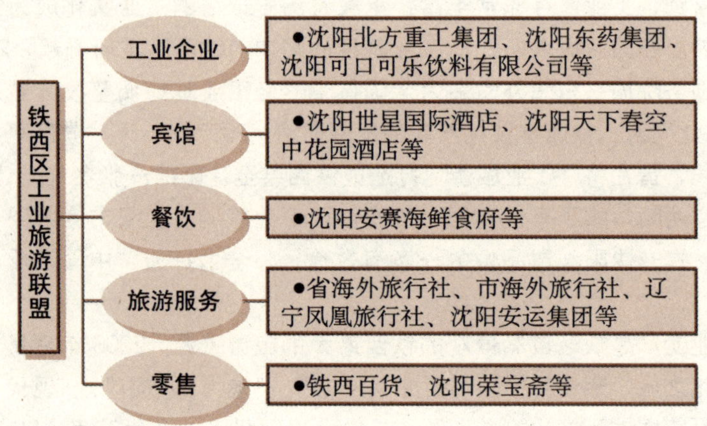


在对铁西工业遗产的挖掘、保护、整理和利用过程中，文化部门组织专门人员对铁西工业遗产进行了调研，对区内现有工业遗存进行了分类、确定，区档案部门在全区范围内征集了反映工人村生活的老照片、生活用品，各种老机器老设备，零部件实物、模型 380 余件和历史文字资料 5200 余件。一是保留大量原生态的工业元素和工业符号，集中展现铁西作为东北工业核心的历史风貌；二是按照“修旧如旧”的原则，对老厂房和工人村旧居进行改建，还原当时工业生产和民居建筑原貌；三是通过文字、图片、声像、实物等不同载体的历史记录来表现铁西名人事迹，展示全国各行各业精英在铁西的生活印迹。

在铁西工业旅游建设过程中，有两个重点发展方向。一是发展工业文化旅游业。以完善现有工业旅游场馆的基础建设为基础，利用铸造博物馆、工人村生活馆、蒸汽机车博物馆等场馆，发展工业文化旅游业，将现代化工业元素融入工业文化旅游中，形成“食、住、行、游、购、娱”的一体化服务，成为在国内外具有较高知名度的工业文化旅游目的地。二是建设铸造博物馆创意产业基地建设。利用铸造博物馆文化资源、场地资源及各种有利条件，发展会展、服装研发、创意设计等产业项目。并以此为中心，发挥工人村生活馆、工人会堂、区文化馆剧场、体育场馆等的娱乐功能，引入时装表演、文艺演出等业态，发展酒吧、咖啡吧等特色文化娱乐服务，壮大文化娱乐产业，形成创意产业集群模式。

铁西工业旅游建设情况

| 景点名称 | 基本情况 | 展示内容 | 将增加内容 |
| --- | --- | --- | --- |
| 铸造博物馆 | 分为核心车间、工业会展、创意产业园、铁西工业发展回顾四大部分。 | 国有企业代表性工业产品展览。 | 设立美术家工作室、戏剧工作室等文化艺术创作交流中心。 |
| 蒸汽机车博物馆 | 分三个主要功能区。一层半圆形展厅为老机车实物展厅；二层环廊为爱国主义教育展厅、科普教育展厅（包括资料、实物分类展厅，多媒体演示厅等）；三层为办公区。 | 分别产自 1907～1960 年中国、美国、日本、捷克、波兰、德国、罗马尼亚、比利时、前苏联等国的 16 台蒸汽机车。 | 博物馆在建设中增加了蒸汽机车酒吧、多媒体演示厅、詹天佑展厅等设施。 |
| 工人村生活馆 | 由 7 栋苏式建筑围合而成的“工人村生活馆”，恢复了当时的“大合社”、粮站、邮局等原貌，复原了不同年代 13 户典型家庭的真实生活场景。 | 提供工业文化旅游观光。 | 引入音乐茶座、咖啡厅、休闲娱乐等业态，发展文化经营项目。 |

铁西区已在铸造博物馆等场地先后开展第二届东北文化产业博览会分会场铁西文化产业项目推介会、第四届辽宁服装时尚文化节、文化创意市集等一系列商业会展活动和“文化集市”等群众性文化活动。下一步，计划投资 900 万元，对铸造博物馆、工人村生活馆进行改造，进一步完善基础设施，为文化创意产业项目提供基础条件，同时进一步丰富工人村生活馆的展览内容，不断扩大铁西工业文化旅游的影响。

工业旅游作为新旅游产品始于工业遗产旅游。英国、德国等国经验证明，旅游业是老工业基地复兴的重要牵动性产业。我国工业旅游多依托运营中的工厂开展参观、体验等活动，未能把单一的接待职能转换为旅游服务，让游客在了解工业生产与工程操作的过程中，获取旅游者精神需求和行、吃、住、游、购物等基本旅游享受。主要是工业企业出于投入与效能的考虑，一般对在企业内大兴土木进行配套设施建设存有顾虑；另外，成为旅游示范点后安全问题、生产管理等问题，都令企业头疼。这也是国内工业旅游尚未做大的重要原因。铁西区工业旅游虽然起步较晚，但首创“工业旅游联盟”模式，开辟了政府、企业和旅游公司联合开拓“工业旅游”市场的新方式。它将旅游业产业链中的景点（工业企业）、旅行社、宾馆饭店、商场及其他相关服务业整合到一起，通过资源共享、利益共得，一起打造工业旅游品牌，开创了一条国内工业旅游业发展的新道路，也将成为做大工业旅游品牌的开始。

## 开启全方位营销新时代

*汶川地震后，外界部分企业和投资者对成都产生了疑虑，投资步伐放缓。成都立即*

成立危机公关机构，迅速启动全方位危机公关和品牌营销活动，利用新闻、活动、节会、广告等各种方式，尽快消除负面影响，全面提升城市的国际美誉度和影响力，百日引资超千亿，创造了非常情况下城市营销的新样本。

成都作为中国西部的经济中心、商贸中心和金融中心，经济发展迅速。全国统筹城乡综合配套改革试验区获批，使成都作为西部大开发桥头堡的重要地位更加突出。不期而遇的“5·12”汶川特大地震使其发展脚步不得不迟缓下来。在震灾中，虽全市主城区和绝大部分近郊区县并未受大的影响，但全市直接经济损失仍高达958.4亿元。更重要的是，作为距离地震中心区最近的大城市，地震引发的“经济次生灾害”——外界对于震后成都种种不安和疑虑——这种负面心理已影响到旅游、地产和外来投资等方面。若不采取措施阻遏，必将对成都的城市品牌形象、招商引资、产业重建等工作造成消极影响，成都多年的良好经济形势将蒙受严重威胁。汶川地震发生后不久，“成都城市形象提升协调小组”迅速成立，承担起摆脱地震造成的负面影响的重任，并力图使成都超越震前，使外界充分了解和接受成都是国内外投资、创业和旅游最佳之选的概念。

**“成都城市形象提升协调小组”**
**组成情况与工作部署**

组成情况

部门

●设置综合组、城市组、旅游组、投资组、都江堰组、对外联络组。

成员

●成都市委宣传部、投促委、房管局、旅游局、成都文旅集团、成都传媒集团等众多部门和机构。市政府各经济部门及知名公关公司、文化公司的专业人员。成都市委常委、宣传部长何华章任“协调小组”组长。

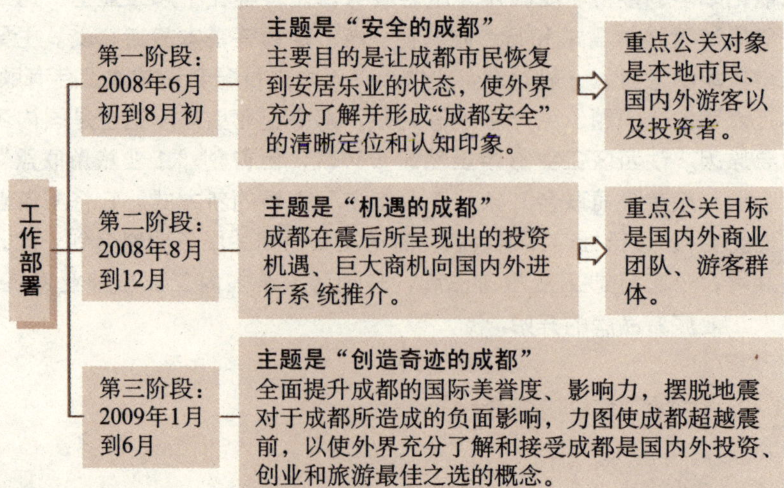

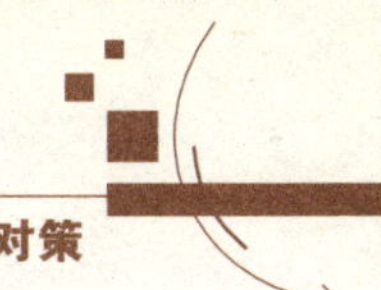



灾后的成都面临着大建设的诸多困难，但也拥有了大发展的机遇。在国家给予诸多优惠政策的同时，成都市也以地震形成的“高关注度”为契机，多方出击，运用各种营销方式，向全国乃至全世界推出崭新的形象，使成都从“震区”焦点迅速转变为“商机所在地”，聚集起全球关注的目光。

## 灾后重建百废待兴，旅游业成为第一招牌

对成都而言，地震最大的负面影响，是对旅游业和投资环境的损伤。为此，成都市以恢复旅游业为契机，向全世界推广成都城市品牌。经过数月努力，成都的旅游市场已开始呈现出复苏的迹象，包括重灾区都江堰市都已开始向游客开放。

近期成都旅游业推广活动一览

| 时间 | 活动 | 主要内容 |
|---|---|---|
| 6月26至6月30日 | “爱我家乡——四川人游四川”活动 | 组织部分省市主流媒体和旅行社代表宣传报道川南旅游线灾后旅游业基本情况，推出灾后川南线旅游产品。 |
| 7月1日到年底 | 与旅行社合作 | 与中国康辉旅游集团达成了两个月内为成都送来1万名游客的合作协议，并与中国国际旅行社、港中旅集团、中国旅行社国内三大旅游集团签署《旅游合作协议》。从7月1日起到年底，三大旅行社将为成都送来至少4.5万名国内外游客。 |
| 7月13日 | “汶川地震百年不遇，四川旅游依然美丽”四川旅游宣传促销会 | 在北京国家旅游局会议中心举行的促销会吸引了数百家旅行社和数十家媒体参加了促销活动。成都市政府发布了《成都旅游安全白皮书》，列出了成都113个景区（点）可作为安全旅游区，并推荐了成都10条安全旅游线路。 |
| 7月27日 | 成都—香港国际熊猫节 | 发布《成都旅游项目招商白皮书》，震后成都正式向全球发出邀请，一起参与55个成都震后旅游项目的开发建设。总投资高达近450亿元。 |
| 7月28日 | 成都—香港旅游业界恳谈会 | 为香港市民推出5条旅游线路。 |
| 9月10日至11月25日 | “四川心动之旅” | 四川省旅游局与携程旅行网、四川航空公司三方联手向包括北京、上海等全国11大城市推出精品旅游大型活动，以比去年低40%～50%的旅游价格吸引国内游客。 |

## 整合城市品牌，首创在线全球营销模式

要尽快恢复旅游市场，必须将成都的信息准确、完整地传播出去。为此，成都和谷歌公司进行合作，借助“谷歌搜索”这条通达全球的信息高速通道，把成都和世界“链接”起来。在“天府之国，熊猫故乡”全球推广行动中，运用谷歌国际化的搜索引擎体系、全球化的内容联盟网络平台以及先进的技术手段和丰富的产品资源，面向全球各主要入境客源国及地区市场推广成都旅游及城市品牌。具体操作方式为：谷歌将先采用关

键词搜索方式推广成都旅游，在推广方案实施后，全球网民在输入“成都旅游”、“地震振兴”等关键词后，就可同时看到“旅游振兴，成都先行”、“成都旅游线路推荐”等信息。如果输入“熊猫”就将直接链接到成都旅游网。其次，谷歌还将通过内容联盟网络平台，采用“精选网站定向投放”的方式，在目标客源国及地区数以千计的主流合作网站定向推广成都城市品牌及入境旅游线路及产品，聚集全球目光投向成都。此外还在谷歌热榜中增加成都旅游榜单、添加信息导航，在天涯社区增加成都旅游论坛、在天涯来吧增加成都旅游灾后推广等话题。谷歌地图、视频网站等也向用户推广成都重点景区、酒店、交通、旅行社等资源和服务设施。推广活动第一阶段的主题为“支持家园重建，参与中国成都旅游”。下一步，谷歌还将用上百种语言对成都整体形象、社会面乃至人文精神等进行全方位的推广。

另外，2008年7月初在成都举行的《赤壁》全球首映式，也成为展示地震后成都坚韧精神，以及成都依旧安全、祥和、美丽信息的大好平台。成都市还借助8月5日举行的奥运火炬传递活动，突出“传递圣火、感恩关爱”的主题，将火炬传递与抗震救灾、重塑形象结合起来，展示成都依然是一个充满活力、极具投资价值和安全宜居的城市。

## 全面展开投资推介活动，百日引资超千亿

成都市投资促进工作虽一度受到地震影响，但投资环境的基本面没有根本改变。成都市灾后及时出台了房地产、旅游、工业、融资等政策及若干配套实施意见，一方面走出去，到全国各地宣传和推介成都城市形象；另一方面邀请国内知名企业、对口支援省市等到成都考察合作。“5·12”后的100多天里，成都市招商引资工作，已经获得了超过1000亿元的内外资投资确认。

近期成都招商引资活动一览

| 时间 | 活动 | 主要内容 |
|---|---|---|
| 7月16日 | 四川地震灾后跨国公司投资合作交流会 | 成都市政府副秘书长向世勇在会上介绍成都受灾情况和招商政策。 |
| 8月起到11月 | 投资促进活动 | 成都市有关部门和相关区（市）县分赴香港、重庆、上海和福州，将通过举办投资环境推介会、拜访目标企业等活动，以产业合作园区为载体，促进对口援建省市的产业转移。 |
| 9月8～11日 | “9·8”厦洽会 | 在厦洽会期间举行彭州市（川闽产业园）投资环境说明会暨项目签约仪式等活动。 |
| 9月下旬 | 灾后重建成都投资机遇暨现代服务业推介会 | 在港、澳分别举行，介绍成都市灾后重建蕴涵的巨大商机和服务业发展的新优势。 |
| 9月下旬 | 投资促进活动 | 武侯区、高新区和双流县将分别前往广州、深圳和香港等地，就各自在工业经济、投资环境以及商业和房地产项目等方面开展投资促进活动。 |

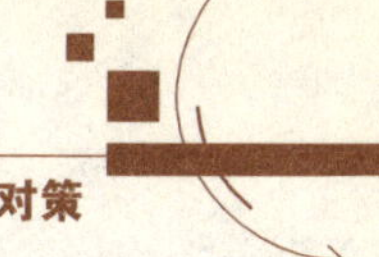



开展如此大规模、高密度的城市公关营销，在中国城市史上几无先例。成都的实践，有可能成为中国城市展开危机公关、城市营销的一个新样本。其许多新的营销理念和推广模式预示着城市品牌推广的新趋势。首先是吸纳传媒界有新闻运作经验的人士参与其中，承担关键的策划工作，这在中国城市品牌打造中实属少见。其次，大胆吸纳全球知名的公关公司全程参与城市品牌重塑，将自身无法做好的海外公关事务“外包”给更具专业能力的机构，也是一个比较大胆的举动。特别是和谷歌公司的深度合作，是成都城市营销的创新之举，借助网络媒体的便捷、迅速的特点，使城市形象得以在全世界展示。此外，在全力推进产业招商及争取对口援建地区产业向成都转移方面，成都没有在家门口坐等待援，而是多方出击，到对口省市、经济发达城市以及港澳地区，大力宣传成都品牌优势，使成都城市形象得以恢复和重塑，同时也获得了巨额投资，为成都的灾后重建奠定了良好基础。

# 城市管建，解决老难题

## 城管新政解城市难题

城管难，不仅难在这项工作本身事无巨细天天要与市民打交道，更难在它时时处于舆论的风口浪尖。“大拆违”、“大建设”、“大整治”，类似行动在全国一些城市时常激起民怨。在这样一种情况下，三亚市变“强制拆迁”为“自主拆迁”，让原住居民成为拆迁的主体和最大受益者，是我国城市拆迁模式的一种变革，为我国在市场机制下解决拆迁难题找到了一条新道路。合肥坚持了“民生为本，全体市民利益至上”的施政理念和“刚性执法，柔性操作”的施政方式。深圳市宝安区西乡街道引入物业公司参与城市管理，这种制度应用的一个新例案，它为备受争议的城市管理模式提供了一种新思路、新途径，无疑是一项大胆创新。重庆市2008年出台全国首部行政执法规范以及成立执法督察纠察队，进一步加大监督力度，推进法治建设的可持续发展，让法治政府向我们又走近了一步。而淮安城管人坚定不移地将以人为本、亲民、为民、便民、惠民理念落实到每件工作中，创造出“和谐城管”的品牌，实现了城管与市民的和谐。

### 三亚“自主模式”重塑城市拆迁生态

在各地城市拆迁过程中，严重损害群众利益的事时有发生，甚至酿成群体性冲突，“和谐拆迁”已成为全社会的强烈呼唤。2007年10月，人大常委会授权国务院制定《城市拆迁条例》。2007年12月14日，国务院第200次常务会初次审议《国有土地上房屋征收与拆迁补偿条例（草案）》。2008年3月上旬，专家透露，《城市拆迁条例（草稿）》已经拟定，将公开征求群众意见后由国务院决定公布施行。该草案中，开发商主导拆迁过程的旧模式将变更为政府主导模式。但也有观点认为，政府从开发商手中收回拆迁主导权，有利于缓和各种拆迁矛盾和冲突。但一些地方政府因是利益主体之一，可能与开发商结成强势的利益同盟。因此，城市拆迁的主导权不宜地方政府独担，而应由地方政府和居民一同分享。政府和居民共同主导是世界上许多城市化解城市拆迁难题的成功经验。2007 年，三亚首创“自主拆迁”模式，为我国城市拆迁主导权的变革提供了一个新的参考案例。

月川村是三亚最大的城中村，是海南乃至全国闻名的“钉子村”，曾历经 10 次拆迁而未能顺利实施。2007 年 6 月，三亚在此设立拆迁试点，将“强制拆迁”转变为“自主拆迁”，使久征不下的两块土地在几个月内完成了拆迁。

三亚月川村采取新的拆迁模式后，无一人到省拆迁办上访或信访。三亚月川村这种新型的拆迁方式实现了“和谐拆迁”。这种“自主拆迁”模式的运作成功，引起了媒体的积极关注和新成立的住房和建设部的重视。该部一个专题调研组专程到三亚进行了调研。

“自主拆迁”模式最初设想是由三亚市常务副市长严之尧提出来的。他认为，开发商的趋利性无法保证被拆迁户的利益，“让自己拆自己”或许可行。思路是，在拆迁前，先由居委会和村民出资成立股份制公司，地块中标公司将拆迁费用付给村办拆迁公司，由代表被拆迁户利益的拆迁公司负责实施拆迁工作，盈利由拆迁公司和参股居民分红。这一设想在三亚月川社区试点得以成功实现。

2007 年 6 月，月川居委会及下属的 7 个居民小组集资 50 万元成立了河东月川开发建设有限公司。每位居民都是公司平等的股东，重大事项都由居民大会讨论通过。月川村中的拆迁工作和拆迁后居民住房、出租铺面、出租房及其他设施的建设，及经营管理都由这个公司负责。公司以股份制运作，可以配合地块竞得人进行土地拆迁。这样，全体居民成为拆迁主体，原住居民自行享有财产的处置权，享受旧城拆迁改造带来的利益。

拆迁公司成立的“第一炮”就是协助政府征用了长期以来无法征下来的市行政中心用地 196 亩，涉及 140 户居民已全部拆迁完毕。

2007 年 9 月，月川居委会将一块 12.9 亩未拆迁土地以每亩 431 万元顺利拍卖，该地块竞得人委托三亚河东月川开发建设公司完成拆迁安置工作。拿下拆迁项目后，月川公司采取分工包点负责的做法，利用好友、亲戚，深入每家每户做工作。在实际操作中，在长期一起生活的居民相互监督下，丈量更精确，补偿标准也让所有被拆迁户心服口服。做好一户丈量一户，然后进行公示、算价、赔偿付款、拆迁。一个月后，拆迁工作顺利完成。拆迁任务之所以如此顺利完成，是因为月川公司是由本社区居民自己成立的，有了解村情、联系群众的优势，容易化解拆迁过程中出现的矛盾和问题，同时公司又可以代表多数居民的利益，向开发商有效反映和协商，因此减少因拆迁安置赔偿所引发的社会矛盾和问题。

月川居委会的拆迁公司运作成功后，三亚市的其他居委会也开始跟进，三亚东岸、榕根、海罗、海棠湾、鹿回头等地的居委会都在主动申报成立拆迁公司。

在拆迁结束后，根据三亚市的有关规定，政府将土地拍卖获得的地价款的80%返还月川居委会，只留下20%作为城市规划和绿化的费用。这样，三亚市政府直接收益为零，这也是三亚“自主拆迁”模式的最大变化。

三亚拆迁新模式中最显著的变化是居民集体可以自我处置资产，将“拆”和“被拆”变为利益的共同体。新型拆迁模式以净地出让方式，真正体现了土地的本身价值，使土地收益大幅度提高。比如测试地块的收益是原来交与开发商公开拆迁的两倍多，居民因此得到了合理的补偿价款，也达到了土地的集约化利用；拆迁后居民的基本住房问题由政府提供的安置房予以解决，并且政府将所获的收益用于建设出租房，使得居民还有了各自的出租房。在管理方式上，出租房由村委会进行统一管理、进行出租，收益归个人。这不仅有效杜绝了各种治安问题的出现，还使得居民可以从中长期获益。

三亚市通过推行以地块所在居委会成立公司组织拆迁，将土地开发收益完全让利于群众的新模式，不仅使旧城改造工作取得了重大的突破，更极大地促进了拆迁所在地区的社会和谐。“居委会拆迁公司”迅速解决了“城中村”拆迁难题的做法也引起了海南省主要领导的关注。2008年2月19日至2月21日，海南省调研组到三亚进行了实地调研，并提出了一些意见和完善办法。

也有专家指出，三亚的“自主拆迁”模式中政府的作用仍很明显，未来还是要尽可能弱化政府的角色。在拆迁条例修改时，要保护居民在拆迁中进行集体谈判和协商的权利。

**三亚自主拆迁模式基本运作架构**

市政府
居委会
成立股份制拆迁公司
进行土地拍卖
80%土地补偿金
开发商获得土地使用权
提供两套住房
负责进行拆迁工作
拆迁工作利润
原住居民
政府为拆迁户提供安置房
评估出台总体拆迁指导价格
实现社会效益：旧城改造加快，市容环境改善，被拆迁群众的居住条件和生活水平提高，社会治安和城市建设得到改善

中国的城市发展史几乎就是一部拆迁史。近年城市拆迁过程中，“钉子户”、暴力冲突、群众集体上访事件屡有发生。各级政府部门一直在探索合理的拆迁模式。三亚市改变工作思维方式，改变了以政府或以开发商为拆迁主体的旧模式，换之以居民为股东的

拆迁公司，并获得了“三赢”：政府获得和谐平稳的社会秩序和环境，开发公司得以顺利开发，被拆迁户获得发展的实惠和良好的居住环境。其核心之处在于政府将土地出让金绝大部分返还给了居民，同时，居民还能享受房产开发带来的长期受益，这实际上是一种以市场化的方式保障居民的长远利益。这也是专家认可该模式的关键所在。海南省有关部门已建议通过特区立法使“三亚拆迁模式”法制化，依法规范海南的“城中村”拆迁改造行为。建设部专题调研组在实地考察时也表明了态度：这种模式对解决城中村的拆迁难是一种很好的探索创新，但其推广的关键取决于地方政府是否愿意放弃拆迁带来的利益。

## 深圳宝安区“城管外包”新模式破解城市管理难题

为解决城市管理基层行政执法中的问题，深圳市政府从2006年7月1日起，开展了综合执法试点工作。2007年初，深圳市政府出台了《关于全面推进街道综合执法工作的决定》，从2007年3月起，在全市全面启动街道综合执法工作，让街道担负更多的公共事务管理职能，将街道执法范围由过去的9项扩展到21项。在管理模式上，市、区由执法与监督并举转变为以监督为主。此举标志着深圳市在深化行政管理体制改革、创新政府管理方式上取得了重大突破。街道综合执法全面推行一年来，深圳市城市管理水平有了明显提升。但在实践过程中也遭遇到执法人员明显不足、整体素质有待提高；执法职责偏多、执法事项有待调整；管理与执法的关系有待进一步理顺；执法保障措施有待进一步加强等四大难题。而这些问题却在宝安区西乡街道花园街区一一破解，2008年3月9日，深圳市在西乡街道召开综合执法现场会，专门推介其经验做法。

2007年底，深圳市宝安区西乡街道在开展综合执法过程中，经过调研分析后，把街区规划较早、社会情况较复杂的2.07平方公里的范围作为城市管理和综合执法的试点示范区，将包括城市管理、市政维护、市场经营秩序和民政事务等纳入示范区管理框架内，坚持以“主动管理”指导城市管理和综合执法工作，探索城市管理的新机制和新举措，特别是通过培育市场组织，购买社会服务，逐步形成了“政府主导、企业协同、公众参与”的城市管理格局。

深圳市宝安区西乡街道面积93平方公里，人口102万，下辖32个社区，在农村城市化后城市管理上面临着“五多”、“四少”、“三难”、“二易”的困境。“五多”：十字路口兜售商品、职业乞丐多，繁华路段乱摆卖多，沿街墙体、立柱乱张贴多，机关单位、主要路段乱挂横幅多，立交桥下流浪露宿人员多；“四少”：管理力量少，管理办法少，执法保障少，群众理解支持少；“三难”：取证难、执行难、根治难；“二易”：治理后易回潮，执法时易发生正面冲突。为改变这一状况，西乡街道对街道综合执法工作进行了系列改革，大胆创新，开创了多项城市管理的新模式。

经过几个月的实践，西乡街道上乱张贴、乱摆卖、职业乞讨等“老大难”问题得到了根本的遏制，立交桥下的绿化带、市中心的街心花园又恢复了往日的休闲功能。西乡街道引进物业公司之后，形成政府、企业、市民三方“多元共治”，彻底扫清城市管理中的盲区。

除上述措施外，西乡对街道所属的市政、工商、交通和公安派出所等行政执法部门进行综合协调，统一指挥调度，打破了各自为战的局面，实现了对社会的综合管理，构建起“大城管”格局，形成了强大的合力，维护了执法权威。

西乡街道城管改革主要措施

| 类别 | 改革内容 |
| --- | --- |
| 改革城管执法，将城管办编入执法队序列 | 成立由30名城管、市政工作人员组成的街道市容执法中队，由城管办主任兼任中队长。向区执法队负责，并接受执法队监督、考核。其主要职能是在开展日常市政维护及城市管理工作的同时，协助执法队及时处理21项综合执法项目中的第一、二项有关市容市貌、户外广告整治、爱国卫生等城市管理方面的投诉。 |
| 引入市场机制，将13项城市管理职能交给物业公司 | 1. 环境卫生方面，如清洗垃圾桶、电话亭、指示牌、站标、路标等市政设施，清运建筑余土、杂石，清理卫生死角，清除乱张贴；<br>2. 市政道路方面，如换铺人行道水泥砖、换铺道路路牙等；<br>3. 绿化整治方面，如整修绿化带，补种苗木，美化道路园林、灯光、色彩等景观；<br>4. 公共秩序方面，如进行街区管理宣传，劝离在交通要道等重要公共场所经营的小摊贩和乞丐，向公安部门通报现场违法犯罪信息并协助制止违法活动，协助抓获犯罪歹徒等。 |
| 引导公众参与城管 | 成立街道市民街区管理委员会，通过推举产生的5名热心市民为首批街区管理委员会委员，代表市民参与街区的管理。市民广泛参与下实施兴建了艺术墙、前进二路、宝民二路景观设施、立交桥雕塑群等。 |
| 树立“以人为本”的文明和谐执法理念 | 西乡执法队更新执法理念，推广了一套以“一问好、二亮证、三检查、四讲法、五纠正、六处罚”为主要内容的执法规范，突出人性化执法理念。 |
| 联合职业院校、实习生协助执法 | 执法队与广西政法干部管理学院协商搭建合作平台，由广西政法干部管理学院安排80名学员及2名带队教员共82人到执法队实习，每半年更换一批，协助执法队开展21项综合执法工作。 |

深圳市将2008年的街道综合执法现场会选择在宝安区西乡召开，是受到西乡街道创新实行“政府购买服务”解决综合执法难题的榜样力量“牵引”，而这正是深圳市今后将在全市推广的一大重要举措。深圳市副市长吕锐锋指出，政府购买服务是今后综合执法的方向。“要学习、借鉴和推广西乡街道的做法，向社会要力量。”为进一步解决人员不足问题，深圳市还将采取多种措施，市人事部门计划招录一批街道综合执法人员，招录对象以深圳户籍人员为主，以填补30%的执法队伍编制缺口；招录一批军队转业干部，招录程序尽量简化，采取审查档案、面试、体检的方式。此外，从党政机关特别是政法机关中选调一批素质高的人，从改制事业单位中选调高素质员工，充实到街道综合执法队伍中。吕锐锋要求，市城管执法、人事部门要研究建立新任公务员特别是刚毕业的大

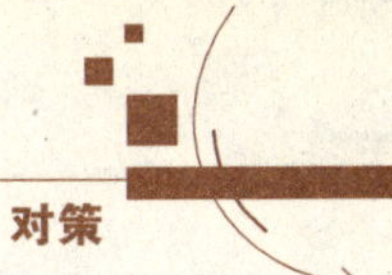



学生到综合执法机构挂职锻炼制度，人事部门也要抓紧研究增加街道综合执法人员编制问题。吕锐锋特别指出，深圳的执法，要做到由管理型执法向服务型执法转变，由阻截式管理向堵疏结合、以疏为主转变，只有这样，“猫和鼠”才有可能变成“鱼和水”。深圳市城管局局长吴子俊在现场会上称，街道综合执法在机制上要引入多元管理，要像管理物业小区一样管理城市街区。采用物业公司的管理方法，可实现管理的全覆盖和精细化。城市管理要改变政府包揽的做法，转变为政府搭台、企业唱戏，引入社会参与机制，实现全民参与。

据西乡街道党工委有关负责人介绍，业务外包使政府和企业实现了双赢。西乡街道以平方米 9.38 元，把六项市政管理承包给鑫梓润物业管理公司。此外，该承包公司还要承担起协助对乱张贴、乱摆卖、劝阻乞讨、日常巡查等七项城市管理执法辅助工作，再加上以前区和街道公路管理的死角。即相当于同样用管理 80 万平方米的钱，却起到管 80 万平方米再加以往死角 45 万平方米以及区域内的社会秩序维护三大块。另外还有一笔“人力账”：在西乡街道办和鑫梓润物业管理公司签订的合同书上，西乡街道办支付给鑫梓润物业管理公司的管理服务费一年为 1060 万元，其中包括了市政养护费用和巡查管理人员费用两个部分，而西乡市政中心的工作人员每年仅工资就需要 1600 万元。而物业公司也实现了收支“打平”，并且享有试点区域扩大时继续参与的机会。

当然，西乡街道的改革也伴随着争议，尤其是引进企业参与社会公共管理，许多人质疑合法性。对此，西乡街道工委解释，引入企业只是一个方法和手段。在实践中他们把服务、管理、执法三者更好地结合和分离开，明确企业不能攀越执法，在管理权上也仅是协助执法队，也只是参与部分的管理。有关专家指出，西乡街道的做法法律上并无禁止，是对城市管理多元化的一种有益探索，但应加强监管，以防权力被滥用。

深圳市城管局、市法制办还要进一步完善沟通机制，制定出综合执法队与有关职能部门制度衔接的意见，并从长远着手，充分利用深圳的立法权，抓紧起草深圳市街道综合执法工作条例，促使其逐步实现规范化、法制化。

城市管理执法始终是个社会难题，其间不断出现的暴力执法和暴力抗法一直是社会关注的焦点。有专家认为，要想改观城管难题，根本途径在于提升市民自我治理能力，扩大市民自治。深圳市推行的街道综合执法就是将政府权力下放，而西乡街道引进物业管理公司、引导公众参与城市管理等创新举措，进一步为城市管理注入了新的元素和力量，既提高了城市管理绩效，又降低了政府成本，还大大减少了城管执法与市民的冲突。而几乎与西乡街道改革经验被推广的同时，有深圳市政协委员提案建议整合深圳市现有的巡警队伍和城管执法队伍，成立“城管警察”支队。这一提案引发诸多争议，多数人反对城管“扩权”。我们认为，引进物业公司参与城市管理这种新思路好过组建“城管警察”。但正如专家指出的，引入企业参与城市管理如果能从法律上作出规定，明确职责权限，既可防止其越权甚至暴力执法，又可引导更多社会力量参与到城市管理中来，如此，我们的城市会更加和谐。

## 合肥40天取缔三轮车非法营运

正三轮车从事营运，在城市发展过程中曾一定程度上方便了市民出行，缓解了公共交通压力。但其营运非法、无序蔓延的负面影响也日益突现。正三轮车作为落后的交通工具，安全系数小、影响市容和环境，造成的交通事故已成为城区各类交通事故之首，与城市环境发展极不协调。近年来，全国许多城市加大了整治力度，虽有所成效，但未能彻底解决问题，在一些地方时有反复，且多被指“态度粗暴”、“做法简单”。在继2005年实施“大拆违”、2006年启动“大建设”之后，合肥市将取缔正三轮车非法营运、保障残疾人基本生活作为2008年“大建设”的重要内容和争创全国文明城市的十项重点工作之一，以此进一步改善城市形象、提升城市品位。和很多地方的做法不同的是，在坚决取缔的同时，合肥市委市政府采取多项措施对残疾人进行基本生活保障和社会救助，使得这项交通管理整治行动成为关爱残疾人的一项民生工程。

2008年6月20日，安徽省委常委、合肥市委书记孙金龙在残疾人代步车置换发放仪式上，亲手将一只金色“大钥匙”交给了正三轮车残疾人车主，标志着免费为残疾人正三轮车主置换新车工作正式开始。此前的6月5日，合肥市举行依法取缔正三轮车非法营运动员大会，市依法取缔正三轮车非法营运领导小组发出《致全市从事正三轮车营运车主的一封信》，详细介绍了依法取缔正三轮机动车非法营运切实保障残疾人基本生活的主要配套政策。为了取得支持，在该行动启动前后，领导小组负责人同市政府负责人分别向安徽省残联、省委宣传部、省文明办和省人大、省政协、省政法委等部门作了专题汇报，得到了各方面的充分肯定。

根据合肥市委、市政府相关政策规定，从6月18日开始，全市依法取缔正三轮车非法营运，并开始与市区从事营运的正三轮车主签订交车协议。按照政策规定，凡经合肥市残联、市公安局交警支队非机动车辆管理所上牌、发行驶证的正三轮车，可免费更换新车。凡在2005年7月15日至2008年2月底购买车辆（凭发票）的下肢残疾人，需要填写《合肥市残疾人机动轮椅车入户申请表》，由市残联进行代步资格认证和残疾医学鉴定后，对符合代步条件的，经非机动车辆管理所审核，可办理上牌发证手续，免费置换新车；市区从事营运的正三轮残疾人车主，在6月18日至6月20日，签订交车协议且在规定期限内交车的，在进行审核属实后，奖励2000元；6月21日至6月22日，签订交车协议且在规定期限内交车的，在进行审核属实后，奖励800元。在交车并审核属实后，还可以领取到另行择业3个月过渡期补贴800元/月；免费配发新型代步车；截至6月20日，瑶海区已经有475人签订了协议，占该区全部残疾人正三轮车数量的87%，蜀山区签订411份协议，占总数的90%。

## 配套保障政策及时跟进，让车主交车后生活有着落

在取缔正三轮车非法运营的同时，合肥市出台了一系列改善残疾人生活的保障政策，从而使“取缔”风暴不仅没有损害残疾人的利益，反而使其生活增加了多方面的保障。

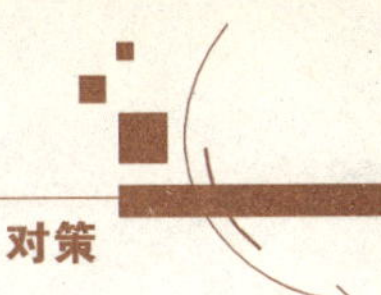



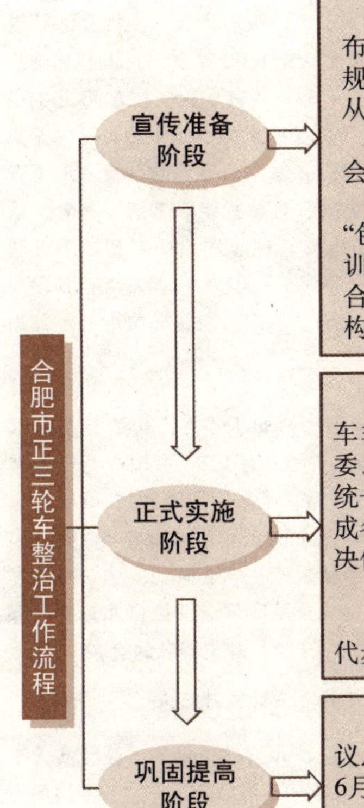


**宣传准备阶段**

●3月，市文明办颁布《合肥市各县区市直部门制定依法治理正三轮车营运保障政策措施纲要》，决定依法取缔正三轮车非法营运。

●6月5日，合肥市依法取缔正三轮车非法营运动员大会，发布《关于依法取缔摩托车非法营运及整治交通违法行为的通告》，规定6月15日后仍从事非法营运及违反交通法规行为的，将依法从重处罚。发布《致全镇正三轮车主及广大居民的一封信》。

●6月10日,召开依法取缔正三轮车非法营运新闻宣传工作座谈会。市委宣传部负责人通报了整治工作的总体宣传方案。

●6月11日,由街乡、村居干部，社区民警，治安积极分子组成“包保小组”，入户宣传。举办依法取缔正三轮车非法营运工作培训班，调配56名市直干部下一线宣传取缔正三轮工作。专设立综合协调组、宣传教育组、法规信访组等6个工作组作为工作机构。

**正式实施阶段**

●6月15日,市纪委、市监察局出台了《关于依法取缔正三轮车非法营运工作的纪律要求》。要求各级各有关部门要按照市委、市政府决策部署和市依法取缔正三轮车非法营运领导小组的统一要求，认真履行职责，积极开展工作，确保按时、按要求完成各项工作任务;运管处与交警支队等有关执法部门紧密配合，坚决依法查扣各种无证无牌非法经营正三轮。

●6月18日,全市同时开始进行车辆上交协议的签订。

●6月20日，省委常委、合肥市委书记孙金龙参加了残疾人代步车置换发放仪式。

**巩固提高阶段**

●6月23日，召开合肥市依法取缔正三轮车非法营运工作会议总结成果。今年2月26日至3月8日登记在册的正三轮车主，在6月18日至20日内已全部签订了交车协议。

●6月24日，开始治理三轮车运行情况。7月15日全面禁止正三轮车非法营运。

其中民政局和社保局的相关政策尤为具有代表性。在合肥市民政局相应方案中，增加了对依法取缔正三轮车非法营运中有关困难群众的低保政策。对于申请城市居民最低生活保障且符合条件的车主，各级低保管理部门在接到申请后，在5个工作日内办理完毕。正三轮残疾车主享受低保将获得享受多方面优惠待遇。对于由农业户口转为本市城市户口未满三年者，或因治理工作的突发性，家庭没有预留近期三个月水电费、通信费单据的，将可不受限制申请城市居民最低生活保障。正三轮治理期间政府给予残疾人车主各种奖励、补贴资金，也将不计入家庭收入。因依法取缔正三轮车非法营运进入城市居民最低生活保障的家庭，将单独建立档案，由各级低保管理部门定期审核，不符合低保条件的，取消其低保待遇。此外，对患有八种大病的残疾人车主及家庭成员，个人负担医疗费用较大导致生活困难的，可向户口所在地的社区居委按相关程序申请合肥市特困群众医疗救助。与此同时，合肥市劳动保障局也出台文件对有关困难群众就业和社会保障工作作了详细规定，全面帮助群众改善基本生活状态。

| 合肥市劳动保障局配合非法三轮车整治相关政策 | | |
|---|---|---|
| 保障类别 | 保障政策内容 | |
| 补缴基本养老保险 | 参保对象和范围 | 具有合肥市区城镇户口的下肢残疾人车主，政府为其一次性补缴养老保险费，具体对象为：1. 男满60周岁、女满50周岁的且未参加城镇职工基本养老保险的下肢残疾人车主，政府为其一次性补缴15年的基本养老保险费。2. 二级及二级以上下肢肢残未到退休年龄且无法安置就业的下肢残疾人车主，未参加城镇职工基本养老保险的，政府为其一次性补缴15年的基本养老保险费；已参加城镇职工基本养老保险的，政府为其一次性补足15年的基本养老保险费。3. 二级以下下肢肢残且男年龄在45周岁（含）以上不满60周岁、女年龄在35周岁（含）以上不满50周岁的下肢残疾人车主，政府为其一次性补足其缴费年限不足15年部分的基本养老保险费。 |
| | 补缴费用标准 | 缴费基数：补缴基数为2006年安徽省在岗职工平均工资的60%，即月缴费基数为898元。2. 缴费费率：补缴费率统一为20%。3. 缴费时段：原则上从1996年1月1日起补缴，最长时限不超过15年。4. 个人账户：个人账户的建立，按养老保险政策规定从1996年1月1日建立。各年度个人账户计入比例按当年规定执行。其他未达法定退休年龄的下肢残疾人车主，通过政府就业援助实现就业或自愿选择自谋职业的，按照现行社会保险政策参加（接续）基本养老保险。 |
| | 养老待遇享受 | 补缴后到达法定退休年龄时，按当年养老金计发办法执行。 |
| 提供就业援助 | 鼓励单位吸纳 | 对安置下肢残疾人车主就业的用人单位，并与被录用的下肢残疾人车主签订1年以上期限《劳动合同》，且给予下肢残疾人车主劳动报酬不低于该单位职工平均工资水平的，由合肥市财政在合同期内比照街道劳务型服务公司吸纳“4050”人员岗位补贴标准给予岗位补贴。用人单位为车主缴纳的基本养老保险费，享受先缴后补的优惠政策。下肢残疾人车主接受就业援助后，又改为自谋职业的，参照灵活就业人员社会保险补贴办法，政府给予基本养老保险补贴。对于需要政府安置就业的下肢残疾人车主，各街道（乡镇）要建立一对一帮扶机制，要及时、真实地向辖区内的援助对象提供不少于3个就业岗位信息和不少于3次免费培训机会。 |
| | 鼓励自谋职业 | 对于选择自谋职业的下肢残疾人车主，参照国有、集体企业下岗失业人员中就业困难对象享受的灵活就业人员社会保险补贴政策，政府补贴年限与其一次性补缴费年限合并计算，累计不超过15年。 |
| | 免费技能培训 | 对于需要参加职业技能培训的下肢残疾人专用车车主，由残联确定培训机构和落实培训场地，免费组织开展培训，培训合格的，由市财政按800元/人次的标准给予培训机构补贴。 |

2005年初孙金龙主政合肥市以来，该市密集出台了一系列“新政”，从大接访、大拆

违、大招商，到大发展、大环境、大建设，城市建设取得了速度与质量并举的成效，得到了百姓的拥护和肯定。其中最有影响的就是2005年实施的“大拆违”，实现“零上访”、“零补偿”，引来全国各地的无数学习取经团。“大拆违”集中体现了合肥市委、市政府施政理念和施政方式——“民生为本，全体市民利益至上；刚性执法，柔性操作。”此次“大整治”行动是这种施政理念和模式的又一次生动实践。取缔正三轮车营运，是改善城市环境、保障城市交通安全的需要，但也势必会对残疾人和部分以此为业的人员带来伤害和损失。为此，合肥市一方面出台激励车主交车的优惠政策，另一方面及时制定社保、就业、交通等各方面配套措施，使残疾人和其他车主的利益得到保障，不但获得了各方面广泛支持，还为提高残疾人生活质量提供了一个难得的契机，也使整个行动成为一项特殊的民生工程。

## 重庆成立城管执法督察纠察队

2008年4月7日，《重庆时报》一篇关于网友恶搞“城管”一词的报道曾引起媒体的热评和网友热烈点击，“城管”被网友等同于“打、砸、抢……”。此举虽有以偏概全之嫌，但也绝非凭空杜撰，肆意污蔑。因为距2008年年初湖北天门人魏文华被城管殴打致死后仅半年，7月30日，重庆市又发生了城管拳击商贩致死事件。因此，网友的行为应是一种警示、一种监督，城管部门应当深刻反思。近来，各地加强了城管执法人性化的规范和探索，2008年8月1日出台的《浙江省城市市容和环境卫生管理条例》规定，市、县、镇政府在制定城市、镇规划时，应当确定相应的经营场所，供农产品、日用小商品等经营者从事经营。这是全国首次将“给小商贩临时经营场所”纳入地方性法规。8月14日，湖北省建设厅表示将争取把城管执法人员工资保障、装备保障纳入参照公务员管理范畴，实行全额拨款，使城管执法部门从吃“杂粮”改为吃“皇粮”，不再靠“创收”找饭吃。

为查处野蛮执法和侵害群众合法权益的行为，在2006年成立市政执法纠察队基础上，重庆市市政管理执法总队直属支队新组建的执法督察纠察队，已于2008年8月15日开始对全市行政执法队伍进行巡查，全面规范各项行政执法。

重庆市新组建的纠察队队员身着普通执法人员服装，以佩戴红袖章作为标志。纠察人员将对全市行政执法队伍的队容、风纪和执法行为进行随机巡查。城管着装不整齐、上岗不戴帽子和证件、无执法文书的，纠察可当场对其进行批评教育，对被执法对象态度粗暴、不按程序暂扣物品的行为属于不文明执法，可当场纠正并记录在案，如果殴打对方，造成身体伤害和物品损失的，其执法行为可当场制止，同时通报城管所在区政府，由政府对该城管进行查处。另外，如果城管屡次执法不文明，累计5次，可建议区政府进行辞退，如果首次执法就很恶劣的，可建议区政府马上清除。纠察队同时开通了举报电话，群众遇城管野蛮执法时可进行电话投诉举报，纠察人员将对市民的投诉或来信进行调查。

今后，重庆市市政监察总队直属支队将逐渐从执法转向纠察。主城各区市政部门分管执法的领导也任纠察。每名纠察都发纠察证，在巡查时须佩戴纠察证，不允许一名纠察单独行动，必须3名纠察同时行动。同时，市政委执法处负责人重申，城管临时聘用人员职责仅限于宣传和劝导，没有处罚权，更不能执法。若有正式人员和聘用人员同时在执法现场，一律由执法人员实施行政执法，并承担执法责任。

为切实提高执法人员素质，重庆市决定2008年8～10月份在全市市政管理行政执法队伍中开展“依法行政、文明执法、树立形象”专项教育培训工作。该市为此专门发出了《关于在全市执法队伍中开展依法行政，文明执法，树立形象专项教育培训工作的实施方案》的通知。8月21日和27日，重庆市市政委和市政管理监察总队先后召开了“依法行政、文明执法、树立形象”专项教育培训工作动员大会。

重庆市专项教育培训重点解决行政执法中存在的七大问题

| 问题 | 主要表现 |
| --- | --- |
| (一) | 执法观念不正确，服务意识、全局意识、文明执法意识淡薄，特权思想严重、伤害群众感情、侵害群众利益和执法违法、野蛮执法等。 |
| (二) | 执法责任心不强，对违法行为视而不见、不查不纠，作风涣散，工作消极，玩忽职守，不作为或作为不力等。 |
| (三) | 执法不公、不严不廉、粗暴执法，越权执法等。 |
| (四) | 队伍管理松弛、人员资格管理不严、执法责任不明确、内部监督约束不力、执法行为不规范等。 |
| (五) | 执法工作中存在以罚代管、以罚代处，违规收缴罚款，坐支罚款等问题。 |
| (六) | 区县市政执法队伍擅自购置执法服装和佩戴执法标识，擅自扩充和调整执法人员，擅自聘请编外及临时人员执法以及不依法履职、越权执法等问题。 |
| (七) | 执法权力和利益挂钩，下达或者变相下达罚没指标，将行政事业性收费和罚没收入与执法部门、单位的工作经费和执法人员的福利待遇挂钩等问题。 |

在执法督察纠察队正式上岗前，重庆市市政管理监察直属支队已从2008年8月1日起，根据重庆市《行政执法基本规范（试行）》和《关于加强奥运会期间全市市政管理行政执法工作的通知》精神，加强了市政执法专项督察工作。2008年6月10日重庆市出台的《行政执法基本规范（试行）》，是全国各省区市中第一部统一规范行政执法基本要素的政府立法，将于2009年1月1日起施行。

《规范》共6章130条，对重庆市行政执法机关实施行政许可、行政处罚、行政强制、行政征收、行政裁决等五类主要行政执法行为作出一系列的规定，将实行行政执法的“模式化”操作。从制度上规范行政执法权力，以更好保护人民群众的合法权益。《规范》在立法理念上突出体现了对人民群众合法权益的保护，对行政机关执法权行使的制约，大量条款规定了相关内容。对行政执法礼仪的规范是该规章的一大亮点。包括着装、仪表、举止和语言等各方面的要求。如语言方面，要求行政执法人员在执法过程中应当讲普通话，用普通话沟通困难的，可征得行政相对人同意使用当地方言；要使用文明用语，禁止使用侮辱性语言；要态度热情诚恳，禁止生硬粗暴。

重庆市行政执法监督的相关制度

| 制度类别 | 主要内容 |
| --- | --- |
| 行政执法人员资格管理制度 | 行政执法人员应当经过统一培训和考试，取得行政执法资格和证件才能从事执法活动。 |
| 行政执法案卷评查制度 | 市和区县（自治县）政府法制机构应当定期对行政执法机关的执法案卷进行评查，对行政执法文书使用情况进行抽查。 |
| 行政执法检查制度 | 市和区县（自治县）政府法制机构和监察机关应当每年对行政执法机关的执法情况进行检查，并将检查情况向本级政府报告。 |
| 行政执法考评制度 | 市和区县（自治县）政府法制机构应当每年对行政执法机关进行考评，考评情况纳入本级政府年度目标考核。市和区县（自治县）政府应当对考评优秀的行政执法机关和行政执法人员进行表彰。 |
| 行政执法错案追究制度 | 对于违法行政的行政执法人员应当由行政执法机关或者监察机关依法进行过错追究。 |

《规范》对行政执法监督作了详细规定，明确规定实行行政执法错案追究制。《规范》明确规定，对违法行政的行政执法人员应当由行政执法主体或有权机关依法进行过错追究。对不适合继续从事执法工作的行政执法人员由市县政府法制机构暂扣或者吊销执法证件，并由所在行政执法主体调离执法岗位。违法行政给行政相对人造成损失的应当依法承担赔偿责任。同时，执法过错责任追究结果必须向社会公开。

《规范》规定，行政执法超越法定职权范围或者严重违反执法程序，行为无效；行政执法主体应当将本主体名称、执法人员名单、执法职责、执法依据、联系方式等基本情况，在本行政区域范围内通过公众媒体进行公示，接受社会监督。

《规范》还规定，进入公民住宅进行检查应当符合法定权限和程序，严禁非法进入公民住宅检查；行政执法主体不得采取停止供水、供电、供热、供燃气等方式迫使行政相对人履行义务等。

近年来，舆论和公众对城管执法的争议、抨击此起彼伏，以致出现了网友恶搞“城管”一词及“取消城管”的热烈讨论等现象。我们认为，在各地城管执法机构普遍建立且城管执法范围越来越广的现实情况下，强化对其权力的制约和监督，才是规范其执法行为、改善队伍形象的根本之道。城管暴力执法屡屡出现的根源在哪里？最主要的是城管执法的主要内容——市容管理与街边摊贩求生存的冲突。浙江《城市市容和环境卫生管理条件》给小商贩经营场所包括临时的场所的办法，是个良好开端。其次是城管执法缺乏严格而详细的法规。《重庆市行政执法基本规范（试行）》以大量条款对行政机关执法权力进行制约，若能得到严格执行，必将大大强化对百姓权益的保护。最后，城管执法还必须有强有力的监督。这种监督既包括类似重庆成立执法督察纠察队进行的内部监督，也包括媒体和社会公众的广泛监督；既包括对其执法行为的监督，还应包括对其执法行为结果处理的监督。

## “和谐城管”是淮安最响亮的品牌

近年来，城管暴虐执法现象屡见不鲜，舆论对其抨击此起彼伏。2008 年 1 月 7 日，天门市水利局职工魏文华在竟陵镇湾坝村手机拍摄城管执法人员与村民发生激烈冲突时，被城管人员打死。消息传出后，全国为之震惊。一直处于风口浪尖上的“城管执法”，再次陷入尴尬的境地。对此，1 月 20 日，全国城管（执法）局长联席会议发表声明指出，“粗暴执法、粗暴管理”是对法治精神的践踏，打骂管理对象是一种践踏人权的违法行为，必须旗帜鲜明地坚决反对。该会议执行会长罗亚蒙称，全国几十万城管人员大体分为两派：强硬的“鹰派”执法崇拜权力的威力，而温和的“鸽派”执法则主张亲民、文明执法。实践证明，强硬的“鹰派”城管执法注定是走不通的死胡同。这次会议还宣布：2008 年将启动“全国城管执法队伍形象建设年”活动，全面推动亲民、文明、和谐的城管执法队伍新形象建设。在这当中，以“和谐城管”品牌著称的江苏淮安城管模式受到了全国的关注。

2008 年全国“两会”期间，全国 40 多个城市的代表齐聚淮安，参观学习淮安城市管理先进经验。此前的 2007 年 9 月，第二届全国城市管理经验交流现场会在淮安举行，该市城市管理经验受到与会者一致肯定。近年来，淮安城管人不断探索实践，不仅成功打造了符合国家卫生城市标准和社会各界满意的亮丽市容，同时也取得强化城市管理与改善市容环境、增加就业岗位、方便群众生活“多赢”效果，在全国范围内树立了“淮安和谐城管”的品牌。

如何处理好小商小贩摆摊设点和市容整洁规范的冲突，解决好城市管理与他们生存及群众生活方便的矛盾，是城管面临的头号难题，也是各地城管执法中最容易引起冲突和社会争议的地方。对此，淮安市在“城管为民”理念的指导下，认真处理好“脸皮”与“肚皮”、“繁荣”与“市容”、“法律”与“自律”三个关系，通过化堵为疏、精心培育、着力规范，把人性化的政策和服务向小商小贩倾斜，积极主动为市民搞好服务。几年来，通过多种途径累计解决了近 2 万人的就业谋生问题，使 1 万多户的家庭生活得到了基本保障，同时也使广大市民的生活得到很大便利。

违法建设是城市管理的另一大“顽症”，而拆除违建，群众最不满意的就是执法简单粗暴甚至是“以暴制暴”。淮安在拆违中采取以人为本、换位思考的做法，在严格执行拆违工作程序的同时，始终坚持四条原则：先拆集体、后拆个人；先拆党员干部、后拆居民群众；先拆经营户、后拆居住户；查处违法先究官、后究民。拆违中重点打击那些有“后台”支持、以谋利为目的的违建者，几年来全市共查处违法建设党员干部 20 多人次，其中 2 人被追究刑事责任，18 人分别受到撤职、免职、记过等行政处分，在全社会产生巨大影响，推动了拆违治违的全面实施。

过去，淮安和许多城市一样，城建费用的 90% 用于大街大路大广场等“面子工程”。

2002年以来，该市确立“人本建设，亲情管理”思想，把90%城市维护费花到看不见形象的小事上。几年来，运用政府主导、市场运作的方式，投入2亿元，改造2000多条小街小路，建成全省首座建筑垃圾处理场，率先实施老垃圾处理场封场工程和环境综合整治，新建改建垃圾中转站44座、公厕522座，设置果壳箱4000多只，生活垃圾收集房1000多座，更新各类环卫作业车辆1500多台套，改善了环卫设施条件，夯实了城市管理的基础。

市容环境卫生与市民生活息息相关，而这方面也是城管的基本工作。在解决市容环境卫生问题方面，淮安市建立和推行“保洁全天候、管理无缝隙、责任全覆盖”的管理责任制和“一岗双员”、“定点包干”、“限时滚动作业”的岗位责任制。确保了城市环境全方位、全天候的干净整洁。对城中村、城郊结合部和居民区、生活大院等人群聚集区进行综合整治，重点实施“双百”工程，每年综合治理100条街巷、100个生活大院，大大改善了居民生活环境。

淮安城管的亲民便民措施

| 措施 | 内　容 |
|---|---|
| 规范便民网点 | 筹集资金350多万元，统一制作612辆便民修理车、修鞋车，免费发放给从业人员；购置120套统一制式的大排档亭棚，免费赠送下岗失业人员，使“路边摊点”变成了统一标识的“马路风景”。 |
| 拓宽就业渠道 | 设立多个临时蔬菜市场，提供2200多个摊位；培育五金、布匹、花鸟市场等一大批新兴专业市场，解决近8000人的就业问题。 |
| 提升行业形象 | 综合整治市区人力三轮车市场，回收、取缔破旧不规范人力三轮车7000多辆，为下岗职工发放统一制式的人力三轮车3000多辆；建成了延安西路洗车超市。 |
| 畅通服务渠道 | 加工制作120多个移动式信息发布栏；竖立60块道路指示牌和40块公共厕所指示牌；定期举办城管服务进社区、进机关、进校园等活动。 |

城管最大的难点在于长效管理，市民最反感的是运动式、突击式、应付式的城管方式。为使城市日常管理制度化，淮安市出台了《关于加强城市长效综合管理的意见》及其配套办法，按照责、权、利相统一的原则，将分散在市直城管、公安、交通、环保、卫生、建设、园林、民政、水利、工商等部门的涉及城市管理方面的相关职能，统一切块到各区政府，实行属地管理，相关管理经费、行政许可、行政处罚等同步划转到位。同时，实施管理标准化。根据国家卫生城市、环保模范城市、园林城市、文明城市、生态城市、宜居城市、健康城市和江苏省城市容貌、环卫作业等标准规范，将城市长效综合管理内容细化成17个方面内容，量化成70项具体指标，作为指导和评价城市管理的标尺。在管理方式上，将管理环节精细化，由平面管理延伸为上、中、下立体管理，从摊点、停车到空中杆线、空调外机、店招店牌、楼顶阳台、墙体立面、户外广告等全部纳入管理范围；在路段秩序管理上，全面推行点、线、片相结合的管理方法。“点”即实行定人、定时、定地点、定责任、定奖惩的“五定”责任制；“线”即实行流动巡查，连点

成线；“片”即按区域划分管理队伍，实行区域包干，责任到人。

近年淮安市出台的城市管理方面的文件

| 市政府文件 | 城管局文件 | 市民行为规范文件 |
| --- | --- | --- |
| 《关于加强城市长效综合管理的意见》及其配套办法 | 《淮安市城市管理行政处罚程序规定》 | 《淮安市民“十不”行为规范》 |
| | 《淮安市城市管理行政执法文明用语规定》 | 《加强市区公共场所环境卫生的通告》 |
| | 《淮安市城管执法人员“六条禁令”》 | 《淮安市区市容环境卫生管理责任区制度》 |
| | 《淮安城管规范》 | 《跨前一步，为民服务》等便民手册 |

让广大市民积极参与到城市管理中来，是城市管理的根本有效途径。在淮安市建立的多种渠道中，最有影响的是2007年4月在全国地级市首家开通城市管理广播。“城市热线”栏目24小时开通电话和短信平台，接受群众投诉并转办、督办相关问题。城管广播成为“亲情大使”，开通第一个月就接收市民短信8000多条、电话1800多个，并且做到件件有回音。为了及时处理群众投诉，帮助解决具体问题，该市还建立了“城管110”机制，由城管执法队、垃圾清运、下水道疏通等专业人员组成的城管便民服务队，几年来共处理投诉3000多起，及时回复率、群众满意率均为100%；吸纳意见、建议200多条，解决群众反映的具体问题年均1000多个。

在部分城管队伍的声誉和形象被日益“妖魔化”的大背景下，淮安市的城管执法工作经验为何能在全国产生如此大的影响？何以能有如此大的魅力？关键在于，淮安城管工作切实做到了“对群众负责、为群众服务、受群众监督、让群众满意”。做到这一点，主要在于淮安城管人员树立了“弱势思维、换位思考”的管理理念，即：执法者转变思维方式，不以生硬面孔出现在被管理者面前，在工作中站在农民、下岗职工等弱势群体的角度去考虑、分析，解决城市管理中存在的各种问题，维护群众利益，反对暴力执法、坚持文明执法。正是因为秉承了这种“弱势思维”，维护了弱势群体的利益，取得了管理对象的理解和支持，才大大融洽了与管理对象的关系，从而促进了经济的繁荣与社会的和谐。但在对群众“弱势”的同时，自身建设上的“强势”也必不可少，淮安市将城管执法局纳入政府序列局，履行“大城管”的职能，局长担任市委委员，工作经费由财政保障，这也是做好城市执法工作的重要条件。

## 社区管理夯实城市和谐基石

宁波市在试点的基础上，率先在全国实现城市社区全部直选，并创出以选聘分离和社工职业化为标志的社区直选“宁波模式”，打开了社区自治的民主空间，是建立符合社区实际和民主自治需要的现实制度安排的有益尝试，更是发展基层民主的积极探索。

2008年4月3日，武汉市唐家墩街唐蔡社区突破原有组织形态，将属地单位党组织和在职党员纳入社区党委，与原党员代表、党委委员一起，构建唐家墩街第一个社区“大党委”。社区“大党委”有效解决了传统党建模式与社区建设新任务的矛盾，破解了

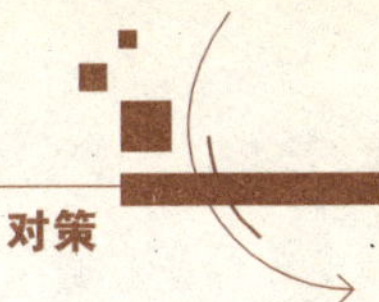



社区和区域党建条块分割体制下的属地管理难题，初步找到了社区党组织建设的新模式和工作新机制，极大地提高了基层党组织服务群众、为居民办实事的能力，在体制方面的创新有着较强的推广价值。

## 宁波：用社区民主夯实城市和谐基石

随着城市社区建设的加速，特别是在村民自治的影响下，近年来，我国城市居民自治的步伐开始提速。早在1998年，青岛市四方区就率先进行了居委会直选尝试。1999年开始，青岛、上海、南京及广西都先后进行了直接选举的实验工作。2002年，北京九道湾社区居委会直接选举，产生了较大的影响，被认为是基层民主从农村走向城市的重要标志。2003年，北京、上海、武汉、哈尔滨、济南、长沙、银川、宁波等大中城市参加社区直选试点工作，宁波市海曙区则成为第一个全面实行社区直选的行政区。2006年上海市启动居委会直选，要求直选比例不得低于40%。2007年7月初至11月底，除阎良区外，西安市12个区县549个社区居委会进行统一换届，要求八成的社区达到"直选"，这在西北5省中是首次。而宁波市则成为全国首个城市社区全部实现直选的城市，这表明我国社区直选正在由点到面，向深层次推进。

社区是社会生活的基本单元，建设和谐社区是构建和谐社会的重要基础，而居民民主自治建设是和谐社区建设的重要途径和重要内容，也是和谐社区建设的一项基础性工作，在这方面，宁波走在了全国前列。2007年3月初，宁波市启动了第七届社区居委会选举，首次在全市范围内推行直接选举方式。至2007年底，宁波市所有的城市社区居委会完成了直选。全市235个城市社区73万余名登记选民共选出社区居委会成员2266名，平均参选率达到92.6%。至此，宁波成为全国首个城市社区全部实现直选的城市。民政部基层政权和社区建设司副司长王金华表示，宁波城市社区全部实现直选，为国家修订《城市居委会组织法》提供了很好的实践依据。我国选举问题专家、世界与中国研究所所长李凡认为，宁波的城市社区直选制度不但促进了城市基层民主的扩大，而且创新了社区管理模式，规范了城市社区选举程序，对全国有良好的借鉴作用。

宁波社区直选的三大特点：公开性+竞争性+广泛性。宁波城市社区直选起步较早，2003年宁波市海曙区在全国率先实现59个社区居委会全部直接选举，在国内引起较大反响。本次社区居委会换届选举，宁波市将直接选举的范围扩大到全市11个县（市）区的所有需要换届的235个城市社区。选举产生的1100多名居委会成员中，中共党员占67%，高中及以上学历占84%，平均年龄41.3岁。宁波市民政局副局长许义平认为，直选后的居委会聚集了各行业精英：官员、老板、企业高管、学校校长等。他们本身亦可调动较多社会资源，参与社区建设与治理，从而惠及社区居民。

此次宁波城市社区直选有几个突出特点：一是候选人产生的公开性，任何人经选民10人以上联名推荐即可获得居委会成员候选人提名，在社区党组织主导下，按法定程序进行资格审查后确定正式候选人并公告；二是参选的竞争性，正式候选人按照居委会主任、副主任二选一，委员五选三开展差额竞选；三是选民的广泛性，除了18周岁以上的常住居民有当然选举权外，在本社区居住满半年或一年以上的外来务工人员也纳入了选民范围，据悉，当选居委会委员或居民代表的达950多人。

为确保社区直选平稳、有序、公正进行，宁波市制定了严格的投票选举办法，规范投票程序，控制流动票箱，设立秘密划票处，当场宣布选举结果，调动了广大选民的积极性。全市平均参选率达92.6%，镇海区参选率更是高达98%。

社区直选与管理模式：选聘分离+社区职业化。宁波的社区直选走出了一条独特的道路：选聘分离、社区职业化，此为“宁波模式”。宁波城市社区直选始于宁波海曙区，2003年，时任海曙区副区长的许义平推动了直选试点。针对以前社区选举选聘合一的弊端，即选上的必须要工作，而有工作的人就没有机会参选，“选聘分离”成为许义平在海曙区推行社区直选设计的选举制度。这个被称为独创的委员代议制+社工职业化的“宁波模式”，是指义务的自治组织（居委会）与付酬的专业社工相结合的选聘分离制。居委会委员是“义工”，不拿工资，负责社区大事的讨论、决策，并对居委会进行监督；拿工资的职业社工则负责完成社区的日常事务包括政府指定的事务。社区成员大会是社区权力机构，而社区党组织是社区的政治核心。委员代议制、职业社工制和居委会成为治理社区的三驾马车。许义平表示，选聘分离把社区自治的民主空间打开了，每个人都有权利来参加居委会。候选人先期可与居民见面，并允许到选民家“拉选票”。这一模式激活了民主的空间，直选活动搞得多姿多彩，有候选人举行彩车巡游，还有人张贴海报、公开演讲，到居民家拉选票。在这样的制度设计下，海曙区在8个月内顺利完成了全区59个社区的居委会直选。到2007年底宁波城市社区实现100%直选，历时近5年的实践几乎一帆风顺。参与海曙区直选制度设计的民政部专家表示，这些制度是在吸纳了大量农村基层与城市基层民主的选举经验基础上创制的，是迄今国内设计最科学的基层选举制度。

社工职业化规范，是宁波社区改革又一大创新。按照300户居民配一名社工原则，宁波市城区社区社工有2900多名。宁波市政府规定，每千户居民社区的专项财政配套资金不少于每年15万元，由市、区、街道办三级财政按6万：5万：4万的比例拨付，街道负责发放。据悉，一个社工的年收入在2万至2.5万元，同时政府给所有社工解决医疗保险、养老保险。这些待遇在当地颇具吸引力，以致招聘社工经常出现激烈竞争的现象。社工的招聘由各区政府、街道办统一操作前期甄选考核工作，各居委会参加面试并签订年度劳动合同。居委会掌握“用人权”，如果社工绩效考核不达标，可依法终止或解除其劳动合同。宁波市政府的社工发展计划是，通过若干年的培育，建立一支适应现代社区管理的高素质社工队伍，使社会工作者成为一种令人羡慕的职业，可以在社区间自由流动，建立一种差异性竞争、全职业化的机制。许义平认为，政府通过给社区付酬，改变了传统的（政府）大包大揽的做法，实质是通过向社会购买服务的方式，把一些社会化职能转移到社会基层（社区中的社工组织）。这一转移，不但没有削弱政府的社会化职能，反而在社区平台得以实现。这是社区治理的基本走向。

经过直选的工作流程，居民大多对新当选居委会成员表示认同，增强了居民和居委会之间的相互信任。社区直选也给社区居委会干部带来了前所未有的压力和动力。为了竞选，居委会干部走家串户，宣传社区建设，征求居民意见，解决社区久拖不决的问题，热忱为居民服务。当选后，如果不能为群众解决实际问题，兑现自己的承诺，他们将无法面对下一次竞选和本次竞选中投给他们一票的居民们。这种忧患意识使居委会干部的责任心和危机感增强，促使他们进一步做好各项工作。可以说，通过创新社区工作模式，宁波市激活了城市和谐“细胞”，有力地促进了和谐、文明宁波建设。2005 年，宁波荣获全国首批文明城市称号，这其中，社区民主选举和自治搞得好是一个重要得分因素；2006 年宁波又相继被人民网评为全国“市民最满意城市”，被北京零点研究咨询集团与第一财经日报评为“公众首选宜居城市”。

胡锦涛总书记曾深刻指出：“研究社会主义和谐社会要加强城市基层自治组织建设，从建设和谐社区入手，使社区在提高人民生活水平和质量上发挥服务作用，在密切党和政府同人民群众的关系上发挥桥梁作用，在维护社会稳定，为群众创造安居乐业的良好环境上发挥促进作用。”为加强和谐社区建设指明了方向。在和谐社区的基本特征中，民主法制健全是首要因素。而要健全民主法治，推进居民民主自治建设则无疑是重要途径和重要内容之一。宁波市在五年社区直选平稳和谐的基础上，率先在全国实现城市社区全部直选，并以全新的社区工作模式打开了社区自治的民主空间，不仅激发了居民参与社区建设的热情，而且大大提高了居委会的工作效率，增强了居民和居委会之间的相互信任，可以说，正是社区民主自治激活了社区这个城市和谐“细胞”。从这个意义上说，宁波市全面推行社区直选是发展基层民主的创举，更是社会主义民主建设的有益尝试。

## 武汉：首创社区“大党委”体制

党的领导体系垂直管理模式和条块分割下的属地管理体制，一直是基层党建工作难以突破的瓶颈。近年来，各地基层党组织尝试了各种方法加以改进，但效果不尽如人意。2007 年 6 月，武汉市江汉区唐家墩街道党工委在全国首创“党员建议案”制度。该制度提出，2 名以上党代表、5 名以上党员，均可以向街道各级党组织提交建议案。到 2008 年上半年，唐家墩街共受理办结“党员建议案”多达 64 件。这一制度很大程度上激发了党员参与党内事务的热情，推进了党的基层民主建设。但党员构成面较窄，很难适应社区党员分布复杂、结构多样的现状。如何更大限度从体制上打破条块分割，让这些单位党组织和党员有发挥作用的“舞台”，行使知情权、参与权与监督权？唐家墩街党工委在多方面的探索下，突破了基层党建的传统模式，将辖区内企事业单位的党员纳入社区党委，在湖北省建立首个社区“大党委”，使基层党建开始走出一条由垂直管理向区域整合的转型之路。

2008 年 4 月 3 日，武汉市唐家墩街唐蔡社区突破原有组织形态，将属地单位党组织和在职党员纳入社区党委，与原党员代表、党委委员一起，构建唐家墩街第一个社区“大党委”。作为全街道基层党建的试点，社区“大党委”将推广到整个街道，为新形势下的社区管理探索新的管理模式。

社区党建从垂直管理转向区域整合。武汉市唐家墩街共有10个社区，居民10万人。辖区内有中央在汉单位、省市区属企业、单位86个。这些单位多是垂直管理，有的单位置身社区之外，不情愿为社区出力，有的单位想为群众办事，却无正常渠道。全街协管党员达2596人，直管党员仅2102人，其中协管党员大多处于工作在单位、生活在单位社区的“脱钩”状态，在社区建设中缺少发挥作用的平台。

2008年初被武汉市委组织部列为“构建党员联系和服务群众工作体系”试点后，唐家墩街便开始了“社区党委”制的探索，并把唐蔡社区作为先期试点。

**社区“大党委”组织结构图**

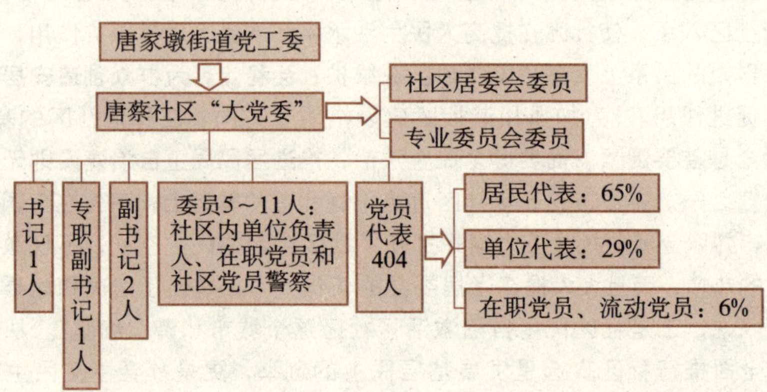


唐蔡社区有居民楼42栋，居民3624户、10872人。社区党总支下设两个党支部，4个党小组，有直管党员119人，辖区单位党组织5个，党员236人。针对原有的社区党组织在设置、职能和运行机制等方面已不适应社会发展的实际，以及新的形势和任务对社区党建工作提出的新要求，该社区以“条块结合、资源共享、优势互补、共驻共建”为原则，建立起了“社区党委”这一新型的社区党建工作新格局。新“社区党委”的党委委员由选举产生，包括社区党组织成员和经推荐产生的辖区单位党组织负责同志、社区党员民警7人组成。设党委书记1名，由现任社区党组织书记担任；副书记3人，其中设专职副书记1名，委员3人，由辖区单位和派出所党组织推荐产生。唐蔡社区党委的产生实行“推荐任命”的方式，即由选举产生的现任社区党组织成员直接进入，其他委员在辖区单位党组织负责人中推荐产生，并由街工委任命。社区“大党委”的职责主要是，团结和带领党员和群众，决定社区建设与管理等的重大问题，领导社区居民自治组织，并监督、协调政府职能部门派驻社区人员的工作。

根据2008年初唐家墩街工委公布的3年工作方案，将采取“三步走”的方式推进党建改革试点工作：第一步，到2008年底，以唐蔡社区为试点，构建社区大党委的领导体制，建立天门墩、新村、站东等3处“党员之家”；第二步，到2009年，在香江、西桥、天门墩社区全面建立社区“大党委”，党员服务中心功能进一步充实和完善，建立汽运、马场、八古墩、陈家墩等4个社区“党员之家”；第三步，到2010年，在社区大党委全覆盖基础上建立唐家墩街区域大党委，全街党建工作成为全市样板。

构建“大党委”体制下的基层党建运行新机制。建立“大党委”后，唐家墩街创新运行机制，全面实施党员建议案制度，全街辖区范围内的省市区党代表、党员均可以向同级党组织提出建议案；同级党组织无法解决或者迟迟没有解决的，可以向上级党组织提出建议案。党代表、党员在提出建议案前，应当进行调查研究，听取各方面的意见，反映人民群众的要求。社区“大党委”每半年召开一次的社区党代会，审议决策社区党建重大事项，决定社区建设与管理等重大问题，领导社区居民自治组织，并监督、协调政府职能部门派驻社区人员的工作。按照唐家墩“大党委”的工作要求，社区“大党委”党委成员须带头承担相应的责任和义务，利用各单位优势资源为社区群众服务。街工委将按季度给予党委成员一定的工作补贴。2007年，唐家墩街已率先在武汉市出台党建工作经费预算保障机制，将每年协税分成收入的20%用于党建工作开支，以解决基层党建工作普遍面临的经费不足问题。按这一比例，唐家墩街2007年共安排33万元党建工作经费，支出重点向基层党组织和党务工作者倾斜，向党组织日常活动和特色活动倾斜。

在唐蔡社区大党委的组建过程中，辖区单位党组织大力支持，主动配合，积极参与，并从单位实际出发，在人、财、物上给予支持。市工商局主动提供2000元会务经费，市人防办支持社区党建经费1500元，市十一医院、省新华医院、市图书馆、市农业局、市人防办、市十九中还主动提供会议场地。辖区内各单位党组织高度重视，团市委、市工商局、市人防办、长报集团等单位的党委专题研究决定社区大党委委员推荐名单。经街工委批准任命，36名辖区单位党员代表担任社区党委委员，其中15家省、市属单位委员15名。

“大党委”制实施不久，便充分体现出资源整合效应。共有36家“大党委”成员单位出资4万余元，扶助特困党员和重症居民115人；区劳动和社会保障局主动与社区联系，解决了近百名下岗职工的再就业问题；武汉图书馆为全街102名流动儿童免费办理借书证；优抚医院举办了多场“心理医生进社区”活动，并已将社区工作纳入该院全年工作计划。一直致力于对辖区下岗职工帮扶的华南集团则无偿提供旗下果品批发市场的部分门面，作为辖区下岗劳模创办再就业基地。

唐家墩街在全国率先启动社区“大党委”建设，有效地破解了社区和区域党建组织体系不完善、力量和资源不充足等难题，完善了社区服务体系和居民自治机制。其创新有三方面：一是打破了组织关系的属地界限，使辖区内的党员在组织关系所在地、居住所在地有了“双重归属感”，有利于党员发挥模范带头作用。二是吸收辖区单位负责人为社区党委成员，把社区资源纳入到社区党建中来。这有助于整合社区资源，发挥各级党组织的关键作用和表率作用。三是党建工作由垂直“所属”转向横向“所有”，党建内容由“封闭单一”转向“开放丰富”，把党组织服务群众的功能由“后台”领导转向“前台”实施，推动了党建工作社会化和区域化，有效解决了社区综合服务、管理与社区自治功能衔接，以及保障街道辖区单位对周边环境的诉求和利益的历史难题。为此专家指出，“大党委”将是我国基层社区党建改革的方向。

## 生态文明新征程

地缘偏远、发展滞后的贵阳市面对与其他城市的发展差距，没有妄自菲薄，紧紧抓住生态优势这个最大的比较优势，率先提出建设生态文明城市总战略，是具有长远眼光的战略决策，更为国内城市贯彻落实党的十七大关于“建设生态文明”的要求做出良好示范。除了贵阳外，在落实生态文明的理念下，很多城市都提出了“最清洁、最干净、最优美”之类的口号和目标。但杭州市引人注目之处，是能迅速将这一口号和目标转化为一系列的举措、一项项制度和规划，真正落实到行动上。打造“国内最清洁城市”不仅仅是口号，更是一项城市的科学试验。

### 贵阳：踏上建设生态文明城市新征程

贵阳是全国最早展开循环经济探索的城市之一，并因成效显著于2007年9月荣获“中国城市管理进步奖”。在此基础上，贵阳开始瞄准更高目标，那就是要建设生态文明城市。2007年12月29日，中共贵阳市委八届四次全会审议通过了《中共贵阳市委关于建设生态文明城市的决定》，提出了把贵阳建设成为生态文明城市的目标，并对建设生态文明城市作出了全面部署。这是党的十七大提出“生态文明”这一理念之后，首个明确将其作为总体战略目标的城市。2008年1月11日，贵阳市委发布公告，将《贵阳市建设生态文明城市责任分解表》公布，并在贵阳市各大媒体重要位置刊登，目的在于“请广大群众和各界人士监督实施”。以此为标志，贵阳市踏上建设生态文明城市新征程。

依托生态和气候优势，贵阳率先提出建设生态文明城市。贵阳的生态和气候优势就是财富。作为国家首座森林城市，贵阳市森林资源丰富，林业用地占全市国土面积的40%，森林覆盖率为34.76%。除森林资源之外，夏季良好的气候更是贵阳一大优势和特色所在，正所谓“上有天堂，下有苏杭，气候宜人数贵阳”。由于具有独特的“夏季避暑舒适型气候资源”，2006年5月，贵阳成功入选由联合国北北组织直属机构香港中国城市竞争力研究会等多个环境组织、专家机构和社会团体联合组织的“2006中国十佳避暑旅游城市”。同时获得了“中国避暑之都”这一特别称誉。2007年8月底，贵阳正式被中国气象学会授予“中国避暑之都”。

在认真分析气候和生态上所具有的“比较优势”之后，贵阳市委在广泛调查研究、深入分析市情的基础上，借鉴世界先进城市的成功经验，率先提出了把贵阳建设成为生态文明城市的战略构想。2007年12月21日，市委将《中共贵阳市委关于建设生态文明城市的决定（征求意见稿）》通过媒体公布，广泛征求意见。12月25日，市委召开民主协商会，就《决定（征求意见稿）》听取各民主党派、工商联和无党派人士代表的意见。12月29日，中共贵阳市委八届四次全会审议通过了这个《决定》。

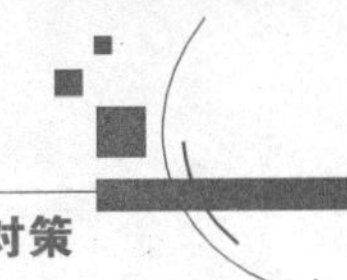

**贵阳市建设生态文明城市的主要举措**

| 主要措施 | 内容提要 |
| --- | --- |
| 发挥比较优势，做大做强生态产业 | 把旅游、文化业发展成重要支柱产业：集中力量推介“中国避暑之都”、“温泉之城”品牌，把贵阳建设成为面向国内外尤其是东亚、东南亚的旅游目的地。 |
| | 实现现代物流业突破性发展。 |
| | 加快发展金融业和会展业。 |
| | 把高新技术产业培育成新的经济增长点。 |
| | 大力发展装备制造业。 |
| | 发展壮大现代药业和特色食品产业。 |
| | 按照循环经济模式提升资源型产业。 |
| | 积极发展现代生态农业：以城郊特色农业、都市特色农业为重点，发展蔬菜、水果、畜牧、花卉等主导产业。 |
| 实施四大治理工程，加强生态环境建设 | 治水工程：以治理“两湖一库”为重点，2012 年城市生活污水集中处理率达 90%以上。 |
| | 绿化工程：以林业生态建设为重点，2012 年森林覆盖率达 43%以上，城市建成区人均公共绿地面积达 10 平方米以上。 |
| | 治污工程：以提高空气质量为重点，2010 年前中心城区污染严重企业实现异地改造或关闭；2012 年城市生活垃圾无害化处理率达 95%以上。 |
| | 整脏治乱工程：着力整治公共厕所、小区院落、占道经营、城郊结合部、集贸市场等方面的脏乱现象。 |
| 实施“六有”民生行动计划，提升城乡居民生活满意度 | “学有所教”：2012 年基本普及高中阶段教育，人均受教育年限达 10 年以上。 |
| | “劳有所得”：2012 年全市城镇失业保险职工参保率达 80%以上，城镇登记失业率控制在 4.5%以内。 |
| | “病有所医”：2010 年新型农村合作医疗参合率达 95%以上；2012 年城镇职工基本医疗保险参保率达 90%。 |
| | “老有所养”：2012 年城镇基本养老保险覆盖率达 80%以上。 |
| | “住有所居”：2010 年将人均住房建筑面积不足 12 平方米的城镇低收入群体纳入廉租住房保障范围；2012 年基本完成农村危房改造。 |
| | “居有所安”：2012 年群众安全感高于全国平均水平 1 个百分点以上。 |

突出重点，兼顾全盘，贵阳建设生态文明城市五年要见成效。根据 2008 年 1 月 4 日公布的《中共贵阳市委关于建设生态文明城市的决定》，建设生态文明城市要坚持城乡统筹，推进城乡一体化，实现协调发展；坚持立足当前，着眼长远，统一规划，分步实施；坚持以人为本，更加注重改善民生，造福城乡居民；坚持创新机制，建立以生态文明建设为导向的利益机制和考评体系；坚持党政推动、全民参与，形成强大合力。《决定》明确了建设生态文明城市的五年奋斗目标：到 2012 年，生态产业快速发展，服务业比重明显提高，三、二、一的产业结构稳定形成；单位生产总值能耗比 2005 年降低 25%以上，主要污染物排放总量减少 10%以上；生态环境质量稳步提升，中心城区空气质量达到良好以上天数稳定在 95%左右；文化特色逐步彰显；生态文明观念牢固树立；民生显著改善；政府进一步廉洁高效。

**贵阳市建设生态文明城市责任分解图（要目）**

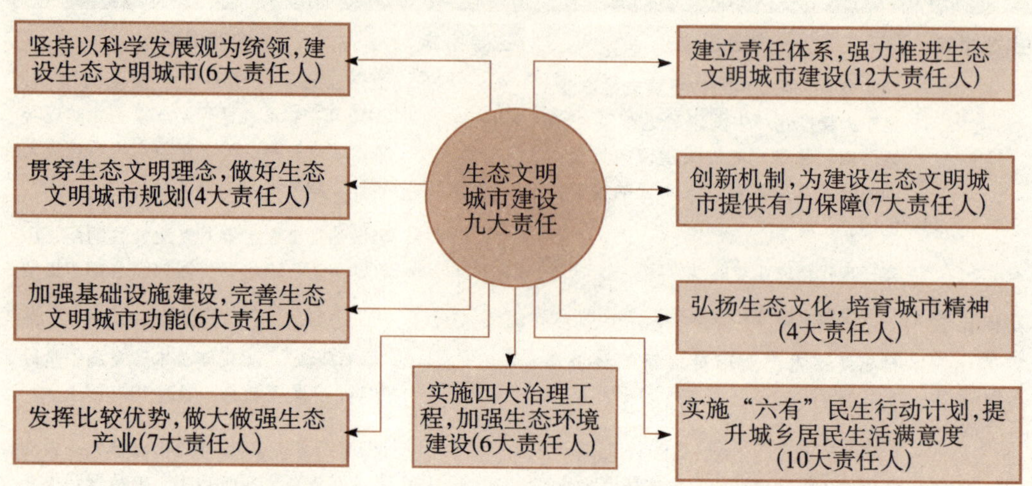


市委书记李军在贵阳市委八届四次全会上指出，要按照生态文明城市的理念，搞好城市总体规划修编，编制贵阳生态功能区划，形成各具特色的区域发展格局；要大力推进城市基础设施建设；要把保护生态环境放在突出位置，实现人与自然的和谐、友好，开展以治理“两湖一库”为重点的治水工程，开展以林业生态建设为重点的绿化工程，开展以提高空气质量为重点的治污工程，开展以治理“五脏五乱”为重点的整脏治乱工程；要把解决民生问题放在突出位置来抓，尽心竭力解决民生问题。

党的十七大首次将“建设生态文明”写进政治报告，是党执政兴国理念的新发展，是科学发展、和谐发展执政理念的一次升华。近年来，贵阳市紧紧抓住生态优势这个最大的比较优势，积极实施“环境立市”战略、发展循环经济，积累了宝贵经验。站在新的起跑线上，又在全国率先提出建设生态文明城市，无疑有利于扬长避短，走出一条符合市情的新的发展路径。从这个意义上说，建设生态文明城市是贵阳发挥比较优势的理性选择，更是贯彻落实党的十七大关于“建设生态文明”新要求的生动实践。除贵阳市外，国内不少地方也在加强生态文明建设。如深圳市确定了“争当生态文明建设的先锋城市”的目标，正着力构建生态城市建设的五大体系。内蒙古阿尔山市则在全国首创“生态文明体验区”。世界城市发展潮流表明，生态文明城市是文明的最高境界，期待包括贵阳在内的国内城市在生态文明城市建设中取得新进展。

## 杭州：三大保障体系打造“最清洁城市”

近年来，在追求宜居和生活质量理念下，“清洁、干净”等成为许多城市追求的新目标。2006 年 9 月，广西率先在全区范围内启动了一场声势浩大的“城乡清洁工程”。自治区还出台了一系列政策文件，使“城乡清洁工程”形成制度化、规范化和长效机制。首府南宁为此于 2007 年 10 月荣获“联合国人居奖”，引得国内城市纷纷前往参观学习。随后，杭州市于 2007 年 6 月推出打造“国内最清洁城市”计划，作为其建设“生活品质之城”的一项重要基础性工程。2008 年伊始，深圳市召开市政设施综合整治部署会议，提出以香港、新加坡为标杆，打造全国最干净城市的目标。3 月 10 日，深圳市《关于打造最干净最优美城市的行动方案（2008～2010）》正式出台，计划到2009 年底要实现城中村整治全市域达标；到 2010 年全市的社区公园将达到 164 个，逐步实现“公园之城”的目标。

2008 年 3 月 11 日，《杭州市打造“国内最清洁城市”五年规划（2007～2011 年）》正式公布，该《规划》对杭州市打造“国内最清洁城市”的基础条件、现实背景和主要挑战进行分析研究的基础上，提出了指导思想、主要原则、总体目标、主要任务和保障措施，是未来五年杭州市打造“国内最清洁城市”的行动纲领。

确立三阶段目标，绘出杭州市环境发展路线图。《规划》将杭州市打造“国内最清洁城市”期限定为五年，分为三个阶段，每个阶段都有明确的阶段性目标。第一阶段，全面启动阶段，2007 年。制定五年规划和指标体系，明确各级各部门的目标任务和职责分工，健全管理体制和组织网络，全面启动城郊结合部（城中村）、农贸市场、河道、“八小”行业、“五乱”现象和环境污染“六大整治”。第二阶段，全面实施阶段，2008 年到 2009 年。完善管理体制和责任体系，城市基础设施建设更趋完善，城市生态环境质量较大改善，基本实现“洁化、绿化、亮化、序化”的管理目标。第三阶段，全面提升阶段，2010 年到 2011 年。城市环境的洁化水平显著提升，区域环境生态质量显著改善，各项管理目标进一步提升，打造“国内最清洁城市”被全市人民、国内外游客认可和肯定。为彰显杭州城市特色，该《规划》从清洁、亲水、清静、绿色、食品安全、无视觉污染等几方面制定了未来几年的主要任务和具体指标。

建立三大保障体系，确保打造“国内最清洁城市”规划的顺利实施。为确保打造“国内最清洁城市”五年规划的顺利实施和目标如期实现，杭州市委、市政府制定了三大保障体系。

首先，建立组织领导保障体系，保障“有人办事”。在组织建设中，建立市、区两级领导小组，完善市文明办、市爱卫办、市城管办、市城管执法局、市环保局“三办二局”的联动工作机制。各区、县（市）分别制定相应规划，加以贯彻实施；管理中按照“以块为主、条块结合、属地管理”的管理体制和“两级政府、三级管理、四级服务”的责任体系，增加专职城市管理人员，配强乡镇（街道）管理执法力量，充实壮大市政、环卫专业作业队伍，提高从业人员素质，提升市政、环卫作业的质量和水平。

其次，建立资金投入保障体系，保障“有钱办事”。加大公共财政投入，按照“费随事转”的原则，市级将市区土地出让金收入的 2.5%，作为城管专项资金。各区政府把打造“国内最清洁城市”经费列入地方财政预算，按照市城管专项资金的配比原则，同步加大经费投入，为打造“国内最清洁城市”提供有力的资金保障。同时，要建立多元化资金筹措机制，探索特许经营权等多种投融资方式和经营方式，吸引民间资本，拓宽融资渠道。为此，该市将推进环卫作业市场化改革，全面实施以垃圾处理市场化、专业化、产业化为战略重点的环卫运行机制与管理模式改革，建立新型的环卫行业市场体系。

第三，建立制度环境支撑体系，保障“有章理事”。按照打造“国内最清洁城市”的目标要求，完善法规规章体系。加强地方立法工作，研究制定相关法规和规章，及时修订不相适应的规章、规定，形成覆盖打造“国内最清洁城市”工作各方面、相互衔接的法规规章体系。在工作中，全面实行问责制、考核制度、督察制度，做到有章可循。在行政执法过程中加大力度，把“严管重罚”放在首位，依法严厉处罚影响城市市容、环境和秩序的违法行为，用法律法规来约束和引导市民行为，建立有效的管控工作机制。

杭州市打造“国内最清洁城市”五年规划主要指标

| 七项重点 | 具体内容 | 详细指标（到 2011 年） |
| --- | --- | --- |
| 提高城市清洁水平，营造清洁的城市环境 | 完善市政基础设施；提高清扫保洁水平；落实长效管理机制；控制大气环境污染。 | 全年空气质量优良天数 330 天以上，道路和公共场所清洁度达 95%以上。 |
| 综合整治水环境，营造亲水的城市环境 | 加大河道的整治力度；加强饮用水源地的保护；加快滨水地带修复和开发。 | 城市水域功能区水质达标率达 100%；集中式饮用水源地水质达标率达 96%以上。 |
| 加强控制噪声污染，营造清静的城市环境 | 有效控制社会生活噪声；有效控制工业噪声；有效控制建筑施工噪声；有效控制交通噪声。 | 区域环境噪声平均值低于 55 dB（A），交通干线噪声平均值白天低于 65 dB（A）、夜间低于 55 dB（A）。 |
| 推进生态城市建设，营造绿色的城市环境 | 构筑绿化生态系统；加大环境污染治理力度；大力发展生态产业。 | 建成区人均公共绿地面积达 12 平方米以上，建成区绿化覆盖率达 40%以上，建成区绿地率达 38%以上。 |
| 保障放心食品，营造食品安全的城市环境 | 强化食品安全监管；强化食品“三小”行业整治；强化食品安全保障体系建设。 | 大型农贸市场和连锁超市农产品检测合格率达 95%以上。 |
| 治理“五乱”，营造无视觉污染的城市环境 | 治理“摊点乱摆”；治理“车辆乱停”；治理“广告乱贴”；治理“垃圾乱扔”；治理“工地乱象”；治理“五小”行业。 | 道路综合完好率达 95%以上，新建和综合整治道路强弱电线入地埋设率达 100%。 |
| 提高市民素质，营造文明有序的城市环境 | 加强市民教育；扩大公众参与；营造浓厚氛围。 | 加大对打造“国内最清洁城市”的宣传力度，提高市民的知晓率和参与度，营造浓厚的社会氛围。 |

2006 年，“生活品质”一词被写入杭州市“十一五”规划；2007 年，杭州全力向“生活品质之城”这一最高目标进军。应如何建设“生活品质之城”？打造“国内最清洁城市”不仅仅是口号，更是一项城市的科学试验。提出这一口号，使杭州市占据了新阶段国内城市竞争的制高点，也充分体现了天堂之城的信心；从目标提出到正式决定、出台问责办法、开出国内最高“清洁罚单”、制定考核指标体系，再到现在五年规划出台等

一系列细化举措和保障措施，如此高效率的推进速度让我们看到，打造“国内最清洁城市”绝不是一个口号，更不是一时冲动，而是一个既高远又切实可行的目标，将其化为行动，这个目标就一定能够实现。这也从一个侧面说明杭州为什么既成为国内外投资者的天堂，又是国人宜居榜上的首选之地。当然，城市可以将“最清洁、最干净”之类作为自己的追求目标，但不能因此而互相攀比，更不能劳民伤财，其追求的根本落脚点还是提高城市生活品质和居民生活质量。

# 改革试点，推出新方案

## 为民服务的新机构

2007年9月25日，嘉兴市新居民事务局正式挂牌，这是全国首个归口管理新居民的机构。从“外来打工者”到“新居民”，是一种身份称呼的改变；而从“暂住证”到“居住证”，则具有实质性的突破意义，它将给嘉兴180万新居民带来更多的实惠，吸引更多高素质、有技能的新居民定居。虽然仅仅是一字之差，但它却使外来者内心感到了尊重，逐渐对这个城市产生归属感。

对我国各级政府来说，社会管理工作是一个薄弱领域。北京市朝阳区以探索和先行的试点经验，创立了社区社会组织联合会，并由它来规范引导孵化各类社会组织，在实现政社分开的同时，提高了公共服务的效率和效益，是我国社会管理实践的重大创新，值得深入研究和借鉴学习。

### 嘉兴首设新居民事务局

2003年以来，沈阳、郑州等地先后取消了暂住证，相继推出居住证制度，但有些城市虽然暂住证变成了居住证，相关政策却没有实质性变化。2006年12月国务院办公厅出台的《人口发展“十一五”和2020年规划》明确提出，要“深化流动人口管理服务体制改革。逐步建立城乡统一的人口登记制度，健全出生人口登记和生命统计制度，实行流动人口居住证制度。推进进城务工人员权益保护立法，进一步明确其应有的合法权益和法律保护措施，改善农民进城就业、定居的制度政策环境”。2008年4月初在广州召开的全国社会治安综合治理工作会又进一步提出要把流动人口服务和管理作为工作重点，实现“四个转变”。此前的2006年9月，浙江省政府办公厅发布《浙江省人民政府关于解决农民工问题的实施意见》，正式提出逐步实行居住证制度，并面向所有暂住人口。2007年，居住证制度开始在宁波慈溪和嘉兴平湖试点。

根据浙江省委、省政府的计划，力争在2007年底前取消农业户口、非农业户口的户口性质划分，实行统一登记为浙江居民户口的新型户籍管理制度。在改革户籍登记制度的同时，改进对暂住人口登记和暂住证的申领发放和管理，逐步实行临时居住证（登记簿）和居住证（登记簿）制度。统计数字显示：截至2007年8月底，嘉兴登记在册的暂住人口有180万，占全市总人口的53%。嘉兴市在实践方面走在了全省的前面，并探索和积累了一整套方法和经验。

2006年11月，嘉兴市委市政府经过调研出台了《关于加强嘉兴新居民服务管理工作的若干意见》。2007年6月嘉兴市辖下平湖市率先成立了“新居民事务局”，作为由市政府直属的监督管理类事业单位，平湖新居民事务管理局负责统一部署、组织、协调和指导新居民服务管理工作，从传统的以治安管理为主的模式转到社会服务管理模式。该局首先取消了原有暂住证制度，根据新居民的工作年限、技术技能等具体情况和基本条件，实行《临时居住证》、《居住证》和《技术员工居住证》分类登记管理。申请到技术员工居住证者可申购经济适用房。在公共服务方面，居住证与社保、就业、教育、居住等挂钩，例如按每年人均5元标准安排新居民公共卫生补助经费，按人均6.4元安排计划生育专项资金。其他社会管理经费方面，也将根据财力状况逐步覆盖到全市人口。截至2008年3月，平湖市已发放临时居住证和居住证16000多本。

2007年9月25日，嘉兴市新居民事务局正式挂牌，这是全国首个归口管理新居民的机构。新居民事务局工作人员从市公安、劳动、计生、教育、卫生等部门抽调，机构上设有局长办公室、综合处、监督协调处、登记管理处。其职能一是加强新居民的服务和管理，二是推进居住证改革。在嘉兴市新居民事务局之下，各区县也设有新居民事务局，镇和街道则设新居民事务所、村和社区设新居民事务站。嘉兴新居民事务局的成立，将逐步实现新居民就业有培训、就医有改善、居住有提高、维权有保障、整治有力度，并从过去以管理为主的模式，转变为社会服务管理新模式。

居住证本身并非嘉兴首创，之前上海、深圳等地已推出。嘉兴的创新更重要的在于推进了附着于证件背后的福利待遇的改革。根据发布的《浙江省居住证申领办法（征求意见稿)》和《嘉兴市居住证申领工作实施意见（试行)》，居住证将与社保、就业、教育、居住等挂钩，持证者享受与同城市民一样的服务，而且还在子女就读、计划生育、劳动保障方面享受到与浙江省内市民一样的优惠政策。逐步和有条件地解决长期在城市就业和居住农民工的户籍问题，对农民工中的劳动模范、先进工作者和高级技工、技师以及其他有突出贡献者，应优先准予落户。据测算，推行新居民居住证改革后，嘉兴市财政每年用于新居民子女就学的投入在1亿元左右，计划生育投入每年3000万元，还有医疗保险等方面的财政支出。

按照规定，嘉兴市居住证分为《临时居住证》和《居住证》两类，居住证按照申领条件又分为普通人员和专业人员两种。根据相关规定，《专业人员居住证》持有者待遇最

| 嘉兴市居住证申领办法及享受的待遇 | | | |
|---|---|---|---|
| 分类 | 办理对象 | 办理条件 | 享受待遇 |
| 临时居住证 | 年满16周岁、拟在暂住地居住30天以上的新居民。未满16周岁随其父母登记的人员 | 普通人员居住证和专业人员居住证依据条件自愿申领。 | 其7岁以下子女在居住地卫生院可享受计划免疫基础疫苗免费接种，符合计划生育政策的子女可免除义务教育阶段学杂费等。 |
| 居住证 | 普通居住证：具有初中毕业以上学历、持嘉兴市临时居住证一年以上的新居民 | 有合法的固定住所；有合法稳定的生活来源；遵纪守法，无治安不良记录；无违反计划生育法律、法规和政策情况；已参加基本养老保险，并从申领之日或在嘉兴连续缴纳基本养老保险费之日算起，到法定领取基本养老金的年限，至少应可缴满15年；身体健康。 | 符合计划生育政策的子女，义务教育阶段在公办学校就读的，减半收取借读费；其符合计划生育政策及相关报考条件的子女，可报考嘉兴市所属的各高中、中等职业学校。 |
| | 专业人员居住证：具有中专（含高中）以上学历或者具有熟练技术和管理经验的嘉兴新居民 | 在取得普通人员居住证2年后，具有高级工以上技术等级证书或初级以上专业技术职称，具有劳动贡献特别大、创新成果多、担任企业中级以上领导职务或高级以上技术职务、荣获县以上先进称号或相关荣誉等条件之一的人员，可直接申领专业人员居住证。采用积分制，规定凡满150分的方可领取。 | 子女在公办学校就读的免收借读费；符合相关规定条件的可申请廉租住房和经济适用房；可申购当地建设的专门面向新居民的小户型经济适用房；持证10年以上的可申请最低生活保障；持证15年以上的可根据本人意愿准予在暂住地城镇落户。 |

高，这类新居民与户籍人口待遇最为接近。《专业人员居住证》的审核发放以积分为基础，积分分基本分和附加分两类。基本分中，学历、年龄、职业资格、住所情况和生活来源均换算成分数。比如大学本科毕业以上的计80分，大专毕业计60分，中专和高中毕业计50分；年龄30岁以下计50分，40岁以下计25分，40岁以上不计分；具有工程师等中级职称的计50分，助理工程师计40分，技术员计30分；购买自住房产的计50分，有租房租赁合同的计20分；年缴纳个人所得税3000元以上的计30分；1000元以上3000以下的计20分，上年缴纳个人所得税的计15分，凭单位证明有合法稳定生活来源的计10分。附加分内包括工作经验、创新、投资和受奖等四项。比如投资额每10万元人民币（1年以上）加10分，但最高不超过30分；年经营纳税额每5万元加10分，但最高不超过30分。根据以前调研的数据，估计能拿到专业人员居住证的大概占总数的20%。

根据嘉兴市的相关规定，拿到居住证的外来务工者，仍旧享有原户籍地土地承包权、计划生育权等各项权利，而一旦他离开嘉兴，居住证上的“市民待遇”也就随之取消。

但新居民事务局也面临一些新的问题，比如在一些地方真正来办证的并不多，因为很多外来人口因超生、不愿缴纳养老金、社保跨省无法转移等原因不具备申领条件。更重要的是新居民事务局自身的法律地位不清，还需要立法机构的认定。此外，新居民事务局还面临编制问题，该局自身的事业人员编制只有3名，外加暂核定岗位合同工3名。十几个人要面对180万新居民，人力紧张问题亟待解决。

长期以来，“暂住证”成为许多地方控制、限制甚至歧视外来人口的“紧箍咒”。在户籍制度改革仍未破冰的情况下，浙江嘉兴以“居住证”全面取代“暂住证”，取得了人口管理制度变革的一大进步。为推行此项改革嘉兴市财政每年将增加多方面的财政支出。嘉兴市认为，这是政府落实和保障新居民权益、让他们共享改革发展的成果的应尽之责。这其中所体现的不仅是“证”的名称变换，由于它改变了过去仅对少数外来人员进行“奖励”的狭窄范围，不但将居住证扩展到所有外地务工人员，还赋予了外来人员应享受的公民权利，是破除区域限制和缩小城乡差别、利益平等化的努力，是我国户籍和人口管理改革的重大创新。同时，我们也看到，嘉兴吸取其他地方取消暂住证、施行居住证制度的成败经验，按照循序渐进原则将居住证分为三类，实行的是“渐进、阶段性”的改革，这种改革模式可操作性比较强，也能避免户口突然无条件放开带来的财政供给和城市承载力问题，从而保障改革的成功推进。

## 北京朝阳区首创社会管理中心新模式

2007年12月，北京市在全国率先成立了北京社会工作委员会、北京市社会建设工作办公室，分别作为市委的派出机构和市政府的工作部门，其主要任务是着力搭建宏观管理平台，研究制定首都社会建设的总体规划，统筹推动社会建设各项任务的分解落实和督促检查；着力加强基层基础工作，加强城市社区建设；着力扩大载体，积极培育各类社会组织；着力加强“两新”组织党的建设、加强社会工作者队伍和社会志愿者队伍建设；着力加强社会建设的薄弱环节，使社会建设进入全面推进、重点突破、有序建设的阶段。2008年3月，朝阳区在全市首先成立区委社会工委和社会工作办公室，这两机构是在原区街工委和街道办的基础上增加规划社会建设等6项职能成立的，其中，新成立的社会工委比原街工委职能有所扩大，不仅负责包括43个街乡办事处的相关事务，还首次将129个农村社区纳入其规划和指导范围，实现覆盖全区的社会管理。

近年来，在构建和谐社会过程中，北京市朝阳区相继成立了街道社会管理中心、全区社区社会组织联合会等适应新时期社会管理和公共服务要求的新体制、新机制，在社会管理创新方面走在了全市甚至全国的前面。

党的十六届六中全会提出“创新社会管理体制，健全党委领导、政府负责、社会协同、公众参与的社会管理格局”后，北京市朝阳区开始了积极探索。2007年1月20日，朝阳区朝外街道成立了该区第一个社会管理中心，旨在创新社会管理模式、建立社会管理体系、完善社会动员参与机制，充分发挥其培育社会组织、整合社会资源、加强社会协同、提供保障支持的职能作用，构建“党委领导，政府负责，社会协同，公众参与”的新型社会管理格局。主要内容是以社会管理中心为核心，对辖区社会组织及其人员进行统一管理，对辖区社会组织的发展以及在区域文化、群众娱乐、社会互助、公共服务等方面的活动进行统筹协调，逐步发展壮大社会组织，提高居民群众的参与率和满意度，真正实现“小政府、大社会”的社会发展格局。社会管理中心成立后，承担起为该地区四万多居民提供街道“买单”的各种公共服务的职能。这种整合社会资源、为居民免费提供服务的社区管理模式尚属首创，也成为朝阳区推行社会建设和社会组织制度改革的第一试点。

**北京市朝外街道社会管理中心结构示意图**

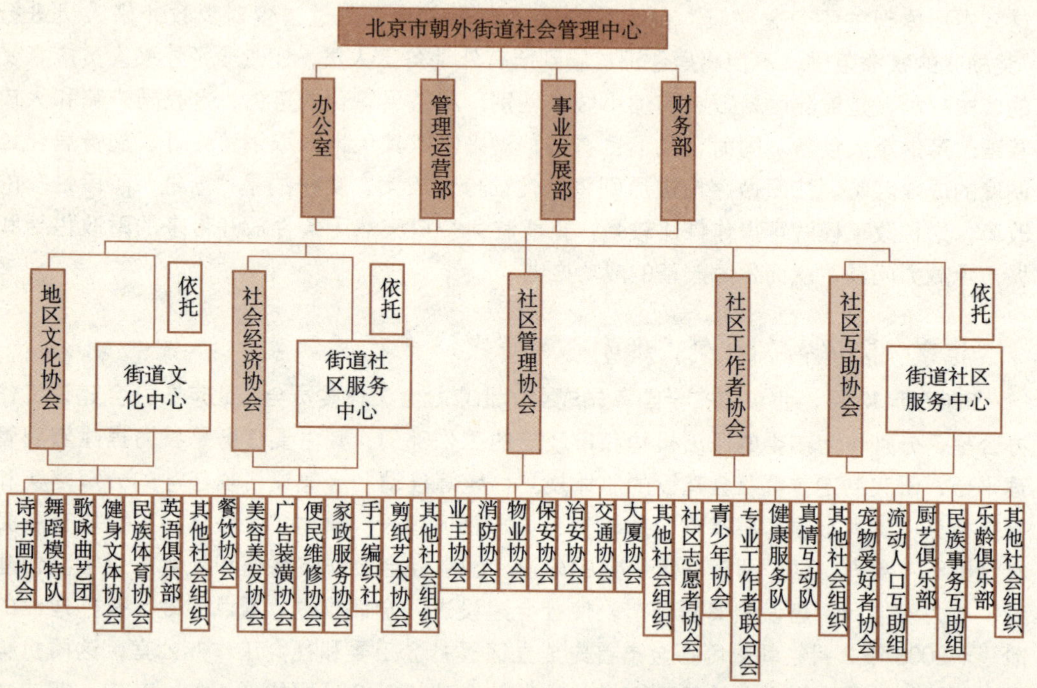


朝外社会管理中心公共服务项目主要包括四大类：社会建设管理类，包括交通协勤、卫生监管、绿化养护、物业管理；家政服务类，包括陪聊、陪购物、陪看病、维修服务等；文化教育类，包括大型文体活动协调、卫生保健指导等；劳动保障类，包括就业岗位的开发、劳务吸纳等。管理中心下设 5 个协会，负责为居民提供服务相关事项的组织运转。社会管理中心将朝外街道百余社会团体和民间组织纳入统一管理，为居民提供服务。

此外，中心还建设了“朝外社建网”，该街道所有有公益服务需求的个人、家庭，都可在网上登记发布自己的服务需求，也可以向朝外地区社会工作协会登记需求。社会各单位和各界人士也可通过登录“朝外社建网”查找自己感兴趣的服务项目。社会管理中心成立后，已经为社区居民免费提供了包括免费代缴煤气费、接送孩子上学、陪同空巢老人看病等多种公益服务项目。

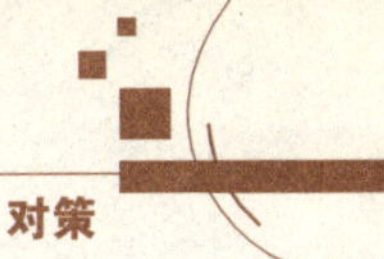



社会组织是参与公共服务和社会管理的重要力量，社会组织的发展健全程度是衡量社会管理是否完善的重要标志。2007 年 7 月，上海静安区成立了社会组织联合会。北京市朝阳区则进一步扩大范围，在全区范围内成立社区组织联合会并推行“3531”社会协同工作机制，即建立区联合会、街道协会、分会三级社会组织平台，重点培育规范社区文体协会、社区互助协会、社会经济协会、社会工作者协会和社区服务小行业协会五个方面协会组织，扶持发展社会工作者、社区志愿者队伍和专业队伍三支队伍，采取项目管理作为联合会一种主要运作方式。现已确定了社区绿化养护、清扫保洁、文体活动、互助救济、居家养老、就业培训等六类公共服务项目，作为首批交由社会组织运作的项目，以招标、委托或政府购买服务等方式，逐步从街道转移给社会组织。朝阳区在社会建设和管理方面走在北京市的前面，这一创新实践得到了北京市领导的肯定。朝阳区社区社会组织联合会副会长、北京国际城市发展研究院院长连玉明认为，以区为单位建立社区社会组织联合会，在加强社会管理、完善公共服务方面意义深远，主要体现在四个有利于：有利于促进政府职能转变，创新基层社会管理方式；有利于深化为民服务体系，提高服务的效率和效益；有利于拓宽社区居民参与渠道，提高和谐社区的自我建设能力；有利于加强社会组织党组织建设，完善社区党建工作体系。朝阳区委书记陈刚表示，社会组织作为提供公共服务的主体是一项新生事物，今后要继续在长效机制建立方面探索创新。

朝阳区“社联会”负责采购的公共服务项目

| 服务项目 | 主要内容 |
|---|---|
| 居家养老 | 贫困老人入住养老机构或居家养老的必要服务 |
| 互助救济 | 依托诗书画、民间手工艺等协会组织，组织残疾人、失业、低保等困难群体制作书画作品、手工艺品 |
| 就业培训 | 失业人员从事市场效益低、企业不愿意做但居民确有需求的服务；低保无业人员参加收费职业资格等培训 |
| 社区卫生 | 绿化美化、清洁保洁服务 |
| 文体活动 | 为社区居民提供社区教育、卫生、文化、科技、体育等服务 |

朝阳区社区绿化养护、清扫保洁已基本移交给专业服务组织；亚运村等街道文体活动已移交协会组织；左家庄等街道互助救济已交协会运作。经过一段时期的探索，该区的社会管理工作初步实现了“三个转向”，即从一般性工作转向制度体系建设，从提供服务转向组织服务，从单纯依靠行政手段转向综合利用政府调控、社会协调、民主自治机制。

继党的十六届六中全会提出“创新社会管理体制，健全党委领导、政府负责、社会协同、公众参与的社会管理格局”以及“推进政事分开，支持社会组织参与社会管理和公共服务”之后，党的十七大进一步提出“健全基层社会管理体制”。2007 年，北京市在全国率先成立了社会工委这一机构，在社会管理体制探索上迈出了重要一步。在

2008年全国“两会”上，全国人大代表、北京市委书记刘淇曾指出，协会、民间组织必须找个挂靠单位才能登记，政社不分，政府和社会组织的职能不明晰，导致社会组织很难发育正常。朝阳区首创了社区社会组织联合会这种新的社会管理与社会组织服务形式，实际上已经从制度层面改变了社会组织必须挂靠行政单位的单一做法，其推行社会组织作为社区公共服务提供主体的做法，更是推行政社分开和公共服务新模式的一种有益探索。

## 上海居民家庭经济状况评估中心是怎样运行的

2008年6月，广东东莞为低收入群体每人发放1000元补贴一事引起媒体和社会公众的广泛关注。据东莞市民政局负责人7月22日透露，东莞已发放或上报财政的申领人数已达3批16万余人，最后人数可能超过30万人。而最初预计全市发放12.2万人。有消息猜测，其中可能有多报虚报的问题。尽管比起当地每年数百亿元的财政收入，“红包”的支出增加是“毛毛雨”，但还是暴露了一个突出问题：由于缺乏对公民收入的准确统计，类似给低收入群体“发红包”这类好事让基层政府难以操作。而自2006年以来，全国许多城市曝出的“开奔驰坐宝马住经济适用房”现象曾引起社会的广泛争议。这些现象均凸显了建立居民收入核对系统紧迫性。2007年，为配合廉租房政策的实施，上海市着手建立“市民收入核对系统”，有效地清除了廉租房申请过程中的虚报冒领现象。2008年3月，上海民政局决定，今后凡涉及公共福利的政策，都要使用该系统进行收入核对。

近年来，我国先后实行最低生活保障、医疗救助、教育救助、住房保障等各项公共福利制度，其实施中一项基础性的工作，就是掌握居民家庭真实收入情况，以避免虚报瞒报等问题。在这方面，上海市率先在全国建立了居民经济状况调查评估制度及相应的实施机构，有效地保障了社会救助等福利项目公开、公正和透明的实施。

根据2008年6月上海市出台的《居民经济状况调查评估暂行办法（草案)》，政府有关部门在实施最低生活保障、医疗救助、教育救助、住房保障等制度时，均可委托上海市调查评估机构依法对居民个人或家庭的经济状况开展调查、核实、评估以及出具书面报告。

《暂行办法》要求调查评估对象的工作单位及其户籍地或者居住地的居民委员会、村民委员会等相关组织应当协助调查评估机构的工作，同时对政府相关部门的义务也作了具体要求。为了确保评估的公正，《暂行办法》也特别规定，调查评估机构应当采取必要的措施，保证信息系统的安全运行。入户调查、邻里访问时，调查评估机构应当派出至少2名工作人员，并出示相关证件。调查评估机构及其工作人员应当对涉及调查评估对象的隐私和秘密信息进行保密，不得向与调查评估工作无关的单位或个人泄露。调查评估机构的工作人员滥用职权，玩忽职守，徇私舞弊造成严重后果的，根据国家相关规定给予行政处分；构成犯罪将依法追究刑事责任。

上海“市民收入核对系统”2007年已在浦东区和卢湾区先行试点，主要是在部分街道申请廉租房的人群中进行使用。在试点中，廉租申请家庭首先要作出收入申报真实性

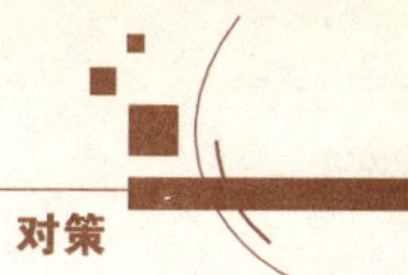



承诺。随后，民政部门将申请家庭的工资性收入、经营性收入、财产性收入、转移性收入和过去收入的节余资产都列入核对内容，并与工商、税务、公积金、劳动保障等部门建立电子信息比对系统。截至2008年3月底，进入该系统的廉租房申请家庭有2024户，核对出差异的有318户，占15.7%。被检出差异的申请人，有一次重新确认、提交补充证明材料的机会；如果不予更改或不作任何答复，其失信行为将被报送上海市征信系统和有关职能部门。

在试点成功经验的基础上，该系统2008年将在上海市城市化地区的160个街道全面铺开对申请廉租房人群的收入核对。同时，2008年还在一两个街道试点对申请低保人群进行收入核对。整个"市民收入核对系统"将通过几年的运作完善，最终覆盖整个需要享受公共福利政策的人群。

为确保"收入核对系统"的正常运作，2007年，上海正式组建从事收入核对工作的专职机构——"居民家庭经济状况评估中心"。它独立于各部门，负有管理、指导全市的家庭收入核对工作，分析和研究家庭收入信息数据等职责。申请材料都要送至该中心进行最终的"收入核对"。上海市各区"居民家庭经济状况评估中心"已陆续成立，如2008年7月21日，录用的30名嘉定区市民收入核对中心工作人员正式上岗。此前，该中心于7月18日在嘉定区民政局进行了首次业务培训。

暂定的调查评估内容包括工薪收入、经营净收入、财产性收入、转移性收入等以及实物资产和货币资产等。可支配收入包括工薪收入、经营净收入、财产性收入、转移性收入等，节余资产包括实物资产和货币资产等。如需了解调查评估对象存款、有价证券、商业保险等情况，调查评估对象应当根据政府相关审批机关的要求，授权并配合调查评估机构的调查。相关的金融、证券、保险等机构应向调查评估机构提供与调查评估对象相关信息。

上海市在廉租房等民生政策的推行过程中探索建立"收入核对系统"及其专职实施机构"居民家庭经济状况评估中心"，为各项社会福利政策的实施提供了更明确、科学的依据，提高了其惠民的"命中率"。不仅能有效地堵住了福利申请中的"漏洞"，也让真正困难的群体实实在在享受到政府政策的"阳光"。不过，该系统虽整合了多方信息，但仍是一个部门主管、以服务于本部门工作为目的，和此前税务部门的纳税信用体系、工商部门企业信用档案等类似。下一步，需要对不同部门居民经济状况调查和个人征信管理进行整合，最终形成包括个人信用档案、个人信用评估等内容的个人征信管理体系，实现有关部门之间的信息共享与合作，节约行政成本和社会资源，提高信息的使用效率。2008年5月，央行征信中心在上海揭牌。据悉，央行个人征信系统已收录6亿人的信用信息。各地在借鉴上海经验的同时，不妨进一步探索将"居民收入核对系统"与个人征信系统衔接，更具操作意义。

## "选"官"用"官的新做法

随州市结合自身实际，趟着"小政府，大社会"的路子，顶住重重压力，以几乎不近人情、不讲情面的铁腕控制着机构及人员编制达8年之久，机构设置亦始终没有走上精简再膨胀的老路，在中央明确提出“大部制”改革之际，随州的先锋试验无疑具有重要的借鉴意义。而在不断推进干部选拔制度改革，是南京市委市政府十几年来一以贯之的良好传统。各层次的公推公选，不仅使很多优秀的干部走上更高领导岗位，也屡次为各地提供了干部选拔制度改革的成功范例。电视竞职辩论会这一新的突破，表明公推公选引入媒体的力量正在成为一种趋势。

## 随州市政府的身材何以这么“苗条”

十七届二中全会强调，深化行政管理体制改革是发展社会主义市场经济和发展社会主义民主政治的必然要求，是政治体制改革的重要内容。全会通过的《关于深化行政管理体制改革的意见》和《国务院机构改革方案》，贯彻党的十七大关于加快行政管理体制改革、建设服务型政府的要求，着眼于推动科学发展、保障和改善民生，在加大机构整合力度、探索职能有机统一的大部门体制等方面迈出重要步伐。分析人士认为，此次同时制定《关于深化行政管理体制改革的意见》与《国务院机构改革方案》，反映了分步实施的战略。前者反映了行政管理体制必须要有长期目标和总体规划，以明确改革的路径与方向。后者说明一个时期有一个时期的改革重点，一个阶段有一个阶段的改革任务。以“大部制”为先导，中国政府将展开第六次机构改革。舆论认为，在向“公共行政”轨道迈进的方向上，中国的政府机构正在开启全新的权力运行模式。

随着全国“两会”的召开，以“大部制”为核心的政府行政体制改革迎来了总动员的时刻。而此时，湖北省随州市已经实验类似改革达7年之久。近年来，随州市趟着“小政府，大社会”的路子，严格控制编制，合并机构设置。行政编制比地级市前精减400余人，财政供养系数低于全省平均水平。随州当年改革多少有些懵懂，也并没有明确提出“大部制”这个概念。随着国务院“大部制”改革钟声的敲响，随州的先锋试验“闯”入人们的视野。专家认为，随州市的探索，为“大部制”改革提供了一个范本。

2000年6月25日，随州从县级市升格为地级市，机构改革也在酝酿。机构改革的正式方案在上报之前，就征求过湖北省有关部门的意见，改革方案获得了肯定。此后不久，《随州市直党政群机构设置及人员编制方案》出台，并在得到湖北省委、省政府的批准后，于当年11月初实施。该方案主要强调了用三大原则“合并同类项”：职能基本相近的单位能合并的尽量合并设置；职能衔接较紧的单位采取挂牌设置；职能交叉的单位能不单设的尽可能不单设。内设机构设置时，也不搞“上下对口”，而是综合设置科室，统一确定机关人事、财务，原来配备的文印员等工勤岗位全由机关干部兼任，财务全部集中到市财会核算中心管理，工作由各单位办公室负责承担；科室领导职数统一定为一科（室）一职，绝大多数单位纪检、工会和机关党委（党组）也没有配专职干部。全市七成多科室仅设一人，自己管自己。“局长当科长用，科长当科员用，女人当男人用。”这虽是当时一些干部的戏言，却也是事实。

此外，事业单位的数量还受到严格控制。同级市一般有300多个事业单位，随州只有120个。随州市农业局下设的农林技术推广中心，是市里挂牌最多的单位，同时加挂市农药监督管理站、市土壤肥料工作站、市植物检疫站、市植物保护站、市农业生态环境保护站、市种子管理站、市农业科学研究所等7个牌子。而这8个牌子一套人马的单位只有12个编制，实际到岗9人。

随州的人员编制近乎苛刻。改革后，随州市本级只有行政编制860个，与其他地区相比，几乎少了近三分之一，并且还留下20%的编制空缺，用来逐年招考公务员和接收军转干部；整个市的编制总量不但没有增加，反而比建市前减少了400多名。7年来，随州编制的口子从没开过。

针对机构编制出现反弹苗头，2005年6月，随州市委、市政府印发《关于进一步加强全市机构编制管理工作的通知》。通知强调，建立机构编制刚性约束机制。一是实行编制使用审批制度。行政、事业单位使用编制前应先向机构编制部门提出使用编制申请，经主管机构编制工作的领导审批后才能办理相关手续。

二是实行编制实名制和卡片管理制度。行政机关、事业单位都要定编定岗到人头，建立人员编制台账，一人一卡，实行卡片管理。人员异动时，要及时办理卡片异动手续。

三是建立机构编制与财政预算相互配套的约束机制。机构编制是各级财政部门拟定财政预算和核拨经费的主要依据，机构编制与财政部门要做到“三统一”，即纳入财政拨款的间接与机构编制部门审批的机构及确定的经费形式相统一，纳入财政拨款的人数与机构编制部门审定的数量相统一，纳入财政拨款的人员与机构编制部门建立的人员编制卡片相统一。

四是建立机构编制工作责任追究制度。区、市党政一把手和市直部门主要负责人是机构编制管理第一责任人。对于擅自设置机构、增加编制、超编进人、超职数配备干部等违纪违规行为，要严肃查处。

**随州市部分机构整合图**

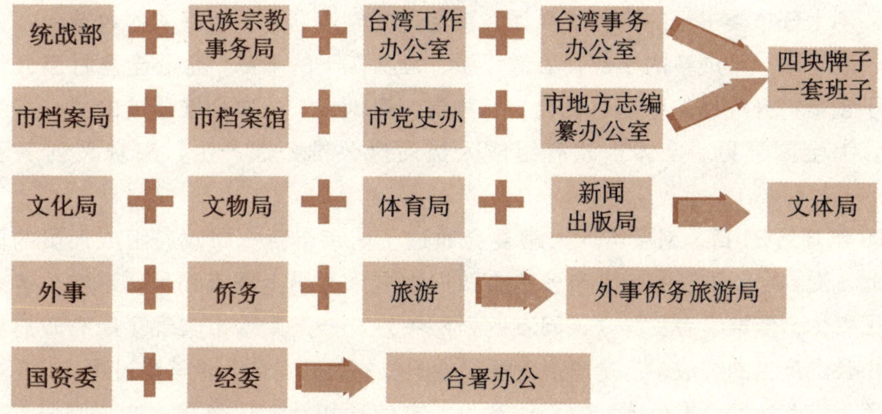

改革并非一帆风顺。其中"对口"是最大的问题。本级机构虽然合并，但上面的"婆婆"并未减少。近年来，随州市虽然人员编制没有反弹，但机构却出现了反弹。现在，随州市级机构由最初的55个上升到64个。即使这样，相比兄弟市，随州还是要少10个左右的机构。可见，在现行的行政管理体制下，基层的改革还是逆水行舟。最大的阻力来自"上面"。

这些年，其他一些地方也曾进行过大部门制改革，但大多逃不脱人走政息的命运，走进瘦身再膨胀的怪圈。随州模式的价值就在于它顶住压力，坚持了7年多。数据显示，该市市级机关编制比一般地级市少将近1/5，全市财政供养系数连续6年负增长。不仅如此，正如随州市委书记马清明所指出的，现在看来，大部门制节约几个钱还是小事，关键是减少了扯皮，办事效率提高了，政令更通畅了。这，恐怕才是大部门制真正的意义所在。不过，随州的改革尽管具有大部门制的特点，但还没有反映大部门制的实质，即十七大提到的权力相互制约相互协调的问题。从此意义上讲，随州大部门制改革任重道远。但无论如何，正如学者所言，随州的先锋试验对探索"大部制"改革提供了重要借鉴，那就是只要下决心，机构是可以整合的。除随州市外，成都、富阳等城市也先后进行了"大部制"探索，期待更多的地方政府积极行动起来，为"大部制"改革在全国的推行提供更多可资借鉴的经验和做法。

## 南京电视直播"选"官过程

"公选"是近年在党政干部选拔上的一大亮点，各地探索出了"公推公选"、"公推直选"、"公推差选"、"差额直选"等多种形式。其中南京市从1995年首次进行公开选拔，到2003年首次公选区长，再到公选部分市级领导干部，选拔的职位范围不断拓展，职务层次不断提高。2008年2月，南京市新一任市政府领导选举产生后，南京市委决定采用公推公选方式产生市政府47名组成人员。2月24日，南京市委出台了《关于开展南京市2008年公推公选市政府组成人员人选工作的意见》，在2月26日召开全市领导干部会议上，刚上任市委书记的朱善璐强调，要用好的制度选人，用好的作风选人，让一切想干事、能干事、干成事的干部，公道正派、埋头实干的干部，全心全意甘当公仆的干部，勇于创新打开局面的干部有机会、有舞台、有地位。此次公推公选的"一把手"岗位之多，为全国罕见；全体市政府组成人员通过公推公选产生，南京又创下了国内第一。

2008年3月31日，南京市人大常委会通过了南京市新一届政府组成人员的任命决定。至此，受到全国关注的南京市公选市政府组成人员画上圆满句号。这次公选之所以受到全国媒体、专家学者及群众、网友的强烈关注，一是南京市实现了所有政府组成人员全部由公选产生的突破，二是电视直播部分职位的公开竞选演讲答辩过程。

按照南京此次"公推公选"的工作意见，市劳动和社会保障局、市药监局、市旅游局和市级机关管理局4个局长职位的人选在民主推荐后，需要参加一场电视和网络视频直播的演讲答辩。每个职位都有 4 名竞争者，16 名人选将面对电视镜头每人发表 5 分钟的竞选演说，并用 5 分钟时间回答直播现场各界人士提出的问题。所有与会的 200 名各界代表既是考官，可以向各位人选提问；又是评委，演讲答辩会后填写测评表，对各位人选排出名次。实行末位淘汰后，进入下一评选阶段。

电视答辩虽然是“公推公选”过程的一部分，却是此次干部选拔过程中最大的亮点，使南京的“公推公选”具备了开创性意义。

南京市新一届市政府组成人员公选程序

| 公选阶段 | 操作方法 |
| --- | --- |
| 首次民主推荐（2 月下旬） | 全市正局职以上干部、曾担任过市级领导职务的老同志、出席党的十七大和省党代会的代表等 300 余人，对现任市政府组成人员进行了民主测评，对新一届市政府组成人员人选进行了全额定向推荐。 |
| 组织考察（3 月中旬） | 市委组织人员从思想作风，综合素质，领导科学发展、构建和谐社会的能力，群众公认程度等方面进行考察。 |
| 竞职演讲答辩（3 月 27 日） | 选人公开进行现场答辩，全程直播。南京市四大班子领导和南京市部分党的十七大代表、全国人大代表、江苏省委组织部等部门有关人员及干部群众各界代表约 240 人参加。市公证处现场监督。每位候选人前 5 分钟演讲，阐述自己的竞争优势、履职设想等，后 5 分钟回答参会代表提问。 |
| 二次民主推荐（3 月 28 日） | 在市委常委会上经过差额票决完成三进二。再由市委全委会差额票决，选出每个岗位的唯一候选人，提交南京市人大常委会任命。 |

南京直播干部竞选过程受到全国媒体的热烈关注。包括人民日报、中央人民广播电台等多家媒体展开新闻“大战”，多家电视台、国内著名网站均进行了 4 小时的直播，全国各地观看视频直播的网民达 20 余万人次。网友们还纷纷就自己关心的问题发表了看法。

代表们现场提出的问题可谓都是“重量级”的，均关系到拟任职位的执政核心，表现出了对竞选者的期望。

近年来，一些地方实行公开选人用人，相对过去的“密室敲定”，已经是一个进步。但这些公选，还多在会议室里进行，“裁判”不外乎上级领导和纪检、组织人事部门领导等，人民群众还是被排除在外。如何让人事过程公开在阳光下，让公众看到一些细节，南京再次做出了成功的尝试。官员候选人上电视公开 PK、竞争上岗，使选拔官员更加民主、公开。显然，这是落实群众知情权、监督权和当家做主权利的有益尝试。同时，南京市将干部公推公选的范围，从以往个别或少数干部职位扩大到新一届政府的全部组成人员，其力度之大全国罕见。这表明，南京市委正进一步解放思想，扩大选人用人的视野，让更多符合条件的人有机会展示才华，积极参与到干部人事制度改革中来。专家指出，在干部选拔任用时要给更多基层党员以发言权、监督权，可以采取灵活多样的“广而告之”的形式。同时人们也期望，此类改革的步伐还可以更大一些，民主竞选的程度还可以更高一些。

## 绩效评估的新体系

大连市于全国副省级城市中第一个在政府机关全面推进导入 ISO 9000 质量管理体系，为全面提升政府效能、建设服务型政府提供了制度保障，是该市在行政管理体制和机制上的大手笔创新变革，更是落实中央关于“加强自身建设，推进政府管理创新”要求的重要举措。

青岛市在总结多年机关建设经验的基础上，率先在党政机关将平衡计分卡这一符合科学发展观要求的最前沿的战略管理技术运用于高绩效机关创建工作中，通过具体而明确战略部署，创新了机关绩效管理方式，提高了城市核心竞争力，具有典型意义和推广价值。

“法治余杭”量化评估体系的出台，不仅具有科学性、指导性、前瞻性和参与性，还具有实证性、实践性、独创性和普适性，将法治从一个宏大的理论主题切换到鲜活的实践中去，搭建起保障促进经济、社会又好又快发展的制度平台，是推动和发展社会主义民主法治建设的有益探索。

### 大连整体导入 ISO 推进政府管理创新

ISO 9000 系列标准是在总结世界各国质量管理经验的基础上产生的关于质量管理的国际标准，该系列标准自 1987 年发布以来，引起全球性推广风暴。近年来，随着政府部门创新管理意识的提高，我国地方政府通过 ISO 质量管理体系认证的热情日渐高涨。早在 2003 年 9 月，广东省珠海市金湾区政府 18 个职能局通过认证，成为全国首家整体通过 ISO 9000 认证的县区级政府。2003 年 10 月以来，江门市委、市政府 51 个直属局（办/委）分两批全部通过认证，成为我国第一个通过 ISO 9000 认证的地级市政府。据不完全统计，我国各类通过 ISO 质量认证的行政部门已达千余家，从公检法、技监、税务、卫生、体育、水利、海关到最基层的街道办事处、乡镇政府，几乎涵盖了所有的职能部门。有专家表示，政府部门纷纷进行 ISO 9000 质量管理体系认证，顺应了政府管理规范化、科学化的发展趋势，顺应了建设服务型政府的时代要求。

2007 年 12 月 1 日，大连市政府召开导入 ISO 9000 质量管理体系试点工作总结会。市长夏德仁要求，在 2007 年市政府 10 个部门试点的基础上，2008 年年初，市政府各个部门要全面开始导入 ISO 9000 质量管理体系工作。通过引入这项先进的管理体系，全面推进政府的管理创新，实现管理高效化、运行规范化和服务标准化，进一步提升政府的行政效能和服务水平。据悉，全国副省级城市中，大连市是第一个在政府工作中全面导入 ISO 9000 质量管理体系工作的城市。

2007 年是大连市的“行政效能年”，其中一项重要举措就是在 10 个部门首批试点

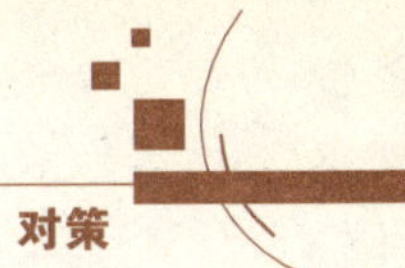



导入 ISO 9000 质量管理体系。此前，大连市的开发区、高新园区、沙河口区、甘井子区等已率先通过该体系认证。2006 年 6 月起，大连市开始在国内多个城市就此进行前期调研，并形成调研报告。之后，2007 年年初，在大连市“两会”上，夏德仁市长首次提出在市级政府部门导入该体系。2007 年 4 月 10 日，大连市政府组织召开了导入 ISO 9000质量管理体系试点工作动员会。根据实际情况，大连市先行选择了包括政府办公厅、中小企业局、规划局、信息产业局、水务局、卫生局、地税局、质监局、环保局、工商局 10 个部门为首批试点单位。大连市政府秘书长徐国臣在动员大会上指出，政府导入 ISO 质量管理体系，不是要用 ISO 9000 的语言规范工作，而是要用 ISO 9000 的方法和理念规范工作，实现政府管理高效化、运行规范化、服务标准化。在 2007 年 6 月 14 日举行的大连市政府导入 ISO 9000 质量管理体系情况汇报会上，夏德仁明确指出，市政府各试点部门要通过导入 ISO 9000 质量管理体系，从制度建设入手，进一步提高行政效能，更好地为群众服务，最大限度满足社会与公众需求。要通过推行 ISO 9000 质量管理体系，树立起以服务质量兴市的品牌，提高大连诚信度和知名度，使城市竞争力得到更大提升。

按照市政府的工作安排和部署，10 个试点单位相继展开学习培训、文件编定、试运行等工作。截至 2007 年 11 月 15 日，各个试点单位全部通过了 ISO 9000 质量管理体系审核认证。这 10 个试点单位期间分别编写了质量手册，编写了 205 个程序文件，建立了 545 个相关规章制度。各试点单位将工作要求、对象（顾客）、人员职责和开展工作的方法及资源等内容以文件形式表述出来，并按照量化目标和过程方法的要求，科学设计工作流程，形成了环环相扣的流程图。在这一流程中，行政内容和程序都已明确地界定，工作中的“越位”和“失位”、“不作为”和“乱作为”得以有效避免。ISO 9000 质量管理体系还能对工作质量实行“事前预防”、“过程控制”。建立和运行 ISO 9000 质量管理体系，使管理和服务过程的每个环节始终处于受控状态，避免差错进入下一个工作环节，从而保证了政府部门管理和服务质量。

导入 ISO 9000 质量管理体系后，大连市政府机关的群众满意度显著提高。作为试点的大连市工商局仅 2007 年第三季度就受理各类问题近 2.4 万件，为消费者挽回经济损失 170 万元，比 2006 年同期提高了 75.5%，市民满意率达到 98.2%。市中小企业局则将原来的 70 个岗位流程压缩到 61 个，实现了扁平化管理。市水务局对工作流程进行再造，将过去要通过 6 个环节、10 天的审批时限减少到现在的 1 个环节、5 天的审批时限。

大连市 2007 年 12 月 1 日召开的试点工作总结会认为，2008 年在市政府机关全面推进导入 ISO 9000 质量管理体系时机已经成熟，2008 年 2 月底将在政府所有部门内部导入 ISO 9000 体系认证。夏德仁强调，在政府工作中导入 ISO 9000 质量管理体系，是市政府行政效能建设的一个重要内容，通过这个体系的导入，为全面提升政府效能、建设服务型政府提供制度保障。

夏德仁指出，要提升政府行政效能，就得善于吸收世界上先进的管理思想，建设一个有效的管理制度。世界上不少发达城市的成功管理经验表明，ISO 标准体系是一个优秀的管理体系，导入这个管理体系能使我们复杂的工作流程变得简单，工作起来有条不紊，节省大量工作时间，取得更好的工作效果。它还能促进广大公务员提高思想素质和工作素质。为此，一定要重视 ISO 9000 质量管理体系的导入，特别是各部门的一把手要高度重视，把这项工作纳入到政府考核系列之中。各部门要确保 ISO 9000 质量管理体系的导入与实际工作的有效结合，把导入工作的重点放在对原有管理方式的评估和诊断、服务对象的准确界定、主要服务过程的确认上，着力解决职权目标不明确、管理层次不清楚、运作流程不顺等问题，创造性地推进 ISO 9000 质量体系认证工作。要把 ISO 9000 质量管理体系的导入作为全面学习现代管理知识的一个好机会，使更多的人能够按照科学的管理方法进行工作，实现工作流程合理、工作程序简化、管理体系完善，从而全面提升政府工作的行政效能。

**大连市政府机关导入 ISO 9000 质量管理体系三个目标**

| 目标 | 具体内容 |
| --- | --- |
| 管理高效化（按照体系要求对政府行为进行定位和梳理） | 首先是解决好工作定位，要遵循 ISO 9000 质量管理体系“以顾客为关注焦点”、“互利互惠”和“管理的系统方法”的原则，真正坚持以人为本，做到不“越位”、不“错位”、不“缺位”，使政府职能转换到宏观调控、市场监管、社会管理和公共服务上来。其次是解决好科学决策，要遵循“基于事实的决策方法”原则，推进政府管理决策方法的根本转变，决策思维的根本转变，决策过程的根本转变和决策结果的根本转变 |
| 运行规范化（按照体系要求对政府行为进行约束和限定） | 首先是流程再造，要遵循 ISO 9000 质量管理体系“过程方法”的原则，将行政活动作为过程进行管理，对行政活动实施进行控制，确保结果符合要求，最终提高政府服务社会公众的质量。其次是职责界定，要遵循“领导作用”和“全员参与”原则，使行政行为成为一个环环相扣的生产流程，做到“凡事有人负责，凡事有章可循，凡事有据可查，凡事有人监督，凡事都有结果” |
| 服务标准化（按照体系要求对政府行为进行量化和考核） | 首先要有可量化和可操作的配套制度。政府导入 ISO 9000 质量管理体系，要特别注意不与现行党和国家的有关法规条文相冲突，实现与现行有效管理制度的合理对接。其次要有较强的监督考核机制。遵循“持续改进”的原则，按照策划、实施、检查、处置的 PDCA 模式要求，不断强化部门绩效考核，最大限度地减少、消除、预防各种行政行为的质量缺陷，逐步形成不断改进、与时俱进的工作监督机制，使管理承诺落实到标准化管理中 |

近年来，随着政府部门创新管理意识的提高，我国地方政府通过 ISO 质量管理体系认证已成潮流。有关行政学专家认为，政府机关引入 ISO，是建立一种符合国际规范的管理和监督体系的有效举措。事实上，在国外政府机构中，通过实施 ISO 9000 国际标准，提高政府效能、改进服务质量的例子并不鲜见。大连市政府在 2007 年先行试点取得初步成效的基础上，决定从 2008 年初开始，在市政府机关全面推进导入 ISO 9000 质量管

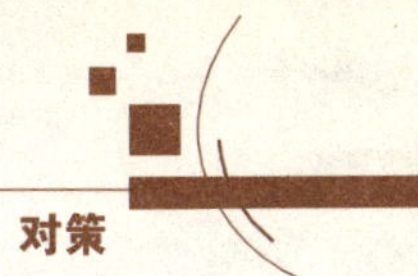



理体系，开国内副省级城市先河。此举无疑有利于促进政府机关工作规范化，使行政管理、行政执法更加有效，对于促进服务型政府建设，提高行政效能有重大意义。有关公共（政府）管理专家表示，政府在发展中可以借鉴ISO质量标准中先进的管理理念，但不能照搬。如果取其精华，和政府的现代管理体制相结合，并形成一种新的模式，将会更有利于政府科学民主高效决策，有利于公务员更好地履职，并推动政府管理体制的改革。

## 机关绩效管理创新的青岛“平衡记分卡”

平衡记分卡（BSC）是目前国际管理科学界公认的最先进、最有效的管理工具。2005年，作为青岛市“创建高绩效机关、做人民满意公务员”工作的重要组成部分，青岛市委市直机关工委在国内党政机关率先推行平衡记分卡方法。特别是2007年以来，市直机关工委开发完善了平衡记分卡在线管理平台，优化了各项重点工作业务流程，实现在线管理，突出业绩导向，降低行政成本。这一做法引起国内外专家、领导的广泛关注与肯定，得到平衡记分卡创始人、美国哈佛大学商学院教授卡普兰博士、中组部有关领导的高度评价，中央直属机关工委、国家机关工委评价为新时期加强机关建设的典范。中央党校、国家行政学院、中国社科院、清华大学将此作为教学与研究案例，2007年7月21日，在全球平衡记分卡协会中国唯一分支机构（博意门公司）组织的“中国战略执行明星组织奖”评选中，青岛市委市直机关工委成为唯一获奖的党政机关。

在总结多年机关建设经验的基础上，2006年初，青岛市委、市政府研究制定了《关于深入开展“创建高绩效机关，做人民满意公务员”工作的意见》，明确要求在机关引入和实施平衡记分卡管理。

青岛市直机关工委运用实施平衡记分卡的过程是一个艰难的探索过程。财务、顾客、业务流程和学习与成长是平衡记分卡最核心的四个维度。一开始青岛机关工委是按照这四个维度进行设置的，但是操作中很快发现了问题。因为企业的工作成果、业绩、产品优劣、工作努力情况都是从财务维度上体现的，但是机关的工作成果却不能在财务中体现。于是他们将原来的维度进行调整创新，确定为“服务对象、工作业绩、业务流程、学习与创新”。用工作业绩取代财务维度，集中反映机关的工作效果。按照新维度，在工委、处室、个人三个层次分别制定平衡记分卡，确保每个处室、个人的工作都与工委的战略目标一致，保证最终实现“率先创建高绩效机关”的战略目标。

解决了四个维度的问题之后，随之而来的问题是，机关工委的很多工作定性多、定量少，难以设置量化指标，指标设定后基准数值更难以确定。为此，在关键绩效指标设置方面，工委动了许多脑筋。客户服务维度，对外部的满意度测定每年一次，内部的满意度测评每季度一次。工作绩效维度，许多的指标评估都由处室负责人和分管领导进行打分。对部室中无法设定量化指标的工作，则采取诸如在全国、省市取得的名次、获得的表彰等指标进行定性考核。为加强对工作过程的管理，建立了工委月例会、处室周例会、全体人员每天记个人工作日志等制度，并将月例会纪要、处室周例会纪要等全部通过计算机局域网进行公开，既可以掌握整体工作情况，又增强了工作透明度，还便于上级督查和相互监督。

2006年6月开始，工委机关与北京恳创科技有限公司合作，开发在线平衡记分卡管理系统——高绩效管理平台，对战略执行情况全部实现动态化管理。从而使工委机关所有的日常管理、公文流转、年终考核、战略重点进展、个人工作日志、处室周例会纪要、工委月例会纪要等全部通过计算机局域网进行公开。提高了工作效率，降低了行政成本，开辟了党政机关加强绩效管理的新模式。

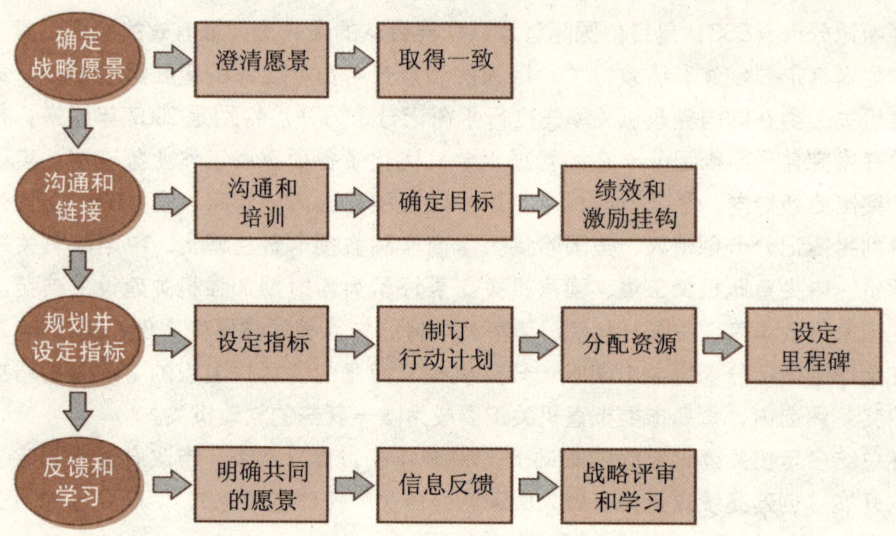


引入平衡记分卡之后，青岛市直机关工委的工作发生了显著变化。从内部管理上来看，变化体现在三个方面：一是在工作安排上目标更明确，各项工作都围绕战略目标来安排，凡是与目标背离或无关的工作，一律不再费时费力去做；二是工作管理更轻松，10余项重点工作按照平衡记分卡要求都设置流程图，每个环节都有具体人员负责，并设置具体数量指标进行衡量，减少了管理的工作量；三是工委人员的节俭意识逐步增强，行政成本逐渐下降，其中车辆费用年均下降6%。从外部评价来看，运用平衡记分卡之后，服务对象满意度显著提高。2006年度，在市直机关社会评议中，对工委满意度由2004年的84.5%提高到94.8%，位居全市机关第一名。2006年，全市受理投诉同比下降15.8%。

平衡记分卡是由哈佛商学院教授罗伯特·卡普兰和复兴方案公司总裁戴维·诺顿于20世纪90年代在对美国12家优秀企业为期一年研究后创建的一套企业业绩评价体系，后来在实践中扩展为一种战略管理工具。在10多年的时间里，平衡记分卡在理论方面有了极大的发展，在实践领域也得到了越来越多的公司的认可。目前，平衡记分卡是世界上最流行的一种管理工具之一，根据美国GartnerGroup的调查，在《财富》杂志公布的世界前1000位公司中，有75%用了平衡记分卡系统。目前，美国、日本、韩国公共部门也开始引入平衡记分卡管理技术。

在管理科学界，“平衡记分卡”一直被称为最先进、最有效的管理工具，但对于中国人来说还很陌生，不仅在中国企业界鲜有成功范例，在党政机关中更是鲜有运用成熟的案例。青岛市在总结前几年机关建设经验的基础上，在国内党政机关率先将这一最前沿的战略管理技术运用于高绩效机关创建工作中，通过具体而明确的战略部署，创新了机关绩效管理方式，提高了城市核心竞争力，很有典型意义和推广价值。有关专家认为，平衡记分卡的原理符合科学发展观和构建和谐社会的要求，是当前最先进的管理工具，如果应用成功，将使我国机关建设发生跨时代变化。而就在青岛市直机关工委将平衡记分卡引入政务获得了阶段性成果的时候，中组部也开始在黑龙江海林市建立试点，这一名为《中国领导人才绩效评估体系研究》项目实施的目的，就是将“平衡记分卡体系”运用于党政机关。可以说，青岛市创出的“平衡记分卡”政府机关绩效管理新模式，将会得到越来越广泛的运用。

**青岛市创建高绩效机关平衡记分卡四个维度**

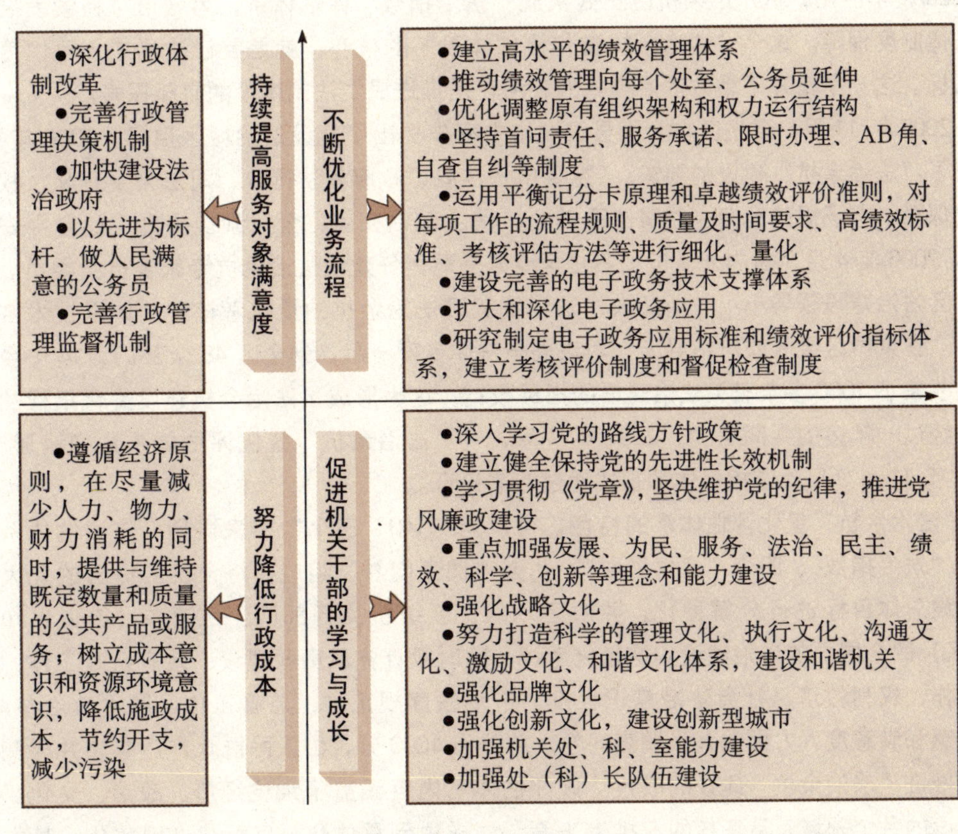

## 法治余杭“149”评估体系开先河

近年来法治理念已深入人心。但是，如何在总体上确定一种可以量化的方法来判断一个国家或地区的法治程度，无论是理论界还是实务界，都尚待探索。尝试给法治找把“尺子”，正在成为我国一些地方进行法治建设探索的新焦点。2007 年 11 月，在全国副省级城市政府法制工作座谈会上，深圳市法制办公布了《深圳市建设法治政府总指标体系》的建议稿，提出法治政府的量化指标和细化要求，以此来评价和推动深圳建设法治政府的目标。在江苏省，虽然没有明确称为“法治指标”体系，但 2004 年开始的“法治江苏”创建活动中，已经建立起了“法治江苏合格县（市、区）”的考核内容及评分标准，实际上也就是将法治建设的若干要素予以量化。许多专家建议应当在现行的经济指标、社会指标、人文指标和环境指标等基础之上再增加一个法治指标，这样，各级政府和官员就不会唯经济指标马首是瞻，推行法治就能够成为各级官员的理性选择。

2008 年伊始，杭州市余杭区正式实施“法治指数”评估体系，为城市可持续发展营造法律制度保障。这个“法治余杭量化评估体系”的核心，就是要让法治成为可以度量的指标。这一举措开了地方法治模式的先河，是推进民主法制建设的崭新探索。

2005 年 11 月，余杭区在全国县级城市中率先提出了建设法治城区目标。2006 年初，明确了“法治余杭”建设的要求：“党委依法执政、政府依法行政、司法公平正义、权利依法保障、市场规范有序、监督体系健全、民主政治完善、全民素质提升、社会平安和谐”。2006 年 4 月，省内外 9 位知名法学专家受聘担任建设法治余杭专家委员会委员。10 月，区法治建设领导小组与浙江大学法学院签订法治余杭的量化考核评估体系技术咨询协议。在余杭区委区政府指导下，司法局与法律专家一起，到全区 48 个部门、14 个乡镇街道收集了 1000 多条有关法治建设的指标数据，这也形成了法治余杭建设量化指标的基础。经过一年多的共同努力，2007 年 7 月，《“法治余杭”量化评估体系》初稿形成。2007 年 11 月 9 日，该指标体系正式通过专家论证。

“法治余杭”量化评估体系的特色，可以用“149”三个数字来概括。该评估体系由一个“法治指数”、四个“评估层面”、九张“调查问卷”组成，将余杭区提出的九大法治建设总体目标进行分解量化，并对区本级、区级机关各部门、各镇乡（街道）和村（社区）四个层面的法治建设实施量化考评，同时设计党风廉政建设、政府行政工作、司法工作、权利救济、社会法治意识程度、市场秩序规范性、监督工作、民主政治参与、安全感和满意度九方面的九张调查问卷，总分为 1000 分，由人民群众广泛参与并检测各方面推进“法治余杭”建设的成效。该评估体系内容涵盖了余杭经济、政治、文化、社会建设的各个领域，从考核的安排上来看，力求做到具体化、目标化、现实化，基本构建了一个横向到边、纵向到底的指标体系，具有较强的科学性、实践性、指导性和鲜明的余杭特色。

| 余杭法治建设量化考核评估体系摘要 | | |
|---|---|---|
| 类别 | 具体内容 | 标准分 |
| 行政机关 | 无行政复议案件撤销、变更和行政诉讼败诉的案件，每变更一件扣1分，败诉一件扣2分 | 20分 |
| 法院 | 案件执结率达90%以上，有效执结率达65%以上，执行标的额到位率达95%以上。每少一个百分点各扣1分 | 15分 |
| 司法局 | 困难、弱势群体法律援助、司法救助率达100%。每下降一个百分点扣2分 | 10分 |
| 劳动保障 | 劳动合同签订率达到90%，每下降1个百分点扣1分 | 10分 |
| 教育 | 发现教育乱收费和违规办学被查处的，每例扣2分 | 20分 |
| 环境保护 | 因监管不力发生重大环境污染事件的，每例扣1分；事件处理不及时造成严重后果的，每例扣2分 | 10分 |
| 工商 | 对发生虚假违法广告案件不及时组织依法查处的，每起扣2分 | 10分 |

在余杭法治指数的孕育制定过程中，依法行政、司法公正和民主民生是贯穿始终的三大着力点。法治指数设定多项评估指标，将政府行为纳入法治轨道。行政部门工作人员无重大违法违纪、失职、渎职的案件。发生一起扣2分，造成特大负面影响的每起扣5分。法治指数对于公安、检察和法院同样有明确规定。民主和民生问题，更是余杭的法治指数锁定的重点。考核中，对村民代表大会每年召开两次、必须有2/3以上村民代表参加、每年对村两委干部进行一次民主测评的规定，填补了以往农村基层民主考核的空白。干部选拔任用的规范程度、政府各部门对群众投诉案件的办结率、社会安全感等这些群众十分关注的问题，都成为计算指数的依据，如“政府各部门对群众投诉案件办结率达到100%，每少一个百分点扣2分”。

法治指数涉及社会事务各个方面，除了经济，还有政治、文化、公共事业等各个领域的有序运转，最终达到依法治理的目标。法治余杭指数成为余杭经济社会发展的“晴雨表”。课题组组长、中国社科院法学所研究员钱弘道表示，这项评估体系不仅可以衡量法治建设的进度，而且可以发现和防止倒退情况的发生，具有引导功能、评价功能、预测功能。可以作为一个蓝本，为其他地区所吸收所借鉴。

下一步，余杭区的法治建设将紧紧围绕“完善考核年”和“典型培育年”的工作思路，结合浙江省《创建“法治市、县（市、区）”工作先进单位活动考评细则》及“法治余杭”量化评估体系论证会各位专家及领导提出的意见和建议，在四个方面下工夫。一是加强组织领导，在统一思想认识上下工夫。二是健全工作机制，在谋求合力上下工夫。三是突出重点工作，在抓好落实上下工夫。四是加大宣传力度，在营造氛围上下工夫。同时，继续充分发挥智囊团的作用，努力使余杭成为全国法治建设的一块“试验田”。

| 近年来各地"量化"法治探索一览 | | | |
|---|---|---|---|
| 深圳市建设法治政府总指标体系十个方面（建议稿） | 制度建设法治化 | 机构职责与编制法治化 | 行政决策法治化 |
| | 行政审批法治化 | 行政处罚法治化 | 行政服务及信息公开法治化 |
| | 行政监督法治化 | 行政救济法治化 | 行政责任法治化 |
| | 财政管理法治化 | | |
| "法治江苏合格县（市、区）"创建活动考核内容及评分标准 | 依法执政 | 3个方面 | 10分 |
| | 依法行政 | 11个方面 | 35分 |
| | 公正司法 | 10个方面 | 30分 |
| | 学法守法 | 7个方面 | 12分 |
| | 依法管理 | 4个方面 | 8分 |
| | 组织保障 | 2个方面 | 5分 |
| 北京市法制宣传教育评估指标体系 | 一级指标 | 二级指标 | 指标权重 |
| | 工作内容 | 重点对象、宣传形式和载体、依法治理 | 50% |
| | 工作保障 | 组织领导、队伍建设、经费、设备、档案、监督检查、理论研究 | 25% |
| | 工作成效 | 法律素质、社会评价、荣誉称号和奖励 | 25% |

法治不仅仅是一种提法、一种口号，更是一种具象的治理实践，一种鲜活的生活事实。"量化"法治无疑将使容易虚化的法治建设变成看得见摸得着的现实。"法治量化"因其科学性正被越来越多的国家和地区采用。余杭区率先展开"法治量化"探索，通过科学的规范设计，将法治指数和民生指数紧密相连，让法治成为常态治理方式和生活方式，是推动和发展社会主义民主法治建设的有益探索。2007年11月，中国政法大学教授马怀德在"县域法治化"高层论坛上首次提出"法治GDP"概念。马怀德认为，在中国这样一个主要依靠行政主导的发展中国家，推行法治与发展经济一样，需要来自政府方面的强大动力。包括法治指标在内的较为全面的政绩考核标准恰恰能够提供这样的动力。从这个意义上说，"法治余杭"量化评估体系无疑将有力地促使各级政府和官员树立起全新的政绩观，使法治的推行由被动转为主动。作为"法治量化"的一个蓝本，余杭区的实践值得期待。

# 治策

REPORT ON CHINA’S NATIONAL POLICIES

中国国策报告

# 农村综改全面推进

## 引入科学管理体系

近年来，在政府管理中推广应用国际标准化管理体系，是地方政府推进科学执政的一大举措。如珠海市金湾区、成都市金牛区、青岛市城阳区、南宁市政府、北京市海淀区等相继导入 ISO 9001 质量管理体系认证，规范政府行政流程。成都市金牛区还在 2004 年和 2005 年分别通过 ISO 14001 环境管理体系认证和 OHSAS18001 职业健康安全管理体系，成为全国首家通过“三标”认证的区（市）县级政府。

2007 年 11 月，由方圆标志认证集团公司组织的全国政府机关认证工作研讨会在成都市金牛区召开。据悉，从 2004 年开始，金牛区在政府管理中先后导入 ISO 14001、ISO 9001、OHSAS18001 三大认证体系，引起了全体参会者的高度关注。这次会议之后，不少地方政府机构纷纷到金牛区取经学习。三年来，金牛区政府通过建立以服务于公众为核心的管理文化，编写了符合国家质量管理标准的管理文件，制定了系统而清晰的工作流程标准以及构筑可持续改进的管理机制，并运用 PDCA（P 策划、D 实施、C 检查、A 改进）循环模式实施过程管理，有力地提升了金牛区的国内国际知名度，改善了招商引资环境，推动了区域社会经济的全面发展。

### ISO 9001 质量管理体系：优化政府服务是最大亮点

推行 ISO 9001 质量管理体系，是政府强化自身内部规范化管理的体现。在贯标过程中，金牛区根据 ISO 9001 质量管理体系要求，建立了一套服务满意度测评分析程序。通过公开电话、信访接待、发放调查表等方式负责向基层企事业单位、广大人民群众收集对区政府部门服务满意度的信息，并对这些信息进行统计、分析，然后向区政府提交

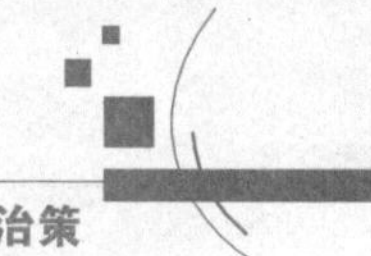


| 金牛区三大认证体系贯标主要内容 | |
|---|---|
| 行动 | 内　　容 |
| 五大服务中心 | 政务服务中心、区行政效能投诉中心、区政府采购中心、区招投标管理中心、区财政集中收付中心 |
| “四学一统一”活动 | 学礼仪、普通话、外语和计算机，统一着正装 |
| 十大主体文件 | 《关于全面推进规范化服务型政府建设的意见》、《全面推进规范化服务型政府建设实施方案》、《重大行政决策事项调研、咨询、公示、听证暂行办法》、《重大行政决策事项咨询专家管理暂行办法》、《国家公务员职位职责说明实施方案》、《规范性文件制定及审查备案规定》、《政府信息公开暂行办法》、《首问责任制若干规定》、《国家公务员年度绩效考核暂行办法》、《职位代理制暂行办法》 |
| 六个认证指南 | 《政府质量手册》、《政府质量程序文件》、《政府职业健康安全手册》、《政府职业健康安全程序文件》、《街道办事处质量分手册》、《街道办事处程序质量文件》 |

| 金牛区 ISO 9001 质量管理体系要点 | |
|---|---|
| 项目 | 内　　容 |
| 服务对象 | 辖区内人民群众、企（事）业单位和上级政府部门以及相关的同级政府部门等 |
| 八大原则 | 以顾客为中心；领导作用；全员参与；过程方法；管理的系统方法；持续改进；基于事实的决策方法；互利的供方关系 |
| 五大目标 | 服务按时办结率＞95%；服务对象满意率＞90%；有效的服务投诉次数≤10 次/年；区人大、区政协议案、提案、批评、建议、意见按时办结率达到 100%；行政执法错案率＜0.2% |

《服务对象满意度调查报告》。区政府对调查结果进行分析、评审，形成政府的《服务对象满意度调查报告》。同时，通过对服务对象满意度的统计分析，督促各单位制定整改计划，按《纠正和预防措施控制程序》的要求进行改进，并对改进结果进行检查。在此过程中，金牛区政务服务中心的建设就是一个最好的例子。2007 年 8 月，该区政务服务中心在开展新办企业办证并联审批和前置许可并联审批基础上，新开了个体工商户开业登记并联审批，按照“一窗受理、抄告相关、并联审批、限时办结”的原则，不需要前置许可的企业和个体工商户开业登记所涉及的卫生、文化、工商、税务等 12 个部门的相关手续都可以在这里一站式办结，受到了广大群众的交口称赞。2007 年，金牛区招商引资捷报频传，伊厦成都商贸城、美国启立、全兴集团和英国帝亚吉欧集团合资项目、中铁八局总部等一批重大产业化项目纷纷花落金牛。

### ISO 14001 环境管理体系：打造宜居宜商环境是最终目标

金牛区按照国际标准建立了 ISO 14001 环境管理体系，并坚持“以人为本，突出污染预防，持续改进”的原则，通过开展一系列措施提前预防污染，持续改善生态环境和人文环境，覆盖了金牛区所有区级部门和街道办以及该区高科技产业园。三年来，ISO 14001环境管理体系在全区50个成员单位中得到了较好的执行，促进了整个区域环境质量的改善，同时促进了各单位树立先进的管理理念。根据区域环境质量监测结果表明，金牛区的地表水环境质量、环境空气质量、环境噪声质量均达到了相应的功能区标准。2006年，该区全年完成各类建设项目环保审批90个，环保“三同时”执行率100%；取缔燃煤设施2000多个；被处罚企业自动关闭39家，取缔各类企业34家；废水减排43.9万吨，COD减排95.8万吨，BOD减排29.3万吨，$SO_2$减排32.98万吨；完成20个小游园、20条林阴道路增绿，完成破墙透绿工程2285.6米。

金牛区 OHSAS18001 管理体系要点

| 项目 | 内　容 |
| --- | --- |
| 安全目标 | 重大伤害、火灾、爆炸事故为零；轻伤事故控制在每年4‰；无重大治安责任案件发生；职工每两年体检一次的覆盖率达100% |
| 文件体系 | 区政府OHSAS18001体系手册、程序文件、相关法律法规、记录、管理制度、应急预案 |
| 涉及单位 | 全区37个政府部门和14个街道办事处以及区总工会共52个单位，涉及职工2000余人 |

### OHSAS18001职业健康安全管理体系：以人为本营造良好工作环境

金牛区推行OHSAS18001职业健康安全管理体系，旨在树立职业健康安全工作的理念，全面规范职业健康安全工作的管理，依法保障职业健康安全工作的权利，并不断改进职业健康安全工作的环境，建设一个以人为本、以客为尊、健康安全的良好政府工作环境。纳入金牛区OHSAS18001职业健康安全管理体系认证工作的有全区37个政府部门和14个街道办事处以及区总工会共52个单位，涉及职工2000余人。整体推行OHSAS18001，金牛区开创了全国先例。认证成功后，政府机关的公务员将能更好地自我控制健康与安全，前来办事的群众也将因安全隐患的减少而同时受益。2007年4月，金牛区进行了一年一度的职工体检周，全区的干部职工进行了一次全面的身体检查，检查结果将作为档案加以保存。

## “大部制”基层样本

全国人大十一届一次会议批准“大部制”改革方案后，备受关注的国家新一轮行政体制改革正式启动。而远在千里之外的浙江一个县级市——富阳已经按照自己的构想，开始“大部制”试验。

在行政管理体制机制探索和创新过程中，浙江省富阳市创制的“专委会”试验引起

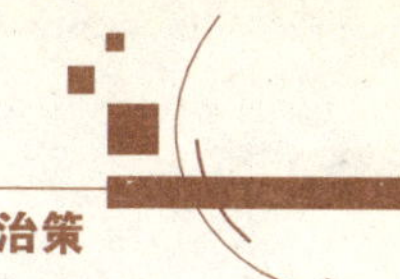



了外界广泛关注。2008年3月22日，中央编译局副局长俞可平、国家行政学院教授汪玉凯、国家发改委宏观经济研究院教授常修泽等多位知名专家学者齐聚富阳，围绕“探索基层大部门体制，健全部门间协调配合机制”这一主题，对富阳“专委会”制度改革与实践进行考察和探讨。专家认为，富阳改革如果进一步总结与深化，有可能为全国县市的“大部制”改革提供一种有效的模式。

## 新理念：“4＋13”运作机制使决策、执行、监督相协调

2007年4月28日，富阳市委、市政府发出文件《关于建立和完善市政府工作推进运作机制的意见》，在不改变原有机构设置的前提下，把四套班子的分工负责与合作共事有机统一起来，把现代政府的统筹整合理念与现行的部门分工体系有机结合起来，建立了“4＋13”运作机制。

全市大事经市四套班子决策后，交给专委会负责实施。专委会作为市政府的统筹协调执行机构，通过议事决策规则、目标责任体系、行动计划方案、长效工作机制、考核奖惩办法等，来确保新机制得到正常运转。这样，从决策层、执行层和监督层，富阳市就初步建立起了一套有效的现代政府运行方式。

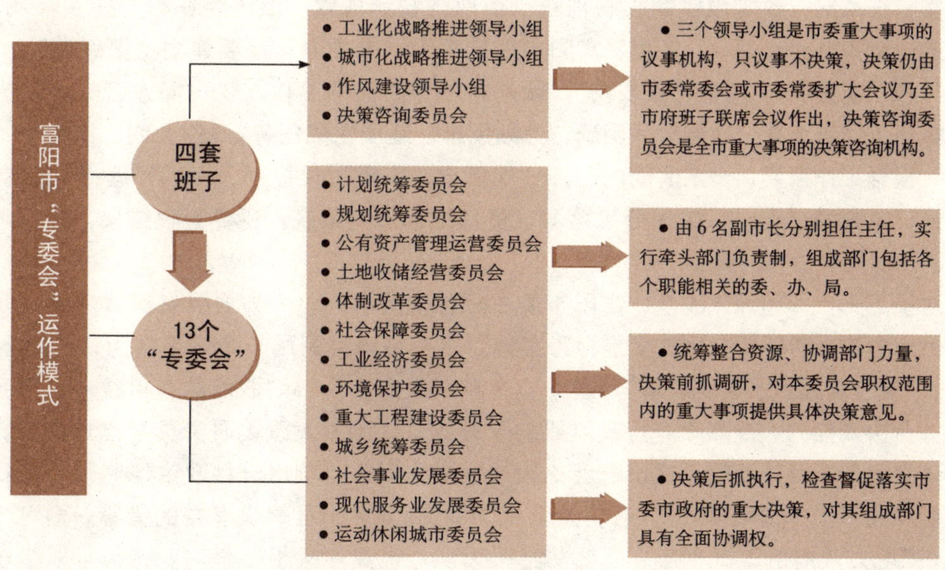


## 新模式：“六个一”管理制度、“十二个大”的工作格局

富阳政府行政管理体制机制创新具有三个基本特征。一是“神变形不变”。设立的机构是虚拟的，在机制上进行创新，在职能上进行整合，重心下移，权责一致，归口办理，实行部门综合牵头协调负责制，每个“专委会”、每项重点工作的推进，都明确一个责任市领导和一个责任部门，做到上下对口、左右衔接，相对成块、充分授权，职责对称、高度一致，实行扁平化管理，在机制上对权力结构进行重组。

二是“合纵连横”。纵向之间，建立“发改一个头、土地一只口、规划一张图、建设一盘棋、资金一本账、监管一条龙”的“六个一”管理制度，充分体现计划的统筹力、土地的调控力、规划的导向力、建设的推进力、财政的保障力、监管的约束力。横向之间，形成“大计划、大财政、大国土、大三农、大工业、大商贸、大规划、大建设、大交通、大环保、大社保、大监管”等“十二个大”的工作格局，做到“统分结合、有分有合，协调配合、形成合力”。

三是决策、执行、监督相协调。通过“专委会”的运作，把部门分散的决策权更多集中收归到了“专委会”，也就是上升到了政府的层面，这样，不仅可以大大增强决策的统一性，有效地改变了部门既是决策机构又是执行机构所带来的弊病，相对实现了决策和执行的分离，并初步构建起大监管体制。同时也打破了行业界限、部门分隔的弊端，消除政策条块分割、多头分散的现象。

通过一年探索，“专委会”作用逐步得到发挥，初步达到了增强党委的战略引导能力、政府的统筹整合能力、各级各部门的执行创造能力“三力合一力”的目的。

### 新设想：争取“由虚变实”，进一步深化和完善“专委会”制度

富阳在政府行政管理体制机制创新上虽取得初步成效，但还存在着一些实际问题。为了进一步完善“专委会”制度，富阳市规定各个“专委会”都要建立“报表制”、“例会制”和“督察制”。所谓“报表制”，就是将一个阶段的工作，以一周或者一个月为单位，排出工作进度表，做到时间明确、计划倒排，逐项完成任务；“例会制”即每个“专委会”根据工作需要，一定时间内召开一次例会，实现过程控制、目标管理；“督察制”即加强日常督察、巡访，确保分工落实，责任捆绑，到年底，还要验收结果，进行考核奖励。

对于下一步如何深化改革，富阳市委书记徐文光表示，一方面要在实践中进一步深化，另一方面看看能否把模式变虚拟为实体。中央编译局副局长俞可平认为，“专委会”制度，“是一项大胆的政府改革”，是一项在县级政府实现部门职能的有机统一、增强政府的综合协调能力、提高政府行政效能的改革尝试。国家发改委研究员常修泽建言，富阳应该在充分实践的基础上提出一套比较成熟的方案来，创出一种政治体制改革和行政管理制度改革的“富阳模式”，这将为全中国的2000多个县提供有益的借鉴。俞可平提醒说，“地方政府的改革创新，既要防止一刀切，也要注重相互学习。这样可以少走弯路，减少成本，取得最大的改革效益。”

## 规范选人用权

为从根本上解决地方“一把手”权力过大引发的问题，中央组织部早在2002年起便在浙江、吉林、四川等6个县市进行“科学规范和有效监督县（市）委书记用人行为”的试点。2007年，试点范围扩大到全国17个省份。此举将给县委书记用人行为套上一个

“紧箍咒”，有望防止和杜绝其在用人方面的“一言堂”。

用人腐败是近年来社会热烈关注的一个问题。为此，从 2002 年开始，中组部开始在一些省份开展“科学规范和有效监督县（市）委书记用人行动”试点，到党的十七大前，全国已有 17 个省份选择部分县市开展了此项试点，并初步取得了一些成果。

## 接受群众评议强化责任追究：四川出台八条规定细化书记用人权

四川是最早开展规范县委书记用人试点省份之一。2007 年 2 月，四川出台了《规范和监督调研试点县（区）委书记用人行为的八条暂行规定》，对试点县（区）委书记用人行为作出具体规定。

四川省规范和监督县（区）委书记用人行为规定主要内容

| 规定要点 | 实施准则 |
| --- | --- |
| 县（区）委书记是第一责任人 | 带头创新，确保调研试点工作理论成果和实践经验。 |
| 规范对下级正职的直接提名权 | 有权提名推荐乡（镇、街道）和部门党政正职领导干部人选。应形成署名书面材料或有明确记录；提名人选必须按规定进入推荐（测评）、考察程序并经常委会集体研究决定。 |
| 试行民主推荐“三票制” | 拟提人选采取县级领导干部民主推荐票、科级干部和群众民主推荐票、所在单位民主推荐票等三票加权平均的办法确定。 |
| 正确行使对领导班子和领导干部的动议权 | 对领导班子和领导干部的调整有动议权，提出动议必须严格按照有关规定，在一个任期内应当保持干部队伍的相对稳定，如因工作特殊需要调整党政主要领导干部职务，一般不得超过一次；调整班子的面不得超过三分之一。 |
| 扩大用人决策的民主 | 常委会集体讨论决定干部任免事项前，要认真听取组织部门的情况介绍，书记不得首先发表倾向性意见；对下级党政正职的拟任人选和推荐人选必须实行全委会票决。 |
| 主动接受上级党委和本级全委会的监督 | 一次性调整干部数量较大的，要主动报告并邀请上级党委组织部门派员参加研究干部任免的常委会和全委会。每年向上级党委专题报告一次县（区）委选人用人情况。 |
| 自觉接受群众的评议 | 县（区）委书记履职选人用人的情况，每年要接受一次四大班子成员、下级主要领导和基层“两代表一委员”的民主测评。 |
| 严格执行选人用人责任追究制度 | 要切实履行干部选拔任用工作的职责，凡本地区出现选人用人重大失察失误、严重用人不正之风的问题，确属县（区）委书记负主要责任的，应严格责任追究。 |

四川省大邑县则进一步出台了党政领导干部选拔任用首提问责制，严把干部选拔推荐的“第一道关口”。问责制规定，领导班子集体或个人，可根据有关规定向县委推荐提名拟提拔使用的干部人选。首次推荐提名干部人选的领导班子主要领导或个人为首提

责任人，首提责任人对推荐提名行为承担相应的责任。按照规定，一、首提人必须认真填写《选拔任用干部推荐提名表》。二、提名权的行使范围有所扩大。县委委员、单位部门党委（组），集体和个人均可推荐。如果出现严重影响任职问题的；推荐者出于个人原因搞假推荐、人情推荐、许诺推荐或搞权钱交易推荐的等，经组织调查核实后认定，将依照规定追究首提人的党纪、政纪相关责任，触犯刑律的，由司法机关依法处理。

### “三推三考两票决”：江西吉安市青原区选任干部分三步走

作为江西省的试点县区，吉安市青原区在改革中摸索出了“三推三考两票决”的选任干部方式，确立了“基层推荐、考核印证、集体决策”三步走的程序，有效规范监督了“一把手”的权力运行。

“三推”的步骤是：首先，公布空缺的正科级领导职位和任职条件，由基层单位推荐；而后，各乡镇党政正职和区直部门的主要负责人通过无记名投票，按 1∶4 的比例，以得票多少取出每个职位的 5 名人选。最后，县级领导署名集体推荐，总得分前两名者列为考察对象。“三考”即“组织考察、工作考核、素质考试”三管齐下，互为补充。进入“两决”程序后，常委会差额票决，是规范和监督“一把手”用人权的最直接体现。票决时，区委书记与其他常委一样实行同等票决权。最终人选提交区委全委会等额票决。

### 书记不能“一锤定音”：安徽实行推荐提名公开化

从 2006 年 11 月起，安徽在无为、肥西、定远、潜山、五河 5 个县和芜湖市镜湖区开展规范县委书记用人试点，首先实行推荐提名公开化。如 2007 年无为对县直单位空缺的 12 个正职岗位，在全县范围内进行了缺位公推，推荐人员可以是县四大班子成员、乡镇和县直单位正职，也可是省、市、县三级党代表、人大代表和政协委员以及相关单位副职。推荐渠道拓展为领导干部署名推荐提名、各种类型代表会议推荐提名、单位党组织推荐提名和干部个人自荐“四条渠道”。根据推荐结果，每个职位拿出 3～5 名人选提请全委扩大会议进行二次提名。

在避免县委书记“一言堂”的同时，无为界定了县委书记用人的 6 项权力：动议权、提名推荐权、干部调整方案审订权、主持会议权、临机处置权和管理教育权，要求县委书记承担正确用人导向责任、提高干部队伍总体素质责任、坚持用人原则和纪律责任。动议权中规定县委书记只提调整意向和原则，不涉及具体人，由组织部制定具体的干部调整方案。

### 削市委书记的权：浙江瑞安市“民主提名”制度化

浙江瑞安市在试点过程中，率先试行“民主提名”制度。2003 年 4 月出台了《民主提名考察对象人选实施办法》，并开始对 25 个部门重点管理岗位实行民主提名。30 名市

委全委会成员均可以个人名义参与干部人选差额提名。

具体操作方法是：领导岗位空缺时，首先由组织部门根据群众民主推荐和干部日常考察，提出两名以上参考人选，送市委分管副书记和书记审核；其次，组织部门将拟任职务、任职条件和参考人选名单等基本情况，提交市委全委会；第三，组织部提名，进行综合分析，提出考察对象；第四，组织部向市委常委会汇报任免方案，同时报告民主提名结果。

将提名权扩大到全委会所有成员，是一个重大转变。此举使更多的人得到知情权、参与权、监督权、选择权，也打破了干部提名环节的“暗箱操作”，提高了透明度。

# 现代农业加快步伐

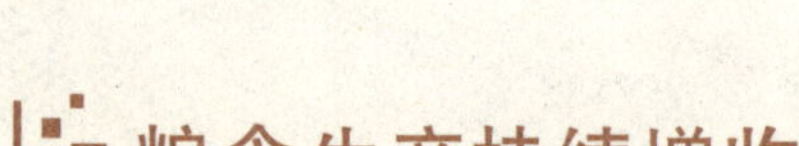

## 粮食生产持续增收

实现中央农村工作会议提出的“主要农产品基本供给不脱销不断档、市场价格不大涨大落”的目标，确保粮食稳产高产是重要基础。农业部已将2008年确定为“粮食高产创建活动年”，在全国建设400个优质高产创建示范区。2008年7月2日温家宝总理主持国务院常务会议通过《国家粮食安全中长期规划纲要》，而《全国新增1000亿斤粮食生产能力规划（2009～2020年）》也在抓紧编制。

### 粮食生产“五连冠”的秘密

2007年，河南滑县在全国农业工作会议上荣获“全国粮食生产先进县标兵”称号，也是全国唯一获得此项殊荣“五连冠”的县，中央各大媒体对该县粮食生产的先进经验给予了重点报道。2007年，该县粮食平均单产达到504.3公斤，比上年增51公斤。滑县成立了“农业工作领导小组”，对粮食生产实行目标管理，县领导包乡镇，乡干部包村，技术人员包指导，县政府与各乡（镇）政府签订粮食工作目标责任状，将粮食工作纳入年度考核工作目标，并建立了粮食生产督导督查机制。在此基础上，通过加快推进良种化、科技化、标准化、品牌化，探索出一套粮食生产的先进经验。

近年来，滑县以种业为龙头、种子协会为依托，大力实施“11331”良种化工程，即依托一个龙头，创建一个协会，开展三级示范，构筑三层网络，打造一个品牌，推进良种入户，走出一条育、繁、推一体化的道路，使全县小麦良种覆盖率、优质品种专用率均达100%。其中，一个龙头即滑丰种业，一个协会即种子协会（乡镇有分会、村有合作社）。滑丰种业根据市场需求制定繁种计划，种子协会负责种子生产。三级示范即农业局投资上百万元，建设了县种子科技示范园，在21个乡镇建立了新品种展示田，在300多个村设立了新品种示范点，形成三级示范体系。三层网络即以滑丰种业为龙头，构建了县、乡、村三级供种服务网络，21个乡镇建立了供种站，800个村设立了供种点。公司以“订单”形式回收，每年增加农民收入3000多万元。2005年，滑丰牌种子被授予“河南省名牌农产品”，滑丰种业被评为河南省农业产业化重点龙头企业。2006年，滑县被定为“国家优质小麦良种繁育基地”。

从2004年开始，滑县以实施科技入户示范工程为契机，构建了符合滑县实际的“5320”农技推广体系。其中，“5”是县农技推广协会、县专家组、乡镇技术指导组、村科技行动小组、村辐射带动小组5级科技组织联动；“3”是县农业科技服务大厅、乡科技服务站、村科技文化大院3级阵地互动；“2”是行政性农技推广和新型农技推广双层网络齐动，从而实现科技人员与农户、放心农资与农田的“零”距离对接。

在实践过程中，滑县农技推广中心每年设立完成试验示范项目30项（次）以上。2006年在全县设立了小麦新品种展示田、小麦高产高效攻关田、超吨粮田、测土配方施肥百亩示范方、科技入户核心示范区等试验示范项目。

为进一步加快粮食新品种新技术推广应用步伐，推进粮食标准化生产，打造粮食生产亮点工程，滑县2007年在上官、老店两乡（镇）6个村建立万亩优质粮食高产高效示范区。在示范区设千亩示范方、百亩攻关田、数字化农业示范田、新品种展示田和肥效对比试验田，以筛选出适宜当地推广的主导新品种，探索与其配套的资源节约型优质高产标准化栽培新技术，辐射带动周边粮食主产区大面积应用，稳定发展粮食生产。为推广这项工作，该县专门成立了项目领导小组，制订了实施方案，项目区重点推广精量半精量播种、测土配方施肥、前氮后移和病虫害综合防治等技术。目前示范区已具雏形，田成方，路成网，禾齐苗壮，标牌齐整。

在全面实施高产优质粮食生产的同时，滑县还着力实施“品牌”战略，打造“滑丰”种子品牌，做强“华州”粮食品牌，成为名副其实的全国优质强筋小麦第一县。2006年，夏收优质专用小麦专用率达到99.5%；订单种植率达到64%；商品率接近80%，其中优质强筋小麦商品率接近100%；加工转化率50%以上，滑县因此荣获“全国优势农产品产业带建设示范县”称号。

在粮食品牌企业培育上，滑县坚持用工业化的理念发展现代农业，以培育农业产业化龙头企业为重点，采取整合资源、招商引资等措施，在信贷、环境、税费、土地、用工等方面，制定了一系列优惠政策，目前已形成了以滑丰种业为龙头的优质专用小麦生产、以华州粮业为龙头的优质专用小麦销售、以神华面业为龙头的优质专用面粉加工、以裕湘面业为龙头的优质挂面加工、以柏林饼业为龙头的优质专用小麦深加工产业链，“华州”牌优质麦、“天绒”牌大豆纤维内衣、“滑丰”牌种子等品牌大大提高了农产品市场竞争力。

| 2007"全国粮食生产十大标兵县"主要经验 | |
|---|---|
| 单位 | 典型经验 |
| 内蒙古莫力达瓦旗 | 项目建设：完成两大灌区规划编制，项目建成后，两个工程预计可提高粮食生产能力12万吨 |
| 黑龙江五常市 | 生产标准化：制定《农业标准化生产技术规程》、《优质水稻生产栽培模式图》等一系列标准化生产技术规程 |
| 安徽省霍邱县 | 四项制度：乡镇目标生产责任制、县领导督导制、乡镇领导示范制、技术人员服务制 |
| 山东章丘市 | 测土配方施肥：结合科技入户项目对十个示范乡镇有代表性的麦田进行测土配方，每年无偿为示范户提供小麦专用配方肥50吨 |
| 湖北枣阳市 | 区域布局规划：构建优质中筋小麦板块生产基地和优质水稻板块生产基地新布局 |
| 河南滑县 | 四化：良种化、科技化、标准化、品牌化 |
| 吉林榆树市 | 两个讲座：农业科技电视讲座、农业专家入屯科技讲座 |
| 江苏兴化市 | 产业化经营：把产业链延伸到粮食加工企业，引进和推广优质专用稻麦品种，建设省级优质粮生产基地 |
| 江西新建县 | 两卡一报：粮食生产便民卡、测土配方施肥建议卡和《病虫情报》 |
| 四川三台县 | 四个优先：对农户春耕所需化肥、农药、种子、农机具资金优先供应；对农田水利基本建设资金优先安排；对科技兴农项目资金优先满足；对农业产业化资金优先发放 |

## 为什么大家都看好"粮食生产核心区"

继2008年7月2日温家宝总理主持国务院常务会议通过《国家粮食安全中长期规划纲要》之后，《全国新增1000亿斤粮食生产能力规划（2009～2020年）》也在抓紧编制。据透露，国家将总结粮食增产的基本经验，分析未来增产潜力，明确主要目标和任务，并将粮食增产目标分解到省（区、市）。而一些传统粮食主产区已经在抢"增产指标"了。

| 吉林省增产百亿斤商品粮六项重点工作 | |
|---|---|
| 重点工作 | 具体内容 |
| 搞好示范区建设 | 建设生态农业、节水农业、全程农机化和农业科技4个现代化农业示范区。 |
| 科学开发利用水资源 | 加强引嫩入白、哈达山水利枢纽等重大水利设施建设。 |
| 合理开发后备耕地资源和改造中低产田 | 确保新增255万亩基本农田，改造中低产田2000万亩，巩固提高高产田3000万亩。 |
| 大力推广农业先进适用技术 | 把良种培育和推广作为重点，开展关键技术研究。 |
| 加强生态环境保护 | 加强生态环境动态监测系统和农业面源污染防治设施建设，积极推广集约型种植。 |
| 调动和保护农民种粮积极性 | 稳定农村土地家庭承包经营制度，鼓励以租赁、转包、股份合作等多种形式，推动土地承包经营权流转，推进土地适度规模经营。 |

**全国 1000 亿斤粮食增产规划图**

**国家粮食安全中长期规划目标**：粮食自给率稳定在95%以上，2010年粮食综合生产能力稳定在1万亿斤以上，2020年达到10 800亿斤以上。

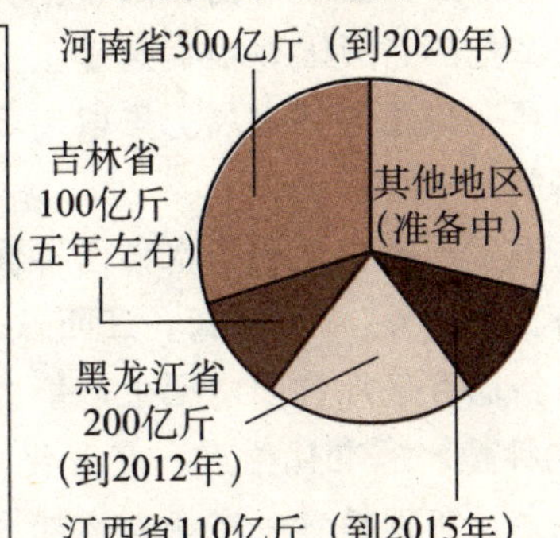


2008 年 7 月初，《吉林省增产百亿斤商品粮能力建设总体规划》在国务院常务会议上获得通过，这也是在保证粮食安全方面首次以省为单位的核心区规划。《规划》提出用五年或稍长一点时间，使吉林省粮食生产水平由 500 亿斤提高到 600 亿斤。8 月 11 日，吉林省政府召开增产百亿斤商品粮能力建设规划实施工作会议，全面部署实施阶段的具体工作。根据《规划》，该省将实施引水、灌区建设和改造、中部黑土地保护和西部土地整理、标准良田建设、良种研发和推广、全程农业机械化示范、空中云水资源开发、生产技术集成与普及、病虫草鼠害预防、生态保障“十大”工程。

温家宝总理曾指出，河南是第一人口大省、第一农业大省、第一粮食生产大省、第一粮食转化加工大省、第一农村劳动力输出大省。继吉林省的粮食增产百亿斤规划获国务院批复之后，河南有望成为第二个粮食增产规划得到批复的省份。7 月中下旬，国家发改委副主任杜鹰率国家粮食战略工程河南核心区建设调研组在河南进行调研。河南省编制的《国家粮食战略工程河南核心区建设规划纲要》此前已递交农业部。《纲要》提出，河南省粮食年生产能力到 2020 年达到 1300 亿斤，成为全国重要的粮食生产核心地区。该《纲要》起草小组提出了“十种机制”。具体包括获得国家集中资金的投资机制、使粮食生产区人均财力达到全国人均财力水平的补贴机制、解决粮食产业化问题的现代农业经营机制、解决规模经营的土地流转机制以及农村人力资源开发机制、粮食流通机制、金融支持机制、粮食稳定增长科技创新机制、以工补农以城带乡机制、农村社会发展保障机制。河南为此将投资 1000 亿元以上，实施兴修农业水利、水库建设、种子工程等。

黑龙江省作为我国最大的商品粮生产基地，粮食商品量和商品率均居全国首位。早在 2008 年 3 月，黑龙江省政府就通过《黑龙江省千亿斤粮食生产能力战略工程规划》，提出到 2012 年使粮食生产能力达到 1000 亿斤，粮食增产 200 亿斤，并明确了一系列措施：启动实施 11 个现代农业示范区和 250 个农机作业合作社的组建，培育农机大户；加快农业科技推广，开展千亿斤粮食高产攻关等。在中国粮食安全体系中，黑龙江位置非常重要，其与京、津、沪、浙、苏、闽等 10 多个省市建立长期稳定的粮食产销合作关系。但粮食运输能力问题一直困扰着该省粮食产业，运输能力不足一度造成粮食价格波动。为此，作为粮食增产规划的配套工程之一，黑龙江省还制定了《2008～2012 年黑龙江省千亿斤粮食现代流通产业发展战略工程规划》的草案，其基本发展思路是：推进粮食资源战略大重组，指导农垦总局强势企业与全省国有粮食购销企业有效结合，组建特大型粮食物流集团。到9月底，全部完成国有粮食购销企业产权制度改革，组建大型粮食产业化龙头企业和企业集团要有实质性的进展。争取用3年的时间，建立起与粮食大省相匹配的粮食流通产业新格局。

江西是我国南方水稻主产省份之一，水稻播种面积和产量均居全国第二位，发展粮食生产基础好、有优势、潜力大。8月6日，江西省召开会议，决定实施"百亿斤优质稻谷增产工程"。《江西省新增百亿斤优质水稻生产能力建设方案》提出，通过推进水稻生产区域化布局、规模化种植、标准化生产、产业化开发，全面提升全省水稻单产水平、产品品质和市场竞争能力，实现粮食生产能力增加百亿斤的目标。具体目标是：到2015年，全省粮食播种面积扩大到5830万亩，粮食综合生产能力达到502.5亿斤，水稻综合生产能力比2007年增加110亿斤。为此，江西省将投资318亿元，着力实施标准农田建设工程、沃土工程、造地增粮富民工程、良种推广工程、高产创建示范工程、防灾减灾工程、农机化工程、水源和灌溉工程、鄱阳湖生态水利枢纽工程、农业保障服务工程十大工程建设。

## 产业化发展为必由之路

*近年来，在包括奶农倒奶、食用仙人掌、蚁力神事件在内的不少"公司+农户"模式受到质疑的时候，来自广东的养殖业大型企业——温氏集团却把大量低效率、小规模的农户引入产业化竞争中，坚持以"公司+农户"模式带动农户发展养殖业，并探索出一套成熟的企业管理机制和制度，使这一农业产业化模式焕发出活力。*

*除了"公司+农户"模式，设施农业是现代农业的重要形式，是以资金密集、技术密集、劳动力密集为特征的集约高效型产业。近年来，一些地区抓住我国农业产业化和农产品消费升级的有利时机，大力推动发展设施农业，如天津制定了设施农业"4412"发展目标，三亚打造的"设施农业+产业化"模式，新疆制定了"百万亩设施农业发展战略"等，推动设施农业向规模化、专业化和产业化方向发展，抢占现代农业发展制高点。*

### "公司+农户"的温氏模式受青睐

温氏集团是广东省的一家大型养殖企业，从1983年的七户八股8000元资本起家，现已发展成为一个拥有10大业务体系，以养鸡、养猪业为主，以养牛、养鸭、蔬菜为辅的现代农牧企业集团，其旗下的两家公司还在酝酿上市。温氏集团已在全国的20个省（市、区）开办了99家分（子）公司；2007年，温氏集团营业额实现117亿元。多年来，温氏集团除了与华南农业大学等多所科研院校合作创新产学研合作机制，以及实行区域扩张战略外，最引人注目的是以建立合理的利益分配机制为基础，以产业链全过程管理为支撑，以保护农户利益为根本，实现了公司与农户之间的合作共赢发展。综合《21世纪经济报道》刊登的《农夫温氏：十年百亿》的报道以及有关专家的观点，以"公司+

农户”温氏模式，把产业链条拉长，形成规模化的集团优势，增强抗御市场波动能力的做法有别于一般的委托生产方式，有更强的生命力，值得推广借鉴。

许多农业、畜牧业等采用“农户＋公司”的模式，虽然表面上是两厢情愿，但实际上大多只是简单的买卖关系，还缺乏相应机制让双方结成利益共同体。而由温氏公司将众多的养鸡、养猪“小车间”有效组织起来，形成了农产品的商品化和规模化大生产。在这个过程中，温氏集团以公司为农业产业化经营的组织者和管理者，将畜牧产业链中的育种、种苗、饲料、防疫、养殖、产品上市等环节组合成为有机整体，在产业链内部建立一套完善且相对封闭运行的流程管理体系，由公司与农户分工合作，共同完成全过程的生产。在合作当中，农户先提出自己的养殖需求，温氏集团在考察过后，派技术人员去指导，提供服务。养殖场建好后，拿苗、拿饲料、拿药物，加上宣传技术指导，养到一定时间通知对方交货，流程十分简单。

温氏集团的合作政策是：农户建好鸡（猪）舍，缴纳每只鸡4元左右的合作互助金(养猪户约缴纳200元/头)，领取鸡苗、药物、饲料进行肉鸡饲养。公司在一定区域范围内设立1个服务中心，为每20～30个养鸡户安排1个联络员，公司的技术员每周至少去农户家1次，帮助解决饲养过程中遇到的问题。按正常的原料价格和销售价格，每饲养1只鸡可得毛利2～3元，公司和农户的分配比例为5∶5，即每只鸡的收益为1～1.5元，以每人年饲养肉鸡12000只计，每年收入可达2万元以上。

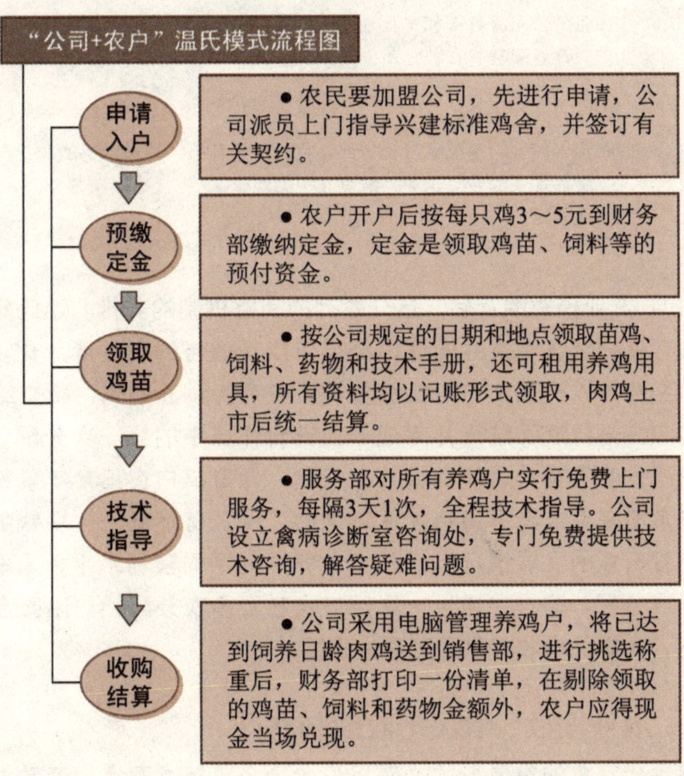

温氏集团的定位，是以养殖业为核心业务，兼营上下游的饲料制造、肉制品制造、兽药及疫苗制造，形成产业链一条龙服务的大型综合性集团企业。温氏集团建立了品种培育、饲料生产、动物保健品、食品加工以及有机肥等产业链的延伸，使畜牧产品生产的全过程均实现了内部流程化的高效管理，主要有五个环节，均实行“对内计划经济，对外市场经济”的模式进行规范管理，产业链各流程生产计划服从于集团公司的肉鸡（猪）生产经营计划，根据年度计划来安排生产，在公司内部建立了一套相对封闭运行的组织管理和监管体系。

温氏集团产业链流程管理体系的五大环节

| 管理环节 | 管理流程 |
|---|---|
| 品种培育和种苗生产 | 温氏拥有自己的专业育种公司，实现了产业链的上游种苗配套，联合高校、科研院所等合作单位，对鸡（猪）品种的生产性能、抗病能力及生产潜力、成本等进行持续不断的改进，自主培育了一批鸡（猪）品种，其中有5个已通过国家级品种审定。 |
| 饲料原料采购、饲料生产 | 公司自主配套饲料厂，组织技术力量对鸡、猪营养水平进行深度研究，就是为了公司产品饲养过程中的饲料质量能够得到保证，以优质饲料保证产品质量。 |
| 饲养 | 主要由合作农户来完成，农户只要按公司制定的技术管理规程精心搞好饲养，每饲养1只鸡就可稳获1.3～1.5元的利润，在市场行情好时可获得2元左右利润。 |
| 技术配套 | 由各分公司服务部和集团生产技术部来完成，负责技术硬件化、技术的普及和推广。产业配套有育种公司、动物保健品厂（疫苗和药品）、饲料添加剂厂和信息中心等。 |
| 加工、销售 | 每个养殖公司都配套有销售部，负责市场开拓、销售网络的建立与管理。温氏成立了食品加工的专业企业，配套3个肉鸡屠宰厂、1个肉猪屠宰厂，年供香港2000万只冰鲜鸡。 |

“公司+农户”产业模式的背后，是一系列的利益机制的安排。温氏集团巧妙而成功地通过合同和诚信使得经济利益共同体内部得以实现各自的利益最大化。首先，温氏集团跟农户合作的结果是以产品上市为结算依据。农户将饲养的鸡、猪交给公司回收上市后，公司首先与农户进行流程结算并完成产业链合作当中的第一次分配。同时，公司与合作农户还建立了一套完善合理的利益分配机制，保障农户在正常年景每只鸡有1.5元左右的收益，在危机来临或者行情持续低迷之时，保证有不低于1块钱的收益。年底结算时，公司还将视行业的发展情况以及社会散养户的平均获利水平，采取补贴制度，公司与农户进行再次分配。这样，通过一次、二次甚至多次分配，与温氏合作的农户有了稳定的收益渠道，为农民增收提供了可靠的保障。

## 设施农业：农业增效、农民增收的制高点

设施农业是现代农业的重要形式，是以资金密集、技术密集、劳动力密集为特征的

集约高效型产业。近年来，一些地区抓住我国农业产业化和农产品消费升级的有利时机，大力推动发展设施农业，如天津制定了设施农业“4412”发展目标，三亚打造的“设施农业＋产业化”模式，新疆制定了“百万亩设施农业发展战略”等，推动设施农业向规模化、专业化和产业化方向发展，抢占现代农业发展制高点。

近年来，天津市大力发展高标准设施农业，使之成为天津市农民增收的新亮点。从2007年开始，天津市决定每年安排5000万元资金扶持设施农业发展，用现代物质条件装备农业，彻底改变农业设施陈旧简陋的局面。继2007年10月在西青区召开全市设施农业建设现场推动会之后，2008年5月21日，天津市委市政府再次在西青区召开加快设施农业建设现场会，市委书记张高丽在会上提出了“4412”目标，即用4年时间，全面建成40万亩高标准设施生产基地，12个有农业的区县每个区县至少建成一个高标准设施农业示范区，建设100个生态循环农业示范园，使全市设施农业达到100万亩。

两次现场会所在地西青区已实现由城郊型农业向都市型现代农业转变，全区累计投入5亿多元，建成了16个种植园和56个养殖小区，以蔬菜和花卉为主的种植设施面积达4.7万亩，以肉鸡、奶牛、生猪为主的畜禽养殖设施面积达1100多亩，新型节能日光温室、改良温室及以畜禽养殖为主的设施农业已成为支撑全区农业发展的重要载体。为调动农民发展设施农业的积极性，西青区制定出台了《提升优化都市型现代农业实施意见》，对新建新型节能日光温室、普通温室、改良温棚，分别给予每亩3500元、2100元和1200元的补助；对配套建设温度、湿度调控系统的新型节能日光温室每亩补助7000元；对新建食用菌、水产等工厂化生产设施每平方米补助20元；对投资规模大、带动效果好的重大设施农业项目，给予重点扶持。

天津市其他区县也把设施农业建设作为加快现代农业发展的突破口，全面推进设施农业更快发展。一是积极推进银政合作，搭建融资平台。蓟县建立了区县级的融资担保监管平台，创建了“3＋2＋1”的融资管理新模式，为五个乡镇引入金融资金1560万元，带动农民个人投资6000多万元。二是积极探索土地流转方式。宁河成立土地流转专门机构，并出台土地流转办法，加速了设施建设地块的落实。宝坻区以村集体统筹建设为主，如新开口镇后六口村成立专门农业合作社，农民带地入社，实现集中规模经营。三是吸引大型企业介入。三联投资集团有限公司在武清区规划建设5万亩东篱现代农业示范园；天津滨海发展投资公司在宝坻规划建设10万亩现代农业综合发展示范区。四是促进产销紧密衔接。天津市高效设施农业生产产品基本实现了龙头企业带动、农民专业合作组织管理的订单生产。

近几年，三亚市委、市政府把“设施农业＋产业化”作为发展现代农业的一个重要抓手，在政策引导、技术指导、生产资金上不断加大扶持力度。2006年市政府拿出1000万元扶持农民发展设施农业，2007年又拿出5000万元资金发展设施农业，并全部用到农民身上，农民成为最大受益者。2008年三亚市投入8000万元在凤凰镇建设1000亩连片设施农业标准化示范基地，大棚所有权归镇政府，使用权由龙头企业或农民专业合作社通过招标获得，农民利益回报主要有土地租金和固定收益回报金，龙头企业或农民专业合作社要优先安排出租土地农户在本基地打工。

近年来，新疆的农业优势进一步凸现，棉花产量多年全国第一，畜牧业稳居全国前列。为进一步把农业做大做强，2006年，新疆维吾尔自治区提出了“百万亩设施农业发展战略”，决定加快设施农业的发展，力争到2010年，全区总面积达到100万亩，亩均纯收入5000元以上，农民通过设施农业人均收入500元以上。为此，新疆维吾尔自治区出台了《新疆维吾尔自治区“十一五”设施农业发展规划》和《关于加快设施农业发展的意见》，对发展设施农业给予政策、资金、技术及市场流通等方面的扶持。

吐鲁番市是新疆设施农业重点发展区域，近年该市相继出台了《吐鲁番市大力发展设施农业优惠政策》及《吐鲁番市万亩设施农业基地实施细则》等政策措施，在土地“三通一平”、资金扶持、技术服务等方面向设施农业倾斜，实现了跨越式的发展，基本形成了市郊万亩设施蔬菜产业群的格局。2007年底，全市设施农业面积发展到3.1万亩，实现产值1亿多元，农民人均纯收入达到了4633元。已形成集生产、销售、农资连锁经营及批发市场为一体的现代化农业示范基地。设施农业已在这里初显区域化布局、专业化生产、规模化经营的形态，成为引领当地农民致富的新兴产业。

新疆维吾尔自治区发展设施农业重点政策

| 类别 | 保障内容 |
| --- | --- |
| 加大财政支持扶持力度 | “十一五”期间，自治区财政每年安排1000万元设施农业发展专项资金，用于支持科技生产示范基地和集中育苗中心建设、新品种引进和新技术研发推广、农业技术人员和农民的技术培训、设施农产品质量安全检测检验体系建设、设施农业社会化服务体系建设，支持设施农产品加工、保鲜储藏、设施农产品出口基地建设、设施农产品市场开拓。自治区扶贫、以工代赈、农业综合开发、科技兴农、科技兴新、农业产业化等项目资金要调整支出结构，扶持设施农业发展。各地（州、市）、县（市）要加大设施农业投入，重点支持发展设施农业的公共基础设施建设和农民建棚。自治区及各地对口帮扶农村脱贫致富的单位，要把扶持设施农业发展作为重要的帮扶项目，加大资金、技术帮扶力度。 |
| 建立多元化投入机制 | 各级金融机构每年要从信贷规模中安排一定比例资金用于设施农业发展，特别是在农户小额信贷、中长期贷款方面给予扶持。各商业银行要适当放宽贷款条件，合理确定贷款期限，增加贷款额度。鼓励和支持区内龙头企业投资参与基地建设，发展设施农业。鼓励和支持社会力量采取股份制、股份合作制、租赁制等多种方式参与设施农业发展。 |
| 妥善解决规模化发展中的突出问题 | 坚持依法、有偿、自愿的原则，积极引导农民合理进行土地置换和流转，确保设施农业集中连片种植，向区域化、规模化方向发展。设施农业利用“三荒”地等国有未利用土地进行建设的，在符合土地利用总体规划和水资源有保障的前提下，优先审批、使用，并享受自治区新型工业化建设中相关的土地政策，免交土地补偿费。设施农业用水、用电按照农业用水、用电标准执行。积极开办设施农业保险，探索设施农业风险补偿机制，努力降低设施农业风险。实施设施农业“技改工程”，用2～3年时间，对现有结构不合理、不能投入冬季生产的温室进行结构改造，提高设施农业对资源的利用率。外来从事设施农业的人员在就医、子女就学等方面与当地农民享受同等待遇，并允许在基地设施旁修建生活住房，帮助他们解决生产生活中的困难，充分发挥他们对我区设施农业发展的示范带动作用。 |

## 农业科技提供动力

走中国特色自主创新道路，核心内容是建立国家创新体系，其中包括国家农业科技创新体系。2006年全国农业科技创新工作会议曾提出，构建农业科技创新体系首当其冲就是形成农业科技创新国家基地和区域中心，解决农业创新能力和效率问题。目前这一难题已经开始得到破解。

2006年中央一号文件提出“加快建设国家创新基地和区域性农业科研中心”，特别是全国农业科技创新工作会议召开后，各地纷纷加快了农业科技创新中心建设步伐。中国农业科学院也适时提出了我国农业科技创新平台三级架构，即1个国家农业科技创新中心、10个国家农业科技创新区域中心、50个左右综合性和300个左右专业性农业科技试验站。目前，一些区域性和省级农业科技中心已初步建成，并取得了丰硕成果。

各地农业科技创新中心建设情况

| 农业科技创新中心 | 所在省份 | 建设情况 |
| --- | --- | --- |
| 中国农业科技东北创新中心 | 吉林省 | 2004年3月，中国农业科学院与吉林省政府签署联合共建协议。 |
| 中国农业科技创新中心西南分中心 | 四川省 | 2005年3月，四川省政府与中国农科院签署协议合作共建中国农业科技创新中心西南分中心。 |
| 湖北省农业科技创新中心 | 湖北省 | 2005年3月，与中国农科院签署合作协议，共同推动建立“中国农业科技华中创新中心”；2006年8月，中心建设规划通过专家组论证；2007年初步建成并开始运行。 |
| 山东省农业科技创新中心<br>中国农业科技黄淮海区域创新中心 | 山东省 | 2006年12月依托省农科院启动建立全国第一个省级农业科技创新中心。2007年6月，与中国农科院签署协议，共建中国农业科技黄淮海创新中心。山东省每年将拿出1.5亿元财政资金支持。 |
| 中国农业科技华南创新中心 | 广东省 | 2007年4月，广东省政府与中国农业科学院签订联合共建协议，地点在广东省农科院。 |
| 中国农业科技华东（江苏）创新中心 | 江苏省 | 2005年3月，江苏省政府与中国农科院签订了科技合作协议，共建国家农业科技华东（江苏）创新中心。2007年4月，该中心建设规划通过论证。 |
| 安徽农业科技创新中心 | 安徽省 | 2008年4月在省农科院开工建设。 |
| 中国农业科技内蒙古及长城沿线创新中心 | 内蒙古 | 2005年3月与中国农业科学院签署合作协议，依托内蒙古农牧业科学院。 |
| 中加旱区农业科技创新中心 | 陕西 | 2007年11月加拿大农业和食品部与陕西省杨凌示范区签署协议，在西北农林科技大学建立该中心。 |

## 吉林：首个区域性农业科技创新中心已结出累累硕果

2004年12月，中国农业科技创新体系的第一个区域中心——中国农业科技东北创新中心在吉林成立。中心成立后，首先把目光“瞄”在了东北农业科研和大专院校合作上。两年多时间，以“东创”为中心的联合体越叫越响，协作科研单位和大专院校已有20多家。中心积极为科技人员打造创新平台，先后投巨资建设了国家玉米、大豆工程技术研究中心、公主岭国家水稻改良分中心等13个中心，构建起东北地区一流的农业科技创新平台，使科技人员科技创新大有用武之地。同时，先后与长春、四平、白城等城市建立了科研创新研究站，运作三年多来，该中心取得了累累硕果。仅2007年，该中心就有11项科技成果获得吉林省科学技术奖励。2007年，仅通过实施“粮食丰产科技工程——玉米丰产高效技术集成研究与示范”项目，为吉林省增产玉米126.057万吨，增加农民收入14.246亿元。中心已在全省建有试验研究类基点56个、测试鉴定类基点65个、示范推广类基点79个、农村科技信息服务基点56个。另外还在海南、新疆、黑龙江、山东、河南等省外不同生态区域建设了研究试验基点10余个，有效地带动了当地农业的发展，为农业增效、农民增收作出了积极贡献。

## 湖北：农业科技中心成为科技成果转化平台

2005年，湖北省依托省农科院创建了农业科技创新中心，提出通过3～5年的努力，实现创新中心主要农作物品种在全省覆盖率达到60%，综合农业支撑能力达到60%，农业科技成果转化率达到60%的目标。2006年6月，湖北省政府设立300个农业科技创新岗位，省财政每年安排3000万元专项资金，每个岗位每年10万元，资助其科研活动。通过竞争上岗，300个创新岗位落实到人：省农科院200个、华中农业大学20个、武汉大学和中国农科院油料所各10个；江汉平原、鄂东南、鄂北、鄂西4个农业综合试验站各15个。

湖北省农业科技创新中心整合省内外农业科技力量，取得了明显的资源效应。2007年，有32个农作物新品系或组合通过审定前的现场考察，有168个品系或组合参加国家、省级品种区域试验和生产试验，有18个农作物新品种通过了国家或省级品种审定。在2008年3月湖北省定期举办的农业科技成果拍卖会上，农业科技创新中心推出的5项拍卖成果全部顺利成交，金额达1310万元。在与拍卖会同期举行的湖北省农业科技创新中心成果转化动员会上，湖北省农科院与湖北省内的8个县（市、区）签订了科技合作共建协议，合作建立科技成果示范（展示）园区；合作建立农业科技专家大院，搭建科技成果推广转化的固定平台。

湖北创新中心运行一年多来，整合了科技力量，取得了各类重大科技成果45项，科技人员发表科技论文近400篇，其中被SCI收录50余篇，申请新品种保护权和专利36项，获得新品种保护权和国家专利15项。

## 广东：农业龙头企业成为农业科技创新中心

早在2002年，广东省就依托农业科技型企业和龙头企业建立了9个农业科技创新中

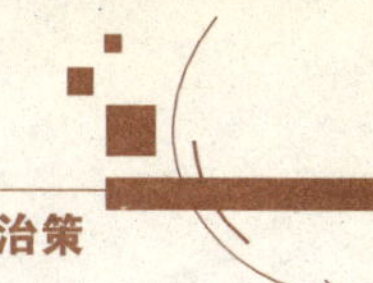



心，省科技厅对每个中心资助50万元的引导经费。2003年1月，广东省出台了《农业科技创新中心管理办法》，在对企业农业科技创新中心加强管理的同时，进一步吸引和鼓励企业进行农业科技创新中心申报和建设。根据行业特点、企业经济实力和技术条件，创新中心可以采取不同的组建方式。创新中心的依托单位可以是单一的农业企业，也可以是以农业企业为主，联合科研机构（高等院校）共同组建。几年来，广东省已依托企业建立了几十个农业科技创新中心。

在建立企业农业科技创新中心的基础上，2007年4月，广东省政府与中国农业科学院签订了联合共建“中国农业科技华南创新中心”的协议。该“中心”将以广东省农业科学院为依托，共建8个公共研究平台和2个基地：农业分子育种公共研究平台，农产品安全与质量标准公共研究平台，农业资源高效利用公共研究平台，农作物生长调控公共研究平台，动物遗传改良公共研究平台，动物重大疫病与人畜共患病公共研究平台，农产品加工技术公共研究平台，数字农业公共研究平台；现代农业新技术研究与示范基地，国际合作与人才培养基地。

# 农村发展循序渐进

## 农地管理创新突破

我国农村土地改革开始进入新的阶段。2008年4月28日，中共中央政治局召开会议研究部署了全面推进集体林权制度改革工作。推行集体林权改革较早的福建、江西等地已开始大范围推广林权抵押贷款；而农村集体建设用地流转改革也已在广东等省进行试点。在此基础上，农村农民房屋流转及抵押贷款2008年也开始在多个地方推开。

2008年8月5日，国土资源部与重庆市政府签订了《推进统筹城乡综合配套改革工作备忘录》，并明确表示，支持重庆建立城乡统一的土地交易市场。这意味着，我国首个农村土地交易所有望即将在重庆率先设立。这一方案使土地使用权为商品权利体系提供了一条可操作的途径。农村建设用地、城市建设用地增减挂钩的流转难题便可迎刃而解。

### 农村住房抵押贷款三地试验

目前中国农民最值钱的资产有两个：一是农村土地承包权，一是宅基地使用权。依照《物权法》，这两个都是农民的财产，但是目前现行法律却规定两者都不能抵押，事实上等同于限制了农民的财产权利。为了将数量庞大的农村农房从资产转化为资本，从而提高农民的融资能力，近年来，多个地方开始推行农房流转和抵押贷款试点。

2008年4月3日，全国首个农村产权流转担保公司正式在成都组建，17家区（市）县农业投资公司和小城镇投资有限公司、成都市现代农业物流业发展投资公司、成都市现代农业发展投资公司成为该公司首批股东。该公司主要业务是对土地承包经营权、林权等流转行为进行担保；对利用农村各楼权属证明质押融资进行担保；对利用宅基地、农村房屋、新居工程等抵押融资进行担保等。此举打开了成都农民宅基地、农村房屋、土地承包经营权流转的大门，土地承包经营权、宅基地等生产生活要素将成为农民手中最具活力的资本。

2008年初成都市委市政府出台的2008年“一号文件”（《关于加强耕地保护进一步改革完善农村土地和房屋产权制度的意见》）明确提出“开展农村房屋产权流转试点”，包括买卖、赠与、作价入股、抵押、租赁等，逐步实现城乡房屋同证、同权，逐步建立城乡统一的房屋产权流转制度。农村房屋产权流转的范围包括依法取得的集体建设土地上的建筑物及构筑物，主要包括农民自建房屋、乡镇企业房屋、农民集中居住区房屋。文件还提出，要积极培育发展农村房屋产权交易市场。鼓励、支持发展农村房屋产权流转中介服务机构，培育建立城乡一体、开放、规范的房地产市场。有条件的区（市）县可以成立农村房屋储备中心，以市场价格收购进城农民的农村房屋，促进农村房屋流通。

2003年，安徽省宣城市房地产管理局开始探索集体土地房屋权属登记发证工作，并试图将农房流转与交易管理制度化。2003～2007年，宣城房管局共办理农村房屋抵押贷款7729起，抵押贷款额约为5.02亿元，没有出现一笔不良贷款。截至2008年3月末，集镇和市区以商住楼为抵押的贷款金额为5.86亿元。

安徽省建设厅表示，2008年将按照城乡一体化管理原则，稳步推进农房产权登记发证流转试点工作。首先将在全省选取一些具有实践经验或条件比较成熟的县（市），先行开展登记发证试点工作，在取得经验的基础上，逐步在全省推开。同时，安徽还计划通过农房登记发证工作，探索村镇房产抵押贷款新模式，为村镇房产抵押贷款创造条件。

在沿海经济发达地区，农民融资需求旺盛，但因缺乏担保而贷款受限制。在4月15日召开的浙江省2008年金融工作会议上，省长吕祖善透露，为解决金融服务“三农”发展，2008年浙江省将在抵押担保问题上进行多项尝试。其中包括探索农房抵押贷款试点、探索农村集体非农建设用地流转与抵押办法。该省计划根据农民住房特点和银行抵押贷款的条件，在城乡结合部的农村地区试点农房抵押贷款。

在此前，浙江省湖州、温州和嘉兴等地已先期进行了农民房屋抵押贷款的尝试，积累了一定的经验。如温州乐清农村合作银行从2006年开始试点办理集体土地农民自建房抵押贷款业务，将集体土地上建造的农民住房，视同国有土地上的房产办理抵押贷款。截至2008年2月末，该行已为3452户农民提供集体土地上的自建房抵押贷款，贷款金额达6.23亿元。

在对农民房屋确权（登记发产权证）的基础上，允许农房产权流转及抵押贷款，不仅对于解决农民贷款难有直接的效果，对保障农民的住房财产权以及实现农村宅基地的市场化流转也具有重大意义。许多专家对此项改革持支持态度，如著名学者樊纲就提出，农村宅基地可以试行较完整的私有产权制度，实行永久产权，允许进行财产转让或抵押。这样做一方面有利于促进农村人口向城市转移，另一方面也有利于解决部分城市人在农

浙江省部分地区试行农房抵押贷款规定

| 试验地区 | 相关文件 | 具体内容 |
| --- | --- | --- |
| 湖州市 | 《湖州市区农村农民房屋抵押登记办法（试行）》 | 农民以其在农村的合法的房屋，以不转移占有的方式，向农村信用社和开展农村信贷业务的商业银行提供债务履行担保；农民设定抵押的房屋，必须经房屋权属登记，取得由房地产管理部门颁发的房屋权属证书；农村信用社和商业银行，按有关规定对贷款人的资信进行审查，按相关规定进行的抵押贷款，其贷款数额为抵押房屋价值的70%以下。 |
| 温州乐清 | 温州市法院和国土资源局关于集体土地上的农民住房转让问题相关规定：对已办理抵押登记手续的集体土地使用权，只要符合流转条件，就可以由法院直接裁定处分 | 在办理集体土地农民自建房抵押贷款时，参照国有土地的房产抵押贷款管理制度及审批流程，借款人在签订贷款合同后，持房产所有权证，向房管登记部门办理抵押登记，然后将其集体土地证和房产他项权证一并交付银行保管。借款人自行报价后，农村金融机构信贷员及管理人员与借款人进行协商，确定房产作价价格并发放相应数额的贷款。 |
| 嘉兴市 | 《嘉兴市农村合作金融机构农村住房抵押借款、登记管理暂行办法》、《关于开展农村住房抵押贷款试点工作的意见（试行）》 | （一）农村住房产权登记。房地产管理部门根据农村房屋权利人的申请，按照有关规定，向农村房屋权利人颁发房屋权属证书。（二）农村住房抵押登记。在农村住房产权登记的基础上，房地产管理部门根据农村房屋权利人的申请，按照有关规定，办理农村住房抵押登记，颁发《房屋他项权证》。（三）农村住房抵押贷款。农村合作金融机构根据辖区内拥有农村住房所有权，并经过农村住房产权登记和抵押登记的借款人的申请，按照有关规定，签订抵押借款合同，发放贷款。（四）宅基地所有权处置。由需要向农村合作金融机构借款的农村房屋权利人提出申请，农村住房坐落土地所有权单位（村民委员会）作出土地使用权随住房抵押、抵押权实现时同意处置的承诺，并出具书面证明。 |

村找到居所的问题。目前政策和法律不允许宅基地抵押，主要是担心放开宅基地买卖，会导致农民失去房屋，居无定所，影响社会稳定。事实上，农民也是理性的，如果没有稳定的收入，不会轻易把宅基地卖掉。《物权法》明确规定把“宅基地使用权”定义为“用益物权”，也取消了“农村宅基地不能流转”的条款，只是说依照现行法律管理。立法者曾解释，主要是为今后宅基地和农地产权改革预留空间。专家认为，四川、安徽等地如果能及时制定农房抵押权实现后的后续政策、平衡改革试点与现行土地管理法律的潜在冲突，可为全国农地制度改革提供“样本”。

## 国土部为何频频与地方搞“合作”

2008年7~8月份短短的20天里，国土资源部主要负责人分别“南下”“东进”，先后和湖南、重庆、成都、天津签署合作协议，针对土地管理中存在的一些重大问题分别作了有目的的试点安排，从不同的侧面加快了土地管理改革的节奏。从这些试点部署中，我们可以看出下一步全国土地改革的大致趋势。

2007年，中央确定长株潭城市群为全国资源节约型和环境友好型社会建设综合配套改革试验区。7月20日，国土资源部与湖南省签署《关于共同推进湖南省国土资源工作促进长株潭城市群“两型”社会建设合作备忘录》，将试验区建设纳入全国土地利用总体规划纲要，共同开展长株潭城市群国土规划编制，推进国土资源节约集约利用。

湖南省内各界一致认为，长株潭改革最重要的是土地规划。湖南省对此有清醒的认识，在2008年2月召开的全省国土资源工作会议上，湖南省省长周强强调，2008年，要推进长株潭两型社会建设试验区土地管理改革。加紧研究制定长株潭城市群土地管理改革方案，真正把长株潭城市群建设成为全省土地使用和管理创新的先导区。按照湖南省国土资源厅的计划，2008年湖南将加快编制长株潭城市群土地利用专项规划，打破现有行政区划界限，按区域集中布局耕地和基本农田，按产业和功能分区科学规划建设用地和生态用地。抓紧研究制定长株潭土地管理配套改革方案，明确改革的总体思路、改革重点和主要制度安排。

种种迹象显示，“统筹城乡发展，促进形成城乡经济社会一体化新格局”将是我国下一步改革的重点。2007年6月，国务院批准设立重庆市和成都市全国统筹城乡综合配套改革试验区。8月5日，国土资源部与重庆签订了《推进统筹城乡综合配套改革工作备忘录》，双方将共同探索改革征地补偿安置制度，探索集体建设用地流转，推进城乡统一的土地交易市场建立等新举措。

2008年8月6日，国土资源部又与四川省政府、成都市政府签署了《关于共同推进国土资源管理工作促进成都统筹城乡综合配套改革试验区建设的合作协议》。根据《合作协议》，部、省、市三方将在11项国土资源管理工作方面携手合作，加快灾区恢复重建工作步伐。

国土部与重庆和成都签署的合作文件，大部分内容相同，但其中有关土地流转和土地市场方面的内容却是重庆独有的。此前以农村土地经营权入股设立公司的尝试引发了诸多争议。在中央财经小组、农业部、中农办等相继到渝进行专题调研之后，重庆市拟定了《关于开展农村土地经营权入股，发展农民专业合作社的决定》，拟以专业合作社为基础，探索新的农地承包权与经营权的分离改革。据有关负责人透露，重庆拟发展的农民专业合作社有股权单一、生产要素合作、股份混合、股权转租及股份参与五种模式。此外，重庆市已向国务院有关部委申请一项重大改革：设立中国第一个农村土地交易所，开展农村集体建设用地等农村用地向城市建设用地的流转交易。其主要内容是：探索建立城乡统一的土地交易市场，使集体土地和国有土地统一政策、统一调控、统一监管。在不违反国家土地用途管制制度、不利用集体建设用地进行房地产开发的前提下，使农村建设用地，包括宅基地、耕地、林地等农村土地通过招拍挂方式以转让、出租、作价入股、抵押等形式进行“流转”。

天津滨海新区是另一个综合配套改革试验区，土地改革也是其核心试验内容之一。2008年8月9日，国土资源部与天津市签署了《关于共同推进天津市国土资源工作，促进滨海新区开发开放合作备忘录》。《合作备忘录》涉及12个方面的内容，主要是改革农转用和征地制度，完善征地补偿机制，改革集体建设用地管理和收益分配制度等。双方还就天津滨海新区土地管理改革专项方案达成了共识。根据已经上报的《滨海新区土地改革专项方案》，天津市将在滨海新区依法对农用地征收和转用探索新的审批及实施方式。天津市将依据滨海新区土地利用总体规划和土地利用年度计划，依法批准或一次报批农地转用，并合理确定征收范围，由天津市政府批准组织征收。通过改革土地征收审批制度，天津方面对滨海新区土地利用总体规划确定为建设用地的集体土地，由市政府分区域、按地块、有计划地批准征收，统一安置农民。天津还将改革集体建设用地使用制度，具体做法是，进行集体土地登记发证，明确集体建设用地规模、比例，界定集体建设用地权益，实行集体建设用地使用权有偿取得和流转制度，将集体建设用地纳入统一土地市场，实行交易许可。

国土资源部与四省市合作试点内容对比

| 省市 | 合作内容 | 支持内容 | 特点 |
|---|---|---|---|
| 湖南 | 合作开展国土规划编制；加快土地利用总体规划修编；推进国土资源节约集约利用；推进管理体制机制创新；开展“挂钩”试点；加强耕地保护；建立并完善国土资源监管长效机制。 | 支持试验区内的长沙黎托片集约节约用地示范区、株洲清水塘重金属污染土地综合利用示范区和湘潭台商投资建设用地，在编制下达湖南省土地利用计划时予以统筹考虑。 | 纳入《全国土地利用总体规划纲要》，重点支持编制城市群土地利用专项规划。 |
| 重庆 | 共同探索土地利用新机制、耕地保护新模式、关注民生新举措、推进地质找矿与资源管理以及建立健全工作机制等五大方面。探索集中使用土地整理专项资金的方式，聚合各类资金，推进土地整理工作。探索耕地保护新模式。 | 完善工业用地地价标准，建立和完善节约集约用地考核评价制度；支持建立耕地保护基金和分类分级保护的经济激励机制，形成耕地保护共同责任机制。支持市域范围内的国家土地整理重大工程；支持改革征地补偿安置制度。 | 探索集体建设用地流转，探索建立城乡统一的土地交易市场。 |
| 四川成都 | 促进成都统筹城乡土地规划，科学安排土地利用；创新耕地保护机制，提高农民保护耕地的积极性；推进节约集约用地，探索可持续发展的新模式；探索农村土地使用制度改革，建立市场配置机制。 | 支持建立土地利用总体规划动态评估与滚动修改机制；支持成都市探索耕地保护新机制；探索建立国土资源执法监管新机制；加大国土执法监察力度；规范矿产资源勘查开发秩序。 | 灾后重建用地指标、地质灾害防治资金等方面给予大力支持。 |
| 天津 | 创新耕地保护模式，改革农转用和征地制度，完善征地补偿机制，推进集约节约利用国土资源，改革集体建设用地管理和收益分配制度。 | | 重点支持滨海新区土地管理改革专项方案。 |

## 农村土地交易所将从概念变为现实

2008年4月，重庆市向国务院递交了建立农村土地交易所的申请，核心是使农村建设用地进入市场流通。为此，国务院相关部委组成调研组于6月份赴渝进行了专题调研。8月5日，国土资源部与重庆市政府签订了《推进统筹城乡综合配套改革工作备忘录》，并明确表示，支持重庆建立城乡统一的土地交易市场。这意味着，我国首个农村土地交易所有望即将在重庆率先设立。这一方案为土地使用权成为商品权利体系提供一条可操作的途径。农村建设用地、城市建设用地增减挂钩的流转难题便可迎刃而解。

为保证土地交易的正常进行，重庆首先成立统一的监管机构，成立重庆市农村土地交易监管委员会，由国土、农业、林业、规划、建设、水利、金融、工商、社保等部门负责人组成，负责农村土地交易指导、监督和管理。下设一个办公室，负责全市农村土地交易服务机构资质审查、土地指标核发等日常工作。其次由市政府出资成立农村土地交易所构成交易平台。市土地行政主管部门指导工作。农村土地交易所是一个非营利性事业法人机构，它要建立全市土地交易信息库，发布交易信息，提供交易场所，办理交易事务。农村土地交易所还在各区县设立代理机构，就近受理土地出让申请，进行发布信息、登记等服务。

根据重庆的设想和国家有关部委的建议，在农村土地交易所内交易的主要品种是农村土地指标，包括农民宅基地、乡镇企业用地、村落公用地等农村集体建设用地，经过复垦整理并严格验收，置换出的建设用地指标称"地票"，在农村土地交易所内公开交易。此外，土地交易所作为一个交易平台，也对农村承包地等农业用地、林业用地和农村集体建设用地使用权的交易提供服务，包括发布交易信息，提供交易场所，规范交易行为，保障交易权益等。而一块农村建设用地变成土地指标须经历五个环节：一是申让方提出土地整理立项申请，经区县土地行政主管部门批准后整理所立项的土地；二是在土地整理完毕后，向区县土地行政主管部门提出整理质量验收申请；三是区县土地行政主管部门组织验收，并按一定系数折算为有效耕地面积，出具验收合格证明；四是区县土地行政主管部门向市土地行政主管部门申请核发相关土地指标凭证；五是市土地行政主管部门将农村集体建设用地复垦整理面积和新增耕地面积，扣除农户农村异地安置占地面积后的余额为标的凭据，核发农村建设用地指标凭证。

根据方案，农村集体经济组织、具有完全民事权利能力和民事行为能力的自然人、法人和其他经济组织，比如政府土地储备机构、工商企业和房地产开发商等用地单位，都可以是交易主体。具体来说，农民可以委托当地代理机构向土地交易所提出出让申请，土地交易所接到申请后对其宅基地的复垦进行审查验收，审查通过的进入土地交易所指标信息库，由购买者从土地交易所公布的交易指标里公开竞购。交易成功后，双方在土地交易所进行交易确认，并到相应土地行政主管部门登记备案即可。

为切实保护农民的利益，农村土地交易所方案在交易过程的几个重要环节上，都对

农村土地交易机构及交易流程

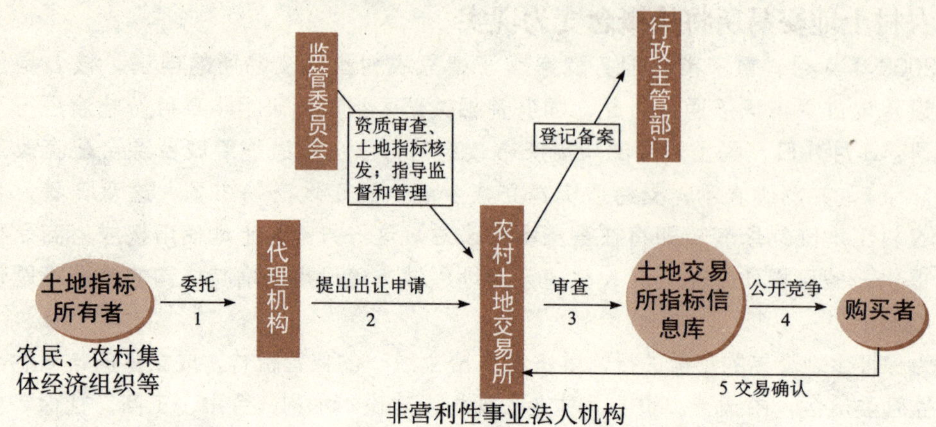


农民利益作了设计和规定。第一，申请耕地复垦整理环节：凡农村集体经济组织申请耕地复垦整理，必须经 2/3 以上成员或者 2/3 以上成员代表同意，防止农村集体经济组织的利益受到损害。第二，申请出让土地指标环节：凡农村集体经济组织申请出让，必须出具经 2/3 以上成员或者 2/3 以上成员代表同意交易的书面材料。第三，价格确定环节，实行价格保护措施：区县政府制定并公布农村土地的基准地价，农村土地交易价格不得低于政府公布的基准地价。第四，土地交易收益分配环节：对于不同形式的农村土地交易，交易收益按不同的比例在农民和农村集体经济组织之间分配，农民获益最高的比例可达到 100%。

根据方案，重庆的探索首先是在市域范围，待条件成熟后，再发展成为城乡一体化的土地交易市场。为与现有国有土地管理制度衔接，重庆提出了两条措施：一是对农村集体建设用地指标交易总量实行计划调控，原则上每年度指标交易量不超过本年度国家下达的城市建设用地计划的 20%；第二，要促进土地指标的有效利用，防止土地指标的囤积和炒作。

专家认为，重庆的探索，将对中国土地制度改革产生深远影响：一是农村集体土地将成为中国城市新增土地的基本来源，由此将形成公开化的中国村镇房市和构建中国房市的全流通格局；二是为解决实际占地 2 亿多亩农村建设用地使用权的流转，建构全国统一的土地使用权体系，为土地使用权成为全新的商品权利体系提供一条可操作的途径。

## 加大力度培养引进人才

为大力实施人才强国战略，2007 年 11 月，中共中央办公厅、国务院办公厅出台了《关于加强农村实用人才队伍建设和农村人力资源开发的意见》，把加强农村实用人才队伍建设和农村人力资源开发确定为一项重大而紧迫的战略任务。农业部也出台了农村实用人才创业培训实施方案加以推进。一些地方也纷纷出台新政策，努力培养大批农村实用人才，并发挥其在新农村建设中的示范带头作用。另外，从 1995 年江苏省率先聘用大学生“村官”，相关探索已进行了十多年。经中央同意，中央组织部等有关部门决定，从 2008 年开始，用 5 年时间选聘 10 万名高校毕业生到村任职。

## 培养农村实用人才，打造农村创业生力军

2008 年 2 月 4 日，湖北省委组织部、省人事厅、省农业厅等七部门联合下发了《关于开展全省农村实用人才培养示范基地创建试点工作的意见》，要求所属市、州各选择 1～2个农村人才工作基础较好的县、市（含农业区）开展示范基地创建试点工作。各试点县要按照“统筹规划、资源共享、规范管理、综合利用”的原则，开展示范基地创建工作，探索农村实用人才和党员干部培养模式的有效途径，直接培训大批农村实用人才，并通过发挥示范基地的龙头作用，促进农村人才队伍建设和基层组织建设，推动“一县一品”、“一乡一业”规模经济发展。创建试点工作结束后，省委组织部将总结创建试点工作经验并在全省推广。

湖北省农村实用人才示范基地建设主要标准

| 类别 | 主要内容 |
| --- | --- |
| 培训课堂和实习场所完备 | 教室、图书室、学员宿舍及食堂等培训用房不少于 500m² 的；教学及实习设施满足培训需要；自有或合作拥有不少于 100 亩可供实习的实践场所或一定养殖规模的家禽、家畜。 |
| 培训制度健全 | 年培训人数不少于 2000 人次，其中农村党员干部的培训要占 20% 以上。 |
| 师资力量和管理人员配套 | 建立以兼职为主体的教学队伍，配备必要的管理人员，管理规范，运转高效。 |
| 技术服务体系完善 | 建立农业技术跟踪服务体系，为学员和农民提供技术咨询，解决技术难题，依托农村生产基地和专业协会建立农产品加工销售网络。 |
| 辐射带动能力较强 | 通过基地的教学培训和技术推广应用，对当地农业产业化的发展和适度规模经营有较明显的推动作用。 |

2008 年 6 月，湖北省委组织部在钟祥市召开农村实用人才示范基地建设现场会。为落实创建试点工作，湖北省财政列支 1000 万元创建首批 30 个农村实用人才培养示范基地。示范基地将集“农村实用人才培养基地、农村党员干部教育培训基地、农村实用人才评价鉴定基地和农业技术试验、推广和服务基地”等四项功能于一体，达到标准较高、产业优势明显、培训功能齐全、带动辐射作用强的目标。

陕西省 2006 年 4 月制定发布了《陕西省“十一五”期间农村基层人才队伍振兴计划》，并由省委组织部、省人事厅牵头，编制、教育、科技、财政、建设等部门密切配合，在全省每个设区市各选 2 个县进行试点。2008 年 4 月，陕西省政府出台《2008 年〈陕西省“十一五”期间农村基层人才队伍振兴计划〉实施方案》提出，全省将在除个别城区外的 98 个县（市、区）全面展开农村基层人才队伍振兴计划。

| 陕西省农村基层人才队伍振兴计划主要内容 | |
|---|---|
| 类别 | 主要内容 |
| 设立“农村基层人才队伍振兴资金” | 省财政每年出资5000万元，设立“农村基层人才队伍振兴资金”，各市区县设立相应机构和基金，主要用于高校毕业生到基层就业奖励、助学贷款偿还、从医从教助学金和“三支”人员补贴、基层人才学历教育资助、人才培养等支出。 |
| 选派高校毕业生到农村服务 | 教育部门清理代课人员，腾出的岗位安排选派的师范专业本科生；对到农村中学和乡镇涉农服务机构及乡镇卫生院工作的本科生，一次性平均奖励1万～3万元，并实行助学贷款代偿政策。 |
| 为农村人才队伍提供后备资源 | 设立“大学生到农村基层从医从教助学金”，资助家庭困难、有志到乡镇以下农村从医从教的本科生；实行面向基层就业的资助跟踪和“合同培养”形式招生1000人。 |
| 选派专业人才支援农村 | 按需选派、对口支援、定期轮换方式，组织农技人员、教师、医生到农村进行为期一年的服务。省上五年选派9900人；市级五年选派13200人；县级五年选派9900人。 |
| 确保基层高校毕业生工资 | 对到辖区基层单位就业的高校毕业生，其人事档案由县各行政主管部门管理，工资和福利待遇由县政府按照国家标准，按时足额予以发放。 |
| 建立人才投身基层的导向机制 | 从基层为县以上机关遴选公务员制度；实行县以上法、检两院补充公务员从基层遴选制度；实行从基层为县以上事业单位招考工作人员制度；实行工资倾斜政策；建立职称评审导向机制。 |
| 加强基层人才学历教育 | 对35岁以下不具备大专学历的乡镇、街道办事处公务员和事业单位工作人员，实行带薪离岗学历教育。 |
| 加强农村实用人才培养 | 实施“一村一品”项目，每年重点培养5万名生产能手、能工巧匠、经营能人和乡村科技人员；每年培训农村实用人才3万人；每年培养农民技术员2万人。 |
| 优化人才发展环境 | 大学生到基层乡镇机关和基层法庭工作实行周转编制；建立“一把手”抓人才工作的考核责任制。 |
| 严格管理和考核 | 全省各级人事部门要制订考核办法，加强对选派毕业生、定向生、支医支教等基层就业或服务人员的管理。 |

天津市2004年10月开始实施农村劳动力“351”培训工程，即利用3年时间，通过实施“五大工程”（绿色证书工程、跨世纪青年农民科技培训工程、新型农民创业培植工程、农村富余劳动力转移就业培训工程和农业远程培训工程），使100万农村劳动力接受职业培训，从而整体提高全市农村各类从业人员的职业素质。到2007年底，“351”培训工程培训总体规模已经达到111万人，毕业108.2万人，在学2.8万人，累积开班近两万期。

“351”工程按期圆满完成任务后，从2008年起，天津市全面启动实施农民素质提高工程。其基本目标是，通过实施红色证书、绿色证书、蓝色证书、村干部培训、农村经纪人培训等五大培训工程，到2011年，在对全市广大农民进行普及性教育培训的基础上，重点累计培训40万农村实用人才，向非农产业转移农村劳动力30万人。该工程重点实施以农业富余劳动力转移、非农产业职业技能提高和农村经纪人提升培训为主的农村劳动力转移培训，以及农村基层管理人员培训、专业农民培训和农民思想道德素质培训。

为加强农村实用人才队伍建设，农业部在全国11个省试点培训1万名农村实用创业人才。根据农民意愿培训，着重在种植、畜牧、水产、农产品加工、农村服务五大产业开班培训。培训对象重点从外出务工返乡青年、种养大户、农机大户、农村经济合作组织带头人和有志于农村创业的大、中专毕业生中选取。创业培训包含有集中培训、市场考察、创业设计、实践学习和创业发展等五个环节。从而为现代农业发展和社会主义新农村建设提供有力的人才保证和智力支持。

## 大学生怎样才能“下得去”、“留得住”、“干得好”

在2008年3月20日中央召开选聘高校毕业生到村任职工作座谈会后，各地选聘高校毕业生到村任职工作纷纷启动，如山西省2008年将继续选聘1万名优秀大学毕业生到农村任“村官”，报名工作已从4月15日起全面展开；北京市4月11日召开2008年高校毕业生到农村基层工作动员部署会议，将再选聘3000名大学生“村官”；4月15日，在河南省选聘高校毕业生到村任职工作会议上，省委书记徐光春亲自作动员讲话等等。

从发展规模和层次看，选聘大学生“村官”工作已成为从中央到地方推进新农村建设、培养后备人才以及促进就业的一个重要抓手。但实际工作中还面临不少问题，在更高层次、更大规模推进大学生到基层任职的新形势下，必须解决中组部部长李源潮提出的“下得去、干得好、留得住”的要求。

“现在的高校，有没有‘村官’专业啊?”2008年4月15日河南省委书记徐光春这个意味深长的命题，引起与会人员深思。近年来，许多地方都出现了大学生“村官”因专业不对口、所学东西用不上、工作无从下手等问题，导致难以融入基层。徐光春书记关于“村官”专业的提问可以说是这个问题的典型反映。

近两年，北京市全面启动了“一村一名大学生”计划，但实际工作中发现，在农村工作不懂农业、不了解农民成为这些大学生村官们面临的最大难题。为了帮助大学生村官们更快地适应农村工作，北京农学院和延庆县在全市率先尝试开展村官“回炉”充电工作，由农工委、科委、法制办、北京农学院等单位的官员、专家担任教师。培训内容涉及日光温室种菜、种植、农业管理等现代农业科技知识。

与北京市类似，为了让大学生“村官”“下得去”，许多地方加强了大学生“村官”的培训工作。如山西省晋中市实行的“传帮带”培养机制，对全市大学生“村官”进行大规模培训。其方法是：第一，市委领导把关政策与工作方法专题辅导，乡镇、村基层干部，市县涉农部门和农业院校的专家教授登台执教。第二，组织学员们到新农村建设示范村、先进村企、高效农业示范园进行现场观摩。第三，安排学员们与先进村的干部对话，互动交流，释疑解惑。

另外，正如徐光春所指出的，选聘高校毕业生到村任职，是一项着眼长远的举措，教育部门也应该跟着这个思路改进工作，在专业设计、课程安排上应该适应社会长远发展的需要。学生在校期间，也可以到农村去做“见习村主任”，有针对性地学习和实践。这样，到村任职的大学生整体素质肯定不一样，教育发展也才更能适应社会长远发展的需要。

2008年7月，北京市第一届大学生“村官”就要期满，他们会如何选择今后的出路?《北京日报》刊发的一项调查显示，该市朝阳区62名大学生“村官”中，准备报考公务员的有38人（占61.3%）；打算继续学习深造的有13人（占21.0%）；预备继续服务基层的有9人（占14.5%）。另据《中国教育报》2007年一篇报告表明，近10年来，四川省选派的8600多名大学生“村官”流失率达70%以上。这两组数据说明，农村留住大学生仍是个难题。

为解决“留得住”的问题，各地普遍制定了大学生基层任职的优惠政策，进一步加大了大学生到基层任职的政策保障。北京市住房公积金管理中心、市人事局、市财政局联合下发通知，所有大学生“村官”将享受“五险一金”的待遇。

山西省则将大学生“村官”的待遇制度化。山西省委组织部、省财政厅下发《关于印发高校毕业生村干部工资福利等待遇财政补贴政策的通知》，要求高校毕业生村干部的工资、津贴、补贴、保险、住房公积金等均比照当地全额事业单位在职管理人员政策执行，列入县级财政预算安排，并为其办理有关社会保险。

2006年7月，2000多名高校毕业生陆续奔赴京郊1853个行政村担任村党支部书记助理、村委会主任助理。据《民主与法制时报》报道，两年多的实践，让理想满怀的大学生村官们变得更加务实，但他们的地位却很尴尬：工作范围有限，权力有限，未能进入决策层。因此，对于大学生“村官”，基层要敢于给他们交任务、压担子，还要创造更多条件，让他们的能力得到充分发挥，真正得到锻炼。

实践表明，基层要留住大学生，除了优惠政策保障让他们无后顾之忧外，还要积极创造条件，让大学生在基层真正有所作为，干出一番事业。在这方面，河南省一些地方做法值得借鉴。如河南安阳筹专款设立基金帮扶大学生村官创业。安阳市县两级共设“大学生村干部”创业帮扶资金6400万元。其中，市财政拿出1000万元设立“大学生村干部”创业帮扶资金，各县（市）区财政会同农业、畜牧、林业等部门共筹措资金5400万元，设立县级“大学生村干部”创业帮扶资金。同时，安阳市还成立了专家组成的“大学生村干部”创业专家技术服务团，免费提供创业指导、免费提供创业项目和提供业务培训等。据统计，安阳市前两批大学生村干部创办、领办各类企业和致富项目297个，年获利2000多万元，带动就业2900多人，带领6万多户农民走上了致富路。

| 中组部 8 项激励政策支持大学生下基层 |
| --- |
| **激励和保障政策内容** |
| 比照本地乡镇从高校毕业生中新录用公务员试用期满后工资收入水平，确定工作、生活补贴标准，在艰苦边远地区工作的，按规定发放艰苦边远地区津贴，补贴、津贴按月发放；参加社会养老保险。 |
| 在村任职期间，办理医疗、人身意外伤害商业保险。 |
| 符合国家助学贷款代偿政策规定、聘期考核合格的，其在校期间的国家助学贷款本息由国家代为偿还。 |
| 在村任职 2 年以上，具备“选调生”条件和资格的，经组织推荐，可参加选调生统一招考。 |
| 在村任职 2 年后报考党政机关公务员的，享受放宽报名条件、增加分数等优惠政策，同等条件下优先录用。县乡机关公务员应重点从选聘到村任职的高校毕业生中招录。 |
| 聘期工作表现良好、考核合格的，报考研究生享受增加分数等优惠政策，在同等条件下优先录取。 |
| 被党政机关或企事业单位正式录用（聘用）后，在村任职工作时间可计算工龄、社会保险缴费年限。 |
| 到西部和艰苦地区农村任职的，户口可留在现户籍所在地。此外，对选聘到村任职的高校毕业生，中央财政还将按人均 2000 元的标准发放一次性安置费。中央财政按照东、中、西部地区人均每年 0.5 万元、1 万元、1.5 万元的标准给予补贴，不足部分由地方财政承担。 |

## 科学规划设施建设

尽管早在 2004 年农业部就颁布实施了《农业基本建设项目管理办法》，但在各地落实的情况不尽相同，围绕 2008 年中央一号文件“加强农业基础建设”这一主题，进一步强化农业基本建设项目管理，是农业农村经济持续健康发展的重要保障。

农村公路建设是农村基础建设和新农村建设的重要内容。2006 年新农村建设全面启动后，交通部提出到“十一五”末，使全国具备条件的所有乡镇和建制村通公路，95%的乡镇和 80%的建制村通沥青（水泥）路。2008 年全国交通工作会议提出的目标是：新改建农村公路 27 万公里。同时，交通部首次用“农村交通”的概念替代了“农村公路”。

### 山西制定农业项目管理配套三大文件

为加强农业基本建设项目计划管理，规范项目建设程序、申报审批、招标采购和竣工验收等行为，进一步明确省、市、县各级部门和厅所属相关单位职责分工，确保工程质量，提高投资效益，促进农业和农村经济健康发展，2007 年底，山西省农业厅根据农业部《农业基本建设项目管理办法》的相关规定和要求，制定颁布了《山西省农业基本建设项目管理办法》、《山西省农业基本建设项目仪器设备招标投标管理办法》和《山西省农业基本建设项目竣工验收办法》等系列文件，率先把山西省的农业基本建设项目纳入到了规范制度化、公开化管理的范畴中。

《山西省农业基本建设项目管理办法》从职责分工、项目前期工作、项目申报管理、投资计划、项目实施、监督管理等几个方面，对农业基本建设项目各方面的管理目标、管理要求和具体操作步骤等内容进行了严格细化。

该《办法》规定，农业基本建设项目实行领导责任制，各级农业行政主管部门负责人对本辖区农业基本建设项目的实施负领导责任。项目建设单位的法定代表人对项目申报、实施、质量、资金管理及建成后的运行等负总责。项目勘察设计、施工、监理等单位法定代表人按照各自职责对所承建项目的工程质量负终身责任。

该《办法》强调，任何项目的进展都要严格遵循基本建设程序。基本建设程序包括提出项目建议书、编制可行性研究报告、进行初步设计、施工准备、组织施工图设计、建设实施、竣工验收、后评价等阶段。

该《办法》要求，各市农业行政主管部门具体负责本辖区农业基本建设项目的管理，包括制定项目建设的规划布局，开展项目前期工作，协调同级发展改革部门进行项目申报，组织项目实施，落实地方配套资金，监督项目资金使用、招标投标、工程监理、施工建设等，并根据委托组织对项目竣工的验收或预验收工作。

该《办法》对投资计划也作了严格规定，中央投资的项目，建设单位必须在项目纳入农业部年度投资计划并下达第一次项目投资计划后的6个月内开工。既不开工又不申请延期，或者因故不能按期开工超过6个月的，将暂停下达项目投资计划，责令限期整改；整改达不到要求的，撤销建设项目，收回已下达的投资。县级以上人民政府农业行政主管部门对年度投资计划执行不力，不履行基本建设程序，擅自变更建设地点、建设性质、建设单位、建设内容、建设标准和投资规模，挤占、挪用、截留、滞留建设资金或不落实配套资金，以及有其他严重问题的项目和单位，视情节轻重采取限期整改、通报批评、停止拨款、撤销项目、收回投资、停止安排新建项目等措施，并建议追究有关单位责任人的责任。

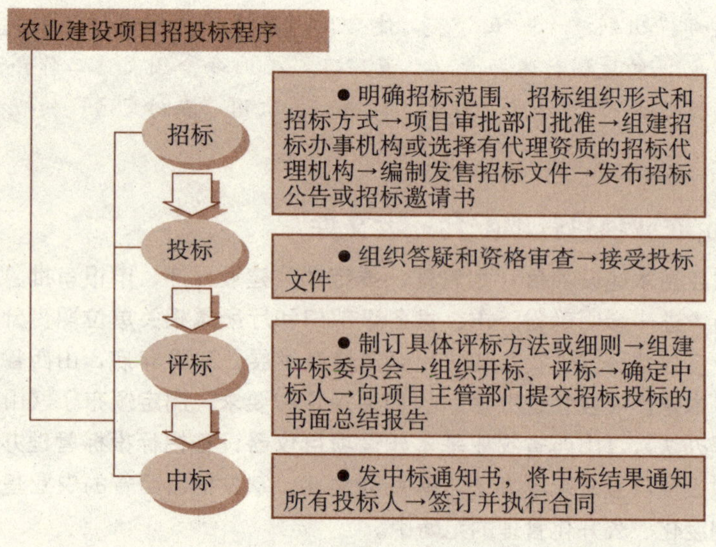

《山西省农业基本建设项目竣工验收办法》从职责分工与组织、竣工验收的条件和内容、竣工验收的依据及方法等方面，规定了农业基本建设项目竣工验收的具体办法。《办法》规定，建设单位先组织施工、监理、设计及使用等有关单位进行初验，然后提出竣工验收申请，验收部门成立验收组，组织竣工验收。

《山西省农业基本建设项目仪器设备招标投标管理办法》从职责分工、招标、投标、评标、中标、标后管理等方面，规定了有关农业基本建设项目仪器设备招标投标管理的具体办法。

该《办法》规定，上报国家和省投资的农业基本建设项目，经厅长或分管厅长审签上报后进行公示。农业基本建设项目的勘察、设计、施工、监理和与工程建设有关的重要仪器、设备、材料的采购要依法实行招标。

必须进行公开招标的农业基本建设项目

| 项目类别 | 所需条件 |
| --- | --- |
| 施工单项合同 | 估算价在 200 万元人民币以上 |
| 仪器、设备、材料采购单项合同 | 估算价在 100 万元人民币以上 |
| 勘察、设计、监理等服务的采购单项合同 | 50 万元人民币以上 |
| 项目总投资额（单项合同低于上述标准的） | 3000 万元人民币以上 |

该《办法》规定，采用公开招标的项目，招标代理机构（或项目建设单位）应当在山西省发展和改革委员会指定的媒介发布招标公告。招标公告不得限制潜在投标人的数量。招标文件规定的各项技术标准应当符合国家强制性标准，不得标明特定的投标人或产品，以及含有倾向性或者排斥潜在投标人的内容。

为确保项目的公开公正，农业厅项目监管处、驻厅纪检监察室负责招标投标过程的监督，受理对项目招标投标活动的投诉并依法做出处理决定，督办项目招标投标活动中违法违规行为的查处工作。对于招标投标活动中出现的违法违规行为，依照《中华人民共和国招标投标法》和国务院的有关规定进行处罚。

招标代理机构（或项目建设单位）在开标前，应有相关监管部门到现场监督开标活动。开标应当在招标文件确定的提交投标文件截止时间的同一时间公开进行。

## 浙江“建管养运”一条龙建设康庄大道

2003 年 4 月，浙江省将“乡村康庄工程”作为农村地区建设小康社会的战略突破口正式提出，并列入该省交通“六大工程”之一。到 2008 年初，浙江省建设乡村康庄工程 6.3 万多公里，超额完成 5.5 万公里的预订目标；全省所有乡镇已通等级公路，行政村通等级公路率由 57.7% 提高到 96.2%，通村公路路面硬化率由 48% 提高到 94.4%。在乡村康庄工程实施过程中，浙江省专门成立了省、市、县“乡村康庄工程”办公室，进行了详细的规划和周密的安排部署，同时引导广大农民群众积极参与，通过政策驱动、各方联动、典型带动等方式，确保了乡村康庄工程建设有序推进，并形成了“建管养运”一条龙运行机制，使乡村康庄工程真正成为“民心工程”和“德政工程”。

建设农村公路，资金是最大难题。为加大省补资金扶持力度，浙江省除将国债资金由浙江省交通厅“统贷统还”，以及将部分公路客货运附加费用于农村公路建设以外，还积极向交通部争取支持，从2004年起提高公路养路费征收标准，把每年增收的7亿～9亿元全部用于农村公路建设，不足部分再向银行贷款，使农村公路建设资金得到有力保证。各市县在实施乡村康庄工程过程中，充分发挥社会力量参与康庄工程建设，如平阳县发挥村民自治组织的作用，采取“一事一议”、社会募捐等办法，引导村民自愿出工出资。同时，积极寻求挂钩部门单位的支持，发动企业出资建设乡村康庄工程。

为确保乡村康庄工程质量和资金使用效益，浙江省建立了省、市、县、乡四级监督体系，以严格高效的管理打造廉洁优质的工程。该省首先明确了省、市交通工程质量监督部门的工作职责，各县交通部门专门建立质量监督组，履行政府监督职责；乡村监督员、社会义务监督员共同参与监督，使乡村康庄工程真正成为阳光工程。同时，该省对建设资金实行专户存储，专款专用，并根据农村公路建设的特点，把乡村康庄工程纳入廉政保障范围。

各地根据实际，也制订了制度，建立健全了防范腐败的机制，如嘉兴市制定了一套行之有效、切实可行的管理办法，统一委托设计、统一委托招投标、统一委托工程监理的“三统一”。同时建立了“三级质量监督网络”，即：县（市、区）交通局组成乡村康庄工程质量监督小组实施政府监督，监督小组成员分片负责到具体乡镇；乡镇的临时质量监督员负责到具体工作项目；每个项目均由建设业主委派质量管理员负责质量管理。另外还建立了资金监管机制，分别设立了国债账户和省补账户，实行专户存储、专款专用。

随着乡村康庄工程的不断推进，针对农村公路管护问题，在争取提前一年完成农村公路建设任务的同时，省里还积极探索农村公路的管理养护工作，要求各地坚持建管养并重，致力于建立农村公路管理养护长效机制。如诸暨市积极探索多种农村公路养护模式，指导镇乡（街道）因地制宜选择农村公路养护模式。对经济相对发达的镇乡，通过招投标等市场化运作模式，结合新农村建设，选择有相应资质的保洁公司实施；对经济基础相对薄弱的镇乡，充分发挥镇乡政府和村级组织的作用，采取个人（农户）分段承包等形式的养护模式；逐步建立三级管理体制，即乡镇政府（街道办事处）负总责，村镇办具体负责管理考核，养护公司、保洁公司或个人（农户）实施养护作业。

乡村康庄工程建成后，浙江省把提高农村公路通达率、实现一体化作为浙江农村客运的发展方向，通过统筹两种经营机制，建立以通达率为基础的客运公司片区经营机制和以一体化为基础的客运公司集约型经营机制。如丽水市在全国率先推出了“康庄小巴”运营模式，采用了不定班次，不定时间，循环发车的运营方式；在沿线村庄还设立了“康庄小巴”停靠站牌，站牌上标注着“叫车电话”，村民只要在家里打个电话就可以方便叫到车；每逢周末学生放假、村民赶集，“康庄小巴”还会根据乘客需求来增加趟数，延长时间。同时，丽水市除了对“康庄小巴”实行规费减免外，还对客运线路进行了冷热捆绑，以盈补亏，基层政府也对“康庄小巴”都给予了一定的财政补助。

# 农民生活日益改善

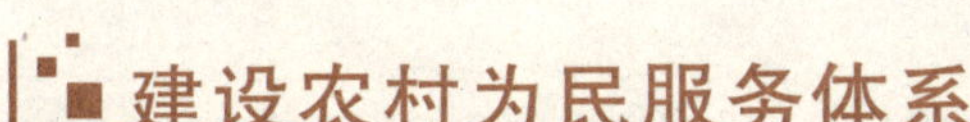

## 建设农村为民服务体系

*随着农村综合改革的不断深入推进，以乡镇撤并和人员精简为主要内容的基层政府改革已基本告一段落。目前改革的重点是改变基层政府的职能，健全农村公共服务体系。国家基本公共服务向农村延伸的加速推进，已对建立这一服务体系提出了迫切要求。*

### 留守儿童社会干预的解决方案

2008 年 2 月 27 日，全国妇联发布的《全国农村留守儿童状况研究报告》显示，我国现有进城务工的农村劳动力约 1.3 亿人，全国农村留守儿童约 5800 万人，留守儿童的比例达 28.29%，四川、安徽、河南、广东、湖南和江西 6 省的农村留守儿童在全国农村留守儿童总量中所占比例超过半数，达到 52%。在一些地区，和祖父母或者其他亲戚一起生活的儿童，已占到七成左右。留守儿童问题，已成为一个不可忽视的社会问题。2006 年 8 月，国务院妇儿工委办公室和联合国儿童基金会确定安徽歙县、江西新余渝水区、江苏如皋市等县区作为留守儿童社会干预项目试点，探索完善留守儿童权利保护工作新机制，也为政府决策提供依据。一年多来，三地试点已取得初步成效。

3 万留守儿童的存在，已成为安徽省歙县农村和谐发展的一个突出社会问题。2006 年，歙县被确定为留守儿童社会干预项目试点县后，歙县县委、县政府积极实施关爱留守儿童的组织、队伍、制度、设施等“四大工程”，为留守儿童快乐成长营造了良好的社会环境和学习生活条件。此外，歙县广泛开展宣传发动，共筹资金救助特困儿童 209 名，在全社会营造了关爱留守儿童的良好氛围。2007 年 10 月，联合国儿童基金会驻华代表在歙县考察后，对该县留守儿童工作给予了充分肯定。

| 歙县留守儿童社会干预工作“四大工程”建设情况 | |
|---|---|
| 类别 | 具体内容 |
| 组织工程建设 | 成立留守儿童社会干预试点项目领导组，制订实施方案，加强领导，明确项目活动目标任务，对全县留守儿童工作进行全面动员和部署。 |
| | 建立留守儿童动态监测机制，掌握留守儿童动态状况，建立留守儿童档案 1.3 万余份，建设留守儿童活动中心 10 个。 |
| | 在五个重点乡镇确定示范学校，所在的行政村定为示范村。 |
| 队伍工程建设 | “代理家长”由班主任、任课老师组成，关心留守儿童的生活、学习。 |
| | “手拉手共成长”活动由学生干部、共青团员与留守儿童结成对子。 |
| | “爱心妈妈”由县、乡、村领导、“五老人员”、妇联干部、优秀企业家及其他爱心人士组成。 |
| 制度工程建设 | 建立结对帮扶制度。包括师生结对帮扶、同学结对帮扶、社会结对帮扶。 |
| | 创新家长学校制度。开展临时监护人培训，提高临时监护人的教育管理能力。 |
| 设施工程建设 | 建设留守儿童活动中心，丰富留守儿童的生活。 |
| | 加大农村学校宿舍的建设，吸纳 3000 名留守儿童住校，同时积极鼓励社会办学，弥补寄宿制学校建设资金的不足。 |
| | 电信部门为部分学校、十所留守儿童活动中心安装“亲情热线”电话，为 1000 名贫困儿童发放了电话卡。 |

江西省新余市渝水区试点通过构建社会、学校、家庭共同参与的支持网络，实现社会联动参与，从而为保护留守儿童的健康成长提供了宝贵经验。首先，渝水区成立了由相关部门共同参与的项目领导小组，健全了部门负责制、信息反馈制、教育协调工作制等各项工作制度。区教育局、团委、妇联等部门加强配合，为留守儿童全部印制发放了档案卡和家校联系卡，每个学校都设专人管理留守儿童档案。印发了 6000 册《农村留守儿童汇编》小册子及 8000 份宣传单，并进村入户发放，确保每个留守儿童家庭人手一份。其次，在营造关爱留守儿童良好环境的基础上，渝水区还积极探索学校、家庭衔接的有效办法。通过建立学校联系卡、举办留守儿童家长家庭教育讲座、开展视频会亲等活动，让留守儿童加强与家长的亲情沟通；为困难留守儿童家庭发放 1000 张电话卡，并在学生宿舍附近安装了 201 部电话机，密切了留守儿童与外出家长的联系。值得重视的是，该区按照“群众自愿、好中选优、正确引导、培训上岗”的原则，在全区选拔聘用留守儿童“代理家长”。

在江苏如皋林梓镇林梓小学的学生中，约有一半是留守儿童。从 2003 年起，林梓小学开始开展留守儿童工作研究。2004 年 5 月 10 日，林梓镇成立了全国首家关心留守儿童工作委员会，确定每年 5 月 10 日为林梓镇留守儿童关爱日，并提出了“关爱留守儿童林梓模式”：镇各学校、村委会均建有“关留委”；实施社会、学校、家庭整体联动，全面关注留守儿童的思想品德、学习、心理、生活的两项策略；建立“档案、个案、预案”三案制度；落实“真诚沟通、真情关爱、开展活动、家教辅导”四项措施。之后，这一模式又充实了“建立爱心电话亭、爱心邮箱、爱心辅导站”等内容。2006年11月，联合国儿童基金会专家对林梓镇的保护留守儿童工作给予了高度评价，并将如皋市作为项目试点的城市之一，确定林梓等5个镇作为项目实施的重点。

《全国农村留守儿童状况研究报告》通过对2005年1%人口抽样调查数据的统计分析表明，由于生活环境不稳定，缺乏父母亲的关爱，部分留守儿童成长发展受到一定影响，出现了一些值得关注的问题。为此，报告建议强化政府的主导作用，把农村留守儿童工作纳入国家和各地区经济社会发展规划，把农村留守儿童工作作为促进城乡统筹、社会和谐发展的重要内容，以政府为主导，动员社会力量，确保农村留守流动儿童学业有教、亲情有护、安全有保。

留守儿童不同阶段的分布情况和存在的问题

| 类别 | 比例 | 存在的问题 |
| --- | --- | --- |
| 留守幼儿（0～5周岁） | 27.05% | 20%的1岁儿童科学喂养不足 |
| | | 55%的0～5周岁幼儿缺少情感和社会性发展 |
| | | 接受正规学前教育明显少于城市儿童 |
| 义务教育阶段农村留守儿童（6～11周岁） | 34.85% | 安全和青春期教育缺乏 |
| | | 寄宿制教育需加强和规范 |
| （12～14周岁） | 20.84% | 到城市生活面临困难 |
| 农村大龄留守儿童（15～17周岁） | 17.27% | 父母流动影响学业完成 |
| | | 就业缺乏相应的社会保障 |
| | | 大龄留守女童的性侵害 |

## 消除农村“零转移家庭”在行动

从近年来的发展趋势看，经营性收入和工资性收入已成农民增收的两大支柱。而统筹城乡就业，让农民与城镇居民享受同等的公共就业服务，也是国家“十一五”规划纲要确定的一项重要任务。因此，通过加强公共服务和政策扶持，让更多农民转移到非农领域就业，成为新形势下各地努力增加农民收入的重要举措。据原劳动保障部数据显示，经过多方面的努力，各地广大城镇具备劳动能力的人员已基本实现了就业，消除“零就业家庭”的任务取得了阶段性进展。以促进农村劳动力转移就业、增加农民收入为目的的消除“零转移家庭”工作也提上了各地政府的议事日程。特别是2008年以来，安徽、山西、山东等地加大了政策扶持力度，努力消除“零转移家庭”。

2008年4月，安徽省出台《关于开展消除零转移农户活动的实施意见》提出从2008年6月起至2009年底，使农村零转移农户“出现一户，帮扶一户、解决一户”。从2010年起，全省有劳动能力和转移就业愿望的农村家庭实现“户户有工资性或经营性收入”。为此，安徽省将采取四项扶持政策。一是对符合条件并经认定的零转移农户，确定一名有劳动能力并有转移就业愿望的家庭成员作为援助对象，核发《就业服务卡》；二是对零转移农户从事个体经营、自主创业的，享受小额担保贷款政策；三是对乡镇劳动保障工作站为零转移农户成功推荐就业后，给予职业介绍补贴；四是对参加技能培训的零转移农户家庭成员，给予培训补贴。《意见》出台后，安徽各地迅速部署落实，如安庆市根据本地特点，组织实施"1511 行动"计划，明确提出培养 1000 名小老板、解决 500 户"零转移农户"转移就业、创建 100 个"充分转移就业乡村"、建设 100 个培训基地的工作目标。

安徽省消除零转移农户工作措施

| 类别 | 工作措施 |
|---|---|
| 建立健全基础档案 | 市、县（市、区）、乡镇都要建立"零转移农户"基础台账，对有就业愿望的零转移农户按照"一户一策、一人一策"制定援助计划，签订就业服务承诺，免费提供三次岗位推荐、一次职业指导、一次职业技能培训推荐。乡、镇劳动保障工作站要定期走访"零转移农户"家庭，了解掌握被援助对象转移就业、享受政策等情况。 |
| 拓宽转移就业渠道 | 发挥中介机构、农村劳务经纪人的作用，帮助"零转移农户"成员异地就业；鼓励发展养殖业、畜牧业、水产业、林业、乡村旅游业等，扩大转移就业空间；城市工业园区和乡镇企业用工优先安排"零转移农户"成员；新建、改建、扩建的集贸市场，都应拿出部分摊位用于"零转移农户"就业。 |
| 实施就业援助 | 按照"九个一批"方式实施就业援助。即企业招聘一批、"订单"培训输出一批、部门承包一批、驻外机构联系转移一批、机关干部结对帮扶一批、政府部门提供岗位转移一批、劳务经纪人带动一批、职介机构介绍一批、鼓励自主创业一批。有组织地帮助"零转移农户"家庭成员实现就业。 |
| 加强技能培训 | 针对"零转移农户"的特点和需求，积极开发适应岗位需求的就业培训项目，通过开展订单式培训，增加转移就业的成功率。对有创业愿望的"零转移农户"成员，积极开展创业培训，帮助他们尽快实现自主创业。开展"师资"、"技能"、"设备"三下乡培训，减轻农民参加技能培训的经济负担，落实培训补贴政策。 |
| 鼓励自主创业和灵活就业 | 广泛征集投资少、见效快、市场前景好的创业项目。对有创业愿望和能力的"零转移农户"成员，要优先为其提供政策、场地、培训、服务、维权等，支持其自主创业；鼓励"零转移农户"成员从事计件工、小时工等非全日制工作，增加家庭收入。 |
| 加强公共就业服务 | 通过各种形式为"零转移农户"提供及时有效的就业信息。乡镇劳动保障工作站（所）要为"零转移农户"成员提供就业指导、政策咨询和职业介绍服务。县级公共就业服务机构要指导乡镇劳动保障站（所）开展"送岗位直通车"等活动，将就业岗位优先提供给"零转移农户"成员。 |
| 实行承诺服务 | 对有就业愿望和劳动能力且对岗位不挑不拣的"零转移农户"成员，当地公共就业服务机构应承诺在 30 天内帮助其实现就业。各级公共就业服务机构要设立"零转移农户"就业服务热线，向社会公布，保证"零转移农户"能够得到及时就业服务。 |
| 加强政策宣传 | 加强就业和社会保障法规政策的宣传，发挥各种宣传媒体作用，宣传外出务工致富和返乡创业先进典型，弘扬"外出务工光荣"、"创业光荣"的风气，动员引导"零转移农户"成员实现转移就业。 |

山西省贫困地区和纯农业县区有 100 多万个农户尚无人外出打工，即"零转移就业"

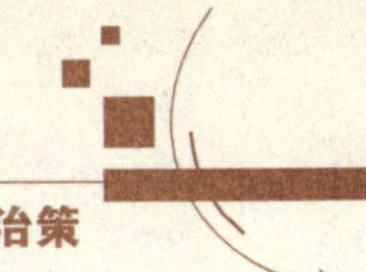



家庭。2008 年 2 月，山西省正式启动“农村家庭零转移就业培训计划”，计划用 3～5 年时间使 100 万个“零转移就业”农民家庭“消零”。政府将在自主选择所学专业、补助培训学费、安排就业三方面为这些家庭解决难题，最终将使这些农村家庭工资性收入占到家庭纯收入的 50%以上，收入达到全省农民收入的平均水平。根据计划安排，山西省要对有 3 个以上劳动力、都从事农业生产的农民家庭，每户培训转移 1 人，做到 100%自主选择所学专业，100%免费培训，100%安排就业。“零转移就业家庭”的劳动力到定点学校报名参加学习。各定点培训学校根据全国劳动力市场的用工要求重点开展专业培训。

山东省 2007 年出台《关于做好城镇零就业家庭和农村零转移就业贫困家庭就业援助工作的意见》提出，2007 年年底前，要做到农村零转移就业贫困家庭实现每户有一人转移就业；从 2008 年起，做到城乡“双零”家庭“动态消零”，即“出现一户，认定一户，帮扶一户、就业一户”。各地要通过就地转移、劳务输出、劳务协作等形式，积极开发适合零转移家庭成员需要的就业岗位。山东省各地积极落实《意见》，如潍坊市，2008 年初召开全市劳动和社会保障工作会议，强调将农村“零转移家庭”列入就业援助重点，要像对城镇“零就业家庭”一样，在摸清底数的基础上，制订具体帮扶方案，通过进一步推行城乡一体化的就业政策，降低农村劳动力到城镇就业的门槛等措施，确保农村“零转移家庭”实现“动态消零”的工作目标。

2008 年 4 月，南京劳动和社会保障局发出《关于做好“城镇零就业家庭”、“农村零转移家庭”就业援助工作的通知》，提出要帮助每户“农村零转移家庭”至少有一名农业富余劳动力实现转移就业，逐步改善贫困状况，使其走上脱贫致富之路。《通知》就建立“农村零转移家庭”就业援助长效服务管理机制做出了明确规定。

南京市就业援助长效服务管理机制要点

| 类别 | 政策内容 |
|---|---|
| 充分发挥基层平台作用 | 街镇劳动保障所负责确定援助措施，签订帮扶协议，落实援助方案，并安排帮扶责任人。社区（村）劳动保障协理员要定期走访居民家庭，了解掌握辖区内援助对象转移就业、享受培训补贴和创业补贴等政策情况，及时发现并上报新出现的“零转移家庭”。同时，加强对已实现转移就业人员的跟踪服务。 |
| 加强“农村零转移家庭”就业指导和技能培训 | 公共职业介绍机构要设立专门为“零转移家庭”服务的窗口，加强职业指导，使“零转移家庭”中的就业困难人员树立市场就业、自谋职业的观念。要经常性地开展“零转移家庭”就业援助工作，采取多种形式，针对“零转移家庭”的特点和需求，通过开展订单式、援助式、输出式等培训，以培训促转移。对有创业愿望的“零转移家庭”成员，要积极开展创业培训，帮扶他们尽快实现自主创业。对符合条件的“零转移家庭”子女尤其是高校毕业生、“两后生”，要纳入技能扶贫计划和农村劳动力转移培训券重点发放对象，按规定享受有关待遇。 |
| 制定援助预案，确保尽早实现转移就业 | 各区县要制定“零转移家庭”转移就业援助工作预案，层层落实责任。以社区（村）为基本监控点，采取分片分户负责的办法，加大日常监控力度，对新出现的“零转移家庭”，在申报认定后启动援助预案，及时帮助转移就业。 |

## 农村为民服务体系建设的先行者

近年来，在加快服务型政府建设的要求下，省、市、县一级的行政服务中心、行政审批中心、便民服务大厅等综合类服务机构普遍建立，既提高了政府行政效能，也大大方便了企业和群众办事。为了进一步推进公平服务均等化，许多地方开始大力将公共服务体系向基层延伸，构建起覆盖乡镇和农村社区的公共服务机构。

2003 年，山东省莱西市（青岛市辖下县级市）开始推行为民服务代理制，并逐渐形成了以市为民服务中心为龙头，镇为民服务中心为主体，村代理点为补充的三级服务网络和受理、代理、办理纵横相连、高效运转的封闭办事系统，实现了群众办事“小事不出村、大事不出镇”。莱西市的“服务代理制”将受理、代理、办理纵横相连；即办、诺办、联办、代办、控办等方法细微具体。该市还制订了服务承诺制、限时办结制、快速办理制，通过监督、考核、奖惩等措施增强工作人员的责任心。其为民服务代理制工作经验被中宣部作为重大典型，在全国宣传推广。为民服务代理制推行以来，全市各级为民服务代理机构共为群众办事 20 余万件，涉及审批手续、社会保障、农村劳动力转移、科技培训、信息咨询等群众生产生活各个方面，按时办结率达到 100%，群众满意率达到 99%以上。2007 年莱西市投资 2000 多万元，建立了 8000 平方米的新行政服务中心，集为民服务、招商服务、阳光服务和集中收费四大功能于一体，31 个部门、220 名机关干部联合办公，办理 221 个许可服务事项、90 个收费项目，实行“一站式办公、一条龙服务、一次性收费”，探索出了建设现代服务型政府的有效形式。莱西市试点成功后，青岛市制定了《关于在全市推行为民服务代理制的实施意见》加以全面推广。青岛市共建立各级为民服务代理机构 7000 多个，其中郊区五市普遍建立了为民服务代理中心，85 个乡镇和 42 个街道办事处建立了为民服务代理大厅，95%的村建立了代理站；七个区的 57 个街道、331 个社区也建立了为民服务代理机构。为民服务已由最初的 10 多项行政审批服务项目，发展到覆盖群众生活、生产等方面的 50 多项内容，正逐步实现向生产领域、科技领域和流通领域延伸。实行为民服务代理制以来，青岛市各级为民代理机构为群众代理、代办事项达 105 万余件（次），按期办结率、群众满意率均在 98%以上。

2004 年 4 月 7 日，昆明嵩明县成立了全市首家“为民服务中心”，整合政府部门资源为群众“办实事、解难事、做好事”，构建了一套规范长效的“为民服务体系”。随后，昆明市至 2007 年建成 136 个“为民服务中心”和 1476 个“为民服务站”，覆盖率达到 93.06%，基本形成了以县（市、区）便民服务中心为节点、乡镇（街道）“为民服务中心”为枢纽、村（社区）为民服务站（点）为延伸、为民服务队为触角、社会力量为补充的为民服务网络。截至 2007 年底，全市“为民服务中心（站）”共受理群众服务事项达 613506 件，共计办结 603271 件，办结率为 98.33%；开展民情恳谈次数 57292 次，收集民情民意 64655 条。“为民服务中心”每年具体办理的各种事项也保持了高办结率，2004～2007 年办结率都保持在 98%以上。昆明市委、市政府 2008 年 4 月 7 日下发《关于

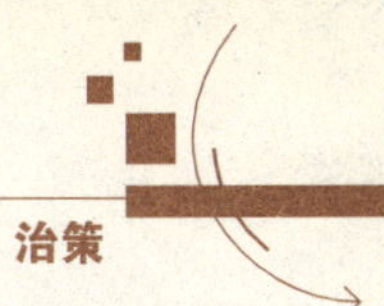



深化农村为民服务体系建设的规定（试行）》，要求进一步“深化农村为民服务体系建设”，加强乡镇“为民服务中心”建设，全面构建农村为民服务体系。

| 昆明“为民服务中心”的组织结构、运作特点和服务方式 | | | |
|---|---|---|---|
| 组织结构 | 乡镇职能部门集中办公，人员、公章、所有手续等进中心。乡镇党委书记兼主任，乡镇长兼副主任，乡镇党委、政府其他班子成员轮流值周带班，负责中心日常运转。 | 设置信访接待、农林科技、信息咨询、计划生育和民政服务等各类窗口，并结合实际需要，适时合并或撤销没有服务业务的窗口。 | 乡镇职能部门业务骨干、党员干部为补充，组建文化、科技、医疗卫生、法律援助等各种类型的“为民服务队”，定期不定期进村入户开展民情恳谈、提供各类服务。 |
| 运作特点 | 整合行政资源，形成了开展为民服务工作的合力。 | 办事公开透明，不断提升服务的质量和效能。 | 服务范围广泛，积极引入社会力量参与为民服务工作。 |
| 服务方式 | 一是窗口服务。实行“一窗式受理、一站式办结、一条龙服务”，做到简单问题直接办、复杂问题协同办、原则问题请示办、遗留问题分类办、突出问题督查办。<br>二是上门服务。适时派出“为民服务队”，深入群众提供服务，实行“六到户”，变被动服务为主动服务、群众“上访”为干部“下访”。 | | |

2007年3月，上饶市在县乡全面建立为民服务中心，普遍推行为民服务全程代理制的基础上，出台了《关于在全市农村基层党组织和党员中推行为民服务承诺制的实施意见》，决定全面推行为民服务承诺制，与便民办事大厅、便民服务站、民事恳谈中心等各类形式相结合，构建一个为民服务承诺的良好平台，形成一套较为完善的为民服务长效机制。《实施意见》还提出，要按照“一定、二审、三公开”的规程确定承诺内容。“一定”即拟定承诺内容。每个承诺条款由承诺事项、履行责任人、完成时限、落实措施、预期效果等构成；“二审”即公开审查、组织（大会）审查。承诺拟定后，在本辖区范围内进行公示，接受党员大会审查。经参会人员半数以上同意，确定承诺；“三公开”即党组织的承诺要在党员大会上公开，承诺主体要书面公开告知党员群众，在公开栏上对承诺事项、履行责任人、完成时限、完成的进度、预期效果等内容进行公开。

上饶基层党组织和党员为民服务主要承诺内容

| 承诺主体 | 承诺内容 |
|---|---|
| 乡（镇）党委 | 发展农村经济，调整产业结构，加快集镇建设，增加农民收入，维护农村稳定，加强乡镇、村干部队伍和人才队伍的建设，党务公开，转变机关作风，增强服务意识和服务能力，抓好党风廉政建设，加强农村物质文明、政治文明和精神文明建设，领导和支持乡（镇）各类组织的工作等方面，以创建“五个好”乡（镇）党委为目标开展承诺。 |
| 村党支部 | 壮大村级集体经济，增加农民收入，兴办和管理基础设施和公益事业，中心村建设，村容村貌整治，扶贫帮困，村务、财务公开，农村社会和谐稳定等方面，以创建“五个好”村党支部（总支）为目标开展承诺。 |

续表

| 承诺主体 | 承诺内容 |
| --- | --- |
| 派驻单位党组织 | 在技术、信息和资金帮助、支持新农村建设等方面提供优质服务。 |
| 党员 | 根据党员的不同岗位、不同类型和承诺能力设岗定责，分类定诺。<br>乡镇机关党员，着重在政策宣传、提供服务、工作作风和扶贫帮困等方面承诺；有“双带”致富能力的农民党员，在传授技术、领办和创办经济实体、扶贫帮困、服务等方面承诺；无职党员，在思想教育、文化宣传、卫生保洁、社会治安、民事调解等方面承诺；流动党员，在提供致富信息，组织劳务输出，支援家乡建设等方面承诺。 |

## 农村社会保障体系建设提速

根据卫生部2008年7月10日的通报，截至2008年6月底，全国31个省（区、市）已全部实现了新型农村合作医疗全面覆盖。与此同时，一些地方已经向农村社会保障的另一个重点领域——农村养老保障全面挺进，已经探索出一些较为成功的模式。

宝鸡市近几年在经济形势实现根本好转的同时，社会保障体系建设发展迅速，但农村社保一直是薄弱环节。2007年5月，宝鸡市被陕西省列入新型农村社会养老保险试点。6月宝鸡市政府审议通过了《宝鸡市新型农村社会养老保险试行办法》，从7月1日起到12月底，选择太白、麟游两个县作为试点县，同时在其余十个县各选择5个试点村开展试点工作。截至2007年底，麟游县参保30147人，享受待遇6990人；太白县参保20665人，享受待遇4111人。2008年，宝鸡市将农村养老保险扩大到凤翔县和西山地区及其他县、区各1个乡镇。为此，市、县（区）两级财政拨付缴费补贴和养老补贴共计1566万元。宝鸡市在陕西省率先实现社会保障制度全覆盖，其新型农村社会养老保险试点工作被劳动保障部誉为“宝鸡模式”，并向全国推广。2008年1月，陕西省参照“宝鸡模式”出台了《关于开展新型农村社会养老保险试点工作的指导意见》，在全省推广新型农村社会保险工作。

浙江省余姚市综合实力列全国百强县（市）排名第18位，经济水平位居全国前列。但在余姚农村，有近10万名60岁以上老人靠继续劳动和子女赡养维持生活。余姚市2007年7月出台了《余姚市农民养老保障试行办法》，提出农村养老新政策，并于当年12月1日正式实施。余姚市新型养老保障标准分为三档：1档缴费21000元，每月领210元；2档缴费18000元，每月领180元；3档缴费15000元，每月领150元。其缴费标准体现了低水平、广覆盖、适度保障的特点，符合当前经济发展水平的实际。余姚的“新农保”实行个人缴费，政府“兜底”。据测算，参保人员交付的个人本金可以支持6年。6年后，参保费本金将发放完毕，10万农村老人余生的养老保障将全部由政府财政“埋单”。地方财政每年需为此支付1.2亿元人民币，平均为每名参保的老人补贴近3万元。余姚市这一政策推出后，受到了农民群众的广泛欢迎。

浙江余姚、陕西宝鸡“新农保”政策比较

| 类别 | 浙江余姚市 | 陕西宝鸡市 |
|---|---|---|
| 参保对象 | 凡市内农业户籍且年满16周岁及以上人员、从市外迁入并取得余姚市农业户籍满7年人员均可参加新型养老保障。 | 凡具有宝鸡市行政区域内农业户籍，年满18周岁以上且未参加被征地农民社会养老保险的农村人口均可参保。 |
| 保费缴纳 | 实行个人缴纳，政府“兜底”。市财政每年按不低于上年待遇支付总额的35%作出预算安排，注入农民养老保障基金，确保养老金的支付能力。 | 采取农民个人缴费、集体补助、财政补贴相结合的办法筹集资金，全部计入个人账户。年缴费标准为参保农民所在县（区）农民人均纯收入的10%～30%，参保农民可根据自己的经济承受能力自由选择。 |
| 待遇享受 | 参保人员男年满60周岁，女年满55周岁开始按月领取养老保障金，养老保障待遇标准与缴费标准相对应。男满70周岁、女满65周岁可选择一次性缴费参加农民养老保障，或享受老年人员生活补助金。 | 年满60周岁即可按月领取养老保险金。参保缴费起始日已年满60周岁以上人员不缴纳养老保险费，本人家庭成员按规定参保并正常缴费者，可享受养老保险。 |
| 基金管理 | 农民养老保障基金纳入财政专户，实行收支两条线管理，专款专用，任何单位和个人不得挤占挪用，并接受财政、审计等部门及社会监督。 | 纳入财政专户。经办机构每年对储存额结息一次。参保人员跨统筹区域转移养老保险关系的，个人账户中个人和集体缴费储存额全部转移。 |
| 补贴金额 | 平均为每名参保的老人补贴总额近3万元。 | 市、县（区）财政对参保农民分别给予每人每月60元补贴。 |

随着城市化进程的加快，重庆农转非人员数量猛增。为解决失地农民养老问题，重庆市出台规定：被征地农民可自愿选择民政部门发放、银行办理、向保险公司投保养老险等多种方式，进行养老安置。经过多年实践，为被征地农民提供商业养老保险的模式运作成功，被称作“重庆模式”。2006年初，保监会主席吴定富曾将“重庆模式”作为各省区市商业保险参与农村社会保障体系建设的唯一例子，向温家宝总理作了汇报。“重庆模式”的具体操作方式是：政府出台土地安置办法，在自愿的基础上，“男50岁、女40岁”以上的被征地农民，由土地主管部门将其所得的土地补偿费、安置补助费交保险公司办理储蓄式养老保险，并向保险公司缴纳管理费。同时，由政府向办理养老保险的农民提供利差补贴。而保险公司每年则按本金（一般每人2.35万元）的10%，向这些被征地农民发放保险金，一直到去世。经过10余年实践，重庆市通过实施“政府调控、保险经办、市场运作”的储蓄式养老保险模式，解决了13万被征地农民的养老保障问题。有专家称，“重庆模式”代表了广大农村被征地农民养老保险的发展方向。

2007年底，北京市农村养老保险覆盖率仅为37%。为加快建立覆盖城乡居民社会养老保障体系，2008年1月出台《北京市新型农村社会养老保险试行办法》，全面实施新型农村养老保险制度。“新农保”在个人账户资金的基础上，增加了每人每月280元的基础养老金。2008年将有5.9万人开始领取，为此，北京市、区（县）两级财政将支出1.98

亿元。同时，北京“新农保”建立起了城乡衔接通道。新型农村养老保险制度规定，农民转成城镇居民参加城镇基本养老保险时，农保缴费可按相应年度城镇基本养老保险缴费折算缴费年限。参加城镇职工养老保险的农民工到达领取年龄时不符合按月领取条件的，可按一次性待遇的政策，将资金转入农保经办机构，建立农保个人账户，按农保规定享受待遇。

## 丰富农村文化生活

1998 年，国家广电总局、文化部等五部委启动了一项跨世纪农村电影工程和文化建设项目——“农村电影放映工程”，提出在 21 世纪初，实现每一个行政村每一个月放一场电影的目标。在国家“十一五”文化发展规划纲要中，“农村电影工程”被列入七项公共文化建设重点工程。2006 年，国家广电总局在 8 个省区市启动了农村电影综合改革和数字化放映试点工作，陕西成为西部唯一的试点省份。

作为西部唯一的农村电影综合改革和数字化放映试点省份，陕西省选择了延安、咸阳两市进行试点。截至 2007 年 10 月底，两个试点市的农村数字电影放映场次突破 10 万场，实现了两市 26 个县区 100%的电影覆盖率。2007 年 5 月，中宣部、广电总局在延安举行全国农村电影工作会议，并向全国推广农村数字电影“陕西模式”。在试点中，陕西省从改善农村电影放映基础条件入手，以数字化放映为龙头，以体制机制改革为动力，按照“企业经营，市场运作，政府买服务”的农村电影改革发展思路，构建起多种所有制、多种主体和多种发行放映新体系，从根本上解决了广大农民群众看电影难的问题，走在了全国的前列。

### 改革创新体制机制，培育了一批新型市场经营主体

在试点过程中，陕西省按照市场化的要求，放开农村电影市场所有制限制，以整合市、县、乡三级电影资源为基础，以吸纳国有、集体、个人各种要素投入为主体，以资本联结为纽带，以院线制、股份制、公司制为标志，组建新型农村数字电影院线公司。例如，延安市农村数字电影院线公司为国有股份制公司，由市电影公司和各县（区）电影公司联合投资。而咸阳市院线公司为民营股份制公司，由社会个体和市县电影公司联合投资。院线公司按现代企业制度实行董事会领导下的经理负责制，形成市院线公司、县（区）数字电影服务站、乡镇放映队的管理链，各级管理人员和一线放映员向社会公开招聘，并实行年度汰选制。

该省试点地区新院线公司甩开了原市县电影公司的历史包袱，焕发出新型文化企业的经营活力。公司结合县乡科技推广、普法教育、计划生育等专项工作，一手抓公益性放映活动；结合农家红白喜事、银企联姻和广告放映等，另一手抓经营性电影市场，两类放映业务开展得红红火火，经营收入节节攀升。截至 2007 年 10 月底，两条院线经营额均突破 800 万元，红白喜事等各种经营性电影收入和广告收入也不断提升。而作为放映

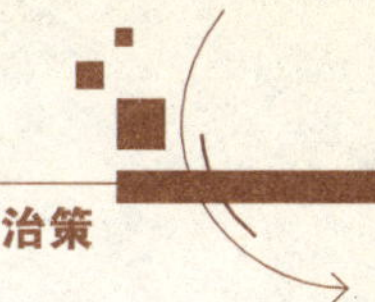


员，在其完成每月的放映场次后，基本收入都达到了8000元/月左右。

## 创新政府补贴机制，形成了一套完善的优惠政策

针对试点工作的重点与难点，陕西省文化厅积极与有关部门沟通协调，制定完善了促进试点地区农村电影发展的一系列优惠政策。首先，在国家设备支持和放映场次补贴的基础上，省级财政投入400万元，建立了三个网络，即数字节目传输网，已建成延安、咸阳两市院线公司数字节目卫星接收站。院线公司正在与县（区）服务站实现计算机联网，以实现业务管理网络化；数字设备配送维修网，成立了省威斯特数字电影服务公司，专业为各个院线公司、服务站、放映队提供数字机检修、零配件提供和技术维护服务，已维修数字放映机38部次；数字技术培训网，以省电影学校为骨干力量，建立省、市、县三级培训网络，保证放映员尽快掌握新技术，熟悉放映操作程序和简单故障排除的方法，并经考核合格后持证上岗，已累计培训放映员和专业人员约900名。

其次，两个试点市财政也给予大力投入，保障了数字电影放映的良性发展。具体办法是，每放映一场电影，除了国家补贴的100元外，省、市、县三级还有补贴，延安市县两级财政在国家每场公益电影补贴100元的基础上，对每场再增加补贴100元。咸阳市级财政也在国家补贴的基础上对数字电影公益放映每场再补贴44元，所辖13个区县在此基础上分别按每场20～60元不等的标准再予以补贴，这就保障了放映员的收入和运营成本。2006年，延安市在农村电影改革发展试点工作中注入资金355万元，其中125万元主要用于院线公司注册股本金、购置放映服务车2辆、办公场所装修、办公设备购置；其他230万元由市县（区）财政联合出资，在国家场次补贴每场100元的基础上，再补贴100元（其中3个县全额自负，6个县由市县5：5分担，4个县由市县9：1分担），达到了每场补贴200元。而咸阳市级财政2006年共出资98万元，其中10万元用于院线公司办公场所；88万元用于在国家补贴每场100元基础上再补贴44元，各县根据条件，安排部分资金支持。

陕西农村数字电影放映基本制度体系

| 制度 | 内　容 |
| --- | --- |
| 四定管理 | 定机（每部放映机都编号管理）、定人（每部机子两个人）、定点（放映点可为行政村或自然村流动，也可为乡村固定影院）、定场（设定必须完成的公益场次）。 |
| 四项制度 | 放映员上岗证、数字放映机记录本、公益场次回执单（要求填明片名、放映时间、放映地点、观众数量、服务质量评议，同时要求村负责人签名和一位观众代表签名签字）、爱教片放映日志。 |
| 七个办法 | 陕西省文化厅制定了《农村数字电影公益放映场次管理办法》，详细规定了公益电影场次的统计、检查方法，补贴发放的标准、程序和途径，以及《农村数字电影放映机折旧资金收缴使用管理办法》，对国有资产放映机的保值管理进行规定；新院线公司先后制定了《服务站管理办法》、《放映设备管理办法》、《放映员招聘及放映设备租赁管理办法》、《放映服务质量规范标准》、《员工奖励评比办法》。 |
| 一个公示栏 | 所有放映点都建立了固定的公益电影放映公布栏，用以预告节目、张贴电影海报。 |

### 健全制度强化管理监督，建立了一支规范化的经营和放映队伍

在试点中，根据统一管理的需要，陕西省文化行政部门和院线公司针对放映各个环节，制定了一系列科学合理和行之有效的规章制度。陕西省文化厅对数字电影放映网络制定了四定制度，并对放映员制定了四项制度。而院线公司从成立之日起，十分注重把建章立制、规范化管理作为工作重点，制定了服务站管理职责、放映员招聘及放映设备租赁管理办法、员工奖励评比办法等制度，使公司管理科学化、员工工作规范化、放映操作程序化。

## 改造农村环境

目前，我国农村环境形势仍然十分严峻。各种污染共存、叠加和交织，农村环保政策、法规、标准体系很不健全，严重制约了农村经济社会的可持续发展。2008 年全国“两会”上，代表委员们对农村环保问题十分关注，如致公党中央向全国政协提交了一份题为“农村环境保护不容忽视”的提案，建议要尽快建立统筹城乡与区域的环境保护管理机制、制定各级农村环境保护规划，以及建立农村环境污染治理资金保障机制。

近年来，农村环境污染问题已引起了中央及社会各界的高度重视和广泛关注。为此，2006 年 10 月，环保总局发布了《国家农村小康环保行动计划》，提出要围绕全面建设小康社会的总体目标，以试点示范为先导，用 15 年左右的时间，基本解决农村“脏、乱、差”问题，建设“清洁水源、清洁家园、清洁田园”的新农村，为全面建设小康社会提供环境安全保障。2007 年 11 月，国务院办公厅转发了环保总局、发展改革委、农业部等 8 部委《关于加强农村环境保护工作的意见》，农村环保工作正式摆上政府工作日程，试点工作全面展开。不少地方的农村环保工作已走上全民化、制度化、专业化之路，很值得关注。

全国农村小康环保行动计划八大重点工程

| 序号 | 工　程 |
| --- | --- |
| 1 | 500 个工业企业污染治理示范工程 |
| 2 | 1 万个行政村的农村垃圾和污水处理示范建设工程 |
| 3 | 500 个规模化畜禽养殖污染防治示范工程 |
| 4 | 10 处土壤污染防治与修复示范工程 |
| 5 | 600 处农村饮用水源地污染治理示范工程 |
| 6 | 300 个有机食品生产基地 |
| 7 | 2000 个环境优美乡镇、1 万个生态村 |
| 8 | 200 个县环境监测、监管和宣教基本设施建设 |

## 推动农村环保全民化，长沙“三新”活动探索农村环保自治模式

从2007年3月开始，湖南长沙市正式开展“新农村、新环保、新生活”农村环保3年行动，在4个县（市）、107个乡镇、1120个村掀起了一场以农民自治为特色的农村“环保运动”。在2007年的行动中，长沙市组织了由123名市环保系统中层干部、107名专家义工、1120名大学生义工组成的4个工作队分赴107个乡镇、1120个村，联合开展农村环保工作，并推出农村环保“七个一”工程，即：每个行政村成立一个农民环保学校，设立一个环保宣传栏，开展一次村内环保调查，编制一个村级环保规划，制定一个村民环保村规民约，组建一个农村环保促进会，建好一个畜禽养殖污染防治的示范点。

为了发动农民参与农村环保工作，长沙市在村级相继成立了多个农村环保促进会。如浏阳市葛家乡金塘村环保促进会，村里19位老同志、党员代表当选为第一届环保促进会的成员，主要职责包括宣传环保知识、督促落实环保规划、监督执行环保村规民约、调处环保纠纷等。该村环保促进会还通过了《环境保护村规民约》，让村民构建自己的防治污染“绿色壁垒”，被称为农村环保的“金塘模式”。开展农村环保“三新”行动以来，长沙市已有百余村庄制定了环保村规民约。有关专家认为，长沙市农村环保自治模式完全可以在我国广大中西部农村复制，值得大力推广。

同时，农民环保学校也是长沙市农村环保行动的一大特色。按照规定，村民每月都将接受2～3次环保教育，利用专家讲课、集中讨论等形式进行培训，并召开现场观摩会，请乡村“土专家”现身说法，通过讲体会、算经济效益账等形式，激发农民学习、运用生态环境知识的积极性。

## 推进农村环保制度化，平凉农村环境保护规划通过专家评审

2007年底，甘肃省政府环保检查组对该省平凉市生态示范区创建和基层乡镇环保机构建设工作给予高度评价，并将以“平凉模式”为代表的农村环保工作经验推广到全省。为了使农村环保工作做到“高起点介入、全方位实施”，平凉市环保局委托国家环保总局环境规划设计院编制了《平凉市农村环境保护规划》，并于2007年9月通过了国家环保总局的评审。评审组专家认为，平凉市在全国范围内优先制定并实施农村环境保护规划，具有很好的示范作用。

在抓农村环保规划建设的同时，平凉市还积极探索创新环境监管新机制，在甘肃省率先开展农村重点乡镇环保机构建设工作。为此，市政府批转了《关于进一步抓好农村环保所建设的意见》，落实建设资金145万元，按照规范化、标准化的建设要求完成了7个重点乡镇环保所建设，做到了“有地点、有人员、有设备、有职能”，将环境保护工作延伸到农村，填补了农村环保监管工作的空白。同时，该市将防治土壤污染和畜禽养殖污染防治作为农村小康行动的突破口，截至2008年初，全市已实施了22个畜禽养殖污染治理项目，共落实扶持资金304万元。例如，该市静宁县在防止养殖业污染上对农户确定了“养畜＋沼气＋果园”的产业化之路，以推广农作物秸秆、人畜粪便、养畜“三位

一体”的户用沼气，形成了“种草养畜、秸秆粪便—沼气、沼液—能源、有机肥”转化利用的综合模式。

## 促进农村环保专业化，诸暨农村垃圾处理由专业公司完成

垃圾处理是农村环保工作的一个难点。2004 年，浙江诸暨市提出了加强农村环境卫生管理、编制城乡一体化农村生活垃圾处理专项规划，开始建设城乡一体化的农村生活垃圾处理系统，当时这在全国还是第一个。该市已累计投入建设资金 2.73 亿元，日处理垃圾能力 800 吨，农村垃圾无害化处理率居全省前列。

在垃圾无害化处理过程中，该市尝试走市场化、专业化运作道路，探索出农村垃圾处理的一种新模式：垃圾处理厂由政府与环保企业出资共建，垃圾由村收集、乡转运、市集中处理的运行管理方式。2005 年，该市设了 3 个垃圾焚烧厂和焚烧发电厂，各镇乡设中转站，各村按规模大小设一个以上垃圾收集站，每村配备保洁员负责公共地域卫生，建立起镇乡和村两级垃圾清扫、收集、运输系统。村垃圾集中到收集站，每天或隔天把垃圾运到中转站，镇乡负责每天把中转站垃圾清运到焚烧场，彻底处理农村垃圾。其中，该市 8 个镇乡（街道）与专业保洁公司签订了协议，由保洁公司负责日常保洁；12 个镇乡（街道）成立了专业保洁队伍，对辖区所有村庄、公共路段、河道等实施保洁；7 个镇乡（街道）采用由村自行聘请保洁员、镇乡（街道）资金直补的方式进行保洁。